Colheita do Bem

Colheita do Bem

PELO ESPÍRITO
NEIO LÚCIO

—

PSICOGRAFIA DE
FRANCISCO CÂNDIDO XAVIER

—

ORGANIZAÇÃO DE
WANDA AMORIM JOVIANO

VINHA DE LUZ
SERVIÇO EDITORIAL

Belo Horizonte
2018

SERVIÇO EDITORIAL

EDIÇÃO: VINHA DE LUZ - Serviço Editorial
Departamento Editorial da Casa de Chico Xavier de Pedro Leopoldo
Av. Álvares Cabral, 1777 | 20º andar | Sala 2006
Santo Agostinho | 30170-001 | Belo Horizonte | MG
(31) 2531-3200 | 2531-3300 | 3517-1573
www.vinhadeluz.com.br | informacoes@vinhadeluz.com.br
www.casadechicoxavier.com.br | informacoes@casadechicoxavier.com.br

COORDENAÇÃO EDITORIAL
Célia Maria de Oliveira Soares | Geraldo Lemos Neto | Wanda Amorim Joviano

CAPA | ILUSTRAÇÕES
Luiz Augusto da Costa

FOTOGRAFIAS
Acervo de Wanda Amorim Joviano | Casa de Chico Xavier

DIAGRAMAÇÃO
Célia Maria de Oliveira Soares

DATILOGRAFIA DOS ORIGINAIS
Júlia Pêgo de Amorim (1897-1974)

DATILOGRAFIA DAS NOTAS EXPLICATIVAS E DEMAIS DADOS COMPLEMENTARES
Maliza Nabuco

DIGITAÇÃO DOS ORIGINAIS
Status Serviços Gráficos

REVISÃO TÉCNICA
Célia Maria de Oliveira Soares | Geraldo Lemos Neto

1ª edição - novembro 2010 | 2.000 exemplares
2ª edição - fevereiro 2018 | 2.000 exemplares

**Dados Internacionais de Catalogação na Publicação (CIP)
(Câmara Brasileira do Livro, SP, Brasil)**

Lúcio, Neio (Espírito) .
    Colheita do bem / pelo espírito Neio Lúcio ;
psicografia de Francisco Cândido Xavier ;
organização de Wanda Amorim Joviano. - - 2. ed. --
Belo Horizonte : Vinha de Luz, 2018.

    Bibliografia.
    ISBN 978-85-63716-37-8

    1. Espiritismo 2 . Psicografia I. Xavier, Francisco
Cândido, 1910-2002. II. Joviano, Wanda Amorim.
III. Título.

18-12407   CDD-133.93

Índices para catálogo sistemático :

1. Mensagens mediúnicas psicografadas : Espiritismo
133.93

1ª edição especial

Centenário de nascimento de
Francisco Cândido Xavier
1 9 1 0 | 2 0 1 0

Dedicatória

A **Emmanuel**,
espírito guia da monumental obra realizada por meio de
Francisco Cândido Xavier,
o nosso preito de profunda gratidão
e respeitoso apreço, rogando a Deus
muitas bênçãos de paz e luz em
seus novos caminhos na face da Terra.

Mensagens psicografadas por
Francisco Cândido Xavier
durante o culto do Evangelho no lar do
Grupo Doméstico Arthur Joviano

1949

1950

1951

1952

Mensagens psicografadas por Francisco Cândido Xavier após a transferência da família Joviano para o Rio de Janeiro

1953

1960

1962

Anexos

Anexo A

Anexo B

Anexo C

Colheita do bem é o final de uma trilogia iniciada com o livro *Sementeira de luz*, lançado, em 2006, na inauguração da Casa de Chico Xavier de Pedro Leopoldo, seguido pelo *Sementeira de paz*, lançado por ocasião do centenário de Chico Xavier, em abril de 2010, e que agora se completa.

Sua autoria espiritual pertence ao eminente professor Arthur Joviano, o estimado benfeitor espiritual que todos nós conhecemos com o nome de Neio Lúcio, personagem do romance *50 anos depois*, de quem recebemos valiosos ensinamentos dirigidos ao espírito imortal que vai vencer a morte e transpor os séculos.

O médium Chico Xavier psicografou estas mensagens no ambiente acolhedor do culto do Evangelho no lar da família Joviano, em plena sede da Fazenda Modelo do Ministério da Agricultura em Pedro Leopoldo, onde o estimado médium trabalhava.

Wanda Joviano, neta do professor Arthur, Neio Lúcio, no-las entregou para divulgação e publicamos a primeira sequência de mensagens recebidas entre 1935-1949, incluindo na segunda os anos de 1946-1948. Neste *Colheita do bem* estão as mensagens recebidas nos anos de 1949-1950-1952, sendo, portanto, as últimas recebidas na Fazenda Modelo, uma vez que em 1952 a família Joviano transferiu definitivamente sua residência para a cidade do Rio de Janeiro. Uma verdadeira trilogia da luz, da paz e do bem maior, que a todos nos une no carreiro da evolução espiritual para Deus.

A Editora Vinha de Luz sente-se honrada e feliz com a oportunidade de apresentar mais este volume da psicografia ainda inédita de Chico Xavier ao público leitor, no apagar das luzes deste ano de 2010, que lhe relembra o centenário de nascimento.

Registramos aqui a nossa mais profunda admiração pelo trabalho missionário de consolação e esclarecimento do médium e amigo Chico, que soube, como poucos, transmitir entre nós o amor do Cristo.

Belo Horizonte, 3 de outubro de 2010.[1]

Geraldo Lemos Neto

Editor

---

[1] Nota do editor: no transcurso do 206º ano do nascimento de Allan Kardec.

Prefácio

Agradeço a Jesus esta oportunidade em que pretendemos cultivar as *sementeiras de paz e de luz*, com os nossos irmãos de jornada terrena, dividindo as bênçãos que nos chegaram através das mensagens de Arthur Joviano, recebidas pelo nosso querido Chico Xavier.

Esse abençoado trabalho deu-nos a oportunidade de usufruir dos ensinamentos de incontáveis espíritos de escol, como Emmanuel, que ao nos dar orientação espiritual, sempre calcada nos ensinamentos de Jesus, enriqueceu a vida de cada um de nós, ensejando a *colheita do bem*.

O *Grupo Doméstico Arthur Joviano* deixou de contar com a presença do insígne integrante e fundador, o inesquecível, insubstituível e querido amigo Chico Xavier em 1952, quando a família de Maria e Rômulo Joviano transferiu-se para o Rio de Janeiro, onde, entretanto, o *Grupo Doméstico Arthur Joviano* continuou mantendo vivas as tradições de amor ao estudo do Evangelho.

O espírito Arthur Joviano continua dando prosseguimento aos trabalhos do *Grupo*, no qual, com o nome de Neio Lúcio, transmite pequenas mensagens dirigidas especialmente aos espíritos que são, hoje, os jovens do nosso Brasil.

Petrópolis, 25 de junho de 2010.

Wanda Amorim Joviano

Organizadora

Mensagens recebidas por

Francisco Cândido Xavier

no *Grupo Doméstico Arthur Joviano,*
em Pedro Leopoldo, Minas Gerais
1949 | 1952

1949

À frente dos
trabalhos de 1949

Meus filhos, Deus abençoe a vocês, concedendo-lhes muita saúde e paz, alegria e bom-ânimo.

À frente dos trabalhos de 1949, a se desenrolarem promissoras perspectivas de realizações, esperamos em Jesus que vocês todos conservem a coragem e a fé por benditas companheiras de marcha. Sem coragem o homem não descobre a grandeza divina em cada lance da jornada e sem fé não há estímulo para o serviço a fazer. Anos que se renovam sem espírito de ajustamento da alma ao Cristo poderoso e santificador são como existências que se repetem, gastas no mesmo clima de inércia, com desperdício de bênçãos e de tempo.

É por essa razão que desejo a vocês esse arrojo e essa confiança que marcam a fronte e os braços dos verdadeiros lidadores do bem. Não temam a batalha. Não é só a paz que nasce da luta. É também experiência, engrandecimento e fortalezas. Quem foge perde sempre. E a perda da oportunidade de elevação espiritual é de todas a mais lastimável, porque o esforço no corpo físico, se é sumamente valioso, é também infinitamente breve. A existência na Terra, para quem possua mediana inteligência, pode ser preparação de voo sublime ou queda espetacular. É difícil, por enquanto, colocar semelhante assertiva em termos matemáticos aos olhos de vocês. Enquanto usamos o precioso uniforme de carne no trabalho terrestre não é fácil falar de situações referentes à Eternidade, nem ouvir com respeito a elas. Na maioria das vezes, nossa palavra parece um sonho vago para os que se demoram nos conflitos do mundo, e faz-se quase impossível o aproveitamento de nosso intercâmbio se falta coragem para subirmos juntos aos montes das afirmativas, surpreendentes e audaciosas para o comum de nossos companheiros da experiência, e fé para persistirmos na resistência contra todos os percalços que a negação ajunta em torno de nossos pés. Conosco, entretanto, é diferente. Nossa compreensão mútua permanece alicerçada por mais de dez anos em entendimento espiritual, edificante e contínuo, e esperamos que vocês recolham o máximo de luz no campo em que vão lavrando.

A nossa capacidade de trabalhar e servir mede a nossa capacidade de entender o divino. Por essa razão, formulo votos para que se renovem como desejo renovar-me, cada dia, e sempre mais intensamente, de modo que o presente estágio lhes seja rico de iluminação e esperança nos celeiros da consciência, da mente e do coração. O tempo em si não apresenta grandes mudanças. As estações, com a luz e a sombra, se repetirão em horas certas. Nossa alma, contudo, pode e deve modificar-se incessantemente para o bem. Sob o sol não há novidade, segundo a palavra do sábio antigo, mas o espírito eterno se destina a superar o próprio sol, qual o vemos em sua fisionomia de ordem material. Na intimidade do homem, portanto, há novidade quando desejamos descobri-la e intensificá-la para maior glória dos soberanos desígnios do Senhor. Não desejamos, pois, hoje ser iguais ao que éramos ontem. Melhoremos o entendimento para que o amanhã nos enriqueça de transformadoras e santificantes oportunidades com Jesus. Nesse sentido, meu caro Rômulo, agradeço o carinho com que você destinou o *Alvorada cristã* ao núcleo doméstico.[1] Não faça caso do congelamento. Se há quem aprecie o verbo "congelar", amaremos o verbo "aquecer". Acontece, porém, que muitos daqueles que amamos não podem entender nossos novos assuntos à "alvorada". Se aludissem à "noite", talvez compreendessem. Sei que é difí-

---

[1] Nota da organizadora: em referindo-se ao meu pai, Rômulo Joviano, e ao livro *Alvorada cristã*, segundo título de Neio Lúcio editado pela Federação Espírita Brasileira (FEB). Ano da edição: 1949.

cil desligar o coração quando o coração jaz repleto de carinho e devoção inalteráveis, entretanto, mesmo assim, é indispensável "partir em espírito" para melhor socorrermos aos que amamos. Vocês não imaginam a minha alegria com a renovação de minha oportunidade no "magistério espiritual". No traje de Neio Lúcio, sinto-me mais à vontade para empreender a universalização de meus próprios sentimentos e pensamentos. Diversas crianças, centenas delas, começaram a ler comigo novamente – ler o alfabeto evangelizador da consciência, ler a substância cristã que o Espiritismo traz consigo e, francamente, penetrei um santuário novo de simpatias que me fazem profundamente feliz. Torno aos rebentos das árvores esquecidas, ao seio da criançada anônima que não olvidei! Vocês me restituíram a uma grande família! Já que não posso pensar em "outro mundo" que não seja este, em que permanecem vocês que eu tanto amo e os outros que não posso abandonar, sinto-me abençoado na mente dos meninos e dos jovens que farão o retorno mais favorável.

Reaprenderei com eles velhos modos de ensinar e, através do trabalho de preparação de muitos, esperarei o dia em que possamos reajustar de novo antigo pacto de redenção.

Esse é o meu agradecimento sincero e vamos à oficina da vida com segurança e sem medo. Sementeiras enormes esperam-nos as mãos ativas. O sol do 1949 está brilhando! Aqueçamo-nos em seus raios de esperança. Para mim não há melhor aniversário – aniversário de renovação, de repetição das bênçãos e de retorno à ação santificante.

Sejam abençoados vocês todos em todos os passos do caminho. E reunindo-os num grande abraço sou o papai e vovô muito amigo de sempre,

A. Joviano

12/01/1949

Aniversário de Maria

Meus caros filhos, Deus abençoe a vocês todos, renovando-lhes cada vez mais intensamente as energias para o bom-ânimo e para a paz.

Nesta noite, em nome de vários amigos, trago o nosso abraço pessoal à Maria pela **passagem do dia feliz de ontem**.[1] Homenageamos a sacerdotisa do lar que aqui oficia em nosso benefício com tão desvelado carinho.

Aceite, minha filha, os nossos votos ardentes de ventura imperecível ao lado da sua tarefa edificante e sublime. Contemplo-a aureolada por sua coroa, a que se engastam as três joias mais ricas que o Senhor confiou ao seu coração no trabalho imediato e espero que a sua ternura as converta em tesouros para a eternidade gloriosa.

Naturalmente que nesse símbolo vejo o Rômulo, o Roberto e a Wanda, guardados por seu devotamento de esposa e mãe, e, reconhecido a todas as manifestações de amor que você nos proporciona, rogo à Providência Divina para que o seu ministério no lar seja abençoado agora e sempre.[2]

O Rômulo e o Roberto, em me lendo as frases alusivas à sua coroa doméstica, dirão provavelmente que me converti de modo integral à poesia, mas, à frente do santuário familiar, nossa alma desperta para o sublime e não podemos deter o pensamento em outros ângulos.

Claro que a minha lembrança se fundamenta na alegria com que nos comunicamos uns com os outros. Em verdade, porém, eu sei quanto custa em dedicação ao seu espírito o

---

Notas da organizadora: [1] 11 de janeiro era o dia do aniversário de Maria Joviano. [2] Em referindo-se ao Roberto, meu irmão, e a mim. Para maiores dados da família Joviano, sugerimos a leitura de *Sementeira de luz* (VINHA DE LUZ, 3. ed., 2008), *Deus conosco* (VINHA DE LUZ, 3. ed., 2010), *Militares no Além* (VINHA DE LUZ, 2008) e *Sementeira de paz* (VINHA DE LUZ, 2010).

apostolado da felicidade geral sob o teto acolhedor que o seu coração preside.

Reconheço quantas vezes seu coração se inclina ansioso à prece, esperando diretrizes do Alto para os problemas aparentemente pequeninos da casa, que é sempre uma embarcação no oceano da vida: cooperar na execução dos deveres referentes ao bem de todos, ceder na hora justa, renunciar em favor do contentamento coletivo, esperar o momento oportuno para movimentar o benefício de sua orientação e de seu pensamento, amparar de maneira invisível, resolver enigmas sentimentais com acerto, aparar os golpes desfechados de longe e de perto sobre a paz comum, garantir a manutenção do bem-estar e preservar o altar mais íntimo contra o assédio de vibrações da maldade gratuita, com alegria, atendendo-nos a segurança espiritual. Além delas, porém, coloco de maneira especial o cuidado com que se empenha no auxílio espontâneo ao esposo na solução de todas as dificuldades do caminho e a devoção empregada na iluminação espiritual dos filhos, que guardarão sempre, onde estiverem, os luminosos marcos mentais de sua influência salvadora.

Abençoadas sejam as suas mãos que aprenderam a retirar espinhos em silêncio para que a paisagem apenas revele flores de paz e luz. O seu esforço é louvado por muitos que seguem da esfera superior a sua marcha, elevando a Jesus rogos fervorosos em favor de seu êxito pleno no ministério empreendido. O aniversário das almas é contado pelas obras e em seu coração brilham numerosos sinais de serviço efetuado. Deus abençoe quem sempre soube ser a filha dedicada e afetuosa, a esposa generosa e abnegada, e mãe cheia de carinho e sabedoria.

O seu caminho permanece repleto de sementeiras preciosas para as estações porvindouras. Que o Céu fortaleça seu coração e ampare cada vez mais o seu ânimo com vistas à perseverança no bem até o fim da luta, que é sempre beleza de recomeço e bênção de trabalho mais elevados para quantos sabem honrar as dádivas do Senhor.

Desejamos boa viagem ao nosso amigo General Aurélio

e prometemos envidar todos os esforços para que a condução dele se faça sem percalços, esperando para isso o auxílio do Alto.[3] Não desejamos, porém, tratar de outros assuntos na noite de hoje, porque desejávamos reservar a hora para cumprimentar a Maria em seu aniversário de luz e flores.

Antes de encerrar esta carta, dedico a ela um trecho do "Eclesiástico", na tradução do Padre Matos. São os versículos 16 a 21 do capítulo XXVI.[4]

Boa noite, e peço desculpas por não haver controlado o lápis tão bem quanto desejava. Jesus nos abençoe a todos e nos conserve em sua santa paz.

Abraços do papai muito amigo de sempre,

A. Joviano

Notas da organizadora: [3] em referindo-se ao meu avô materno Aurélio de Amorim, casado com Júlia Pêgo de Amorim. Para maiores dados da família Amorim, sugerimos a leitura de *Sementeira de luz* (VINHA DE LUZ, 3. ed., 2008), *Deus conosco* (VINHA DE LUZ, 3. ed., 2010), *Militares no Além* (VINHA DE LUZ, 2008) e *Sementeira de paz* (VINHA DE LUZ, 2010). [4] *Eclesiástico*, 26: 16-21: "(...) [16] *A graça de uma mulher cuidadosa rejubila seu marido,* [17] *e seu bom comportamento revigora os ossos.* [18] *É um dom de Deus uma mulher sensata e silenciosa, e nada se compara a uma mulher bem-educada.* [19] *A mulher santa e honesta é uma graça inestimável;* [20] *não há peso para pesar o valor de uma alma casta.* [21] *Assim como o sol que se levanta nas alturas de Deus, assim é a beleza de uma mulher honrada, ornamento de sua casa. (...)".* Tradução da Bíblia Sagrada pelo Padre Matos Soares, Porto — Portugal — 1933.

Um pai e um avô

quando falam

Meus caros filhos, Deus abençoe a vocês, concedendo-lhes muita saúde e paz ao lado de nossos queridos amigos.

Venho assinalar por minha vez as visitas ao nosso prezado General Aurélio, a quem tenho tido satisfação de acompanhar mais ou menos de perto, desde a segunda quinzena de setembro último. Para nós todos constitui razão de muita alegria a sua vinda a Minas, onde tem afeições tão carinhosas e dedicadas no coração dos filhos e dos netos, que muito carinho lhe consagram, como é natural, e em registrando o nosso prazer queremos felicitá-lo pela galharda maneira de reagir nos trabalhos do momento que passa.

A perturbação orgânica só é enfermidade para aqueles que se sentem doentes no espírito. Para os trabalhadores da linha elevada do nosso amigo, o acidente físico é um trabalho como qualquer outro que a Providência Divina nos recomenda fazer. Felizmente, soube sobrepor-se a todas as circunstâncias e a sua vontade bem orientada vai reconquistando, pouco a pouco, o domínio de todas as zonas interessadas pelo acidente circulatório. O Dr. Ismael, aqui presente, pede para que o nosso amigo continue atento às recomendações de quarta-feira passada, quando lhe deixou alguns pareceres de médico e de amigo. Com calma superior, o seu problema da fala vai sendo brilhantemente resolvido e esperamos que a visão melhore dentro de pouco tempo, autorizando-lhe a retomar a confiança nos óculos. Esperemos um pouco mais. Os serviços dessa natureza chegam, por vezes, repentinos, mas são atendidos com tempo, serenidade e paciência.

Os companheiros que o auxiliam são numerosos e como-ve-nos a dedicação merecida e justa de que é objeto. A perma-nência aqui lhe trouxe grande bem ao estado geral e confiamos em que esse proveito seja acentuado cada vez mais.

Agradeço à irmã Júlia, muito sensibilizado, a atenção que vem dedicando, como sempre, às minhas páginas des-pretensiosas.[1] Seu carinho na conservação dessas cartas pa-ternas é algo de muito grande para a humildade do serviço. **Um pai e um avô quando falam**, porém, na maioria das vezes, recebem o estímulo de outros corações que palpitam nas ondas mais luminosas de "Cima" e, por isso, em muitas ocasiões, transmitem lembretes de amor que se iluminam da influenciação de ordem superior a que me refiro. Des-se modo, creia a nossa devotada amiga que a parte mais elevada dessas mensagens do coração reflete a bondade de outros companheiros nossos, mais sábios e mais amorosos que eu mesmo. De qualquer maneira, quanto me é possível, verto o coração no papel, na ânsia de significar aos nossos fi-lhos e netos quanto lhes devo em ternura e em dedicação e, por isso, agradeço a generosidade com que minhas palavras singelas são copiadas e arquivadas. O tempo, em verdade, consome as flores em sua organização material, mas o perfu-me é eterno. Os únicos recursos aproveitáveis nessas cartas são os do amor e da fé viva, aroma da confiança Naquele que nos prometeu auxílio e assistência até o fim dos séculos. Quanto ao mais, o tempo passará célere e um dia espero nos reencontremos todos no "Grande Lar", sem necessidade de recurso ao lápis e papel humanos, por meio de expressão do afeto que nos liga uns aos outros.

Meu caro Rômulo, vamos seguindo a sua saúde aten-ciosamente. O receitista é de opinião que você use por 10 dias, pela manhã, antes do café, um cálice de água pura com 4 a 5 gotas do *Cannabis Sat.*. Precisamos dessa providência

---

[1] Nota da organizadora: todos os anos, vovô Aurélio e vovó Júlia, residentes na capital do Rio de Janeiro, passavam as férias conosco, na Fazenda, cabendo a ela, nesses períodos, a datilografia das mensagens psicografadas por Chico Xavier durante o culto no lar.

em favor de suas necessidades de saúde. Felizmente, pelo serviço magnético, você tem recebido muito mais do que possa calcular. As suas melhoras, graças a Jesus, são enormes! Posso dizer delas com o conhecimento de que somente a minha atual condição deixaria perceber. Por outro lado, a sua tarefa junto dos necessitados e sofredores prossegue vitoriosa com o auxílio divino. Grande é a minha satisfação identificando-lhe o esforço e a boa vontade. Mais tarde, verá você que estamos em começo. Não podemos calcular, em conjunto, agora, a extensão do campo que nos compete "amanhar". Quando surpreendemos os imperativos de trabalho que nos prendem à grande família humana, nossa vida mental se modifica nos fundamentos. Somos devedores de todos. Um círculo imenso se alarga em derredor de nossas mãos e de nossos pés, e não obstante a complexidade e amplitude grandiosa da obra que desafia o ânimo, a paciência e o tempo não temos o direito de desanimar.

Ainda que possamos apenas dar um passo cada dia, pelas circunstâncias constrangedoras desse ou daquele ângulo do ministério cristão no bem, não devemos deixá-lo para o dia seguinte. A ordem do Alto é de seguirmos adiante no caminho traçado dentro de nós mesmos, melhorando, purificando, retificando, engrandecendo, sublimando e produzindo para o bem.

Felizes de vocês que se subtraem às sugestões de parada. Parada é desembarque em "algum lugar" e quando não vem por determinação do plano superior é sempre inoportuna e perigosa, porque, enquanto no corpo, não temos uma visão suficientemente segura das estações a que somos conduzidos nos intervalos da marcha.

Deus o conserve de ânimo firme para o serviço que nos foi confiado, hoje e sempre. Realização para o bem é a exigência do esforço administrativo "de Cima". Edifiquemos, dessa maneira, onde estivermos, nas linhas materiais e espirituais sob a inspiração de Jesus para que o nosso esforço ativo fale em silêncio por nós mesmos em qualquer eventualidade do caminho.

Registro aqui, com sincera satisfação, a visita dos vários amigos do General que se acham presentes e reitero meus agradecimentos à irmã Júlia. E reunindo-os num grande abraço de gratidão e de amor sou o papai muito amigo que não os esquece,

A. Joviano

Na noite de 13 de fevereiro

Meus caros filhos, Deus abençoe a vocês, conceden-do-lhes muita saúde, paz e alegria.

Desde alguns dias venho fazendo o propósito de algo escrever-lhes com respeito aos trabalhos de materialização levados a efeito **na noite de 13 de fevereiro** último.[1] Achá-vamo-nos todos presentes à reunião, embora com dificul-dades francamente insuperáveis para fazer-nos identificados pessoalmente, como de nosso desejo. Acontece que o mé-dium Peixoto se encontrava fisicamente exausto, mas ainda assim conseguimos, num serviço de conjunto, dar-lhes no-tícia ligeira da sobrevivência. A sessão encenou muita coisa de belo em vista da positivação da nossa atividade espiritual e quando nos não tenha proporcionado um encontro direto e pessoal, qual seria de desejar, favoreceu-nos a concepção, estabelecendo certos padrões necessários à compreensão de vocês quanto ao nosso processo de atuação.

Recolhêramo-nos em companhia de alguns amigos, na "câmara mediúnica" improvisada no salão de leitura ao pé da lareira, e tudo fizemos por sustentar as forças físicas do intermediário compelido a largo dispêndio de "energia ner-vosa" a benefício do fenômeno puro. De todos os materiais que conseguimos concretizar para a manifestação, destaco o serviço de enfermagem prodigalizado à senhora doente e à "garganta fluídica" para a voz *sui generis* de José Gros-so. Além desse serviço, os demais trabalhos foram parciais, inclusive o das explosões luminosas que desejáramos mais estáveis e duradouras. Rendamos, contudo, graças a Deus

---

[1] Nota da organizadora: em 13 de fevereiro de 1949 não houve mensagem escrita, apenas oral por materialização com o concurso do médium Peixotinho.

33

pelo muito que obtivemos. Essas demonstrações, até certo ponto, tranquilizam a alma por aliviarem o intelecto quanto ao problema de viver ou não viver além do sepulcro. Nosso esforço esteve ativo e vigilante, e, felizmente, coroado de pleno êxito, porque ainda nessa reunião, que poderia parecer de pesquisa simples e inútil, o serviço de socorro aos doentes foi efetuado sob o espírito de confraternização no lar. Dos pequenos espinhos que comparecem em flores tão belas de alegria e esperança, não guardemos recordação. Cada um dá o que possui. Não podemos pedir uvas ao espinheiro, segundo a palavra evangélica, e mais vale calar ante a leviandade que fazê-la viver artificiosamente com a ruína de nossa paz individual e doméstica, através de esclarecimento hábil, mas inoportuno. Desejo tão-somente que vocês se detenham na luz bendita que o fato nos trouxe para concluírem quanto à felicidade que desfrutamos pela possibilidade de estudar o Evangelho e o Espiritismo livremente, deles fazendo abençoado culto no lar, preparando sentimento e raciocínio perante a vida próxima.

Creiam vocês que todos os participantes daquele banquete de claridade sublime, em que a sombra terrestre realçava a luz espiritual, assinaram compromisso importante. Não podem alegar dúvida quanto à espiritualidade, sem dano lamentável à própria consciência. O proveito foi enorme, graças a Jesus.

Relativamente à afirmativa de José Grosso, no que concerne às probabilidades favoráveis do Rômulo no campo mediúnico das materializações, isso não padece dúvida. Contudo, devemos aguardar o tempo e a conveniência para todas as realizações, mesmo louváveis. Confesso que sempre sonho para vocês, idealizando-o sem cessar, um santuário em grande zona de serviço aos semelhantes, templo esse em que ambos possam pontificar na administração do bem na mesma condição de companheiros no casamento divino e humano, todavia, essa tarefa não desdobrar-se-á por agora. Seria difícil administrar com segurança em dois campos diferentes, quando a parte mais hostil da luta não foi terminada.

Ao demais, não há mediunidade alguma superior no cumprimento da vontade divina e essa vontade, no momento, não determina tal mudança de imediato. Por enquanto, é indispensável materializar o pão para muitos lares através do trabalho bem distribuído e da orientação bem organizada, concretizando benefícios gerais a mãos cheias para dezenas de antigos associados de tarefas, ainda mesmo que eles nada percebam, nem agradeçam.

O dever espontaneamente atendido para com o Dispensador de todas as graças é a maior glória para a alma. Assim, continuemos na fé operante, aguardando a época justa de consagração mais absoluta ao setor lembrado, aliás, com sincera bondade por nosso amigo visitante. Em tudo há que satisfazer os imperativos de ordem inadiável. Esperemos, pois. Registro, porém, em nossa carta, os trabalhos de materialização com muito reconhecimento a todos que se mobilizaram para no-lo oferecer.

Estamos muito satisfeitos com as melhorias do nosso admirável amigo General Aurélio. Todos nós que o acompanhamos frequentemente, desde alguns meses, esperamos com muito prazer o seu reajustamento geral. Que o divino Médico nos proteja e abençoe.

O nosso companheiro Raphael Chrisóstomo está conosco e saúda-os. Deixa-lhes, a todos, um abraço cordial.

Não se descuidem da homeopatia e dos cuidados indispensáveis à saúde física. E reunindo-os em meus votos ardentes ao Alto pela paz de todos, extensivos de modo muito particular ao General Aurélio e à irmã Júlia, sou o papai e amigo de sempre,

A. Joviano

---

[2] Nota da organizadora: em referindo-se a Raphael Chrisóstomo de Oliveira, desencarnado em 3 de março de 1945, em acidente com seu avião particular, ocorrido na Fazenda da Pedra, em Campos | RJ.

Reconquista da saúde

Meus caros filhos, Deus abençoe a vocês, ao lado dos nossos amigos presentes, concedendo ao General Aurélio e à nossa irmã Júlia muita alegria e bem-estar.

Estamos deveras encorajados com as melhoras positivas do nosso estimado General, que vai recuperando as energias com tanta segurança. Não confiarmos o pensamento ao comando da enfermidade é alta percentagem de **reconquista da saúde**. A ideia dominante constitui força de inapreciável poder na realização individual.

A vida humana em si, repetiremos sempre para vocês, é um aprendizado de grandes proporções. Uma das grandes lições que poderíamos colher e fixar dentro dela é a do controle da mente, das situações e das circunstâncias. Se a criatura ainda na luta carnal pudesse compreender toda a importância disso, certo se desvelaria em utilizar grande tempo para efetuar semelhante conquista em edificação isolada.

Sem esforço individual é difícil, ou quase impossível, atingir os objetivos de luz e paz que buscamos, porque a religião é igual ao educandário. Não é o colégio que constrói a competência profissional, propriamente considerando, e sim o aprendiz, que aproveitando os recursos do colégio se faz valoroso e grande, respeitável e nobre na profissão escolhida. Assim ocorre igualmente em qualquer campo de fé – não é o conjunto de ensinos e revelações que impõe engrandecimento à alma e sim a alma que, usando os recursos religiosos, consegue ultrapassar os padrões de humanidade, colocando-se a caminho da sublimação. Por aí verificamos a expressão de base de que a nossa atitude se reveste na vida comum. Dominarmo-nos para servir eficazmente ao bem deve ser nosso programa diário. É indispensável nos reeduquemos nesse roteiro, com paciência e habilidade, para sermos mais úteis e abençoados aqui. Dentro de nossa esfera, possuímos igualmente certa medida de forças mobilizáveis com limitação de tempo, que se diferencia em cada um. Muita gente, porém, gasta, em nossos círculos, a maior parte do tempo em difíceis readaptações por inobservância das sugestões de autocontrole que a experiência humana oferece. Somos canais, em verdade, através dos quais se manifestam os imperativos do desígnio superior, mas somos também reservatórios e nessa condição devemos saber guardar nossas forças para distribui-las com geral proveito. Tais considerações vieram a exame por ser proveitosas a nós todos na apreciação do tratamento de nosso prezado amigo. Se o General Aurélio não tivesse reagido a tempo, se houvesse consagrado a mística da enfermidade por norma de cada dia, certamente teria adquirido um manancial de queixas inúteis, mas, felizmente, para ele e para nós, que nos edificamos em seus exemplos de trabalho e orientação digna, a sua mente não adormeceu... Fortaleceu-se, cresceu, senhoreou o corpo e vemo-lo naturalmente quase reintegrado na sua posição de comando dos próprios caminhos. Não temos, assim, – e aqui falo por vários amigos seus – senão a indicação dessas mesmas diretrizes para o seu tratamento atual. Use as medicações que lhe forem designadas pelos benfeitores que o assistem, todavia, esteja convencido de que acima dos remédios reina a medicina da alma, que não ignora o poder da vontade operosa e fortalecida. Pouco a pouco, momento a momento, minuto a minuto, dia a dia, conseguiremos tudo o que existe de nobre e elevado aos nossos desejos. Não esmoreça o nosso companheiro e em breve reconhecerá a oportunidade precisa de suas reações em favor de si mesmo. Quanto à nossa interferência amiga, convença-se de que o nosso concurso é diário, ativo e permanente.

Rômulo, meu filho, felicito a você pelo serviço magnético de alívio e cura. Mais tem o Senhor para dar-nos toda vez que bem aplicamos as dádivas recebidas. Grande é a sua luta em todos os setores, mas sem luta benéfica na esfera em que nos encontramos associados em serviço a vida se faz desinteressante ou tediosa. A luta é o meio, a experiência é o fim. De experiência a experiência atingiremos a meta a que nos propomos. A ordem de "Cima" é de marcha. Daí a minha prece reiterada a Jesus para que vocês saibam caminhar para a frente nessa jornada espinhosa e florida, difícil e bela, exaustiva e gloriosa. A flor, a beleza e a glória, por enquanto, não são visíveis aos olhos de vocês, mas um dia verão "a outra face" e entenderão com facilidade as minhas humildes palavras.

Continuo na missão de trabalhar por todos, com entusiasmo, e de servir com certa dificuldade aos que amamos. Nesse roteiro, vou seguindo, por minha vez, entre a expectativa e a esperança. Que Jesus nos abençoe e fortifique.

Desejando-lhes a todos muita felicidade e bom-ânimo, deixa-lhes afetuoso abraço o papai muito amigo de sempre,

A. Joviano

Cada dia tem

as suas surpresas

Meus caros filhos, Deus abençoe a vocês todos, conferindo-lhes muita saúde e paz, ao lado dos nossos queridos amigos.

A permanência do General Aurélio conosco tem sido motivo de grande satisfação e de valiosos ensinos. Admirável na sua resistência, vemo-lo em triunfo na grande batalha que encetou a benefício do próprio reajustamento. Muitos companheiros nossos, de início, opinaram com reserva sobre a demora dele em Minas por mais de trinta dias, considerando-se à distância do mar, na altitude em que nos encontramos. Todavia, o General honrou o título e sentimo-lo melhorado, em expressão anteriormente inimaginável. Felizmente, a sua alegria de estar aqui acentuou-lhe a reação benéfica e a posição em que se encontra é das mais agradáveis para nós todos que lhe seguimos o tratamento desde as primeiras horas.

Robustecido na confiança em si mesmo, convicto na amizade daqueles que o seguem de nosso plano, amparado pela dedicação de nossa irmã Júlia, em verdade se habilita para um reajustamento cem por cem. Que Jesus, o nosso divino Médico, nos acolha os desejos de senti-lo cada vez mais forte e livre das inibições que ainda o incomodam. Dentro dessas, salientam-se, de imediato, as impressões enfermiças da cabeça, que em frequentes ocasiões lhe impõem indisfarçável mal-estar. Nossa irmã Amélia,[1] presente, recomenda-me lhe diga que o fenômeno é passageiro e que as melhoras gradativas da rede circulatória serão portadoras da normalida-

---

[1] Nota da organizadora: em referindo-se à minha bisavó Amélia, mãe do vovô Aurélio.

de precisa. Algum cuidado no repouso, evitando passos apressados ou irregulares com problemas de altura e, pouco a pouco, a questão será devidamente solucionada. Merece o nosso amigo cumprimentos gerais de todos nós que o estimamos, porque, realmente, a sua posição volta a ser invejável!

Tenho acompanhado, meu caro Rômulo, as suas lutas e pensamentos nos últimos dias. O espírito de serviço é uma bênção. Quando o homem descobre a satisfação de trabalhar por todos, resolve os mais graves enigmas de si mesmo. O plano terrestre é uma escola feliz e atraente para os que lhe sabem receber as lições. **Cada dia tem as suas surpresas** valiosas pelos ensinamentos que trazem e estejamos convencidos de que todos os nossos associados de destino que repousam à margem da senda voltarão céleres à luta, com oportunidades de iluminação e aperfeiçoamento mais difíceis que as de agora. Cheguei a um ponto em que não posso compreender o descanso de tantos daqueles em que mais esperávamos. A única atitude razoável de nossa parte, ante a ocorrência, é a de serenidade por dentro com um sorriso por fora. Depois de esclarecida a lição, resta ao aluno praticá-la na vida comum. Façamos o que nos cabe. Encha como sempre a sua mente com ideias salutares e construtivas, beneficiando a comunidade confiada ao seu tirocínio e educando-a, com todos os recursos ao seu alcance. Edifique, ensine, beneficie, ajude, esclareça, ampare, fortaleça o ideal nobilitante em todos os que se aproximem de seus passos e você verá, mais tarde, o celeiro farto. "Nenhuma semente do bem se perde". É da lei divina que assim seja. Quanto ao próximo que a vida situou no caminho que trilhamos, esperemos que novas madrugadas lhes despertem a sementeira edificante. O tempo é infinito e a lavoura é grande, dentro e fora de nós. Mais vale avançar para contribuir depois, com eficiência e segurança, que chorar sem proveito, lamentando as pedras da estrada, com desperdício dos recursos que o Céu nos confiou. Continuemos nesse espírito. É o mais aconselhável e o mais nobre, mesmo porque "forças mais poderosas de que os nossos desejos estão agindo e tudo pode transformar-se de um dia para outro, apressando a recapitulação do aprendizado".

Para a saúde, o nosso clínico aconselha a você o uso de *Kalmia, Rododentro 5ª, Ipecacuanha* e *Lachesis*. As modificações do teor atmosférico, de alguma sorte, influem nesses estados. Você tem lucrado, contudo, extraordinariamente, desde a instalação da sua máquina de magnetismo curador. A sua posição, no fundo, assemelha-se a de um doador de sangue rico e regenerador. À medida em que distribui, conquista nova e mais preciosa corrente sanguínea, necessitando dar com intensidade para manter-se em equilíbrio justo. Sua renovação fluídica é sensível e, de nossa parte, conseguimos observar essa verdade com mais precisão. Em transições de temperatura como esta, guardem todos um certo cuidado, resguardando-se e precavendo-se. O corpo é tão sagrado quanto um altar.

Por Roberto, vamos trabalhando como sempre. Louvado seja o nosso divino Mestre que tanta luz vem acendendo junto de nossos passos.

Aqui devo despedir-me. Que a Providência ampare a todos e conceda a restauração completa ao nosso estimado General. A visita à Maria fez-lhe imenso bem. Refiro-me particularmente a ela, porque bem sei quão preciosa lhe é a companhia da filha querida, que o compreende tão bem.

Desejando-lhes, pois, a todos muita paz e bom-ânimo, sou o papai saudoso e amigo de sempre,

A. Joviano

27/04/1949

Hoje é noite consagrada pelo 27

Meus caros filhos, Deus abençoe a vocês, conferindo-lhes muita saúde, alegria e paz.

Nossos pensamentos recebem a comovedora lembrança dos nossos amigos que regressaram a 21 e pedimos ao Alto, endereçando nossas solicitações aos nossos benfeitores, para que o General Aurélio e a irmã Júlia recebam igualmente de nós as melhores vibrações de nossa gratidão e alegria.

O nosso companheiro em tratamento, em verdade, revelou a sua fibra de jequitibá em todos os dias de sua permanência na montanha. Aprendam vocês, meus filhos, a guardar semelhante fortaleza, porque não basta relacionar muitas flores nas frondes de nossa vida. É indispensável que nos façamos resistentes perante a tempestade. O General é realmente um herói, mais destacado nestes últimos tempos em que a ventania das circunstâncias lhe abalaram os preciosos fundamentos da saúde. Grande é a mensagem dele para nós todos que lhe observamos o comportamento em plena luta.

Hoje é noite consagrada pelo 27 e comemoro com vocês as alegrias do novo ano de felicidade conjugal, além das Bodas de Prata.[1] Permita o Senhor possamos vê-los na mesma comunhão espiritual de todos os dias. Os laços imperecíveis que lhes unem os corações nos mesmos pontos de vista, no mesmo esforço e nas mesmas alegrias chegam de muito longe. Digne-se o nosso Mestre e Senhor abençoar-

---

[1] Nota da organizadora: dia do mês em que se comemoravam as bodas nupciais de Rômulo e Maria Joviano, ocorridas em 1923.

lhes hoje e sempre as esperanças de felicidade maior, sempre mais sublime e mais vasta.

Já que a noite nos sugere pensamentos com um conteúdo de emoção assim tão intenso, permito-me partilhar-lhes os entendimentos com relação à propriedade que desejam adquirir no Rio. Perdoem-me tanger essas cordas de nossa instrumentalidade na tradução do hino da vida no presente, mas é que não desejo vê-los demasiadamente preocupados com o problema. Se optarem pela iniciativa agora, busquem-na unidos, dois a dois, em qualquer frente.

A sintonia é tudo numa união como a de vocês, cuja beleza todos nós admiramos incessantemente. A existência na Terra, sob qualquer aspecto, é uma batalha cuja vitória não permanece no mundo.

Assim sendo, em qualquer cometimento, relacionem, como é justo, o caráter de "combate" que reveste a experiência humana em todos os setores. Em todas as posições e situações humanas, prevalecem as probabilidades a favor ou contra nós. Quem retém patrimônios de saúde física pode perdê-los quando menos espera. Aquele que amealha recursos num banco pode experimentar a decepção com a desvalorização do dinheiro. Quem adquire uma casa está naturalmente sujeito a muitas perdas e danos. Pensem no caso sempre assim, com esse espírito de quem se utiliza de qualquer benefício do mundo, como quem desfruta de valioso empréstimo. Até agora vocês acreditaram no valor do trabalho e isso representa suficiente lastro de êxito em qualquer medida que adotem, porquanto, de qualquer maneira, a primeira posição de vocês é no "espírito de serviço". Em razão disso, não temam nem sofram preocupações excessivas. Traçado esse preâmbulo sobre a transitoriedade das experiências humanas, tomo a liberdade de penetrar diretamente no assunto, não como um advogado hábil que desejasse salientar os pontos de vista de uma parte com esquecimento da outra. Não. O que vocês fizerem hoje é também trabalho que me pertence, porque vocês participam de tudo que estou fazendo.

A infalibilidade é uma condição da qual todos nós nos achamos infinitamente distantes. E, por isso, podemos experimentar sempre e toda vez que o "erro da boa intenção" estiver de nosso lado, o erro se converterá no benefício de preciosa lição. Considero, desse modo, que o assunto da compra é oportuno, dependendo do imediatismo do acordo de vocês dois. Naturalmente, a Bondade Infinita nunca nos cessará as portas e haverá sempre um recurso para as nossas necessidades. Em virtude disso, podem julgar mais oportuno o adiamento da aquisição, mas é importante que continuem pensando nela. Em meu paternal coração, procuro vê-los, cada vez mais dilatadamente, nesse campo harmonioso, de alegrias fartas e de céu azul, cheios de paz, de felicidade e de alegrias... No íntimo, o que eu mais idealizo é que o Roberto aqui pudesse amparar a obra admirável a que o Rômulo e você, minha querida Maria, consagraram tão belos anos da vida e tudo faremos para que este parque de serviço e de paz seja honrado por todos os que se desvelam no bem coletivo, entretanto, achamo-nos com verdadeiras multidões de espíritos que pensam em rumo oposto e em verdade é preciso prever, antes de remediar, qualquer problema inquietante. Um ninho para vocês no Rio, onde possam respirar no clima de vida coletiva a que se habituaram pelos ideais superiores que esposaram na vida, é algo de necessário em que nos cabe pensar.

Não posso, em sã consciência, fazer indicações diretas, como no caso presente, em que a questão comparece solicitando decisão de caráter apressado, mesmo porque nunca é agradável recebermos uma obra incompleta, ainda mesmo quando respeitáveis sejam as promessas de acabamento, mas nesse particular admito que o propósito de uma propriedade no Rio de Janeiro, a que nos reportamos, com o espírito de progresso em torno do lar e com o mar à frente, é uma realização ponderável, com todos os característicos de oportunidade com vistas ao futuro. Tratemos, pois, do caso, com serenidade.

Há enigmas naturais que não se decidem com alegria, mas que a providência manda resolver atendendo à nossa própria felicidade. Vocês merecem essa bênção de um lar próprio no Rio para qualquer eventualidade e muito têm trabalhado para consegui-la. O destino simbolizando o determinismo de ordem superior há de facilitar-nos a execução desse plano. Em razão do exposto, só peço a vocês harmonia de vista, integral, no caso.

Com os corações entrelaçados, não há sombra no caminho que o Senhor nos concedeu a trilhar. Agora que a Providência lhes renova o domicílio no campo, há de auxiliá-los igualmente a conseguir o da cidade. Resolvamos com calma, com paz e muita alegria. Vale mais a vitória da perfeita união espiritual, ainda mesmo que as lutas humanas aumentem ao redor de nossos passos, que muito êxito na experiência terrestre sem esse tesouro de harmonia que vocês souberam acumular pelo trabalho, pela compreensão e pelos anos bem vividos.

Estaremos juntos nas decisões e Maria será a nossa representante legal, analisando as probabilidades, ajustando-as, adiando-as ou coordenando-as, na qualidade de pensamento orientador do nosso "reino doméstico". Não lhe faltam tirocínio e nem luz, porque, para isso, tem sabido lutar, trabalhar, perseverar e vencer, com a ordem e com o bem.

Meu caro Rômulo, acompanharei vocês nas viagens e espero não se esqueçam dos elementos homeopáticos. Você vai bem melhor dos rins e o nosso receitista é de parecer que persista com o *Cantharis*, evitando, naturalmente, na viagem os processos muito violentos de transição da mesa, como sejam os pratos de carnes excessivamente condimentadas. Quanto ao mais, o "copo d'água pura" é o nosso melhor veículo de tratamento, depois das sutilezas maravilhosas do passe magnético.

Tudo vai bem com o auxílio divino. A vocês todos, o grande abraço muito enternecido e saudoso do papai que não os esquece,

A. Joviano

11/05/1949

Minha querida neta

Meus caros filhos, Deus abençoe a vocês, conferindo-lhes muita saúde, paz, alegria e bom-ânimo.

O retorno ao lar é sempre recomeço – recomeço de trabalho com a esperança no Mais Alto na jornada para a frente.

O mundo exterior para vocês, agora, é muito mais um campo de serviço e observação que um parque de refazimento e recreio. A luz do Evangelho descortina vastos horizontes interiores e, conduíte ao contato da verdadeira claridade espiritual, encontramos o entretenimento construtivo para o coração habilitado, hoje, a selecionar o próprio alimento e como, para nós, nos dias que correm, só conseguimos repouso agindo no bem, o campo doméstico é sempre o nosso maior ninho de serviço. Isso valoriza o santuário familiar, porque o "outro mundo", o mundo onde há tempestade de sentimento, indiferença e perturbação é lá fora, de onde o espírito evangélico regressa invariavelmente enriquecido de renovados impulsos de trabalho salutar. Nessas diretrizes, as excursões de vocês se fazem cada vez mais valiosas, possibilitando-lhes elevado esforço comparativo. De certo modo, partilham vocês, no presente, da posição de muitos companheiros de boa vontade situados no plano a que fomos transferidos. Trabalham para o mundo sem pertencerem a ele, ajudam aos irmãos da humanidade indistintamente, sem cogitarem de parentesco, que passa a ser, de fato, inexistente e, atravessando outra cidade e situações que não essas a que nos adaptamos, se sentem em casa, identificados com os outros pela linguagem e pelos hábitos, mas, no fundo, na verdadeira condição de estrangeiros sob o ponto de vista espiritual. Nossos objetivos são diferentes das metas comuns, nossas atitudes intrínsecas diferem da posição vulgar de quase todos e nossos propósitos mais íntimos são tão diversos daqueles que caracterizam a multidão dos nossos melhores amigos que, muita vez, é preciso ouvi-los longamente para que lhes possamos ser úteis nos planos a que se confiam. É a viagem espiritual que vocês vão efetuando, quase sem sentir.

A Terra, em si, movimenta-se e marcha, porque se submete à lei divina que a impulsiona para o alto e a criatura dentro dela, que age e se eleva pelo trabalho constante, igualmente move-se e adianta-se. Infelizes dos que param, porque o gelo do inverno pode cristalizá-los por muito tempo. Nesse espírito de renovação, cumprimento a vocês com a ternura de sempre.

Prossigam, assim, experiência afora, conhecendo as necessidades de todos e satisfazendo a cada um de acordo com as próprias possibilidades. Para nós, agora, o "receber e dar" e "dar e receber" são programas fundamentais que nos dirigem para Jesus Cristo. Graças inumeráveis são projetadas sobre nós! Que o Senhor nos auxilie a usá-las na extensão do infinito bem.

Estou satisfeito com o esforço desenvolvido por **minha querida neta** no sentido de iluminar-se espiritualmente cada vez mais, com a segurança do trabalho terrestre estimulado e garantido. Em Wanda, tenho a satisfação de encontrar a espiritualidade superior, não latente, mas atuante e vigorosa, qual a madureza num fruto precioso: a experiência terrena para a mocidade que se destina aos portos da luz muita vez se reveste de espinhos e tropeços de vulto. A alma serena, contudo, sabe superá-los e convertê-los em benefícios. Quase sempre os problemas se avolumam em derredor dos jovens bem orientados e seguros de si mesmos, entretanto, quando sabem perseverar no roteiro da sublimação, as dificuldades, por mais ásperas que sejam, se atenuam e desaparecem naturalmente. Nesse sentido, minha querida Wanda, rogo a Jesus fortalecer a você para que em seu coração prepondere, em qualquer ocasião, a bússola do equilíbrio perfeito. A existência no corpo é rápida e apressada. Uma viagem quase "fulminante" quando analisada de cima, do lugar em que o vovô já consegue enxergar um pouco mais. Quem espera em Cristo nunca perde e a vida em si possui âmbito vastíssimo e tão sublime que a sua grandeza transcende, por enquanto, a nossa capacidade de ajuizar e entender. Conserve, acima de tudo, a flama acesa de seu idealismo edificante. Um coração sem bandeira enobrecedora na Terra é, a princípio, um viajor sem destino, para ser, logo após, um náufrago potencial ou definitivo. Cuidemos dos tesouros que Deus nos deu a cultivar e Deus cuidará sempre dos tesouros que nos pertencem. Nossas aspirações vibram nas "mãos paternais" do Alto e só nos cabe rogar, trabalhando e servindo, nos seja concedido o necessário ao nosso proveito real. Creia, minha neta, que linha alguma aparece em nossos caminhos sem razão de ser. Naturalmente que o Mestre divino nos concedeu, no presente, as linhas alvas e brilhantes com que possamos tecer a túnica lirial do porvir, mas não é menos certo que em muitas ocasiões surgem linhas escuras, como que procurando perturbar a confecção da indumentária nova. Semelhantes fios, porém, chegam do passado distante e se para muita gente é preciso rompê-los pela violência, para nós, com o auxílio divino, há possibilidade de alvejá-los e purificá-los pelo nosso próprio trabalho na redenção. Você naturalmente ponderará os aspectos mais complicados dos problemas, entretanto, assevero com prazer que você não está só nas operações mentais da jornada. Estaremos em sua companhia muitos outros amigos e eu, cooperando no engrandecimento de suas energias. Todo o bem que você deseja fazer está sendo feito, porque o pensamento é uma força viva e, mais tarde, verá pessoalmente quão maravilhosa é, para a nossa alma, a conjugação do verbo "ajudar". Estaremos juntos em todos os ângulos da marcha e nem poderia ser de outro modo. Subamos às frondes mais altas, como sempre você nos ensina, e caminhemos para a frente.

Usem todos a nossa homeopatia antigripal. É prudente

e útil semelhante medida de preservação da harmonia orgânica.

Muita paz e alegria para vocês todos. Peço à Maria escrever ao Roberto, pedindo a ele se concentre, cada noite, antes do sono, pensando em mim. Vou aplicar-lhe uns passes de restauração no antebraço.

Que o Senhor nos abençoe a todos.

Guardem o pensamento afetuoso com um grande abraço do papai muito amigo de sempre,

A. Joviano

O mecanismo sábio da Justiça Celeste

Meus caros filhos, Deus abençoe a vocês cada vez mais, conferindo-lhes muita paz e alegria aos corações.

Dentro de nossos entendimentos habituais, meu caro Rômulo, quero dizer-lhe que senti a sua necessidade de minha companhia espiritual para resolvermos o pequeno problema. Diante das autoridades científicas da atualidade, processam-se grandes movimentos de juízo espiritual. Ninguém suponha que o julgamento das criaturas se efetue exclusivamente à distância do círculo dos encarnados. Cada pessoa passa frequentemente por serviços dessa natureza sem perceber.

Sobre médicos menos preparados à missão recebida, outros missionários mais altos da medicina funcionam ativamente. Acima de funcionários menos adequados ao mandato que lhes assinala os compromissos, outros funcionários da luz divina orientam os assuntos. Em tudo persiste **o mecanismo sábio da Justiça Celeste**. Em aceitar-lhe os desígnios com serenidade e compreensão fundamenta-se grande parte de nossa vitória nas obrigações esposadas. Há raros olhos para a leitura dos desenhos vivos do cosmo orgânico e raros profissionais da medicina conscientes dos próprios deveres, mas através dessa instrumentalidade imperfeita se exterioriza uma sabedoria perfeita e santificada. Há muita gente na Terra em regime de sanção espiritual. Tratam-se de quantos começaram uma tarefa e a comprometem com prejuízo geral. Antigamente, supúnhamos que o mau servidor devesse aguardar o sepulcro para ser devidamente examinado. Mas não é bem assim. A obra de Jesus na Terra não se desdobra à revelia dele. Poderes de observação minuciosa expressam-se em todos os ângulos do serviço. Há "tuberculoses", "anginas", "diabetes" e "neuroses" doadas a inteligências rigorosamente sadias em corpos sadios. Doadas ou impostas. Os interessados recebem a prebenda por intermédio de sentenças médicas aparentemente impensadas e ambientam-na em si mesmos na intimidade da carne, dos nervos, das forças gerais. Operam à maneira dos antigos alunos do curso primário, colorindo imagens vagamente debuxadas. A mente recebe a ideia enfermiça, dá-lhe concretização e, em breve, a criatura se destrói por si mesma, a bem dizer. Semelhante "regime de sanção" vigora, contudo, somente para aqueles que poderiam continuar desfigurando o patrimônio que receberam do Alto. De conformidade com esse processo de eliminação oportuna dos colaboradores perigosos ao bem de todos, o trabalho da justiça se opera gradativo e vigoroso, estendendo os benefícios do Alto. Assim, pois, meu filho, agradeçamos a Jesus o quanto de bênção recebemos. Seu esforço é construtivo e ampara a todos. Não nos falta a aprovação do Alto e a certeza de que marchamos com o bem, e na direção do bem, é fator de valioso incentivo para os nossos corações. A justiça se ergue em toda parte para selecionar, apreciar e manter os valores justos. Confrangem-nos o coração esses quadros que a experiência humana nos oferece em suas demonstrações inferiores; entretanto, a claridade acesa por Jesus permanece resplandecendo, há muitos séculos, e o convite do Mestre se faz ouvido em toda parte. Quem se esquiva às normas edificantes que o seu exemplo e lição padronizaram para o mundo naturalmente perturba o próprio roteiro. Cada qual colhe frutos da sementeira a que se consagrou.

Fiquei satisfeito com a solução surgida para o caso familiar, que se esboçou menos tranquilizador. A esta altura do aprendizado, é difícil atender às exigências do curso inicial. Em verdade, a vida nos reclama diariamente a evolução do pensamento para que nossa organização íntima se expanda na direção do campo superior, mas se falhamos na acústica do espírito não é fácil perceber a lição cada vez mais nítida aos que prosseguem para a frente, e mais obscura e complicada para o que estaciona no mesmo ângulo da estrada. Hoje é preciso interpretar certos fatos com superioridade de visão. A mesa está posta há muitos anos, mas os retardatários nunca encontram clima para se alimentarem com a mesma eficiência daqueles que se abeiraram dela no princípio. Essa é a senda. E a jornada dos que se propõem atingir um ponto mais alto não pode ser interrompida sem grave dano para nós mesmos.

Relativamente à queda da temperatura, por algumas semanas usem um pouco de caldo de limão no chá de mate, convenientemente adoçado e quente, uma a duas vezes por semana. É um excelente processo de aplicação de vitaminas preciosas na resistência orgânica.

Espero em Jesus que vocês prossigam sempre felizes e robustos no trabalho diário e na fé renovadora. Que a Providência Divina nos ampare sempre, são os votos do papai muito amigo,

A. Joviano

Nos recessos do lar

Meus caros filhos, Deus abençoe a vocês todos, conferindo-lhes muita paz e bom-ânimo aos corações.

Venho da tarefa de assisti-los na viagem última e sinto-me satisfeito em lhes identificando a tranquilidade **nos recessos do lar**. Em verdade, o santuário doméstico é um abençoado refúgio. Vocês observarão, lá fora, os conflitos dos interesses inferiores da vida.

Homens respeitáveis disputando insignificâncias, companheiros distintos e esclarecidos, sob o ponto de vista intelectual, resvalando para situações escuras quanto ao espírito eterno, e nós vemos o grande mundo invisível, a esfera obscura que rodeia tanta gente digna e estimável. Entidades perturbadas, mentes cristalizadas em caprichos rasteiros, lutas quase imperceptíveis em que desencarna dos cruéis que perseguem e fascinam aqueles que lhes captam as ondas vibratórias. Para vocês, a sensação é inquietante. Para nós, a visão é muito triste. Imaginem a aflição que lhes causaria uma ordem superior que os compelisse a pronunciar a verdade num ambiente venerável por todos os títulos terrestres! Vocês, naturalmente, sofreriam indefiníveis sensações de angústia em traçando diretrizes que ninguém ouve, nem compreende muitas vezes. Para nós, o problema é quase o mesmo. Ninguém nos obriga a desenhar roteiros para os espíritos transviados, entretanto, a nossa dor é idêntica à que preocupa um diretor sincero de sessões consagradas ao intercâmbio com o invisível – somos tentados a socorrer, a doutrinar, a ajudar, a ensinar, mas... Onde está a passividade edificante do ouvinte? Muitos foram, sem dúvida, os quadros que me consternaram o coração, todavia, aquele que mais fundo me feriu a alma é o da posição do velho amigo que percorre o sítio doméstico sumamente querido ao coração apegado a todas as particularidades que lhe assinalam o antigo patrimônio material. Não cede para ouvir a ninguém. Não aceita alvitres fraternos e não entende traço algum de outra vida que não seja a do corpo denso, à qual se religa através de todos os modos ao seu alcance, não por deficiências de instrução, mas por lacunas de preparação espiritual. Aproximou-se de vocês frequentes vezes e chegou a avistar-se com o Rômulo "em sonho" ou no desprendimento parcial da noite. Pede socorro, mas não se adapta ao gênero de assistência que necessita. Perturbado, aflito, sem repouso, transita nas linhas da "posse imaginária" a que se algemou, perdendo tempo precioso. Ajudemo-lo, cada vez mais, com os pensamentos de fraternidade. Os desastres da vida física esmagam corpos e criam espetáculos passageiros, de sangue e sofrimento, mas as devastações do espírito são dolorosas por perdurarem enquanto os interessados em refazimento da paz não se desinteressam mentalmente delas. Creiam, porém, que de qualquer modo nossa influenciação foi benéfica e salutar nesse encontro direto. Nem sempre conseguimos tudo, mas a linha mais completa de qualquer figuração geométrica começa sempre de um ponto minúsculo. Assim, as tarefas de despertamento e renovação da alma iniciam-se com pequenos gestos e palavras simples, e aparentemente inexpressivas. Abençoemos as dádivas que o Senhor nos conferiu e passemos adiante.

Estamos todos sinceramente satisfeitos com o aparecimento do livro do nosso amigo espiritual. Constitui a materialização de um curso de evangelização que foi iniciado, precisamente, em nosso meio, em 1939. É uma satisfação muito grande reparar que vocês puderam guardar a sementeira no tempo sem desmerecer da confiança do Alto. Certo, muitos núcleos espiritistas poderiam realizar idênticas edificações, todavia, falta ao maior número esse "espírito de serviço com esperança" de quem sabe que as horas restituem os frutos da semente com expressões matemáticas indiscutíveis. E em qualquer organização humana há que observar, esforçar-se, experimentar e aguardar, que não dizer dos imperativos de paciência e serenidade, fortaleza e trabalho que devem presidir as tarefas inerentes ao espírito eterno? Nossa alegria é muito sincera e de minha parte entrego-lhes todo o conteúdo de meu júbilo espiritual, apreciando-lhes os esforços e pedindo a Deus para que vocês prossigam em boa posição perante o câmbio da eternidade. Em toda operação da vida, procuremos os fundamentos. Para nós o que não subsista com valor essencial e imperecível deve ser naturalmente esquecido em lugar à parte para quantos ainda precisem de material transitório para a escalada ao progresso comum.

Nesse meu pensamento não vai qualquer apelo ao olvido de nossos deveres humanos na experiência terrestre, por mais desagradáveis nos pareçam quando já possuímos certa provisão de luz espiritual.

Para todas as realizações há tempo preciso e determinadas obrigações só devem ser colocadas à margem do caminho quando a consciência nos aprove a modificação de atitude na pauta do "dever cumprido" e do "problema liquidado". Enquanto um servidor de Jesus é chamado à missão representativa nesse ou naquele ângulo do serviço de construção evolutiva a tarefa não pode, nem deve ser interrompida, porque quem representa o superior educa sempre na direção do infinito bem.

Relativamente ao novo livro,[1] espero traçar um pequeno trabalho nos moldes do "Alvorada cristã", considerando as necessidades do culto doméstico do Evangelho, em fase de multiplicação no Espiritismo brasileiro. Se para tanto merecer o auxílio de Jesus, aguardo a possibilidade de iniciá-lo em fins de junho, depois do dia 18, quando meu espírito tem compromissos nas lembranças de Célia.[2] Como sempre, contarei com o incentivo de vocês todos.

Agora, é preciso terminar. Nossos assuntos possuem o gosto da eternidade e, por isso, não falham aos característi-

---

Notas da organizadora: [1] vovô refere-se ao livro *Caminho, Verdade e Vida*, psicografado por Chico Xavier e lançado em 1949, pela FEB. [2] Em referência ao dia 18 de junho, "Dia de Célia", Célia Lúcius, personagem do livro *50 anos depois*, psicografado por Chico Xavier, pelo espírito de Emmanuel (FEB, 1940).

cos de infinito. Continuaremos assim, fora do papel, a permutar o afeto invariável, de coração para coração.

Prossigam em uso dos remédios antigripais. É prudente preservarem-se contra os resfriados de consequências lamentáveis para a organização fisiológica geral.

Reunindo-os num grande e afetuoso abraço, sou o papai muito amigo que não os esquece,

A. Joviano

Culto doméstico do Evangelho

Meus caros filhos, Deus abençoe a vocês todos, conferindo-lhes muita paz e alegria aos corações.

Falam vocês com referência ao **culto doméstico do Evangelho** e o assunto é realmente dos mais importantes.

O lar onde a Boa Nova do Cristo persiste por lâmpada acesa no convívio habitual é uma estação emissora de raios vitalizantes e renovadores, em todas as direções. Natural que os primeiros beneficiários desse tesouro sejam os componentes do grupo familiar.

Quem derrama perfume em derredor de si próprio é quem mais recebe a onda balsamisante que lhe diga respeito. Assim também os pensamentos do bem com Jesus. Depois de operarem a concretização de bênçãos inúmeras, em torno daqueles que a veiculam, prossegue, caminho afora, espalhando a sementeira de infinito e de eternidade.

Quando um santuário doméstico se consagra a esse ministério de elevação, ganha a esfera superior uma nova sede de serviço na crosta da Terra. Enquanto a criatura se envolve nos indumentos de carne é difícil reconhecer o valor de semelhante tarefa. Entretanto, há quem acompanhe dos círculos mais altos o progresso santificante desses núcleos de paz e de amor. Mas, segundo a mensagem que vocês registram, é muito difícil a integração de duas almas no divino serviço.

Há inúmeros casamentos de expiação, muitos de provas, outros tantos de corrigenda, muitos de fraternidade ou socorro mútuo, alguns de simpatia para tarefas em comum, e raríssimos de verdadeiro amor, onde a reciprocidade e a sintonia perfeita sejam os característicos fundamentais da ligação.

A crosta da Terra é simplesmente um departamento da vida na Terra. E nesse instituto em que nos encontramos, guardadas, embora, as leves diferenças que nos marcam a roupagem, a reencarnação funciona em matéria de casamento por elemento de associação das almas e o transe da morte física opera por recurso de desassociação. Mais de noventa e cinco por cento dos casais se encontram sob esse imperativo. Quase sempre antes da morte já se encontram os cônjuges profundamente separados espiritualmente entre si, embora sustentem por dever as obrigações aparentes que a ordem social lhes impõe. E quando não há nos lares, nas duas vigas mestras do altar sublime que são esposo e esposa, pelo menos a fraternidade que ajuda e a simpatia que tolera, é quase impraticável o estabelecimento da "igreja em casa". Onde a expiação escurece, onde a prova tortura, onde a corrigenda fere, não é fácil a formação do "núcleo luminoso" senão em espíritos isolados uns aos outros. Assim me reporto ao assunto para sentirmos, no reconhecimento que nos possui, o júbilo de partilhar do pão espiritual. É raro ver uma assembleia tão grande na reunião em Cristo como a que se vê em nosso lar, não obstante o número não chegar a seis pessoas. Por essa afirmativa, podem calcular quão intenso é o esforço do plano superior para lidar com a massa. Congregam-se cem criaturas em nome do Senhor, contudo, o programa não passa da rotulagem, porque, no fundo, os companheiros permanecem reunidos em nome de seus interesses, necessidades, caprichos, aspirações e divagações, sem uma centralização pessoal nos objetivos divinos. Em razão disso, a emissora do Evangelho no lar, operando no silêncio e na perseverança, se reveste de sublime valor. Cria a vida e sustenta-a. Consola e esclarece, fortifica e ilumina.

Assertivas existem de nossa parte que não podem encontrar, de pronto, no plano de vocês, uma verificação imediata. Vive o homem encarnado em dois lados da vida, mas retém no corpo de carne a visão e o entendimento acerca de "um só".

As equações matemáticas estarão reservadas para o futuro, entretanto, podemos sentir, graças a Deus, muito de perto, em nossos corações, que abençoados anos de paz e trabalho, de alegria sã e de elevação espiritual temos recebido ao influxo de nossas preces e estudos, esperanças e reflexões em Jesus, quando, ao nosso lado, no campo em que marchamos e detendo, talvez, ferramentas materiais mais valiosas, admiráveis amigos de nossa estrada deslizam em precipícios de aflição e perturbação de sombra, e incerteza sem limites. Agradeçamos ao Senhor as oportunidades e continuemos trabalhando. O minuto é uma joia. A hora é uma fortuna. O dia é um tesouro. Aproveitá-los é subir para a gloriosa destinação que o eterno Pai nos reserva.

Estamos seguindo os problemas de saúde atenciosamente. Wanda, felizmente, vai melhor e creio que os dias próximos, em que mudará de ares, lhe farão grande bem à convalescença da gripe. Estaremos a postos no serviço de passes e rogamos a Jesus, o nosso divino Médico, pela saúde e fortalecimento de todos.

Peço ao Rômulo não se esquecer de conduzir os remédios em viagem. A jornada da Terra é assim mesmo. A medicação boa é aquela que ajuda e previne. E precisamos sempre do pão que alimente e do remédio que melhore e cure, enquanto não nos encaminharmos totalmente no rio do equilíbrio perfeito. Este tem seu percurso em zona bem mais elevada que a nossa e cabe-nos marchar para os cimos.

Muita paz e felicidade a todos. E com um abraço de coração, sou o papai muito amigo de sempre,

A. Joviano

Amealhar pão espiritual

Meus caros filhos, Deus abençoe a vocês todos, conferindo-lhes muita paz ao coração.

Com a minha afetuosa visita de sempre, trago-lhes os meus cumprimentos pela vitória contra a gripe. Felizmente, Wanda venceu galhardamente a crise do resfriado. Tive receio de que a gripe de caráter menos benigno que atacou o grupo, de modo geral, nos impusesse, desta vez, maiores preocupações. Felizmente, a Bondade Divina, por intermédio de Seus emissários, nos auxiliou a todos, permitindo-nos a satisfação de vê-los depressa refeitos, altamente receptivos, no serviço da própria recuperação. Atualmente, a luta da esfera em que evoluímos é muito intensa no sentido de socorro preventivo.

Os remanescentes da guerra última são quais nuvens miasmáticas, espalhando aqui e ali fluidos de enfermidades e desânimo através de entidades aos milhares que vagueiam, quase sem rumo, chumbadas magneticamente ao solo do planeta. Vocês perguntarão pela assistência e têm razão. Assim como a cidade grande possui, invariavelmente, os seus postos avançados de socorro imediato, também, por nossa vez, dispomos de extensos recursos nesse particular, entretanto, apesar de todos os esforços do plano superior, os obstáculos são grandes contra a generalização do auxílio. Quando a mente mais ou menos evoluída teima em não receber a nossa colaboração, debalde tentaremos impor o nosso concurso fraternal.

Poderão ajuizar sobre o assunto pensando na situação de vocês mesmos. Realmente, possuem vocês, no presente, remédio eficiente e seguro para muitos males, todavia, raros aceitar-lhes-iam a cooperação espontânea. Vocês e nós somos compelidos a **amealhar pão espiritual**, água viva de revelação e medicamento curativo da alma em reservatórios públicos de ideias, que são as mensagens entregues ao espírito geral para que as almas deles se apropriem quando julguem conveniente a própria adesão ao movimento de melhoria e elevação que lhes diz respeito. Dessa forma, também temos aqui aperfeiçoados serviços de socorro certo e eficaz, entretanto, devemos esperar que a lei se cumpra em cada alma que deseje sinceramente elevar-se.

O que mais impressiona no quadro do mundo moderno não são, porém, as moléstias espetaculares do corpo físico, para as quais sempre podemos recorrer à higiene ou à medicina, em qualquer caso. O que nos confrange a alma é sentir o amadurecimento dos homens para os benefícios da espiritualidade superior e vê-los no sentido coletivo completamente confiados ao conúbio com as forças mesquinhas e destrutivas. O desequilíbrio é enorme!

As enfermidades ocultas do desânimo, da perturbação indefinida, da derrota prematura, da incapacidade imaginária, em vários aspectos de desequilíbrio mental, assolam a vasta e respeitável casa humana e grandes instituições, em nossa esfera, se arregimentam para prevenir medicação espiritual adequada contra as "epidemias psíquicas" de loucura.

Os desencarnados em posição idêntica ou mais baixa que a do homem comum se movimentam em todas as direções e ameaçam a estabilidade das próprias nações.

O mundo, na expressão representativa da civilização, não pretende afeiçoar-se a semelhante verdade, todavia, o clima na Terra atual, o clima do espírito, é difícil de alimentar os corações mais esclarecidos e mais sensíveis. Se o homem, considerado em bloco, entendesse a herança de dor que ele próprio atrai pelo olvido e indiferença diante das leis sublimes que nos regem os destinos, outras seriam as condições do planeta, mas "o lavrador colherá em todo tempo o que houver semeado e pelo plantio a que se devotarem as criaturas as colheitas dos anos próximos serão cada vez mais complexas em motivos de aflições purificadoras".

Creiam vocês que estamos vivendo grandes dias. Dias de muita gravidade e de muita expectação para quantos já conseguiram se desviar das zonas mais fundas do vale, na direção dos montes. Que Jesus nos proteja e fortaleça, preparando-nos não só as forças da paciência, mas também as fibras para lutar com denodo e serenidade.

Infelizmente, não nos foi possível trazer o nosso amigo Gudesteu aos trabalhos espirituais.[1] Francamente, ele poderia, sem dúvida, vir a conversar pelo lápis, entretanto, sem perceber, vocês revestiram a ação na fé com carregadas tintas de responsabilidade. "Não é com facilidade que devemos abrir a porta para as sugestões mesmo de ordem espiritual que nos visitam, porque, antes de tudo, agora, é preciso saber que qualidade de material estamos fornecendo ao pensamento dos outros.

Não se achando o nosso estimado amigo em condições de escrever, consolando e edificando, de maneira substancial aos entes amados que ficaram, qualquer carta que viesse grafar traria dificuldades em consequência. Ah! Se todos pudéssemos e, em muitas circunstâncias, se todos quiséssemos preparar a longa e inevitável viagem, outros aspectos assumiriam entre os homens os inquietantes problemas da morte. Sabem vocês hoje, tanto quanto eu, como é difícil dar e receber em matéria de fé raciocinada e vivificante. Agradeçamos as bênçãos que estamos entesourando nas almas. Cada conhecimento novo, cada estudo meditado na revelação divina, cada serviço na crença representa tijolos espirituais na casa do porvir. Abençoados sejam vocês que têm sabido conservar o dom da confiança no Altíssimo. Quem confia no Senhor nunca sofre desapontamento, porque o desencanto e a amargura pertencem aos círculos dos homens, simplesmente. Que a Divina Bondade nos auxilie cada vez mais na recepção das oportunidades preciosas de

---

[1] Nota da organizadora: sobre Gudesteu não nos foram dados maiores informes.

iluminação que temos recebido.

Continuem cuidadosos com o equilíbrio orgânico, sem esquecerem, de pronto, os antigripais. O tempo experimenta grande variabilidade e o instrumento físico de que vocês dispõem é um só, sem possibilidades de substituição apressada. Um corpo é um tesouro que devemos gastar com prudência e veneração para não cairmos em surpresas desagradáveis.

Estive com você, meu caro Rômulo, nas horas de materializações em Juiz de Fora. Mais tarde, falaremos do assunto. Peço a Jesus para que vocês todos desfrutem muita saúde e alegria. A saúde é um vaso de luz e a alegria é um óleo de vida abundante. A luta terrestre exige ambas preciosidades para que se converta em mecanismo de interpretação da Vontade Divina.

Que o Senhor nos abençoe e ilumine cada vez mais. E reunindo-os num grande e carinhoso abraço, sou o papai muito amigo de sempre,

A. Joviano

No Dia de Célia

Meus caros filhos, Deus abençoe a vocês, conferindo-lhes muita paz e alegria aos corações.

Quero agradecer-lhes muito particularmente as orações íntimas com que comemoraram no lar a passagem do dia 18 de junho corrente. O abnegado coração a que nos ligamos pelas dívidas do reconhecimento e do amor guardou-lhes as vibrações de carinho com a mesma ternura de todos os tempos.

Agora que vocês recolheram certas noções da vida espiritual, com André Luiz e com os trabalhos de materialização que têm seguido, atenciosos, poderão compreender a descrição singela que lhes farei da homenagem simples que lhes consagramos na noite em que vocês oraram, lembrando também a mensageira da luz.

O grande espírito, chamemo-la assim, possui, naturalmente, vasta comunidade de ligações e de amigos, encarnados e desencarnados em planos menos evoluídos, que permanecem temporariamente adormecidos. Ela naturalmente se lembra de todos, mas de nossa região comum são poucos aqueles que lhe podem, de pronto, recordar a figura angélica. Não estive com vocês naquele dia porque os poucos que poderiam encontrá-la e eu achávamo-nos em preparação adequada. Esses poucos, na maior percentagem, aqui me refiro aos desencarnados que poderiam se elevar até uma esfera X, são companheiros nossos da instituição campista com Nina Arueira à frente. Preparamo-nos todos em círculo próximo e fomos ao seu encontro numa paisagem onde a luz e o perfume das esferas mais elevadas da Terra podem chegar. Sabíamos que a missionária, desde a manhã, estaria com a atenção voltada para a zona da crosta planetária em trabalho que não me é dado penetrar, nem descrever. Creio que terá vindo em visita a diversos lugares e a vários corações que lhe são sumamente queridos, mobilizando serviços que não me é permitido ajuizar, acreditando que dessas atividades se destacam certos problemas relativos à reencarnação do companheiro, que não precisamos nominalmente mencionar.[1] Sabíamos, porém, que depois da meia-noite voltaria ao seu domicílio celestial e para abraçá-la congregamo-nos todos num templo natural de uma cidade sublimada, que designarei pelo nome de "Portas de Ouro".

Acolhidos por benfeitores que nos conheciam o plano de alegria e reconhecimento, associamo-nos a outras entidades que residem em círculos muito mais altos que aquele onde me encontro, e que vinham com os mesmos objetivos. Éramos também quase dois mil companheiros numa festividade de amor. Tudo foi maravilhosamente bem disposto. Crianças e jovens guardando flores cantavam hinos que a minha emotividade nunca me permitiria descrever em palavras humanas, e amigos veneráveis compunham correntes de oração e de forças benéficas. Cem amigos, convertidos em doadores de "matéria radiante", se postaram em grupo para fornecer-lhe recursos à pequena demora entre nós, porque a deteríamos naturalmente como vocês já conseguem deter por alguns minutos, ou mesmo por horas, um espírito materializado, com as energias dos instrumentos humanos. Ela vinha só, como um astro luminoso que amasse a solidão e o silêncio, apagando, por amor, a própria grandeza, quando a surpreendemos com a nossa manifestação de afetividade e carinho. Momentaneamente "materializada", ou "revigorada" para estar conosco, abraçou-nos com a ternura de todos os séculos e de todos os minutos. Eu, antes, havia pedido em preces que me alijassem do coração qualquer ideia de devoção exclusiva para compreender nela não uma bênção viva ligada pessoalmente às nossas vidas, mas por um "dom

---

[1] Nota da organizadora: refere-se ao espírito de Ciro, um dos personagens do livro *50 anos depois* e Seggie, no século XX.

celeste" pertencente a todos e a todos ligada pela herança de amor universal que Jesus nos legou. Em vista disso, conservei-me na mesma posição dos seus devedores, admirando-lhe a nobreza e a santidade, mas isso não impediu que o amor nos desse oportunidade a uma palestra carinhosa e inesquecível, em que todos os nossos assuntos foram recordados. Através de processos que não posso ainda perquirir, conhece todas as particularidades dos nossos destinos e a posição atual de todos os componentes de nosso grupo familiar. É desnecessário que eu diga a vocês qualquer coisa do espírito de ternura com que lhes acompanha a trajetória e só posso dizer-lhes que o seu sublime devotamento nunca perdeu um "til" na ligação divina existente entre ela e cada um de nossa "assembleia em redenção". Choramos e rimos. Como podia ser de outro modo? Os anjos possuem problemas talvez mais vastos que os enigmas dos homens e a lágrima não pode ser banida do trono paternal da Providência Divina, enquanto o amor não celebra nos filhos do Céu a sua divina vitória.

Quando todos os presentes ofertaram-lhe lembranças queridas, a se traduzirem nas mais variadas formas, eu, por minha vez, entreguei-lhe, com todo o meu coração, um exemplar do "Alvorada cristã", estruturado em matéria de nossa casa espiritual. Expliquei-lhe que muitos daqueles contos me recordavam antigos entendimentos nossos, no tempo em que estimávamos dar escola aos meninos escravizados. E com bondade recordou que a escola está viva e que a escravidão ainda não foi realmente exterminada no mundo, exigindo muito esforço dos espíritos de boa vontade em favor de sua abolição, no imo das criaturas. Música divina coroou-nos a manifestação de ventura espiritual e, francamente, estimaria poder exprimir-lhes o meu contentamento em rever antigos laços, não somente da comunidade europeia mais antiga, mas outros de climas e posições há muito distanciados no tempo.

Só lhes posso trazer palidamente essas notícias breves, asseverando-lhes, ainda e sempre, que vale a pena sofrer e lutar sempre, com elevação de vistas, com valor moral e com espírito de sacrifício. O encontro dos mensageiros de "Cima" desperta em nós energias novas. Estou infinitamente feliz!

Vamos trabalhar e seguir para diante. Nossa meta é o amor divino vitorioso e nossa embarcação é o serviço permanente aos semelhantes. Nunca nos faltará o socorro celeste. Como temer a dor, se os anjos também lutam e choram? Como repousar, por espírito de fuga, aos compromissos assumidos, se o próprio Jesus ainda está crucificado no coração humano? O que deve apelar para as nossas almas é o presente em favor do amanhã triunfante, com bastante renovação interior que nos habilite a recolher maiores dádivas da Bondade Divina.

Sinto-me contente em poder transmitir-lhes essas informações. Que vocês recebam, tanto quanto eu, o santo incentivo que essa experiência me trouxe, e que o Senhor nos abençoe.

Maria, o receitista me esclarece julgar melhor, deixar para amanhã, a receita para o Roberto, por desejar encontrar, com tempo e êxito, um medicamento mais específico para o caso do braço.

Espero cuidar do novo trabalho a que pretendo dedicar-me logo depois que regressarem da viagem em perspectiva. Que Jesus nos ampare a todos, fortalecendo-nos para o serviço em suas diretrizes santificadas e justas.

Pedindo a ele, nosso Mestre e Senhor, para que vocês estejam muito encorajados no abençoado trabalho de cada dia, deixa-lhes afetuoso abraço o papai muito amigo de sempre,

A. Joviano

Na viagem de cada dia

Meus caros filhos, Deus abençoe a vocês, conferindo-lhes muita paz aos corações.

Dou-lhes os meus "parabéns" pelo retorno ao santuário doméstico, detendo tanta tranquilidade e bem-estar no espírito. Ficamos sinceramente satisfeitos com a visita levada a efeito aos nossos entes amados no Rio. O General precisava desse contato renovado com vocês. Não ignorem que surgem situações em que as necessidades da alma se fazem mais vultosas e imperativas. Em luta mais aflitiva que parece, na intimidade do ser, nos dias que vão passando o nosso bom amigo precisa de mais constante assistência espiritual de vocês que a ele se ligam através de laços muito antigos e veneráveis.

Aguardemos a passagem do tempo. Cada dia tem os seus problemas e, acima de tudo, é imprescindível marchar para a frente, conhecendo o sublime valor de cada hora.

Não precisaremos estender comentários em derredor de nosso caro doente. Vocês conhecem o caso tanto quanto nós e isso dispensa muitas deferências de nossa parte.

Quanto ao Roberto, venho amparando a sua organização nervosa através de passes. Noto, também, que alguns distúrbios da tiroide têm aparecido de modo quase imperceptível, por enquanto. Continuemos, entretanto, trabalhando e confiando no socorro divino, em todas as circunstâncias.

De todas as experiências que atravessaram no campo extrafamiliar, destaco as observações diretas que levaram a efeito em Juiz de Fora. Creiam que as lições recolhidas ali, naquele grupamento (pequeno e simples), envolvem aumento de responsabilidade para todos os que a recebem. Houve um trabalho complexo e enorme de nosso lado para que vocês recebessem as demonstrações havidas. O magnetismo, a fluidificação, o transporte, os fenômenos luminosos e, por fim, os de materialização e desmaterialização moveram ali várias dezenas de trabalhadores. Não obstante a exaustão das forças físicas que lhes combaliu o corpo, a noite foi valiosa pelas experiências indeléveis que ficaram. Não há acaso nem favor nos círculos da natureza e pelo que viram, de perto, sabem hoje quanta graça por empréstimo temos recebido na manutenção da luta e do aprendizado em que nos empenhamos.

Pela experiência pequenina é possível avaliar as grandes experiências e, desse modo, é possível imaginarem quanto trabalho tem sido mobilizado pelo plano espiritual para que os nossos esforços sejam mantidos. Calculem pelo bem que foi realizado por uma jovem médium quão vigorosa é a ação de compactos exércitos das entidades menos esclarecidas. Afianço-lhes que aí residem os grandes escolhos da jornada do Espiritismo evangélico na Terra.

Os desencarnados propensos à perturbação contam-se por milhares de milhares em todas as direções e basta que alguém exteriorize forças na direção do Alto para que as multidões de baixo acorram em torno, assestando as "baterias vivas do vampirismo". É muito difícil penetrar a muralha de sombra ou atravessá-la fora do corpo denso de carne, há uma ação inteligente de toda criatura terrestre e, nessas horas, os afins, parentes espirituais de cada um, influenciam perturbando, ensombrando, destruindo ou adiando, indefinidamente, o bem. Podem estar convictos de que os conflitos são enormes e a vitória, em sentido desejável para a individualidade, ou para os grupos, ainda jaz muito longe. É indispensável não sofrer, mas trabalhar servindo intensamente. A dor, considerada nos fundamentos, não procede do orçamento divino e sim das nossas intromissões nos desígnios do Alto, intromissões essas que resgataremos sempre, invariavelmente, pelo esforço pessoal. Mas a atividade da alma é um impositivo, sem o qual espírito algum subirá à gloriosa destinação que a Providência nos reserva.

Eu hoje só possuo um ideal, em me referindo às experiências propriamente da Terra – o de que vocês estejam enriquecidos para a "vida de cá". Esta, no ponto de vista que posso esposar, agora é a mais elevada conquista que desejo a vocês – luz, muita luz no coração e no cérebro, nas mãos e nos braços, a fim de que sejam condecorados por si mesmos, em se reajustando, mais tarde, com o plano superior. Nossa procura de sublimação aqui é constante. Queremos claridade, claridade que nos faça mais preciosos aos que amamos e eu espero que o tesouro de vocês, nesse sentido, cresça cada vez mais.

Quanto à pergunta, meu caro Rômulo, efetuada no Grupo Hadaged, em momento de minha presença, junto de vocês, a irmã que respondeu fê-lo naturalmente com a modéstia e a bondade que lhe são características. O médium curador por si pode condensar imensa quota de recursos para o socorro aos necessitados e enfermos de todos os matizes, mas não consegue distribuir todos os raios suscetíveis de realizarem determinados serviços que se reportam, menos especializadamente, a certas modalidades de socorro. Um colaborador, na sua condição, permanece no posto do clínico geral que enfeixa nas mãos a responsabilidade de todos os tratamentos. Nesse aspecto, o clínico faz muitíssimo, entretanto, a luta vai reclamando a descentralização, as especialidades diversas e os trabalhos diferenciados, estendendo-se a todos os companheiros com tarefa na arte de socorrer e curar.

Os raios magnéticos do médium curador são diversos daqueles que o aparelho de Juiz de Fora pode emitir, reforçados ou imantados em forças espirituais do nosso plano. O assunto é novo e pede tempo para solução ampla. Atuando na mente, na individualidade constante e determinante do enfermo de qualquer natureza, o médium de sua condição guarda vantagem absoluta sobre qualquer aparelho de energia radiante, com base na matéria, entretanto, para atuar nas comunidades celulares – constituídas, aliás, por milhões de "mentes rudimentares", se pudermos assim dizer – a aplicação de raios especializados, mormente quando se alia ao socorro à mente enfermiça, é de comprovada eficiência e segurança. Penso que terei interpretado a solução com a simplicidade possível. Para a inteligência individual há que buscar a assistência de uma inteligência individual mais vigorosa, mais forte – para a regeneração mais imediata da matéria, as próprias forças nascentes e irradiantes da matéria se revestem de significação decisiva. Mais tarde, conversaremos sobre o assunto, com mais vagar.

Os dias se desdobram sobre os dias e há lugar e tempo para todas as questões. Por hoje, descansem pacificamente e pedindo a Jesus para que **a viagem de cada dia** através das obrigações comuns seja sempre coroada de êxito e alegria, abraça-os muito afetuosamente o papai reconhecido de sempre,

A. Joviano

20/07/1949

O novo pensamento para o Roberto

Meus caros filhos, Deus abençoe a vocês todos, conferindo-lhes muita paz aos corações.

Hoje, sem dúvida, **nosso pensamento mais destacado pertence ao Roberto**, que volta ao ninho doméstico, refazendo energias. Tenho justificado orgulho de avô em lhe reconhecendo os esforços no campo operatório do futuro, graças a Deus, identificando-lhe as diretrizes nobres de moço alicerçado em princípios edificantes, que vem sabendo aliar as exigências do trabalho aos impositivos e trago-lhe, através do lápis, o meu reconhecimento pela tranquilidade que me inspira e as minhas satisfações pelos trabalhos que vai realizando a benefício do porvir.

Indiscutivelmente, a mocidade pode muito. Cabe-lhe a missão de construir na esfera material com o entusiasmo, com a determinação e com a força. Todavia, é muito raro observarmos a juventude bem conduzida. Quase sempre, os mais moços menosprezam, direta ou indiretamente, a experiência dos mais velhos para enfrentarem posições ruinosas e difíceis que a prudência e a confiança, em tempo adequado, conseguiriam evitar. Por isso, o jovem que aprende a pensar e a ponderar, qual Roberto, merece especial carinho por parte dos que o amam.

Surpreendo em você, meu caro neto, a esta altura da tarefa, uma certa fadiga dos afazeres estudantis. O serviço ativo convida-lhe o coração à diligência. Você estimaria reter mais tempo e liberdade para cogitar das próprias edificações, segundo os conhecimentos que já possui. Entretanto, peço-lhe guardar o incentivo de sempre, a fim de que possamos terminar a conquista do título profissional que vem esperando. O título do trabalho é uma coroa. Muitos não lhe reconhecem o valor para a obra do engrandecimento muito próprio, mas com você o problema será diferente. Diariamente, lembro a sua boa vontade em minhas orações e peço aos nossos amigos, que caminham na vanguarda, estimularem o seu espírito de serviço e a sua dedicação ao ideal escolhido. E você dispõe de muitos companheiros devotados ao seu bem-estar e ao seu justo êxito, desejosos de lhe contemplarem o triunfo. Possuímos vasto programa de trabalho construtivo a executar.

Cada homem é uma unidade viva no organismo vivo do mundo. E quando esse homem se aprimora, e se dirige orientado no bem de todos, passa a enquadrar-se no pensamento direto da vida. Assim, meu caro Roberto, esperamos de você esse continuísmo de esforço robusto para a travessia de todos os obstáculos no rumo da meta que almejamos. Todos nós, tanto aí quanto aqui, temos um dever primordial que não podemos esquecer sem dano grave: a obrigação de superarmos pela lealdade ao trabalho comum que torna a existência digna de ser vivida, onde nos encontramos. Nesse sentido, conto com o seu devotamento ao inteiro traçado para o seu porvir, olvidando quaisquer impedimentos de natureza física. A ideia de vencer é o maior remédio contra o instinto de perder. Não permita que pensamentos alusivos a inibições orgânicas se introduzam em suas atividades espirituais. O serviço a fazer, os ideais de homem de bem que você já consolidou no íntimo, os propósitos enobrecedores de rapaz cristão que já enfatizou em sua imaginação bem governada, permanecem nas linhas mais importantes da luta. Entre aquilo que o corpo de carne e o que nossa alma pretende há, de vez em quando, notáveis diferenças. O corpo é uma entidade que estamos usando e sobre a qual devemos cultivar justo e construtivo domínio. Não tema, pois, o futuro.

Gastemos sensatamente os recursos que o Senhor nos

confia e novas quotas de suprimento nos virão dele para que alcancemos nossos objetivos finais.

Louvo o interesse que você tem revelado no culto ao dever cumprido e formulo votos para que a sua ação pessoal, no estabelecimento em que presentemente se situa, prossiga brilhante e animadora, encorajando-nos os corações que não o esquecem. O vovô continua ao seu lado e ao lado de Wanda, não obstante parecer agora mais silencioso. Acontece que vocês cresceram no conhecimento e não estimariam a nossa conduta, na hipótese de interpretarmos vocês dois à conta de crianças indefinidamente. Guardam ambos elevados padrões para raciocinar e agir, crescer e avançar e, marchando com passo tão acertado, quanto se verifica, prefiro orgulhar-me de tê-los no coração, em silêncio. Creiam, porém, que o meu carinho e cuidado são os mesmos da primeira hora. Flores de nosso jardim, vocês viverão, e para sempre, em minha ternura.

Com relação ao caso da tiroide, não há necessidade de preocupação. Os medicamentos em uso se dirigem para a recalcificação geral e para o reequilíbrio do sistema nervoso, todavia, mais tarde, isto é, de agora a algumas semanas, o nosso clínico formulará novas indicações, incluindo a tiroide em sua zona de observação mais imediata. Aguardemos.

Aproveite estes dias e descanse. Você estava realmente precisando de algumas horas em casa. Conto em que regressará refeito e contente ao campo de ação preparatória.

Acredite que são raros os dias em que não vou vê-lo pessoalmente. E a minha alegria é muito sincera identificando-lhe, em todas as circunstâncias, o profundo desejo de acertar.

Quanto a você, meu caro Rômulo, os passes foram efetivamente milagrosos e podemos nos exprimir assim. Se você não tivesse coragem de lutar contra o resfriado insistente e contra as forças desintegrantes da "gripe", admito que o tratamento geral ser-lhe-ia longo e laborioso. Mas você está, por felicidade, aprendendo conosco que somente aquele que se renova em espírito consegue realmente viver. A maioria das criaturas se arrasta ao invés de caminhar, porque opta pelos princípios de derrota e acaba naturalmente derrotada. As abelhas, habitualmente, morrem trabalhando. Essa é uma das mais formosas lições da natureza. Mais vale não acreditar em cansaço ou doença que sucumbirmos, antes da hora, com receios de fantasmas que só se corporificam mediante o nosso próprio concurso. Continue na homeopatia e sigamos. A receita que você combinou foi bem inspirada por nossa contribuição. O *Lachesis* não deve ser esquecido em nosso orçamento de restauração. Graças a Deus, você tem sabido lutar.

Relativamente à Maria, estamos colaborando com os recursos medicamentosos através de passes. Tudo vai muito bem em seu setor de harmonia orgânica geral. Jesus fortaleça a vocês sempre mais intensamente para que cada dia lhes seja portador de renovadas bênçãos.

Rogo lhes darem ao papel adquirido a mesma forma estabelecida para o "Alvorada cristã". Se o Mestre permitir, começarei o nosso novo trabalho na próxima segunda-feira ou depois.

Boa noite para vocês todos. Muita alegria no coração de nós todos, aliada ao bom-ânimo com que devemos receber todas as lições, é o que pede ao Céu o papai e vovô muito amigo de sempre,

A. Joviano

O serviço da comunidade

Meus caros filhos, Deus abençoe a vocês, conceden-do-lhes muita paz e bom-ânimo aos corações.

Hoje é o nosso dia alegremente comemorado. O jú-bilo doméstico esteve, graças a Jesus, completo com a pre-sença dos netos em torno de vocês, acentuando-lhes o con-tentamento. Creiam que de todas as realizações humanas o lar é sempre a mais sublime pela grandeza das bênçãos que o divino Poder nele entesoura. E sou realmente feliz em lhes observando o equilíbrio na experiência familiar, aliado ao desejo firme e incessante de progresso para o que é efetiva-mente útil, permanente e divino.

Não posso, em minha condição atual, senão renovar-lhes os meus votos de felicidade, rogando ao Senhor para que a existência na Terra, cada vez mais, constitua para vocês um roseiral sem espinhos, cujo perfume sobe sempre para os cumes da vida eterna, conduzindo à Providência o cântico si-lencioso do agradecimento e do trabalho a que se devotam.

Rejubilo-me, minha querida Maria, com as suas me-lhoras de saúde para que a data fosse mais integralmente colorida de paz, sem preocupações de qualquer natureza.

Você e o Rômulo possuem hoje grandes e santificados compromissos em obras de caráter coletivo e o voo das aspi-rações de ambos não deve ser circunscrito. A reencarnação é um processo de renovação. E acreditem que, em cada ano de boa luta, desde que a criatura se consagre ao espírito de servi-ço que nos deve presidir as ações, desperta a alma para deve-res sempre mais elevados e mais nobres. Um serviço que seria valioso em determinada época passa a ser menos construtivo em outra. O que assinala um lustro de ação é diferente na-quele mesmo período de tempo que o segue. Estou, portanto, satisfeito e convicto de que a proteção do Senhor nunca nos falta para que nos devotemos aos cometimentos da hora que atravessamos. São tantas as obrigações espirituais que hoje prendem vocês a círculos mais dilatados de responsabilidade que não me canso de pedir a cooperação de benfeitores nossos para que lhes não faltem os recursos preciosos da saúde, da harmonia e da paz. Que Jesus lhes conserve, acima de tudo, a disposição de operar servindo a todos, espalhando a sementeira do bem através de todas as direções.

Na expectativa do regresso do Roberto dos estudos, estendo igualmente a ele os meus votos de êxito pela aplicação metódica à obra de preparação do próprio futuro. Não se esqueça o meu neto de que em todas as circunstâncias devemos ser sempre "nós mesmos", agindo com a feição pessoal ajustada ao bem comum. Não admita, em hipótese nenhuma, que as edificações da felicidade se façam à revelia do próprio esforço. Tudo o que um homem possui é aquilo que ele mesmo amontoa ao redor de si. Chegamos hoje à ousada afirmativa de que essa lei alcança a todos, inclusive os mais aparentemente miseráveis. Não há governos integralmente maus — há coletividades que provocam direções infelizes. Afirme-se cada um no trabalho que foi chamado a executar, imitando a célula no comboio físico e haverá sempre inteligência harmoniosa na administração para enfileirar os problemas e solucioná-los em momento oportuno para a satisfação geral.

Quando um moço compreende a realidade nesse prisma, converte-se em valioso apoio da prosperidade comum. Infelizmente, para muitos, tal concepção é absorvida muito tarde para o "dia de serviço terrestre", que é uma existência em si e, por essa razão, as dificuldades criadas ao progresso são cada vez mais complexas.

Creia, meu caro Roberto, em você mesmo, diante de Deus, que nos confiou os dons do caminho, e use as ferramentas de sua imaginação, de seu trabalho, de sua esperança e de sua vontade. Sem imaginação, nada ou quase nada consegue ver no mundo para improvisar a própria felicidade; sem trabalho, a inércia vence os mais fortes temperamentos; sem esperança, o caminho não se descortina ante a visão, e sem vontade, o coração e a mente dormem, paralíticos. Aproveite, como é natural, por bendito estímulo da senda humana, a possibilidade de conquistar mais alta expressão remunerativa aos seus estudos e serviços, porque, em todos os ângulos da realização terrestre, o espírito deve encontrar o incentivo à marcha para diante, contudo, aprenda a superar toda ideia de lucro imediato, quando se trate de servir. E espiritualmente ligue seus pensamentos aos nossos. Venceremos o combate e o porvir, sem dúvida, materializará os seus sonhos com a supervisão dos pais, que são os seus melhores amigos. Vamos para a frente e não tema.

Agradeço a vocês as facilidades para a execução do novo esforço, singelo embora, de Neio Lúcio, cuja família espiritual, com o auxílio divino, prossegue aumentando. Estou satisfeito com a observação que levaram a efeito no introito do trabalho. A revisão carinhosa e respeitosa de vocês me levou a reconhecer um lapso havido. Não quereremos dizer "pedra" e sim "peça". O serviço na página será reajustado. A cooperação é uma chave maravilhosa, principalmente quando é fundida no divino metal do amor. Verdadeiramente reconhecido, renovo-lhes a minha gratidão e o meu júbilo de sempre. **O serviço da comunidade**, graças a Jesus, é a nossa meta. Sirvamos com fidelidade ao divino Amigo dos homens, que não descansa no ministério ativo do bem operante e infinito.

O nosso receitista é de opinião que Maria continue com as indicações por mais 5 a 6 dias.

Muito boa noite a todos, com o nosso pensamento voltado para o nosso inesquecível amigo General Aurélio.

Desejando a vocês muita alegria na luta edificante de sempre, e pedindo a Jesus nos renove as oportunidades de servir com redobrado empenho aos nossos semelhantes, reúne-os num afetuoso abraço o papai que não os esquece,

A. Joviano

Manoel da Nóbrega
e Públio Lentulus

Meus caros filhos, Deus abençoe a vocês todos, concedendo-lhes muita paz e alegria aos corações.

Sem dúvida, meu caro Rômulo, não me seria lícito o alheamento às suas emoções de estudioso à face da "volta espiritual" ao passado, através dos recursos milagrosos do livro.

O Padre Nóbrega, indiscutivelmente, nos merece a melhor atenção e carinho. Aí na esfera da carne é muito difícil ao educador a fundamentação de princípios para transmitir à mente infanto-juvenil as tradições respeitáveis de quantos nos prepararam o ninho coletivo na formação da Pátria.[1]

Quantas vezes, em minha condição de professor, fui defrontado por esses problemas torturantes dos hiatos históricos, que impossibilitavam a partitura verbal dos grandes amigos da nacionalidade no pretérito distante! Aqui, no entanto, restabelecemos o espírito de sequência e confiando-nos às tarefas pedagógicas, libertos de muitas das convenções asfixiantes que aí nos esterilizam os melhores propósitos de ensinar com fidelidade, podemos operar verdadeira transformação em nossos métodos de serviço, ligando as existências (quando é possível) de muitos personagens importantes do mundo numa só linha de evolução e realização, quando nos é dado reunir na Terra diversas contas diferentes.

---

[1] Nota da organizadora: em referindo-se à reencarnação de Emmanuel como o Padre Manoel da Nóbrega, jesuíta em missão evangelizadora no Brasil, no século XVI. Para maiores detalhes sobre o assunto, vide a obra *Deus conosco*, páginas 37-38 (VINHA DE LUZ, 3. ed., 2010).

Devidamente entendidos, é agradável comentar o esforço de Emmanuel na vanguarda do serviço de evangelização, pelo Espiritismo, nos domínios da língua portuguesa. Vemos agora que a obra de qualquer natureza, quando merece a aprovação das autoridades superiores, cresce com o seu fundador. Nesse sentido, é importante meditar nos pontos de contato entre a vida de Manoel da Nóbrega e a de Públio Lentulus.

Pelo amor profundo, devotado por ele à inesquecível figura de Paulo, poderá você concluir das razões que levaram o esforçado jesuíta a dar o nome do grande apóstolo à cidade que lhe mereceu especiais cuidados no lançamento, a ponto de esperar o aniversário da conversão do doutor de Tarso, em janeiro, para iniciar os primórdios da grande metrópole brasileira, colocando-a sobre a proteção do amigo da gentilidade.[2]

É que também Paulo, na vida espiritual, jamais descansou. Quando o senador romano desencarnou extremamente desiludido em Pompeia, foi contemplado com os favores do sublime convertido. Paulo sempre se consagrou às grandes inteligências afastadas do Cristo, compreendendo-lhes as íntimas aflições e o menosprezo injusto de que se sentem objeto, no mundo, ante os religiosos de todos os matizes, quase sempre especializados em regras de intolerância.

Amparado pelo apóstolo dos gentios, conseguiu Públio Lentulus transitar nas avenidas obscuras da carne, em existências várias, até encontrar uma posição em que pudesse servir ao divino Mestre com o valor e com o heroísmo daquela que lhe fora companheira no início da era cristã.[3]

E assim temos em Manoel da Nóbrega o homem de raciocínio elevado, entregue a si mesmo em plena selva, onde tudo se achava por fazer.

Notas da organizadora: [2] vovô Arthur se refere à cidade de São Paulo de Piratininga, hoje São Paulo, fundada em 25 de janeiro de 1556, pelos jesuítas Manuel de Paiva, Manoel da Nóbrega, José de Anchieta, entre outros. [3] Em referindo-se a Lívia Lentulus, esposa de Públio, cuja história inesquecível é narrada por Emmanuel no *Há 2000 anos...*, romance psicografado por Francisco Cândido Xavier, em 1939 (FEB).

Noutro tempo, os livros prontos e as tribunas cons-truídas, os direitos de família pré-estabelecidos e o dinheiro fácil, a sociedade constituída e o pedestal do poder para bri-lhar. Aqui, porém, eram a improvisação necessária e o deser-to, as inibições do corpo deficiente, que lhe apagavam a voz de tribuno, e a insolência dos selvagens, recordando as feras do circo, à frente dos quais devia imolar-se, consumindo as próprias forças para doar-lhes uma vida nova.

Surgiam, ainda, a devassidão e o crime, a ignorância e a audácia, os perigos e ameaças mil, que o hábil político transformado em missionário deveria vencer, exibindo não mais a toga do poder e as armas dos seus guardas pessoais, mas sim o sinal da cruz, sem mais ninguém que não fosse a sua pertinácia nos compromissos assumidos.

Entretanto, superou os óbices de toda espécie, lutou, so-freu e venceu, não para estagnar-se, mas para prosseguir, sécu-los adentro, reesculpindo, com os poderes da ideia cristianiza-da, um povo diferente e um novo mundo dentro do mundo.

Você tem razão emocionando-se ante o contato reve-lador. Não é por acaso que isso acontece. Um trabalhador nunca opera só na continuidade dos serviços. Nóbrega podia ter vivido isolado no seu tempo, contudo, desde cedo agre-garam-se a ele multidões de amigos, exaustos de mando, de poder e dominação, e a teia dos destinos foi convertendo em trabalho para a coletividade tudo o que era cristalização: do "eu" em luz quanto era sombra, em libertação espiritual o que era cárcere físico.

Da rocha emerge o diamante, no curso dos milênios. Também a luz divina fluirá de nós outros um dia, quando a escória estiver abandonada no carvão que servirá de berço a outros diamantes no curso longo e paciente das eras.

O serviço do nosso amigo está longe de acabar. "É pre-ciso criar espírito para o gigante", costuma dizer. O gigante é a terra em que hoje nos situamos e o espírito é a luz com que devemos continuar erguendo os padrões de fraternidade mais alta e de mais avançado serviço com Jesus no Brasil todo.

Prossigamos, marchando à frente. Anos e dias correrão. Estejamos certos da brevidade de tudo o que se movimenta sobre a Terra para agirmos com segurança e paciência. Para construir é preciso lutar. E para colher é indispensável haver semeado.

O nosso receitista é de opinião que você use o *Lachesis* e o *Staphysagria* por uma semana. É uma boa providência medicamentosa para a sua máquina orgânica.

Boa noite para vocês, com os meus votos de muita tranquilidade para todos. Com um forte abraço de carinho e saudade, sou o papai muito amigo e reconhecido de sempre,

A. Joviano

Nota da editora: essa mensagem consta como prefácio da obra *Deus conosco* (VINHA DE LUZ, 3. ed., 2010, p. 29-32).

Conversação sobre raios

Meus caros filhos, Deus abençoe a vocês todos, conferindo-lhes muita paz.

Agradecendo os cuidados de nossa querida Maria na cópia da mensagem de 7 de julho último, lembro-me de que iniciáramos pequena **conversação sobre raios**. Esse assunto voltou à nossa mente, acentuando-se com o exame rápido que vocês efetuaram sobre o livro que contém alguns estudos importantes sobre a vida além das vibrações densas da matéria. Quanto estimaríamos a possibilidade de transmitir-lhes certos conhecimentos mais dilatados ao redor da lição! Precisamos, porém, dosar todas as palavras do noticiário para não forçar o pensamento de vocês, nem exaltar energias vivas e atuantes da imaginação. Tudo deve seguir a marcha da natureza e realmente cabe-nos render louvores ao Pai pela possibilidade de refletir, com proveito, nesses grandes e abençoados ensinamentos.

Não percam de vista, contudo, a certeza de que nem todas as pessoas possuem a sua "auréola de forças espirituais vivas e permanentes". Todas as coisas e criaturas dos reinos inferiores da Terra guardam semelhantes patrimônios, por sua vez. O essencial, porém, é saber que a nossa mente detém o poder de modificar a auréola de todas as expressões de vida inferiores à que nos é peculiar, inclusive das pessoas que permanecem abaixo dos conhecimentos ou experiências que, pela nossa idade espiritual ou esforço reiterado, já conseguimos entesourar. Daí a necessidade de muita cautela na emissão dos nossos poderes espirituais na existência comum.

Esse aprendizado é sublime quando nos confiamos, de cérebro e coração, no serviço de autoaprimoramento. Podemos melhorar a qualidade dos nossos raios internos ou piorar-lhes as expressões. Na instabilidade de nossa mente endividada com o pretérito, através das ações praticadas e das reações que estamos recolhendo, é que reside a maior parte do nosso desequilíbrio transitório. Precisamos compreender que tanto quanto o ingrediente inadequado perturba a composição de um prato que desejaríamos primoroso à mesa. A nossa atitude imprópria, nessa ou naquela circunstância, altera o ambiente que estimaríamos perfeito no aproveitamento real do dia. Quando o otimismo e a confiança reinam entre todos, o domicílio material, que no fundo é o ninho ou o santuário das almas, se reveste de belas cores, possibilitando-nos mais ampla aproximação de espírito a espírito, porque a paz e a alegria produzem forças sumamente salutares em paisagens de grande beleza, mesmo entre os encarnados. Todavia, quando a irritação se amplifica de alguém num lar e consegue firmar-se, o "ambiente adoece". O templo familiar se povoa de uma neblina, impalpável para vocês na posição vibratória em que se encontram, mas muito pesada e desagradável para nós, impedindo-nos, às vezes, por vários dias, mais ampla clareza na influenciação direta ou indireta.

As flores, tanto quanto as cores, emitem recursos de extrema sutileza. O vermelho cria raios excitantes, o verde proporciona repouso, o azul emite calma curativa, o amarelo vivo irradia forças contundentes, o escuro tendendo ao negro, ou ao preto afirmativo, produz raios paralisantes. A rosa, o jasmim, a acácia produzem forças que lhe são inerentes e todos nós, com os poderes de atuação que já alcançamos, podemos "fluidificar" as flores tanto quanto a água ou objetos coloridos, ministrando os raios que lhes são próprios, com os nossos, visando determinados fins.

Semelhantes estudos não podem, por enquanto, alcançar difusão mais intensa, porque apenas certa minoria de estudiosos honestos se acha preparada a lidar, construtivamente, com esses mananciais da natureza comum. Atitudes nossas existem que substituem, com vantagem, a luta corporal para fazer-nos doentes abatidos, tanto quanto nos proveitos da tarefa edificante substituem, com valiosa margem, a assistência do médico, do remédio ou do pronto-socorro. Acontece que todos estamos condicionados a criaturas e situações do passado espiritual e precisamos muito cuidado para não intensificar ou multiplicar dívidas, porquanto somos solicitados, a cada hora, a novos acertos de contas. Nesse sentido, se muitas vezes encontramos no Cristo o Salvador de homens perdidos, o Anjo das revoluções divinas, o Embaixador do Céu, o Mestre da humanidade, raramente pensamos nele como Doador. Se nos ligarmos, em espírito e verdade, às suas lições renovadoras, praticando-as no imo da alma, reconhecendo-lhes as características de lei imutável, toda a nossa organização se modifica para melhor, alterando-se-nos as qualidades da "auréola de irradiações individuais", porque essas forças hão de ser criadas e desenvolvidas dentro de nós, por nós mesmos, nos mesmos moldes da sementeira. Primeiramente, o fenômeno de desabrochamento requer a contenção, a disciplina, e mesmo a solidão, qual se verifica com a semente sob o bloco de terra ou debaixo de pesados envoltórios, que, aparentemente, a esmaga. Tolerada essa face, que na alma humana, por vezes, vale por séculos, quando a criatura não se concentra no ensino, a irradiação se modifica e renova integralmente. Conduzidas nossa inteligência e vontade às diretrizes do Cristo, nossos raios vitais adquirem nova expressão e novo valor. Por isso também foi ele chamado Pastor. Pastor é aquele que conduz as ovelhas, "sem freios", mas por magnetismo pessoal, ligando-se ao rebanho por fios invisíveis do pensamento.

Creiam vocês que esse é um ensinamento daqui, de nosso plano, mas vocês, por perseverança no serviço, podem atingir a antecipação, compreendendo, com a experiência que nos é lícito desenvolver ao infinito, que cada um de nós é um fulcro de energias vivas, influenciando e sendo influenciados.

É da harmonia em que nos ajustamos no bem que resultará a nossa capacidade positiva de estendê-lo. Fujamos das posições negativas da tristeza, do luto, do desânimo.

São dos piores estados que, aliados à ignorância ou à violência, produzem verdadeiras calamidades nos destinos individuais ou coletivos. Nossa marcha para a frente é uma jornada "através de bombardeios". Cada dia tem os seus raios diferentes. Utilizá-los por benditas oportunidades de aumentar a alegria, dilatar o bem-estar, intensificar o trabalho benéfico e suprimir o desalento, a enfermidade e a precipitação é dever de todos.

Em outra oportunidade, prosseguiremos. Lembremo-nos de que estamos produzindo raios-força em torno de nós e com essa convicção adiantaremos de muito o aperfeiçoamento de que necessitamos, porque conhecer essa realidade é diminuir e eliminar muitos males no "nascedouro" de qualquer sombra.

Formulo votos sinceros ao Senhor para que façam uma boa viagem. Peço ao Rômulo conduzir consigo os nossos amigos da homeopatia, mormente o *Lachesis* e o *Staphysagria*. A modificação lhe fará bem, salientando que uma visita ao mar é sempre um bom remédio para o que luta no monte. Aliás, os mineiros não podem prescindir das praias. Isso em todo o tempo.

Continuamos a trabalhar pelo nosso amigo General Aurélio. Notamo-lo espiritualmente um tanto exausto. O conflito da nossa alma com o corpo é sempre um duelo difícil pela solidão em que se desenrola. Não lhe tem faltado, porém, o apoio de toda uma falange de companheiros devotadíssimos.

Muito boa noite para vocês todos. E formulando sinceros rogos ao Alto pela nossa felicidade geral abraça-os o papai muito amigo de sempre,

A. Joviano

As luzes que o Espiritismo com o Evangelho acende

Meus caros filhos, Deus abençoe a vocês, conceden-do-lhes muita paz, bom-ânimo e alegria.

De regresso ao lar, retomemos o plantio de nosso po-mar renovador. **As luzes que o Espiritismo com o Evangelho acende** em nosso caminho simbolizam verdadeira lavoura de bênçãos. Creiam que o desenvolvimento dos valores espiritu-ais não consta de milagre ou prestidigitação. Reclama também o solo da alma convenientemente preparado, clima mental que se ajuste à natureza do serviço a fazer e recursos de boa vontade e dedicação permanentes para que possa crescer para diante e para o alto. Nesse sentido, com a bondade do Senhor, as nossas oportunidades têm sido ricas de bênçãos novas, porque vocês não se furtam ao esforço incessante de estudar, pensar, repetir e concluir sempre com maiores notas de aplicação e entendimento. Não acreditemos que seja pos-sível modificar o passado menos edificante somente porque tenhamos trocado de corpo. Hoje reparo esses problemas, por felicidade minha, com uma clareza surpreendente, mas nem sempre agradável. Ninguém se acolhe em agasalhos que não tenha construído, nem suprirá o celeiro de grãos valiosos que não haja semeado e cultivado. Espiritualmente, esses princí-pios da vida são soberanos e inalienáveis. E porque há neces-sidade de paciência na edificação, com base no "servicinho de cada dia", são raros aqueles que, embora beneficiados pela lei da Doutrina santificante que presentemente nos congrega, se sobrepõem aos impedimentos pequeninos da experiência terrestre, vencendo a grande prova.

Digo a vocês que os estudos dessa natureza não são invariavelmente agradáveis, porque passamos a pesar na balança não só as nossas realizações, mas também aquelas que dizem respeito a muitos corações que amamos e que de nenhum modo poderemos abandonar. Quanto a isso, se homens encarnados falham no aprendizado, há desencarnados que não toleram as lições e pedem retorno imediato à vida física por não suportarem, com a serenidade precisa, a contemplação de seres queridos mergulhados no mesmo automatismo das recapitulações quase inúteis. Para falar a vocês com franqueza, sinto-me, por vezes, de alma infinitamente dolorida em reparando vários corações de nosso conjunto pulsando no mesmo ritmo de séculos atrás... Temos companheiros sumamente ligados ao meu espírito que em três e quatro mil anos não apresentaram diferenças fundamentais no capítulo da melhoria. Na infância, na mocidade e na madureza são o que foram, com as mesmas características de pasmar! É por isso que me orgulho, no bom sentido do desvanecimento paternal, em lhes reparando a jornada. Vocês compreenderam o apelo do trabalho renovador, acima do consolo açucarado ao individualismo, e elevaram o caminho, convertendo-o numa ponte para o Mais Alto. Não estou elogiando. Seria uma falta muito grave se resvalássemos para a lisonja doméstica. O que eu desejo é dizer-lhes que os "alicerces da torre" estão formados e que é preciso consolidar nossas bases para a subida eficiente. Ainda temos muito serviço, muita luta e muito aprimoramento, contudo, reunidos sob a ajuda do Alto, marcharemos com desassombro para a vanguarda. Esse é o único meio de superar "o que passou" para presidirmos "o que há de vir". Nosso auxílio aos amados que adormeceram é, sem dúvida, o de nos aperfeiçoarmos em conhecimento, acentuando os próprios recursos para que lhes possamos estender as mãos fartas no dia em que, despertos, no-las pedirem. Porque, em matéria desse teor, é preciso aguardar que a necessidade se pronuncie. O semeador da parábola saiu a semear indistintamente e isso quer dizer que a prática do bem não conhece situações pessoais, mas naturalmente que o lavrador aguarda resultados onde já semeou, sendo, pois, todos nós compelidos a concluir que onde o cuidado de nosso amor já funcionou, devemos manter a expectativa justa de manifestações locais ou pessoais, compreensíveis. A jornada é, portanto, muito grande e muito complexa.

Nós, que tivemos a "felicidade de ouvir", aproveitemos os dons celestes e cresçamos. Os anos correm atrás dos anos e cada dia é diferente, embora pareça igual na bitola do tempo. O serviço com Jesus é sempre multiplicação de paz e enriquecimento do coração, com a graça da luz renovando todas as paisagens em derredor.

Da viagem de vocês ao Rio assinalo com sincero contentamento as boas impressões recolhidas no trato direto com o nosso amigo General Aurélio, que é, sem dúvida, um padrão de vontade e fortaleza como poucos. Nossos amigos, e companheiros mais íntimos dele, vão fazendo quanto possível por reajustá-lo às oportunidades de conservação mais dilatada da experiência atual. Espiritualmente, os resultados são enormes, apesar das probabilidades do corpo físico não apresentarem grandes alterações. De qualquer modo, estamos satisfeitos e prosseguiremos agindo pelo aproveitamento integral de todos os recursos suscetíveis de serem por nós todos amealhados nos tempos que correm.

Para a sua saúde, meu caro Rômulo, pedi o pronunciamento do nosso receitista, que aconselha a você o uso de *Rododendro*, *Lachesis*, *Staphysagria* e *Cantharis* por uma semana, quanto possível, nos regulamentos comuns da homeopatia.

Estou satisfeito com a continuação do trabalho em curso e espero que o Senhor me conceda a satisfação de terminá-lo com a paz do início. Precisamos criar algo que alimente o pensamento vulgar e o obrigue a inclinar-se para a renovação no bem.

Desejo a vocês todos muita paz e muita alegria, com saúde e bom-ânimo.

E agradecendo como sempre a Jesus a santa oportunidade de seguir com vocês para a frente, na marcha de evangelização de nós mesmos, abraça-os, muito afetuosamente, o papai muito amigo de sempre,

A. Joviano

31/08/1949

A vida na
Terra é um aprendizado

Meu caro Rômulo, Deus abençoe a vocês todos.

Estamos muito satisfeitos com a visita dos nossos irmãos Cintra ao nosso "Grupo" e formulamos votos ao Senhor para que regressem reconfortados à luta benéfica em que se acham empenhados.[1]

Nossos amigos que os acompanham solicitam a colaboração de nossa célula de trabalho espiritual e, falando por vocês, prometo que o nosso concurso nas orações será constante, até que os vejamos de energias restauradas como se faz preciso.

A vida na Terra é um aprendizado de grandes proporções. Cada família é "uma embarcação", povoada de tripulantes diversos. É imprescindível saibamos enfrentar as tempestades, de ânimo sereno, para que possamos alcançar o porto da paz.

Achamo-nos muito esperançosos com o tratamento que você vai ministrando à irmã enferma em Pedro Leopoldo. Com a atuação de suas forças já nos encontramos naturalmente tranquilos pela posição satisfatória do concurso em ação, contudo, a paciente em si ainda está dependente de múltiplos fatores para reerguer-se. Se conseguir a continuidade das melhoras, aconselhamos os passes no lar, até sexta-feira próxima, quando, então, se a jovem senhora sobreviver, cooperaremos na organização de um programa de serviço.

---

[1] Nota da organizadora: sobre os irmãos Cintra não nos foram dadas maiores informações.

Boa noite para todos, com os meus sinceros votos de muita paz e bem-estar.

Desejando-lhes a bênção do Mestre divino, em todos os passos da jornada terrestre, sou o papai muito amigo de sempre,

A. Joviano

Há 15 anos

Meus caros filhos, Deus abençoe a vocês todos, concedendo-lhes muita paz, alegria e saúde.

Hoje, meu caro Rômulo, esta carta, a bem dizer, é quase que exclusivamente dedicada ao seu coração. Estimaria fosse o nosso amigo Emmanuel o signatário dela, entretanto, em sua feição de companheiro, acentuou deveria ser eu mesmo a quem compete a satisfação de endereçá-la ao seu espírito, lembrando a importância de que se reveste para nós o reerguimento da jovem senhora obsedada.

Reportar-me-ei **há 15 anos**, quando você procurou, mais seguro de si mesmo, a fonte do Espiritismo cristão. Esse fato é recordado por Emmanuel com grande carinho e interesse por mostrar o valor de sua aquisição.

Nessa época, de mim mesmo, estava em organização da "grande viagem", mas no desprendimento parcial do corpo físico, segundo os conhecimentos que vim retomar aqui, mantinha com você alguns entendimentos que lastimo não serem realidade muito antes, quando as energias da carne ainda me favoreciam para agirmos mais juntos de imediato.

Nesse tempo, 1934,[1] você buscava o manancial à maneira do jovem entusiasta que procura situar as possibilidades em educandário de acesso difícil e o nosso amigo esperou-o para se fazer sentir ao seu coração pela primeira vez, ansioso mesmo, em face do amor que nos dedica, de oferecer-lhe um campo mais alto de luta, qual seja o do Evangelho. Você entrou na lavoura nova, auscultou-lhe as possibilidades, sobraçou ferramentas diversas e usou-as, semeou, adubou e colheu, associando a nossa querida Maria e os filhinhos à

---

[1] Nota da organizadora: vovô Arthur desencarnou no dia 14 de dezembro de 1934.

experiência sublime para a felicidade de nós todos.

Quinze anos transcorreram de estudos, de aplicação, de cooperação, de esforço e, agora, com o auxílio divino, uma luz brilha em seu coração para traduzir-se em socorro através de suas mãos. Graças a Deus, você hoje pode mobilizá-la a benefício de todos os sofredores. Ao doente, será medicação; ao triste, reerguimento; ao desesperado, equilíbrio; ao desalentado, estímulo; ao bom, ajuda para que se faça melhor; ao mau, incentivo para que se regenere; ao aflito, repouso; ao agonizante, libertação; ao prisioneiro, novo caminho. Está em suas mãos uma ferramenta completa. De você mesmo dependerá o estacionamento ou a prosperidade que lhe diz respeito. Certo, o estudioso da Doutrina dirá que o assunto resume-se à liquidação de compromissos assumidos. Sim, isso é indubitável, entretanto, porque muito raros se devotam às próprias responsabilidades livremente aceitas é que aparecem obstáculos mais fortes ao progresso do homem e do mundo.

Felizmente, e sou dos primeiros que se rejubilam com o acontecimento, há uma aquisição definitiva efetuada por sua individualidade eterna. É o dom de curar.

O caso da jovem enferma de Pedro Leopoldo, ainda mesmo que se degenere agora em novos casos de perturbação orgânica por deficiência do meio ou dela mesma, representa um marco brilhante de consolidação do seu esforço.

Ali não apareceu, de propósito, nenhum recurso que favorecesse a sua ação pessoal no assunto, excetuada a colaboração do Alto, com a qual contaremos todos, em todas as circunstâncias. E o seu desejo sincero de acertar, vitalizando a sua força curativa equilibrada, realizou o serviço a que nos propúnhamos, restabelecendo as energias de humilde e valiosa mãe de família, cuja personalidade, em noventa por cento de suas atividades e potências, já se haviam transferido para a esfera próxima. Rendo graças a Jesus, que concede a você o "talento", e espero que ele seja para você e para Maria uma lâmpada gloriosa.

Grande é a jornada a percorrer e devemos semear ainda em grande escala nos campos variados do bem, antes de nos fixarmos nas searas definitivas diante da Eternidade.

Creiam que há uma porta diferente a descerrar-se, através da qual penetrarão juntos na infinita sementeira do socorro ativo aos semelhantes. Onde você estiver, de agora em diante, pode abrir a oficina da assistência cristã em nome do Senhor, que nos assiste.

Até agora o seu espírito, na expressão mais íntima de sua formação e experiência através dos séculos, sempre pesou e analisou, acima de tudo, o grupo no homem. Todavia, de agora para a frente, você observará e estimará, com mais calor, o homem no grupo. A administração, sempre respeitável e gloriosa pelos bens que pode dispensar e multiplicar com todos, oferece estudos mais profundos. Enquanto permanece mais acentuada nas lutas educativas da vida temporal, é a ideia do conjunto que domina, é a "união de todos", ainda que em regime de compulsória — as linhas ascendentes do esforço. Contudo, quando a administração se desloca para os interesses eternos, a individualidade se destaca no conjunto para sofrer-lhe as fraquezas e deficiências, tornando-se pelo trabalho a todos, no bem comum, mais nítida e venerável. Temos a comparação entre o que governa uma nação e o Cristo, que rege o mundo. Aquele que dirige um povo é respeitável e se salienta pelo equilíbrio com que arregimenta todas as forças ao seu alcance, no engrandecimento coletivo, enquanto que em Jesus vemos o Governador da Terra, sozinho e imolando-se, participando da multidão e sobrepondo-se a ela, amparando-se com os mais fracos e revelando-se, isoladamente, o mais forte, revelando no sacrifício de si mesmo "por todos" a felicidade mais alta e a glória maior.

Não desejo dizer que as transições dessa natureza sejam bruscas. Não. Ofereço a você esta carta por elemento de estudo e meditação, porque naturalmente um dom dessa natureza pede espírito de iniciativa, de autodeterminação e de independência de ação, a fim de beneficiar a humanidade em sua marcha.

Estamos festejando no coração a sua vitória, filha do esforço, da perseverança, do trabalho e, por que não dizer, do amor ao próximo, porque somente sob a inspiração desse sentimento divino pode alguém esquecer a si mesmo e devotar-se ao bem dos outros.

Emmanuel, presente, recorda que o seu triunfo é simbólico. Sua autoeficiência começou num leito de mãe moribunda e obsediada, cujos filhinhos clamavam por seu regresso à normalidade. Não poderemos enxergar o símbolo da própria humanidade a sofrer a dominação de tremendas forças perturbadoras, com o futuro a reclamar-lhe reestruturação espiritual?

Deus abençoe a você para que das singelas paredes daquele lar, onde a necessidade surgiu sem notas de personalismo ou de preferências pessoais, possa sua missão estender-se, multiplicando-se em bênçãos e luzes para muitos, e que Jesus conceda ao seu coração e à nossa querida Maria forças a fim de prosseguirem, caminho afora, sempre mais juntos no sagrado ministério de dar para receber, de iluminar para a obtenção de mais luz, de crescer para que o Sol divino lhes favoreça a elevação mais ampla.

Com esses pensamentos, encerro esta carta. Em cada linha escrita permanece a substância de todos os meus ideais e esperanças em vocês, no presente e no porvir.

Abençoados sejam.

Abraços muito afetuosos do papai que não os esquece,

A. Joviano

Um marco
muito importante na tarefa

Meus caros filhos, Deus abençoe a vocês, conceden-do-lhes muita paz, saúde, alegria e luz.

Em nome de muitos companheiros nossos, meu caro Rômulo, venho trazer a você o nosso abraço de felicitações pelo reerguimento da senhora enferma, que assinalou **um marco muito importante na sua tarefa** junto aos irmãos de-sequilibrados, enfermos e sofredores.

Jesus lhe multiplique as energias e, em razão da gra-tuidade ser uma palavra desconhecida no campo de realiza-ções vivas da alma, continue estudando o seu novo setor sob todos os ângulos possíveis. Há círculos imensos de serviço esperando socorro, aqui e além.

Você não imagina, por enquanto, a extensão total da felicidade que o desenvolvimento dessa força curativa e rea-justante reserva ao seu coração. Em face do continuísmo da vida, o saldo é ignorado nas leis que nos regem e a quanti-dade de companheiros de evolução, em necessidade, se re-laciona por milhões no domicílio espiritual vizinho da esfera em que vocês se encontram. Você sabe que muitos trabalha-dores poderiam ampliar as possibilidades preciosas de que são portadores, convertendo-se em colaboradores ativos do bem. No entanto, qualquer edificação não dispensa o "co-meçar" e o seu início para essa tarefa nova, em nossos apon-tamentos, exigiu mais de dez anos de trabalho persistente, depois de seu ingresso na esfera de trabalho, que pode ser contada por fase preparatória. Reconhecemos, pois, que em favor das aquisições espirituais vigoram anos de perseverança, que reduzidos candidatos se dispõem a dar. Muitos desejam encetar o empreendimento depois da morte do corpo, mas como? Depois da época exata de plantação ou cultivo de determinada lavoura é imprescindível esperar por outra, porque depois da atividade corporal sobrevem um tempo de colheita delicada, dentro do qual quem não atendeu ao serviço metódico raramente encontra regularidade, pelo menos, de imediato. É por isso que emprestamos grande relevo ao seu esforço e formulamos votos para que você marche à frente no estudo e na prática, na observação e na ação, ajudando aos outros e a você mesmo. Atravessamos na Terra em que nos imantamos uns aos outros uma época difícil. Os benfeitores de santuários mais altos permanecem interessados na formação de trabalhadores especializados que possam corresponder às exigências da hora. Há necessidade de grande despertamento espiritual junto às inteligências dormentes na carne. Através do socorro e da instrução é que podemos estender a mensagem na direção de todos os climas de nossa cultura geral.

Pela assistência fraterna e pela informação educativa, milhões poderão acordar para melhor alcançarem o porto que demandamos. O século presente pode ser de muita luz, mas é igualmente de muita dor. Os conflitos não cessarão tão cedo. Por esse motivo, a vocação do serviço espiritual com Cristo deve realmente transformar-se em paixão salutar que mantenha acesas todas as lâmpadas que se aproximarem das nossas. Cada criatura que saiba consolidar o valor da fé e do trabalho em suas experiências, dentro da hora atual, é uma luz acesa.

Quanto aos programas do centro de Pedro Leopoldo, não suponham vocês que nos apossaremos dele tão-somente depois da inauguração de suas paredes materiais. Desde o primeiro dia que marcou a determinação do local com os termos de aquisição e escritura, já nos achamos em tarefa viva por delinear-lhe os "contornos espirituais" com vistas aos nossos objetivos. Para lá já foram transferidos todos os serviços de assistência imediata a irmãos perturbados e sofredores, e nos mil e quinhentos metros quadrados de terra, dedicados aos fins a que nos reportamos, temos instalações fluídicas, mas tão sólidas quanto às de vocês, funcionando em ação socorrista. Os livros recebidos na cidade, de acordo com as informações que a tarefa de vocês veicula, atraem diariamente novos pensamentos e novas entidades para aqui. O recanto em que trabalham (aqui me refiro ao centro urbano) transformou-se num telégrafo que enormes multidões procuram, aflitas ou desconsoladas. Cada pessoa que o livro une espiritualmente à cidade para ela envia "alguma coisa", que nem sempre é muito agradável. E se é verdade que o espaço é infinito, precisamos de algum espaço para satisfazer, logicamente, as nossas necessidades. Desse modo, a definição do centro constituiu, só por si, uma providência muito feliz. Diversos ângulos de luta foram aliviados. Aquela terra agora é bem dos espíritos desencarnados que, de algum modo, já lhe povoam a extensão. Não pensem, contudo, que estejamos sem luta. A luta se fez mais clara pelo estabelecimento de linhas apropriadas. A organização não podia, de modo algum, perseverar em família isolada. Precisava situar-se para melhor projetar-se. Os conflitos são naturais. Os embates de opiniões e ideias são impositivos do aperfeiçoamento e da santificação. Felizmente, cada realização vem a seu tempo e essa bênção só seria suscetível de obtenção depois do serviço do livro, tão adiantado quanto possível. Abrem-se novos campos. Outros horizontes se desdobram. Essa é a jornada daqueles que avançam, porque os entediados e ociosos de todos os tempos preferem esperar as transformações ao pé de leitos repousantes. Quem caminha, porém, domina a viagem. A vanguarda é, sem dúvida, muita vez dolorosa pelas responsabilidades que acarreta, mas o que sobe a montanha de pés ensanguentados é quem recebe a primeira mensagem da luz nos cimos. Deus nos proteja.

Nossos cuidados no tratamento dentário de Maria prosseguem ativos e, quanto a você, o nosso receitista é de opinião use alternados o *Staphysagria*, o *Cantharis* e o *Lachesis* por 8 a 10 dias.

Peço a você, meu filho, reler as minhas páginas últimas para que façamos a revisão geral ainda este mês, porque desejava que esse pequeno esforço fosse prefaciado em homenagem a Allan Kardec, no dia 3 de outubro, e enviado ao Rio antes de sua projetada viagem à Bahia.[1]

Espero que Jesus me conceda recursos para terminar o trabalho, já em fase finalista, com a serenidade e paz com que foi começado.

Nossa irmã Engracinha, presente, pede a vocês transmitirem os "parabéns" à nossa querida irmã Júlia pelo aniversário amanhã.[2] Faço também meu esse abraço de felicitações, solicitando-lhes sejam expedidos esses nossos votos à nossa inesquecível companheira de trabalho, de ideal e de luta.

Desejo-lhes muita paz e muita alegria no caminho diário e com um afetuoso abraço, cheio de saudade e carinho, sou o papai muito amigo e reconhecido de sempre,

A. Joviano

Notas da organizadora: [1] vovô refere-se ao livro *Jesus no lar*, editado pela FEB, cujo prefácio é de 3 de outubro de 1949, primeira edição em 1950. [2] Engrácia Ferreira, tia de Júlia, foi pioneira do alfabeto Braille para cegos. Desencarnou a 21 de abril de 1937 e menos de um mês depois, a 6 de maio, comunicou-se por meio de Chico Xavier, em uma mensagem dirigida à vovó Júlia, solicitando a continuação de sua obra.

O continente, a embarcação, o cais e o porto firme

Meus caros filhos, que Deus abençoe a vocês, concedendo-lhes muita paz.

Rendo graças ao Senhor por haver terminado tranquilamente o novo esforço, muito particularmente destinado aos nossos núcleos familiares de estudos evangélicos. Sinto-me sinceramente satisfeito e agradeço feliz a colaboração e o apoio que vocês me proporcionaram.

Uma embarcação qualquer não consegue, senão com extremos riscos, beneficiar um continente, sem o amparo do cais. O porto há de ser sólido e firme para que o navio consiga desempenhar as funções que lhe cabem. Desse modo, exprimo a vocês o contentamento e a gratidão que me transbordam do espírito, rogando a Jesus converta em flores de felicidade todas as bênçãos de carinho e reconforto com que me cercam.

Há sempre júbilo sincero de nosso lado quando um novo livro se prepara à longa viagem através das mentes e corações de milhares de leitores. É sempre a mensagem condensada de nosso ideal sublime que se movimenta acordando companheiros novos para a construção do reino de união com o Cristo, que hoje desejamos concretizar na Terra. Em vista disso, compete-me expressar-lhes todo o reconhecimento que me vai no ser. Bendita seja a sementeira de luz!

Falo aqui, não por mim, mas por todos aqueles que nos ajudam de esfera mais alta, inspirando-nos a ação no caminho extenso do progresso espiritual.

"Alvorada cristã" foi realmente para mim um novo dia,

porque variados centros de atividade edificante me abriram novos ensejos de trabalho educativo e vocês não avaliam quanto bem me fazem os apelos à personalidade de Neio Lúcio nos setores da fé viva![1]

Lidamos com ideias na posição em que nos achamos, tanto quanto vocês lidam no mundo com a plantação indispensável à mesa farta! É preciso alimentar as inteligências despertas para horizontes mais vastos e o livro é o companheiro silencioso, o amigo sereno, o enfermeiro sábio e, sobretudo, o mestre tolerante e esclarecido que conversa com o pensamento sem alarde, imprimindo-lhe direção mais nobre, sempre que inspirado nos princípios que nos regem os destinos para o bem.

Agora, com esse novo canteiro, penso que minha lavoura no Espiritismo evangélico do Brasil crescerá de vulto, oferecendo-me novas portas de cooperação fraternal que, no fundo, é a resposta aos anelos do meu coração.

Agradeço-lhes, pois, com muita alegria!

Por mais de dez anos observei a atitude dos nossos, a fim de verificar se o Professor Joviano poderia seguir adiante, com o desejado desassombro na luta, mas, depois de dois lustros de meditação e esforço mudo, concluí que o professor mineiro não devia sobreviver, pelo menos por enquanto, nos círculos da mente infanto-juvenil de nosso pátrio lar. Mas Neio Lúcio poderia disputar essa posição de cooperador e, com a graça de Jesus, alcancei o meu objetivo!

Sentindo a felicidade de permanecer em companhia de vocês, precisava adquirir mais trabalho na esfera em que se acham e, presentemente, não são poucas as criaturas na estação da juvenilidade que me procuram para a modesta contribuição espiritual de que posso dispor. E a minha satisfação é enorme, podendo confiar-me à abençoada luta! Que Jesus seja louvado e que vocês todos recebam o salário

---

[1] Nota da organizadora: primeira obra literária ditada pelo espírito Neio Lúcio, psicografada por Chico Xavier em 1948 e publicada pela FEB.

de sua bondade e de sua luz! "Grande é a seara e poucos os ceifeiros." Prossigamos alimentando a alma faminta da multidão nos rumos do porvir!

Meu caro Rômulo, sinto bastante, contudo, a nossa jovem enferma de Pedro Leopoldo não nos parece habilitada a conservar os bens recebidos. Durante dez dias, foi mantida em seu lar a câmara fluídica de socorro para que os benefícios transmitidos por seu intermédio fossem consolidados, naturalmente, pelo trabalho comum dos interessados. Todavia, retirados os nossos apetrechos de auxílio provisório, a "falange tenebrosa" foi novamente evocada pela doente e pelos seus familiares. Acham-se, quase todos os seus componentes, na posição anterior de muitos desequilíbrios e as consequências são imprevisíveis. A corte doméstica da enferma, por outro lado, não favorece a equação do problema nos menores aspectos, e a luta foi restabelecida. Continuaremos, espiritualmente, a fazer o que couber ao nosso círculo de possibilidades estreitas. Contudo, não convém a sua volta agora ao cenário, a não ser através de requisição muito especial dos interessados. Faço a você o presente aviso, considerando a extensão do caso em nosso plano de ação. Valha-nos, porém, o conforto que, de nossa parte, tudo foi feito em favor do reajustamento geral, com ampla demonstração do quanto pode a boa vontade humana quando conduzida sob a Proteção Divina. Não se preocupe. A sua tarefa foi muito bem cumprida com o auxílio do Alto!

Noto a nossa querida Wanda agradavelmente inclinada a estudos mais intensivos do nosso campo de espiritualidade e isso para mim constitui uma feliz observação. Pode crer a minha neta que os seus dotes mediúnicos são apreciáveis e alcançarão proveitosa amplitude em momento oportuno. Convém-lhe, porém, mais acurado trato com as leituras desse "reino" para melhor adaptar-se aos imperativos da tarefa. O contato com os livros e publicações de ordem espiritualista lhe fará grande bem nas atividades preparatórias. Suponho, outrossim, que a sua frequência ao culto das terças, naturalmente com a permissão dos pais, ser-lhe-á de real utilidade. Aqueles que se propõem à realização de uma grande viagem não podem prescindir dos primeiros passos. Comece, minha neta, a lavrar o seu campo e verá milagrosas florações e colheitas ricas de luz imortal em seu caminho.

São esses os pontos essenciais de minha carta paternal nesta noite — um agradecimento, um aviso e um estímulo.

E, por último, expresso-lhes a minha gratidão pelo atencioso telegrama à irmã Julia. Receberam o meu desejo com efetiva lealdade. Ficamos muito satisfeitos com a iniciativa que levaram a efeito sob nossa inspiração direta. Gratíssimos!

E desejando a vocês todos um mundo de alegria e paz, a fim de que continuem trabalhando na sementeira e na seara do bem com o Cristo, abraça-os muito afetuosamente o papai saudoso e amigo de sempre,

A. Joviano

Nota da editora: esta mensagem consta da obra *Sementeira de luz* (VINHA DE LUZ, 3. ed., 2008, p. 664-667).

Tratamento de reajuste

Meus caros filhos, Deus abençoe a vocês, conceden-do-lhes muita saúde, paz e alegria.

Meu caro Rômulo, faremos hoje à noite, depois do sono físico, o seu **tratamento de reajuste**. Há jornadas agra-dáveis, outras, porém, menos aptas à produção de reconfor-to. A viagem rápida, mas repleta de particularidades exaus-tivas, em seu setor de luta, desgastou-lhe quota elevada de forças nervosas, em cujo refazimento você receberá o nosso concurso ativo. Serviço é perda e toda perda dessa espécie é bendita e compensada pelo Divino Suprimento, através daqueles que nos seguem do plano superior.

Felizmente, você vai indo muito forte no quadro geral das energias orgânicas e semelhantes desgastes ocorrem por fenômenos naturais da experiência comum.

Você me fala da duplicidade de nossos aspectos espi-rituais no grande caminho e isso sugere um mundo de con-siderações. Em verdade, meu filho, vocês me reencontrarão nas duas roupagens por intermédio das quais me conhecem mais extensamente, contudo, se esse gênero de realização funciona para vocês, que já podem entendê-la, não acontece o mesmo com muita gente de nossa intimidade familiar, cuja mente não se habilitou ao trato com a vida mais dilatada.

Para muitos de nossos amados, neste século, somente existe "Arthur Joviano" e mais ninguém por trás da persona-lidade que conheceram somente na feição unilateral. Não poderão entender "Neio Lúcio" senão muito depois, quando houverem passado pelo mesmo treinamento espiritual em que vamos caminhando, juntos, há quase três lustros. Tudo é gradativo e razoável dentro da natureza. E para vocês, cuja inteligência já se revela suscetível de apreender toda a ex-tensão do assunto, há também, de imediato, a circunstância que me levará a tratar com todos na mesma base. Se me conhecem a alma em prismas diversos, também identifico vocês através de variados prismas e o entendimento entre nós se fará natural em qualquer clima da vida.

Na condição de "Neio Lúcio", vou agora, segundo a sua justa concepção, dilatando o meu círculo de influenciação espiritual. Depois da consolidação de minha individualidade na nova esfera, fui convidado por amigos nossos a cooperar em um grande educandário do nosso campo de ação, em caráter definitivo, região essa em que trabalhei, esporadicamente, até princípios de 1947, mas tendo de optar por um serviço mais compacto em zona de permanência, preferi estar com vocês, de modo a prosseguirmos juntos no mesmo roteiro. Desse modo, com sincera satisfação para mim, sinto-me presentemente incorporado, pelo menos por alguns anos, tempo esse que não posso por agora precisar, na grande falange que cultiva e sustenta o Espiritismo-Cristianismo no Brasil. Semelhante exército de paz é grande demais para que eu possa descrever-lhe as atividades. Basta que lhe conheçamos os objetivos centralizados na vitória futura do Evangelho no continente americano. Estou sumamente satisfeito e conto com a possibilidade de trabalharmos cada vez mais na sementeira e na colheita dessas verdades reveladoras que anunciam o mundo regenerado de amanhã. Temos não só o núcleo de força iluminativa, cuja potência mais substancial se concentra na capital da República,[1] mas também toda uma vastíssima organização de hospitais, lares, escolas, instituições de variados matizes, todas focalizando o socorro e o progresso, como elevadas expressões de contribuição do Alto à humanidade. Poderia, sem dúvida, circunscrever-me, dentro da organização que é imensa, às tarefas do professor redivivo, mas, além disso, estimo agora essa onda de trabalhadores do Espiritismo cristão, que se levanta em nossa pátria através de mil modos na difusão da beneficência e da

---

[1] Nota da organizadora: em 1949, a capital da República era a cidade do Rio de Janeiro. Brasília foi inaugurada em 21 de abril de 1960.

luz, que ampara o corpo e reestrutura a alma. Graças a Deus, o Infinito está vivo no trabalho tanto quanto no amor e na esperança e, assim, podemos seguir unidos, na antevisão de uma felicidade sempre maior nos cimos da vida. Encham os corações de coragem e confiança. O valor espiritual é a tônica de todos os que aspiram o triunfo nas culminâncias da vida.

Quanto às características de nossos serviços, meu filho, creia que quanto mais alto é o nosso conhecimento maior é a nossa possibilidade de cooperar com o Supremo Ordenador, que é Deus. Sob a inspiração de Jesus, a quem neste planeta tudo devemos, depois de nosso débito para com o eterno Pai, somos cocriadores. O espírito esclarecido está sempre gerando obras vivas e gravita em torno delas de acordo com a lei da consequência. Em minha paixão pelo magistério, venho desenvolvendo caracteres, "gerando filhos espirituais", por intermédio do livro e do esforço didático de muitos anos, e você, em seus pendores de benfeitor da natureza, vem "gerando" amigos do campo e dos seres dignos de nosso maior carinho, que são os animais, nossos afins na escala evolutiva.

Em seu trabalho e no meu, experimentamos agora uma transição longamente trabalhada. Ambos acompanhamos há vários séculos o desenvolvimento político e econômico na Europa e na América, dentro dos motivos de nossas paixões benéficas, atuando e criando sempre, mas na atualidade sentimos sede de algo mais alto, não para nos afastarmos do campo de nossas predileções, mas para enriquecermos o nosso esforço. Você ainda se faz acompanhar, nesta fase da experiência, de vasta corte de inteligências "geradas", isto é, inclinadas ao seu ministério de muito tempo a esta parte e, comigo, acontece o mesmo. Encontro-me ligado a grande número do meu séquito de orientador de letras, que hoje aspira à posição de instrutor de almas e condutor delas. Como verifica, os problemas são enormes e eminentemente complexos. Jesus nos fortaleça para que possamos desferir o voo do conhecimento sublime, destinado a beneficiar os setores em que militamos.

Você e Maria trabalharão muito nessa abençoada sementeira de renovação e, por minha vez, desejo acompanhá-los para que o nosso núcleo tríplice constitua um manancial de energia renovadora para muitos, inclusive para quantos se acham ligados conosco pelos laços do amor e, por que não dizer, do desamor, oriundo da incompreensão sob vários aspectos. Nesse ponto que consegui expor, você conseguirá apreender qual a extensão do serviço a que se consagrou o nosso amigo, que teve destacado papel entre os jesuítas dignos e nobilitados que estruturaram, sob a inspiração do Cristo, os alicerces da nacionalidade brasileira.[2] "Quatrocentos anos numa linha de ação é espaço curto de tempo" – diz-nos ele. E recorda que Neio Lúcio era professor no início do Cristianismo e que Helvídio Lúcio[3] estimava profundamente a experimentação de equinos nobres no mesmo tempo que parece recuado e é apenas de ontem, considerado na ampulheta da eternidade, pela qual, um dia, contaremos as nossas horas. O assunto é longo e pede tempo, a seu turno.

Estamos contentes com a disposição de Wanda para a mediunidade. Essa "plantação" será portadora de abençoadas alegrias ao seu espírito de lutadora. Faremos quanto estiver ao nosso alcance pela segurança do êxito.

Seguiremos vocês nos preparativos da jornada até à Bahia. Organizemos a farmácia-mirim e façamos uma boa viagem. A vida é renovação quando inspirada em moldes superiores de trabalho produtivo. Boa noite, e que o Senhor lhes conceda muita saúde física e renovado bom-ânimo. Guardem um afetuoso abraço do papai muito amigo de sempre,

A. Joviano

Notas da organizadora: [2] em referindo-se a Emmanuel, na personalidade do Padre Manoel da Nóbrega. [3] Personagem do romance *50 anos depois*, nesta encarnação Rômulo Joviano.

À Bahia

Meus caros filhos, Deus abençoe a vocês, conferindo-lhes muita paz e alegria aos corações.

Rejubilo-me com as perspectivas da viagem que realizaremos à **Bahia**. Digo "realizaremos", porque é minha intenção seguir com vocês, não só atendendo ao serviço espiritual, que me é sumamente caro ao espírito, como também para desfiar algumas contas de reminiscências que me são particularmente estimáveis. Nesse sentido, meu caro Rômulo, estou satisfeito com o aspecto histórico que você imprimiu à sua palestra programada.

Fiquei sinceramente feliz por descobrirmos elementos de exaltação justo à obra de Nóbrega. Era ele homem de ação mais que de palavras. Atuava e realizava com tamanha segurança e eficiência, e com tão profunda humildade, que muitos se valiam da obra dele para melhor se destacarem no campo das aparências. Hoje, que quatro séculos se passaram, conhecemos de mais perto a extensão espiritual do inesquecível missionário, que prossegue vivendo. Creio eu que todas as oportunidades que lhe caírem ainda nas mãos por muito tempo serão gloriosamente aproveitadas na estruturação do Brasil evangélico. Ao influxo do esforço dele, entendemos na atualidade que uma nação é também uma obra no tempo. Salve, Jesus, a santificada sementeira que o bravo trabalhador lançou à nossa terra, porque, em verdade, o seu apostolado é fascinante, cada vez mais, ante a observação de nós outros!

Espero façamos uma boa viagem com todos os elementos educativos no aproveitamento de uma excursão desse vulto. Certamente, não seguiremos na romagem com os impulsos literários de Euclides da Cunha, mas guardaremos a visão cristã dos servos e cooperadores do Cristo quando em análise do serviço imenso que nos cabe realizar neste domicílio enorme da civilização futura, que é o Brasil. E em contato com a diversidade dos aspectos e dos costumes, não nos esqueçamos de que estaremos simplesmente "passando a um quarto contíguo dentro de casa". A ideia de grandeza, porém, pelo trato com a viagem esperada, deve perseverar dentro de nós, a fim de que não percamos de vista as exigências do trabalho para agora e — hoje podemos acrescentar — para as futuras reencarnações. O serviço é o alimento de quem avança na estrada do progresso e felizmente vocês sabem situar os corações em semelhante vanguarda.

Com respeito à saúde, estou satisfeito com os elementos preparados no setor da homeopatia, destacando as nossas necessidades de *Carbo V.*, *Pulsatila*, *Bryonia*, *Aconitum*, *Gelsemium*, *Eupatorium*, *China*, *Boldo*, *Plumbum*, *Arnica*, *Colocinthis*, *Ruta*, *Staphysagria*, *Rododendro*, *Kalmia*, *Cactus G.*, *Spongia M.*, *Kali B.*, *Lachesis*, *Nux-vomica*, *Chamomila*, *Beladona* e outros recursos tão úteis e tão simpáticos quanto esses. Não se esqueçam do *Iodo*, do álcool, dos limões, da pomada de *Calêndula* e do pó mentolado, pois são bons amigos que servem com grande proveito no momento oportuno.

Na viagem, já que se dirigem para zonas do "tempero forte", usem os pratos diferentes em doses mínimas possíveis, exceção que fazemos, naturalmente, ao peixe fresco. Nossos avisos se referem mais à pimenta, ao excesso de sal e vinagre, e outros condimentos extravagantes que conseguem a adoração do paladar e arrasam as forças delicadas do fígado. Essas observações funcionam igualmente para a nossa Wanda, cujos rins não se regozijariam com muitas novidades. Quanto lhes seja possível, aproveitem a excursão nos setores dos conhecimentos novos com base nas tradições e nas terras diferentes e, sobretudo, não desprezemos, se possível, o ensejo de incursão mais vasta pelo litoral, acrescentando aqui, à relação dos elementos que devem ser vistos e usados com cautela, o coco e seus derivados.

Não queremos criar fantasmas à nossa alegria na excursão. Não é isso que pretendemos. Desejamos tão-somente amealhar maior quantidade de valores espirituais no campo da experiência e da educação pelo menor número de riscos para a saúde física, considerando-se que o estômago é uma sede viva de bens e males da existência que vocês desfrutam para a nossa felicidade comum. Felizmente, vocês vão passando com saúde regularmente ajustada e acredito que só nos cabe agradecer ao Alto esse bendito ensejo de renovação geral de forças, ideias e aspirações.

O seu serviço normal, meu caro Rômulo, principalmente na hora que passa, constitui encargo de importância muito grande para o estabelecimento confiado à sua guarda e administração. Entretanto, essa modificação por alguns dias nos fará grande bem. É necessário, muitas vezes, alterar o ritmo de certas atividades para que esse mesmo ritmo seja retomado com recursos e proveitos mais amplos.

Sigamos felizes e confiantes na assistência divina. Aqui se encontram vários amigos e companheiros especialmente queridos a nós todos, inclusive nossa irmã Amélia, que solicitam a vocês sejam portadores de um grande abraço, carinhoso e fraterno aos nossos amigos General Aurélio e irmã Júlia, quando de passagem pelo Rio. A esse pedido geral, incorporo igualmente o meu, rogando a Jesus derrame as suas bênçãos de amor infinito sobre os nossos caros companheiros de esperança e alegria, de trabalho e de luta, ensejando-lhes as melhores possibilidades de vitória espiritual nas tarefas da Terra. Que o Senhor nos conceda o seu amparo, em todos os momentos.

Meu afeto a cada um de vocês e esperando acompanhá-los tão assiduamente quanto me for possível, na excursão a iniciar-se depois de amanhã, abraça-os com muito carinho e reconhecimento o papai muito amigo de sempre,

A. Joviano

Retorno ao

campo doméstico

Meu caro filho, Deus abençoe a vocês, multiplicando-lhes os recursos da saúde e do bom-ânimo.

Felizmente, o **retorno ao campo doméstico** foi iniciado com a sua vinda e creio que o reajustamento nos fluidos de casa lhe restituirá mais apressadamente o equilíbrio orgânico.

A mudança da região foi muito brusca. Enquanto a viagem se verifica através de ambientes que constituam prosseguimento das linhas evolutivas em que vivemos comumente, não há diferenciações de vulto nos padrões vibracionais, entretanto, a cidade visitada é muito diversa em sua estruturação psíquica. Não só os fatores de alimentação, de abalar qualquer um, devem ser levados em conta, mas também os elementos espirituais da zona em que nos demoramos durante alguns dias.

O corpo se nutre de recursos do solo, mas a alma ingere também as forças do ambiente. Daí as anomalias experimentadas. Graças ao divino Médico, porém, você, Maria e Wanda apresentam apreciáveis melhoras. O seu regime alimentar por uma semana deve ser metódico, isto é, de pratos simples, sem novidades, sendo aconselhável que o azeite doce seja usado na porção de uma colher de sopa à primeira refeição do dia. Através da água fluidificada, você está recebendo igualmente recursos valiosos e caso persistam os sintomas de desarmonia intestinal use *Chamomila V. 5ª* e *Bismuthum* de hoje a dois dias, durante cinco dias. Sobrevindo, porém, as melhoras positivas que esperamos, não há necessidade de semelhante medicação.

Meu tempo de afastamento das obrigações a que me

impus terminou também hoje, todavia, conto com as energias do lar em favor de sua restauração geral e, sempre que oportuno, lembre-se de mim, porque pela sintonia mental percebo os seus chamamentos.

Por falar em comunicações, peço seja você o intérprete de minhas felicitações à Wanda e ao Roberto pela passagem, dos queridos manos, do aniversário natalício neste mês de novembro. Desejo aos netos muita saúde, luz e paz, com progresso incessante na sementeira do bem e do conhecimento.

Volto igualmente sob forte impressão do trabalho espiritual a que a realidade do Brasil e do mundo nos constrange. A grande metrópole que visitamos é um verdadeiro arsenal religioso. Você viu apenas o ângulo físico do assunto. O ambiente em si representa um campo enorme de cristalização das ideias medievais. Grandes espíritos ali se encontram reencarnados para serviços urgentes e eficientes de elevação, contudo, deram-me a ideia de grandes prisioneiros num palácio de ouro. Precisam efetivamente sair à contemplação de horizontes mais largos que lhes anule a noção ruinosa de preconceito e à composição dogmática dos círculos mentais que lhes são peculiares, contudo, não possuem chave para a retirada. Estão entediados da riqueza inerte, das visões sucessivas de dourada pintura, mas não se animam a usar os recursos de libertação do pensamento cativo às fórmulas.

Além dos temores congênitos que lhes são inerentes, sofrem a pressão de milhares de entidades em agrupamento compacto a persistirem de relógio atrasado nos caminhos da evolução. Encontrei criaturas estacionadas por lá com mais de duzentos anos de desencarnação, sem regresso à escola carnal. Senhores da aristocracia luso-brasileira, aventureiros, sacerdotes, escravos e outras classes de sofredores inconscientes ali se aglomeram em multidões. Eu não sei se no país existe outra população espiritual tão densa de refratários à iluminação de ordem superior ou de retardatários do progresso íntimo! Estimaria saber, porém, acredito que estivemos na esfera máxima de cristalização idealística do berço pátrio a que nos ajustamos neste século. Consola-nos, todavia, a certeza de que há um núcleo avançado de eclesiásticos libertos da sombra e prósperos na sabedoria, atuando sobre a massa tanto quanto o levedo no pão destinado à mesa de ordem material. São grandes interessados no florescimento de uma luz nova que ajude a quebrar as anomalias escuras do obscurantismo espiritual a que o povo generoso e bom se confina, no entanto, é imprescindível que o martelo do tempo trabalhe ainda muitos espíritos da posição de Vieira e outros, que procuram abrir brechas no castelo de sombras para salvar centenas de preciosos valores ali adormecidos, mas, sem esforço, sem paciência e sem esperança não podem agir com segurança e proveito. Serão necessárias ainda várias expedições de trabalhadores devotados à caridade e à luz, que se materializem para servir à causa do Evangelho, por intermédio da reencarnação. O remédio naquele enorme setor de nossa vida coletiva há de ser ministrado de dentro para fora, porque não se mostra inclinado a "importar" princípios redentores habilitados a funcionar de fora para dentro, senão talvez de agora e muitos anos para a frente.[1]

Aguardemos, todavia, a manifestação dos planos mais altos. Quando a vontade do Senhor delibera, tudo pode ser refundido em tempo mínimo. Creia, apesar disso, que as minhas impressões da sementeira a realizar ser-me-iam inquietantes se eu já não possuísse problemas suficientes à frente de mim mesmo.

Comoveu-me a nossa conversação em casa, no Rio. Lamentável não haja calor na "terra" para a recepção das sementes de que você sempre se faz carinhoso portador. Quando o solo é frio, os grãos se demoram em processo de germinação muito lenta, com grande perda de energia e de tempo. De qualquer modo, uma porta se abriu e enviare-

---

[1] Nota da editora: sobre a viagem realizada à Bahia, há uma interessante referência de Emmanuel feita à época e que se encontra na mensagem intitulada "Recordações", do livro *Deus conosco*, à página 478 de sua terceira edição (VINHA DE LUZ, 2010).

mos algumas indicações para a sua mãe,[2] que não passa tão bem quanto parece. Há um certo esmorecimento em seu sistema circulatório. Não vale cogitarmos do assunto, senão de coração a coração, porque as demais em Botafogo não entenderiam e a questão se revelaria mais complexa e menos acessível ao meu próprio concurso. Desejo que ela não "venha" agora e tudo farei por prolongar-lhe o tempo no "círculo". É melhor que assim seja, porque em nossa esfera de ação esperamos por bênçãos e oportunidades em todos os instantes da experiência no corpo. Confiarei em nosso divino Médico.

O receitista fará indicações atendendo-me à solicitação. Você fará a remessa de modo vago, porque será melhor e mais acertado. Cada realização tem a sua hora em nosso relógio particular quando não podemos acertar os nossos ponteiros pelo cronômetro da Vontade Divina.

Boa noite para você. Descanse e medique-se com dedicação. A saúde do vaso representa muito para a essência. Que Jesus nos abençoe e fortaleça é o desejo muito sincero do papai e amigo de sempre,

A. Joviano

---

[2] Nota da organizadora: em referindo-se a Francisca da Rocha, minha avó paterna.

Sublime é o ensejo de semear

Meus caros filhos, Deus abençoe a vocês, conferindo-lhes muita paz e saúde, alegria e fortaleza.

Nesta noite, reunimo-nos todos para agradecer a magnífica oportunidade de uma volta à Bahia.

Nosso amigo João de Deus Macário tem razão.[1] **Sublime é o ensejo de semear** e o viajor atento, que guarda a jornada nos moldes legítimos do trabalho, encontra sempre frutos preciosos nos pomares alheios, nos quais, a seu turno, deixa também a boa semente de suas experiências.

A excursão era maior do que poderia parecer à superficial apreciação de vocês. E o nosso amigo das noites de terças-feiras não poderia faltar ao cometimento. Precisamos de um padre esclarecido para servir-nos de intérprete, em várias e complexas situações, e o nosso admirável companheiro agiu sempre à altura de nossas necessidades. Felizmente, a colheita de observações valiosas foi grande e se não é possível descerrar à visão de vocês um painel adequado e vivo da plantação efetuada, por agora, mais tarde reconhecerão, conosco, a glória do serviço a que atendemos.

O homem que planta um carvalho ou um cedro se surpreende muitíssimo com o resultado de sua obra depois de alguns decênios. Estejam convictos de que os nossos trabalhos

---

[1] Nota da organizadora: João de Deus Macário foi padre na paróquia de Vila Nova de Lima. Nasceu em 4 de janeiro de 1852 e desencarnou em 12 de dezembro de 1912. Orientou os trabalhos mediúnicos com a utilização da prancheta no culto do Evangelho no lar que o casal Joviano realizou sempre às terças-feiras, de 1936 a 1959, em Pedro Leopoldo | MG, e no Rio de Janeiro. Fonte: *Deus conosco* (VINHA DE LUZ, 3. ed., 2010. p. 75).

lucraram muitíssimo em colaboração e rendimento espiritual.

Quanto ao passado, esperemos um pouco mais. Nossa experiência direta em tempos coloniais não foi propriamente na terra baiana, apesar dela imperar fortemente em nossos sentimentos e ações, requisitando-nos à mais santa admiração e ao melhor carinho, mas sim mais para o norte, na antiga capitania de Pernambuco, onde muitos sonhos e esperanças de vida europeia transplantada nos presidiram a movimentação. Não foram pequenas as tarefas junto ao solo cheio de surpresas e de exigências ásperas, e nem menores as lutas que tivemos de sustentar. Entretanto, foram o suficiente para entenderem a grandeza da nacionalidade nascente e a fulguração dos seus destinos sob a claridade cristã do Evangelho renovador.

Por enquanto, convertamos o amor e o ministério no ideal de servir a todos e de nos consagrarmos a mais altos padrões da vida coletiva e, com o tempo, examinaremos os detalhes técnicos de nosso desligamento do campo psíquico do Velho Mundo, sequiosos que nos achamos há muitos anos de renovação espiritual, através de recursos quais os que possuímos atualmente em mão, na largueza da terra e na solidariedade e singeleza dos corações no ambiente fraterno. Creiam que o nosso esforço de hoje é uma bênção, porque operamos num clima ideal de paz e aprimoramento, desfrutando verdadeiro curso preparatório à frente da vida mais alta.

Quanto aos ensaios mediúnicos de nossa querida Wanda, são eles de molde a inspirar-nos as melhores expectativas, porque partidos do seu espontâneo interesse de servir. A maioria dos médiuns permanece, infelizmente, atendendo aos princípios da inércia, qual ocorre ao senso empedrado que espera os golpes do alvião e das máquinas de grande tamanho para oferecerem a estrada benéfica ao trânsito público. É por isso que todos os aprendizes do Evangelho, que caminham para esse esforço nobre em voluntário impulso do coração, sem aguardar a picareta e a pá do concurso inferior, se fazem verdadeiros beneméritos da nossa causa de espiritualidade. Nesse caso, a simpatia dos benfeitores dos planos sublimados é um fator decisivo na vitória procurada. O instrumento que se candidata ao trabalho ativo pode, assim, devotar-se a estudos importantes e preciosos, com alusão à tarefa que desempenhará, em seu terreno de interferência pessoal. Nesse sentido, todo médium lucrará expressivamente, arregimentando valores novos em conhecimento e virtude na intimidade de si mesmo. Em nos comunicando, experimentamos uma certa dependência do padrão mental e cultural do registrador psíquico, que é a organização medianímica, razão que nos induziria a aconselhar muito estudo edificante e muita meditação construtiva a todo médium que se mostrasse desejoso de colaborar na lavoura do bem e da luz, se eu possuísse bastante autoridade para orientar a comunhão dos servidores. É de toda importância apresentar na mente os mais variados tipos de expressão verbalística, aliados ao calor espiritual com que a fé precisa ser alimentada, porque os instrutores que contam com tempo reduzido na esfera de vocês aproveitam-lhes a contribuição com eficiência e sem qualquer desperdício dos minutos.

Assim digo porque, se é fácil ao espírito superior projetar a sua energia condutora ao espírito coletivo, auxiliando a multidão, qual acontece aos chefes de Estado na Terra, isto é, de mais alto e sem contato mais assíduo com os campos da dificuldade e da indigência, é quase sacrificial para os vanguardeiros da Espiritualidade Superior voltarem nos próprios passos a fim de prestarem socorro individual, sem maiores possibilidades para vencerem a limitação dos aparelhos vivos de transmissão humana, por intermédio dos quais são compelidos a se exprimir.

Um médium deve encher-se de elementos educativos, tanto quanto o tipógrafo que necessita trazer a oficina bem provida de tipos diversos, habilitados a satisfazer as singularidades das encomendas. Creio que foi por isso que o Espírito da Verdade (divino representante de Jesus), em se comunicando para a codificação de Allan Kardec, assim se externou, certa feita: "Espíritas, amai-vos! Eis o primeiro ensino. Instrui-vos! Eis o segundo".

Nesta subida, em que vamos disputando lugar na eminência em que nos situamos, o amor cristão e a sabedoria evangélica são as duas luzes, à frente e à retaguarda, descortinando-nos a vanguarda para seguirmos em passos seguros e iluminando o caminho percorrido para aprendermos a não recuar.

Espero que a minha neta consagrada aos ideais superiores da vida se eleve cada vez mais para servir ao Senhor, em campos sempre mais altos de manifestação. Bons amigos permanecem ao seu lado, adestrando-lhe a mente em atividades iniciais, e mais tarde espero, por minha vez, utilizar-lhe também a cooperação com a melhor e maior segurança.

Boa noite a vocês, esperando que se previnam contra os resfriados nesta fase de transição na experiência anual.

Com os meus votos ao divino Mestre para que a alegria e o bom-ânimo vivam em nossa companhia em cada trecho de nossa estrada, sou o papai que lhes deixa um afetuoso abraço,

A. Joviano

Catorze anos de Espiritismo com o Amigo divino

— Culto Doméstico Arthur Joviano

Meus caros filhos, Deus abençoe a vocês, conferindo-lhes muita paz aos corações.

Assinalo, com muita satisfação, o esforço renovador em que nos encontramos. Não é sem razão que encontramos nosso interesse espiritual na data de aniversário do conjunto de amor e prece, trabalho e fé viva em que nos situamos espiritualmente.

Graças a Jesus, os dias não correram desprovidos de dignidade e serviço. Importantes alicerces de nosso porvir foram construídos.

Nossas experiências se ajustam a outros climas. O pensamento modificou-se dentro de nós e linhas novas de atividade mental se desdobram diante da nossa esperança e da nossa capacidade de aprender com o bem e irradiá-lo a benefício dos semelhantes.

Imperceptivelmente, passamos à esfera essencialmente divina daquela em que vivíamos até o momento preciso de minha desencarnação. A lide espiritual edificante transformou o tom de nossa mente e em todas as circunstâncias, dentro das quais sejam vocês constrangidos ao lavor representativo no mundo, vocês comparecerão às suas assembleias e tarefas com atitude interior diferente.

O tempo de base, de construção difícil do campo de operações da nossa missão individual no bem, cede agora terreno ao tempo de ação viva na obra de Jesus.

Graças ao Senhor da Vida e da Imortalidade, o lar de vocês, que é também o meu lar, converteu-se num santuário de sublimação. Correntes de simpatia do mais elevado teor foram atraídas pela boa vontade de que deram testemunho inicialmente e, na própria região em que foi assentada esta casa de alvenaria, antes do templo espiritual em que se transubstanciou, os benefícios do amor se estenderam, estabelecendo um clima de tranquilidade criadora com trabalho santificante que não encontramos com muita facilidade e frequência noutros ambientes da Terra.

Desfrutamos quase três lustros de esforço digno, com saúde e equilíbrio, paz e progresso. Todos os que se aproximaram desta fonte com a necessidade exigindo renovação foram atendidos e contemplando o caminho percorrido rendamos graças ao eterno Pai por estes **catorze anos de Espiritismo com o Amigo divino**, semeando nas leiras do presente e do porvir em seu Nome. Acreditem que lhes falo com grande emoção, pois no círculo de outros entes amados de nossas almas não posso repetir essa mesma conceituação do tempo. Noto as desilusões e os estragos, a incerteza e o medo, a cristalização e a inutilidade, a vigilância e a indiferença na atmosfera espiritual da maior parte e tremo ao pensar que para muitos deles o tempo se desdobrou vazio de qualquer realização substancial para a vida nova que os espera.

Entretanto, não é com o objetivo de observá-los que escrevo estas linhas. Meu desejo é o de estender dentro de nós mesmos a luz da bênção, aproveitando o combustível do reconhecimento ao Cristo e para mencionar a nova fase em que vocês conseguiram centralizar os pensamentos de gratidão e júbilo de muitos necessitados socorridos e de muitos espíritos amparados.

O serviço de cura já começou neste santuário, tanto quanto já vai adiantada a obra de esclarecimento, e agora a dedicação de Wanda vem ao encontro de nossa expectativa, ensaiando os processos de receptividade sob a assistência iluminativa dos amigos espirituais que aqui transitam, contentes de encontrarem um pouso em que a discórdia e o egoísmo não lhes cerceiam a abnegação a favor dos semelhantes.

Espero que minha neta continue interessada no assunto, com assiduidade e atenção. Um conjunto de serviço espiritual de assistência, pelo menos, na atualidade, não se baseia no problema numérico. É questão de qualidade, acima de tudo. Um coração entusiasta e fervoroso no otimismo, na sementeira intensiva do bem, realiza muito mais que mil cérebros de raciocínio que apenas emitem pontos de vista através da doutrinação sistemática, sem esforço sério na melhoria do círculo em que se localizam.

Sonho invariavelmente com o nosso grupo familiar sempre atuante na lavoura da luz e da caridade, e confio em que vocês prossigam, no lar, com a oração e com o serviço, as duas vigas-mestras da prosperidade, sob todos os prismas nos dois planos.

Para estabelecer os trabalhos iniciais de Wanda, rogo a ela não se detenha nos meandros do mecanismo, sempre útil em máquinas, mas nem sempre construtivo na ação espiritual. O desenvolvimento em nosso clima harmônico, estabelecido por abençoados anos de experiência, observação e esforço constante não se firma sobre o automatismo e sim sobre a associação das forças evangelizantes em sintonia para o trabalho puro e simples que se expresse em vantagens gerais para nosso espírito eterno. Nesse sentido, convém não desprezar a vida mental, ninho de ambientação de todos os nossos processos de intercâmbio. Mais vale a mente educada para discernir e aceitar apenas o que é bom e belo, educativo e útil que a mão arrebatada em jogo de inconsciências, garantindo, sem dúvida, interessante espetáculo para os outros, mas suscetível de transformar-se na espada de dois gumes, facilmente manejada no bem ou no mal.

Prevaleçam para nós a paciência e a serenidade para êxito durável e substancioso. O bem não pede maravilhas para manifestar-se nem apresenta a coroa de louros do campo admirativo como condicional de expressão. A sede apaga-se com algumas gotas de água, a treva, com leve bênção de luz. Assim, pois, espero que o nosso ministério continue sem ansiedades e sem desânimos, porque a pressa e a inquietação perturbam, tanto quanto o desânimo ou a tristeza congelam. Que Jesus nos prodigalize recursos para a manutenção do nosso posto de Evangelho, através da instrução e da consolação, da luz e da caridade, da sabedoria e do amor. É o que rogo em minhas orações no início do novo período anual de nossa colaboração na obra relativa do Espiritismo com Jesus, em benefício de nós mesmos.

Registrando aqui a minha profunda alegria e o meu sincero e ilimitado reconhecimento pelo muito que venho recebendo do concurso carinhoso e devotado de vocês, deixa-lhes um grande e afetuoso abraço o papai muito amigo de sempre,

A. Joviano

Materialização
e desmaterialização

Meus caros filhos, Deus abençoe a vocês todos, concedendo-lhes muita paz, saúde e alegria.

Acompanho-lhes as referências sobre a matéria e, como não podia deixar de ser, mais vale tomar o assunto por tema central da noite para seguirmos com nosso intercâmbio de experiências.

O problema da **materialização e da desmaterialização**, meu caro Rômulo, não pode ser colocado por mim em termos técnicos. Esperemos que outros amigos mais voltados para esse campo de observações se expressem, mais tarde, com respeito aos "enigmas científicos" que naturalmente preocupam o espírito encarnado, mesmo porque em nossa esfera de ação os "labirintos" não são menores. O que lhe adianta, meu filho, é que se a vida deve ser considerada por um todo ascendente em seus característicos de aprimoramento e eternidade, o Universo, englobando o infinito dos mundos, deve ser interpretado por organismo vivo, sem solução de continuidade, isto é, sem vácuos, nas suas manifestações diversas, em múltiplos ângulos da Criação.

A matéria e o espírito são duas realidades, a nosso ver, sem fronteiras absolutas. Não sabemos, ainda, onde começa uma e termina o outro. Na crosta da Terra, as descobertas permanecem incipientes. Somente agora é que a mente honesta e indagadora enceta o labor da perquirição justa. A matéria, para vocês, é por enquanto tão "nebulosa" quanto o espírito em si mesmo e em "nosso lado" o avanço das inteligências de minha condição não vai muito além das linhas em que os seus próprios conhecimentos permanecem situados. De modo geral, chegamos ao "plano imediato ao dos encarnados" em dilacerante posição mental. O fenômeno "dor", sob variados matizes, não dá largos ensejos à penetração nos domínios da sabedoria e quando o desequilíbrio dessa ordem não predomina, quando é possível estabelecer relativa tranquilidade no coração, as exigências do amor nem sempre nos permitem a atenção concentrada com tais assuntos.

Para a maioria dos habitantes do meu círculo de ação o tempo é escasso para organizar o "recomeço", tanto quanto para vocês aí as horas são demasiadamente exíguas para o trato com todas as questões concernentes à "partida para cá". E nesses imperativos de reforma íntima, objetivando-se maior aproveitamento da oportunidade futura, não há ensanchas para trabalhos analíticos. Afirmo, porém, a você que a eletricidade e o magnetismo estão por agora apenas levemente vislumbrados entre os homens e que a matéria que lhes serve de base à luta evolutiva ainda é grande desconhecida. Leis de vibração presidem a integração e a desintegração dos átomos em todos os ângulos da vida e em nos referindo ao assunto estimaria poder transmitir-lhes certas lições que vamos estudando sobre os poderes do pensamento. Esses poderes são tão grandes e de tamanha importância sobre a vida material em todos os reinos da natureza — a visível e a invisível — que não nos é dado expressar algumas de nossas experiências em terminologia terrestre, porque não só nos faltam recursos analógicos para o cometimento, como também as ordenações superiores acreditam que a revelação perturbaria o clima do progresso humano, por prematura e suscetível de favorecer a ignorância e a maldade. Creia, porém, que os fenômenos de "conversão", como denominamos as trocas entre os dois planos, se verificam incessantemente. Pelo crivo da química orgânica, milhões de vidas surgem aqui por morrerem aí, e vice-versa. O movimento é constante. Não há paradas na ação, tanto quanto não há hiatos no espaço. Mas, em me reportando aos problemas dessa natureza, desejo somente destacar o poder de intervenção da nossa inteligência onde estivermos.

A vontade é poderoso fator de prosperidade e decadências. Através do pensamento próprio, cada espírito cria, destrói e recompõe no presente e no futuro. Nossas ideias são sinais, nossos ideais, turbilhões de força atrativa. Em torno de cada criatura jazem os materiais invisíveis que ela própria deseja e que torna visíveis na esfera de vocês através da assimilação mental, perispirística e física.

A alma, onde quer que se encontre, está desejando e por isso mesmo criando, em processos de cooperação com o sumo Poder que rege a vida eterna.

Todos os dias materializamos e desmaterializamos coisas diversas. Essa faculdade do ser que já alcançou a zona da razão é exercida com tanta naturalidade quanto o ato de respirar. Daí a necessidade de nos inclinarmos à renovação com o bem. Nesse sentido, o aprendiz do Evangelho nada mais faz, quando é sincero e operoso, que levar aos padrões vivos do divino Mestre os materiais de que dispõe, dentro de si mesmo, reestruturando-o gradativamente, até que possa sintonizar-se com o Senhor de maneira integral.

Eu sei que com essas observações não trouxe à superfície qualquer definição técnica ou particularizada com respeito à matéria, mas o "modus operandi" das agregações e desagregações atômicas não pode mesmo, agora, ainda que lhes guardássemos todas as chaves, ser oferecido à apreciação geral. Urge preparar, estudar e aperfeiçoar muitos aspectos da experiência em que marchamos. Baste-nos, por enquanto, a consoladora certeza de que cada espírito é pai e filho das próprias obras e que sendo livre para fazer é constrangido a suportar os efeitos ou obrigado a recolher os frutos de suas ações felizes, compreendendo-se, pois, que nós todos somos independentes na sementeira e escravos na colheita. Essa é a grande lição que estou aprendendo e que desejo sempre progressiva. Não podemos trair a natureza, ainda mesmo quando se cogite de obras beneficiárias do campo coletivo. Noto, assim, que o nosso amigo tende a inclinar-se por uma reclusão benéfica em instituição de caridade evangélica, na hipótese de surgir-lhe imperioso o período de reajustamento, que nenhum de nós poderá prever e, embora não saibamos quando semelhante decisão poderia ocorrer, mesmo porque todos pedimos ao Alto para que a "moratória" seja mais longa e mais valiosa, creio que tal deliberação só poderá merecer a nossa simpatia e entendimento.

Aqueles que não puderam encontrar nas linhas do sangue o que o sangue lhe deve, por direito a obrigações assumidas, naturalmente precisará procurar com os afins as bases da sustentação natural. Nesse sentido, pois, meu filho, estamos diante de um problema justo e compreensível, porquanto, no capítulo da medicação, quem poderá deter um corredor em pleno prado, na hora psicológica do pódio, para dar-lhe uma injeção ou uma pílula? O nosso companheiro, em matéria de mediunidade, permanece nessa posição. Só Jesus, o grande Juiz, pode fazer algo e para ele apelamos.

Os obstáculos não são singelos, porque a persistência gera confiança e o médium é hoje depositário dos créditos espirituais de muitos, mas também o arquivo de um sem número de aflições de milhares de pessoas. Quanto à sua posição à frente do centro de Pedro Leopoldo, consideramo-la justa e louvável. É necessário congelar a idolatria, fugir aos pedestais e convocar todos ao trabalho, que realmente é de todos. As nossas impressões à carta de 14 de setembro deste ano não particularizam. O santuário é obra coletiva e como tal deve ser considerado, crendo mesmo que, na expressão material do instituto, deve ser o médium absolutamente alheio a qualquer detalhe que poderia induzir a um cativeiro incessante e destruidor de reconhecimentos pessoais, quando, na essência, "quem dá deve fazê-lo com espontaneidade e alegria".

Esse o caso em questão, sobre o qual vocês vêm refletindo, sem talvez considerar todos os antecedentes da luta em que uma organização psíquica foi demasiadamente forçada a ceder de si mesma, aliás, com muito proveito e alegria para si própria e para nós todos que a estimamos.

Quanto a remédios, não descreia o nosso amigo de nossa colaboração. Diariamente, recebe o nosso concurso, serviço natural a pretexto de garantir-se. Ajude a si mesmo, trabalhe, ampare-se e distraia-se quanto possível para desintoxicar o sistema nervoso, cujo congestionamento de fluidos estranhos e pesados lhe oferece mais alta quota de sacrifício à força visual, e esperemos pela manifestação do Senhor. Não desejamos que entre vocês se estabeleçam pontos desarmônicos. Haja o que houver, aprendamos a sentir que a vontade de Jesus permanece conosco e cada vez que encontrarem um dos livros aqui recebidos rendamos graças a Deus por havermos convertido o presente numa lavoura em que o coração e a mente de todas as criaturas foram lembrados, sem ideia de recompensa e sem homenagens à fadiga e à doença.

Realmente, não ocultamos. As suas possibilidades visuais estão ameaçadas e a sua jornada de refazimento pode ser longa e laboriosa. Mas preferimos tratar esse assunto com franqueza e amizade, porque no santuário é útil que o bom aviso ajude sempre. E entre nós todas as questões têm sido debatidas com espírito de compreensão, respeito mútuo e fraternidade. Que Jesus nos abençoe.

A carta vai longa e devo terminar. Se preciso, voltaremos mais tarde ao assunto. Assim será necessário, porque se muita gente recebe os frutos e consome-os, acreditando haver adquirido a utilidade a preço de metal efêmero, há no Alto quem se compadeça da árvore e lhe renove a seiva e lhe garanta as escoras em silêncio.

Guardem o coração e o abraço muito afetuoso do papai que não os esquece,

A. Joviano

Quem ama uma tarefa

Meus caros filhos, Deus abençoe vocês todos, conferindo-lhes muita saúde e paz, alegria e bom-ânimo no caminho da luta purificadora.

Desejo que as alegrias do 27 se repitam sempre, com plena confiança no espírito de vocês, à frente do futuro. Por maiores que sejam os obstáculos e os dissabores na Terra, há sempre uma aragem sublime que verte da montanha celeste, balsamisando a fronte e amparando o coração.

Ainda com referência ao 27, e em face das dificuldades que surgem, estou de pleno acordo com vocês quanto ao lema "o lar é sagrado e honrado seja quem está em seu lar". Orem ajudando e não conservem qualquer traço de sombra procedente dos conflitos que outros provoquem. Esse é o meu pensamento central na questão que se esboçou de novo, com a leviandade e a inflexão que, por muitas vezes, rodeiam a marcha de quem trabalha na Terra. Que Jesus nos abençoe a todos.

Hoje, meu caro Rômulo, permito-me abordar um ponto nevrálgico de suas preocupações nos dias últimos. **Quem ama uma tarefa** e se devota de coração à sementeira do que é justo, útil e belo naturalmente sofre perante situações obscuras e problemas menos comuns. Desejo, com assentimento de vários amigos nossos, referir-me ao caso do Chico para considerar-lhe os ângulos menos observados. Sei que vocês, quanto nós, na condição de amigos sinceros, se incomodam em lhe vendo os impedimentos físicos imanifestos. Almas tocadas do bom e valioso amor-próprio, que sabe ser mobilizado no serviço proveitoso e edificante, não se abrem assim tão facilmente, mas à frente das outras. Ele, porém, entender-me-á a atitude, utilizando-lhe as mãos para tratar de questão que reputamos importante à nossa paz.

Vocês não ignoram que a posição do nosso amigo é a de um escafandrista sob o pesado mar do oxigênio terrestre. Grande tem sido a luta para que não se perca o fio de abastecimento e não julguem que vivamos de nosso lado com absoluta tranquilidade para utilizar a colaboração medianímica sempre que desejamos. Graças a Jesus, vocês conseguiram uma realização que nos honra as esperanças e nos satisfazem a confiança. O tempo não foi perdido e souberam, aliando força e cooperação, boa vontade e constância, devotamento e amor, corresponder à expectativa do plano superior no sentido de doar-se uma fonte de pensamento espiritualista-cristão às comunidades de origem portuguesa. Não queremos dizer que o trabalho está completo. O sentimento de autossuficiência existe nos verdadeiros servidores do progresso. A insaciabilidade na luz e no bem é o traço característico de quem provirá a inspiração de Jesus. Mas temos a lei do ritmo, conhecemos que todas as formas estão subordinadas ao fluxo e ao refluxo e que nos serviços em que a maioria se concentra na capacidade de um ou de alguns a existência dos que ajudam é como as velas que se consomem pelas duas extremidades.

Falando a vocês na condição de pai, desejo igualmente ser o explicador espontâneo na posição de um amigo. Quem justifica, porém, se vale de apontamentos reais.

A luta por manter o equilíbrio do companheiro que nos é tão caro começou em princípios de 1946, com intensidade grande "em nosso lado". Na noite de 15 de maio desse ano, vocês receberam os reflexos de nossa campanha de auxílio e, como sempre, ajudaram-nos com todas as energias de que dispunham. O nosso amigo não deve estranhar a lealdade com que cogito de apresentar os acontecimentos, nem deve preocupar-se com o teor de minhas palavras. Naquela ocasião, o nervo ótico do órgão visual que lhe resta relativamente aproveitável tendia ao enfraquecimento integral e, atendendo-se a diferentes solicitações de nossa esfera, em janeiro de 1947, o nosso companheiro Figner, satisfazendo a inspiração que lhe era sugerida (porque nada acontece casualmente em parte alguma), procurou suavizar-lhe qualquer pressão da luta material de futuro. A providência vinha de círculos mais elevados, mas o nosso abnegado Emmanuel, na noite de 29 de janeiro de 1947, aqui se comunicou e orou pedindo adiamento de qualquer medida no terreno da cessação da possibilidade visual do companheiro, sugerindo a renúncia ao patrimônio. A espontaneidade com que a determinação amorosa foi atendida conquistou-nos novas intercessões, mas pairando a mesma ameaça sobre a saúde do médium novas medidas foram tomadas e em março o círculo era novamente visitado pela notícia reconfortadora de uma nova doação que se destinaria aos fins em vista. Por essa época o problema surgia tão inquietante que, na noite de 19 de março do mesmo ano, reunidos aqui em homenagem à sua ascensão à posição máxima em sua carreira, enquanto cumprimentávamos a sua merecida e justa vitória depois de luta porfiada e longa, o nosso devotado orientador, em seis páginas da mesma noite festiva e íntima sugeria ao nosso companheiro a formação de um instituto de caridade, de onde o seu espírito pudesse encontrar a família que Pedro Leopoldo não lhe deu. O Chico, entretanto, após muita reflexão, por deliberação própria, renunciou a benefício de nossa organização espiritista da cidade, o que lhe valeu novas intercessões e adiamentos na luta redentora, não só quanto à prova, mas também quanto ao desgaste natural do motor fisiológico excessivamente aproveitado e movimentado em trabalho intensivo. Semelhantes dilações, contudo, não alteraram, no fundo, a lei do ritmo e apesar de toda a nossa colaboração o seu campo visual experimenta dificuldades em vocês todos. Mas o assunto é efetivamente complexo e reclama meditação e tempo. Prossigamos estudando e trabalhando.

O nosso irmão receitista indicou à Wanda um preparado de muita virtude em seu caso dos dentes. O ácido ascórbico (vitamina C) é muito bem indicado e espero que a minha neta recolha as melhores vantagens no tratamento dentário, que é muito útil e oportuno.

Boa noite para vocês. Que a paz e a saúde sejam as duas companheiras constantes para nós é o desejo do papai que lhes deixa um afetuoso abraço,

A. Joviano

Que alguém nos não ame é natural

Meus caros filhos, Deus abençoe a vocês todos, concedendo-lhes muita saúde, alegria e paz.

Também por nossa vez rendemos graças pela galhardia com que vamos atravessando a tempestade.

Nossos(as) companheiros(as) de muito tempo precisam mais de oração que de outro elemento mais humano, no círculo das atividades comuns.

Eu sinto, sincera e profundamente, a atitude a que se recolheram, dentro da experiência humana. Excetuamos as dificuldades a que nos arrojaram, sob o ponto de vista sentimental, a fim de que tais argumentos não possam ser acusados de personalistas e lembremo-nos do patrimônio de tempo, cultura e possibilidades de que se vão desfazendo incessantemente.

Não se vive dentro de um âmbito de vantagens dessa ordem sem graves compensações das leis que nos regem, quando não fornecemos testemunho de aproveitamento benéfico. Em verdade, sofrem na solidão anterior a que se relegaram nas esferas da prova e essas dores, ignoradas e desconhecidas, me comovem as fibras mais ínfimas do sentimento paternal, porque é sempre uma viagem amargurosa aquela em que o coração é constrangido a marchar sem o alimento afetivo da fonte conjugal. Todavia, compreendo, por minha felicidade, que não são esses corações queridos os únicos a sofrerem a caminhada dessa natureza. Há milhares de outros em condições mais dolorosas e escuras, enfrentando conflitos ásperos com a necessidade, com a treva, com o crime.

Elas, no entanto, possuem um celeiro rico de oportunidades preciosas menos pregadas.

Que alguém nos não ame é natural. Ainda não apareceu na Terra a pessoa que possa receber as simpatias de todos, indistintamente, considerando que o próprio Cristo não conseguiu harmonizar até hoje a conceituação dele próprio no espírito dos outros. Em razão disso, as lutas que por muito tempo recolhemos da indiferença se fazem justificáveis, mas não podemos entender os tesouros enferrujados em mãos daqueles que dispõem de tanto recurso para auxiliar, semeando o bem e engrandecendo-o. É nesse prisma que mais profundamente deploro quem se constitui nesta carta em objeto de nossas recordações.

O tempo está vivo. As condições de aprimoramento e preparação se sucedem, sempre mais ricas de trabalho e luz. A experiência corre. Por que não nos valemos da bênção do dia para construir algo de útil que fale por nós a outros viajores, quando o nosso roteiro se tenha modificado? Enquanto me movimentei no corpo, nem sempre podia dar sinais de reação e de luta, de indagação e de anseio espiritual. Instintivamente, percebia a função de religamento que me competia e estimava a posição do ouvinte e a passividade do observador que sabe silenciar e esperar. Tal característico, no entanto, nunca me subtraiu o dinamismo do ideal. Minha esperança na linha de batalha que escolhi jamais se congelou. Procurei a minha vocação de servir no ensino aos menos afortunados do corpo e do espírito, onde pudesse me insinuar. Não formulo semelhantes afirmativas como quem procura entregar-se aos demais por padrão a ser assinalado. Eu sei quantos séculos devo despender na melhoria do próprio espírito e reconheço a extensão das experiências de que necessito para elevar-me. Desejo tão-somente salientar os imperativos de construção espiritual a que somos constrangidos no tempo breve em que usamos os fluidos carnais. Nesse sentido, as minhas impressões são inquietantes, porque os dias se modificam e ai daqueles que não modificam para melhor na passagem deles! Quando chegar a ventania, a que teto de substância espiritual se acolherão? Mais lhes valerá uma igreja romana bem sentida e aplicada que a expectação vacilante entre os choques dos princípios, porque então o tempo fugirá rápido, com desgaste, sem substituição imediata.

É por isso que peço a vocês a oração por todos. Haja por sobre os nossos "doentes" do espírito um pensamento incessante de auxílio paternal, porque desse remédio se fazem credores nas atuais circunstâncias da marcha.

Quanto à atitude social de vocês, foi mais que razoável. Não se extingue um braseiro com suprimento de combustível. Às vezes, os longos períodos de silêncio são imprescindíveis aos longos processos de reajustamento. Não convém acordar aquilo que seja ruinoso ou inútil à prosperidade cristã, dentro da vida. Mais aconselhável aguardar o serviço do tempo, o Carpinteiro infatigável, que reforma todas as peças do nosso destino a golpes fundos de experiência, sem que lhe percebamos a grandeza invisível e gloriosa.

Contemos com o tempo e caminhemos para diante. Agiram muito acertadamente e criaram valores novos, no círculo da luta que outros iniciaram e alimentam. À presente altura dos conhecimentos que desfrutamos, mais vale trabalhar sozinho que pretender a conversão ou a transformação daqueles que nos seguem e não nos veem, nos escutam com os ouvidos e nos não entendem, nos conhecem pelo raciocínio, mas nos não recebem pelo coração. Deus nos proteja a todos.

Formulamos votos para que o Roberto se refaça e descanse por algum tempo, no lar, em breves dias.

Recomendo à Wanda continuar em uso das vitaminas e espero se previnam contra a visita da gripe, sempre mais obsidente e mais forte a esta fase da estação chuvosa e quente, com ondas frias de improviso.

Desejando a vocês muito boa saúde, com muita paz e alegria nos corações, sou o papai muito amigo de sempre,

A. Joviano

Mais um ano de vida nova, mais um marco vencido

Meus caros filhos, Deus abençoe a vocês todos, conferindo-lhes muita paz aos corações.

Inicio a minha carta desta noite registrando os meus agradecimentos pelas preces da quarta-feira última.

Não sei expressar a vocês quanto júbilo e quanto reconforto pude recolher em contato com as orações e pensamentos que me dedicaram. Ainda tenho comigo o perfume das flores que me trouxeram e o aroma dos sentimentos com que se lembraram do velho amigo, cujo coração vibra dentro das mesmas esperanças que lhes impulsionam os ideais. **Mais um ano de vida nova, mais um marco vencido.** E por sinal que, em agradecendo as alegrias que me prodigalizaram no 14, quero exprimir ao Rômulo as minhas felicitações pelo 19, aniversários em dois planos dentro do mesmo mês de dezembro.[1] Que Jesus, meu filho, derrame sobre as suas forças o necessário acréscimo de bênçãos para que você possa irradiar o entusiasmo benfazejo e criador de sua missão no progresso coletivo, de conformidade com os seus desejos.

Não esmoreça em suas aspirações de realizar com o bem e fazer com a luz divina, nas linhas do solo humano. Enquanto o homem sonha e age, expandindo-se através das mais legítimas energias dinâmicas do próprio ser, as forças divinas da Criação lhe acariciam a existência e inclinam-na às fontes sagradas do suprimento universal do amor e da sa-

---

[1] Nota da organizadora: em referindo-se à data de sua desencarnação, 14 de dezembro, ocorrida no ano de 1934, e à data de aniversário de Rômulo, 19 de dezembro.

bedoria, mas quando a criatura se recolhe ao próprio íntimo, recuando perante o movimento ascensional da evolução e do aprimoramento, singular amargura se lhe represa na alma. O homem isolado, sozinho, entregue a si próprio sente que o Universo lhe esmaga a pequenez, mas unido às correntes de sublimação da vida pela fé, pelo otimismo, pela serenidade e pelo serviço, experimenta em si mesmo a glória soberana da vida eterna, à maneira da lâmpada minúscula que, ligada à usina, lhe reflete a grandeza e o poder. Por onde passar siga o seu roteiro de trabalhar e servir, aprender e ensinar, aproveitar e melhorar sempre. Não temos outro caminho mais nobre em nossa condição de aprendizes com a felicidade de haver encontrado o Mestre dos mestres.

Com referência ao que vai em nosso antigo pouso familiar, não estranhe a falta de meus comentários diretos. Os sucessos previstos foram atendidos, em nosso setor, com os nossos mais eficientes recursos de amparo direto e indireto. A princípio, a posição anormal da casa me inibia qualquer noticiário precipitado e, por último, senti pessoalmente grande dificuldade em avançar com prioridade ao assunto, porque eu sabia que o seu abalo sentimental não seria pequeno e julguei, aliás, com acerto, bem o reconheço, que seria singularmente atenuado com uma carta bem "atenuada" no campo doméstico, de modo que você pudesse, em linha direta, assinalar a melhoria de alguns corações em nossa "ourivesaria espiritual". Quando nos comunicamos acerca de determinados acontecimentos, costumamos subtrair aos amigos encarnados as melhores possibilidades de entendimento e análise.

Mais justo que a informação viesse do nosso campo e a informação veio oferecendo-lhe valiosa meditação. Agora, não deixe de reservar um cantinho no íntimo, nas reflexões costumeiras, para as lutas que se sucederão. Há "doadores de fluidos" que são dificilmente substituíveis e sei que você compreenderá a que problemas me reporto. Faremos quanto estiver ao nosso alcance para que as mudanças se operem com a morosidade e calma desejáveis, mas você não ignora que nem tudo se concretiza na pauta de nossos desejos. As consequências da modificação havida são maiores que possamos imaginar e vocês devem estar sempre com uma antena preparada às notícias que no teor dessa virão sempre de lá, em primeira mão, e não de nosso devotamento, embora nosso devotamento continue a postos, a benefício de todos. Nossa amiga, que é para mim uma filha pelo coração, porque outra entidade nela não encontramos a não ser verdadeira mãe espiritual, adormeceu. Guardemos em todos os instantes para ela os nossos pensamentos de gratidão, carinho e paz. Mais tarde voltaremos ao assunto. No que toca às dificuldades do barco, prosseguirei trabalhando e agindo, com a fé voltada para o Alto.

O nosso amigo receitista e eu, durante alguns dias, submetemos seu organismo a tratamento espiritual intensivo. O seu "estado vibratório" diante da notícia sofreu queda apreciável. Felizmente, você controlou-se, quanto possível, auxiliado pelos pensamentos novos contidos na carta recebida e, com o auxílio do Alto, a sua esfera física regressou à regularidade. Temo-lo bem disposto e apto à luta, no mesmo vigor de todos os dias.

Aconselhamos à nossa querida Maria a fricção do *Opodeldach de guaco* na região dos joelhos, não restrita a eles, durante duas semanas, noite sim, noite não. O nosso clínico acredita que essa medicação externa lhe fará grande bem ao estado geral, por atingir certas articulações que no momento reclamam certo contingente de força restauradora. Mais tarde, ele fará indicações novas.

Fazemos votos sinceros para que o Roberto se reajuste plenamente no santuário do lar. Felicito ao meu neto pelas ideias renovadoras a que vem se consagrando na intimidade do ser. Graças a Deus, vem progredindo muito em todas as "frentes" de sua luta enobrecedora de jovem orientado por princípios superiores. É um conforto para mim anotar-lhe a prosperidade real.

Agora, despeço-me com os votos ardentes do coração para que recebam muita paz e alegria no Natal. Que Jesus nasça em nossas ideias e sentimentos, em nossas mentes e corações, para que nossas vidas, nas esferas diferentes em que agimos, traduzam os desígnios dele, para os outros e para nós mesmos.

O Natal é sempre um cântico renovado de júbilo santificador. Gravemo-lo na própria alma, a fim de que sejamos, em todos os momentos, aqueles "espíritos de boa vontade" que os pastores louvaram na noite inesquecível.

Muita paz e contentamento a todos é o que lhes deseja o papai muito amigo de sempre,

A. Joviano

Sagrada comunhão

Meus caros filhos, Deus abençoe a vocês, conceden-do-lhes muita saúde, paz e alegria.

Antes de tudo, sejam nossos pensamentos um cântico de louvor silencioso ao 27 que nos vê passar em **sagrada comunhão** de interesses imortais. Hoje, na data simbólica em que nos reunimos, cabe-nos exaltar a graça do lar, a graça da união e a graça do tempo.

O lar é o barco para a travessia no mar das experiências necessárias. Sem ele, seria difícil emergir nos cimos da onda revolta em que se debate a vida inferior. Dentro dele, selecionamos as nossas melhores tendências para que se elevem e se multipliquem a nosso favor, dentro da luz eterna.

A união é o clima de desenvolvimento e prosperidade desses impulsos nobres, compelindo-nos a cultivar o que é bom e sagrado na marcha para a frente. E o tempo é o tesouro de bênçãos do Senhor, tão divino e substancial para a nossa alma quanto é o solo para a semente. Sem a terra amorável, ao embrião da vida não passariam de forças frustradas e sem a riqueza das horas, imperceptível para todos os habitantes da crosta do mundo, o espírito não avançaria, quedando-se à margem da existência à maneira de seixo ressequido ou morto.

Em vocês, nós saudamos o lar e a união, e em nosso Pai celestial louvamos o tempo bendito que nos forma a esperança a cada dia, e nos intensifica o entendimento e a hora. Que Jesus nos conceda a felicidade de honrar essa trilogia luminosa com as nossas melhores energias. Haja o que houver, não percamos o nosso clima de paz e harmonia dentro do barco, porque o mar da luta humana guarda ciladas ameaçadoras na superfície. Neste instante em que oramos, podemos tomar a prece por mensagem dos navegantes expedida na direção do porto de chegada.

Traçamos ideogramas contendo as nossas necessidades e aspirações. E hoje, que marcamos com o júbilo festivo de aniversário da união de vocês o fim do ano de culto à fé e ao amor, a nossa palavra é de encorajamento, gratidão e ternura. Não se detenham no roteiro traçado. Atravessemos as correntes traçadas, que nos impelem a embarcação para trás. Raros se dispõem em duelar com esses poderes do imenso campo de que vocês se vão afastando progressivamente. Creiam que à partida, no momento "X" de começo, todos estávamos juntos, ainda que com diferenças de tempo para os reencontros individuais, e embora a heterogeneidade de sentimentos que nos assinalavam a posição espiritual, uns à frente de outros. Semelhante hora situou-se um pouco depois da metade do século que findou e, presentemente, nos encaminhamos para o centenário dos novos compromissos. Forçoso é confessar, porém, que muitos companheiros fascinados pelas ilhas do repouso não se atreveram a continuar na jornada. Embora acolhidos em lares felizes e tranquilos, é preciso situar que essas embarcações dormem encalhadas muitas delas "em águas rasas" para que os tripulantes passeiem através das regiões encantadas e obscuras da fantasia, que servem para atrasar a viagem. Oremos por eles e continuemos. Raro é o viajor que procura pouso em tais refúgios que não acaba defrontado pela tempestade a arrastá-lo para o oceano pleno. Não há mérito, nem vantagem e nem paradas arbitrárias e sinuosas, porque sempre chegará um dia em que o vento forte arrebata a embarcação de improviso. Mais vale seguir, pois, dia a dia, sem aflições e sem desalentos, mas amealhando sempre novos valores para o continente sublime da chegada. Vocês nunca se arrependerão de haver lutado juntos para o bem e de haver perseverado no caminho reto. Momento virá em que todas as preocupações construtivas dos instantes em que passam serão convertidas em júbilos divinos, em plena eternidade.

Glória, portanto, aos 26 anos abençoados de aproximação incessante, de comunhão santificadora, de luz pertinente e imperecível amor!

Formulamos votos ardentes para que se renovem sempre viçosos de confiança e beleza esses anos divinos que não passam, que ficaram em nossa retentiva semeando felicidade para nós e para quantos nos rodeiam, em todos os círculos de nossas atividades. Ficaram, porque foram prodigiosamente vividos na compreensão recíproca, no trabalho em comum e na extensão do esforço edificante, a benefício de todos e de nós mesmos. De alma ajoelhada na emoção que esta hora me infunde, rogo ao eterno Pai lhes revigore as energias na esfera física, abençoando-lhes os ideais, e que os "talentos" do Céu colocados nas mãos de vocês floresçam e frutifiquem, sempre mais intensamente, conduzindo-lhes as mais belas aspirações à realidade integral.

E enquanto partilhamos o pão luminoso dos entendimentos, que a prece de nosso amor se estenda em auxílio edificante a todos os nossos que repousaram. Antigamente, eu acreditava que "os mortos no corpo" baixavam ao descanso, mas, na atualidade, compreendo o assunto noutro aspecto. A "morte" deve estar na parada que se verifica como plano inclinado à ociosidade. O repouso só é razoável como condição de nova luta para a construção do infinito bem, através de todos os setores. Que Jesus envie o socorro a todos os "ilhados" e que eles acordem a tempo de não ser surpreendidos pela tormenta.

Meus caros filhos, procurarei acompanhá-los na viagem de amanhã, fazendo votos para que sejam bem-sucedidos em suas tarefas na missão de ordená-los no campo representativo.

Antes, porém, de me retirar dos júbilos domésticos que me ditaram as considerações iniciais desta carta, desejo oferecer-lhes (já que Maria se lembrou de consultar algum versículo), o versículo 12 da primeira epístola de São Paulo aos coríntios e o versículo 27 do capítulo 2 da primeira epístola de São João Evangelista, na tradução do Padre Matos, que, a meu ver, é sempre mais musicalizada.[1] Não sei se me reportei com propriedade aos versículos citados, mas retificarei se houver enganado. Que Deus os conserve na paz, na comunhão, no amor e na felicidade de sempre.

Conosco permanecem alguns amigos, dentre os quais destaco o Padre João de Deus Macário, que encerra em nossa companhia as atividades do ano, neste culto que tem sido para todos nós uma sementeira de bênçãos.

Felicitamos, meu filho, os seus estudos dos dias últimos. É necessário que nossa alma se mantenha insaciada de luz e a luz nos visitará sempre por alvorada nova e bendita em que as mais santas realizações nos será lícito aguardar. Aprendamos com a vida para administrar com eficiência nas atividades de cada dia. Quem acende uma luz para o caminho não sofre o conflito com as trevas. Deus nos conceda no tempo oportunidades sempre renovadas de fazer o bem e intensificá-lo. É o que peço, com muita sinceridade e muita confiança.

Sei que continuam em auxílio aos meus trabalhos, mais reitero a minha solicitação de preces e pensamentos de ajuda para o setor "Botafogo".

Encerrando os serviços de 1949, com os nossos agradecimentos a Jesus pelas abençoadas portas que nos abriram as mãos e a mente, em todo o transcurso do ano findante, e com um abraço muito afetuoso em que reúno vocês e netos na mesma vibração de carinho, paz e amor, sou o papai muito amigo que não os esquece,

A. Joviano

---

[1] Nota da organizadora: I Coríntios, 1: 12: *"Refiro-me ao fato de que entre vós se usa esta linguagem: Eu sou discípulo de Paulo; eu, de Apolo; eu, de Cefas; eu, de Cristo."* I João, 2: 27: *"Quanto a vós, a unção que dele recebestes permanece em vós. E não tendes necessidade de que alguém vos ensine; mas como a sua unção vos ensina todas as coisas, assim é ela verdadeira e não mentira. Permanecei nele, como ela vos ensinou."* Tradução da Bíblia Sagrada pelo Padre Matos Soares, Porto — Portugal — 1933.

1950

Toda hora é oportunidade de semear com Jesus

Meus caros filhos, Deus abençoe a vocês, concedendo-lhes muita saúde e paz no caminho de cada dia.

O ano novo é um livro em branco, em cujas páginas nos compete dar o depoimento vivo de nossas obrigações mais nobres perante a vida. Que a mão luminosa e amiga do Mestre guie as nossas mãos, a fim de que as marcas nas folhas diárias do tempo sejam de harmonia com a sua divina vontade.

Toda hora é oportunidade de semear com Jesus e todo ano é um patrimônio de bênçãos, dentro do qual podemos realizar maior comunhão com ele. Começamos o nosso trabalho espiritual com a maior esperança! Desse modo, elevemos nossas preces e votos de confiança ao Alto, de lá esperando os recursos de que carecemos para levantar novas edificações de luz para a nossa morada eterna.

Peço a vocês, hoje, a permissão necessária para dirigir-me ao Roberto, com o carinho e entendimento de todas as situações. De coração, tenho ouvido os anseios do meu neto, agora homem feito, habilitando-se cada vez mais no trabalho digno para a formação do futuro lar. Eu sei quanto lhe dói aos brios de rapaz cristão o intercâmbio compulsório com o ambiente comum, no qual nem sempre dominam os propósitos mais elevados. Compreendo-lhe os impulsos de preservar a pureza e a integridade espiritual dos seus sonhos de homem de bem e desejo afirmar-lhe que as suas intenções enobrecida não ficarão sem apoio do Alto. A vida, meu caro Roberto, reclama, em verdade, muito senso de equilíbrio para não frustrarmos o roteiro superior trazido ao renascer.

A constituição do santuário doméstico não é obra que se improvise e sim sementeira de amor sublime no tempo, reclamando a atenção mais firme cada dia. Reconheço que o seu período de aquisições intelectuais tem sido longo e que o seu organismo pede algum repouso, entretanto, peço-lhe continue no mesmo ritmo de boa vontade e dedicação nos meses próximos, esperando que a mamãe e o papai o ajudem a equacionar o problema do coração. Sinto-me, por minha vez, mais feliz em vê-lo de posse dos projetos de modificação do destino na atualidade que se o observasse tocado de teorias mil, mas indiferente às bases morais que garantem a felicidade da criatura. Sei que você teme o cerco do mal e dou-lhe razão. Há sempre ciladas escuras espreitando a mocidade digna e laboriosa quanto a sua, e mais vale desenvolver, no íntimo, a vocação do lar que se manter fora dele, satisfazendo às fantasias das aventuras sem nexo. É muito de meu desejo que os meus filhos nos auxiliem tanto quanto possível na concretização dos planos que se vão estruturando naturalmente em seu cérebro bem ordenado. Você sabe que um cometimento dessa ordem não se pode decidir de afogadilho, porque o casamento é uma segunda existência nos círculos da vida, mas estou certo de que Maria e Rômulo entender-nos-ão perfeitamente, ajudando a equação do problema com a simpatia e o devotamento com que acompanham seus passos desde o berço. Antes de tudo, garanta o seu título profissional e logo após essa vitória, que todos aguardamos para breve, então será lícito que você, com o patrocínio espiritual deles, pense na formação do porvir.

Quantas vezes ouço, pelos fios do pensamento, os seus rogos de amparo, a fim de defender suficientemente o seu futuro com a segurança desejável, contudo, nem sempre consigo atender inteiramente aos impositivos da sua luta de jovem, com enormes possibilidades de avançar nos vários setores da vida em si! Há necessidade de muita meditação e de muita prece em sua batalha, porque determinadas riquezas da alma devem ser preservadas com todas as energias suscetíveis de ser manejadas por nossas mãos. Nesse sentido, sou o primeiro a reconhecer-lhe o esforço correto e louvo a sinceridade de suas atitudes pessoais diante da própria consciência. Compreendo, porém, que você, consoante os compromissos assumidos, só encontra a remediabilidade na estruturação do templo familiar que lhe seja próprio e, por isso, apreciando a extensão e a magnitude do assunto, sou dos primeiros a manifestar-lhe simpatia com fervorosas orações ao Alto para que os seus ideais sejam convenientemente amparados e fortalecidos. Nesse particular, todavia, não menospreze o conselho e o parecer dos pais, porque conhecem os flancos da batalha e sabem, de experiência própria, que o assunto não constitui questão de alguns minutos e sim matéria de pensamento e reflexão para que não estejamos alicerçando obras sagradas sobre a areia. Concorde, de boa vontade, com os alvitres de sua mamãe e de seu papai. Em jornadas dessa natureza, não é aconselhável a viagem a sós e sim sob as vistas daqueles que nos desejam todo o bem. Eles são os seus melhores amigos e os seus companheiros mais valiosos. Nem mesmo eu, que muito amo a você, poderia ver o que veem e sentir o que eles sentem, porque, distanciado de certo modo das realidades da Terra, não vejo agora senão as suas necessidades sentimentais, respeitáveis e justas, enquanto que eles observarão o conjunto de seu caso com uma clareza e uma precisão tais que hoje me escapam aos olhos.

De qualquer modo, desejo apenas declarar-lhe que nós todos seguimos o pêndulo de seu coração com muita confiança e carinho. Que Jesus conceda a você todas as alegrias que a sua expectativa merece. O homem marchará sempre para a luta em qualquer linha de vida nobre para a qual se dirija. Assim mais vale confiar no Senhor e procurar-lhe os desígnios, onde estivermos. Esperemos que as bênçãos dele nos ajudem e felicitem.

Meu caro Rômulo, o surto gripal prossegue avançado.

Use, durante 8 dias, os seguintes elementos: *Kali B.*, *Hepar S.*, *Gelseminum* e *Ipecacuanha* — 5ª. Esses remédios são do conselho do nosso amigo de sempre.

Desejando a vocês um 1950 cheio de paz e trabalho útil, de alegria e coragem, de saúde e harmonia, abraça-os com muito carinho o papai muito amigo de sempre,

A. Joviano

Felicitações

De coração no Evangelho,
Alma cheia de alegria,
Todos estamos cantando:
"**Parabéns**"! Ave, Maria![1]

Do papai,

A. Joviano

---

[1] Nota da organizadora: pelo aniversário de Maria.

Auxiliemo-nos uns aos outros

Meus caros filhos, Deus abençoe a vocês todos ao lado dos nossos bons amigos General Aurélio e irmã Júlia, a quem expressamos nossos melhores votos de muita tranquilidade e bem-estar na fazenda. Acompanhamos o tratamento do nosso amigo General com carinhoso interesse e os passes que vão sendo transmitidos por intermédio do Rômulo operam em seu favor grandes melhoras.

Também fazemos coro com todos os companheiros que se exprimem aqui no sentido de reerguer-lhe o ânimo. A luta com os nossos próprios órgãos resulta sempre em grandes vantagens para nós. Raramente identificamos a grandeza da Espiritualidade Superior quando a saúde material nos sobra no caminho. Isso não quer dizer que devamos louvar a enfermidade, mas expressa a nossa felicidade em extrair dela as bênçãos do ensinamento.

Graças a Deus, o nosso valoroso companheiro General Aurélio vai-se restaurando vagarosa, mas seguramente. E tem o reconforto de encontrar em cada instante as preciosas flores de amor que plantou no coração dos filhos. Tem conhecido a ternura e o carinho de todos, ao lado de nossa estimada irmã Júlia, com uma extensão sublime, dada a muitos raros espíritos na Terra. E rejubilamo-nos todos em face desse clima de segurança espiritual e inquebrantável harmonia em que se respira no necessário reajustamento, porque a cada passo se sente sempre mais fortalecido para ganhar a batalha do restabelecimento completo.

Registramos, com amizade e alegria, nossas visitas a

ele, formulando votos ardentes para que prossiga sob as mesmas bênçãos em que o observamos cercado de afetos familiares e de nobres amigos da vida superior.

Hoje igualmente, meu caro Rômulo, guardo em sua companhia os meus pensamentos concentrados no amigo que voltou. Quantas sugestões o acontecimento nos impõe a todos! E reconhecemos quão valioso é o patrimônio da fé renovadora e criativa para ocasiões dessas, em que a desaparição de um trabalhador faz tamanha falta.

No caminho, a queda de uma árvore antiga e frondejante é, invariavelmente, uma ocorrência lamentável. Eu sei que o servidor humano nem sempre pode apresentar um padrão de virtudes absolutas. O herói integral e o anjo purificado ainda não residem na Terra. Mas sei apreciar um companheiro operoso e bem intencionado, mormente quando esse sócio de luta abre os olhos espirituais e começa a esforçar-se por surpreender as realidades que o cercam. Faremos pelo amigo recém-vindo o que estiver na esfera de nossas possibilidades e aguardaremos a manifestação do Senhor a benefício de nós todos.

E assim prossegue a viagem. A encarnação na Terra é semelhante à excursão que fazemos comumente num comboio vulgar. Há ocasiões de partida e chegada, avisos inúmeros, recomendações aos jorros. Habitualmente, não temos nos carros em que viajamos uma assembleia compacta de companheiros afins conosco, exceção feita àqueles que nos partilham a mesma cabine, porque a viagem nos impõe passageiros de toda casta. E, de quando a quando, um vizinho de lugar desce em estação estranha a quantos prosseguem na romagem. Esse o mapa geral da excursão que recebemos por recurso educativo. **Auxiliemo-nos uns aos outros** e perseveremos no roteiro confiado aos nossos corações. O sol resplandece depois de cada noite e os rebentos novos das árvores robustecem a vida. As horas são sempre brotos renovados no tronco milagroso do tempo. Convertamo-las em motivos de edificação permanente.

A questão da morte é, sem dúvida, aflitiva e escura para a mente encarnada, mas pouco a pouco a humanidade vê-la-á "tragada na vitória", nas felizes expressões do apóstolo.

Todos estamos na linha de frente pelo triunfo soberano da imortalidade. O túmulo é uma urna de cinzas, porque não há mortos em seus sombrios portais. Há vivos, eternamente vivos, retomando atividades, reparando caminhos, recapitulando experiências, reajustando sentimentos, reerguendo as próprias forças ou remontando, em volições divinas, à Pátria Universal, cuja glória nós outros ainda não podemos devassar. Que Jesus nos fortaleça na jornada, porque o conhecimento e a redenção constituem metas que nos compete alcançar.

Tenho trabalhado quanto me é possível pelos nossos "ausentes", embora presentes no corpo. Peço a você e à Maria colaborarem, como sempre, nas preces em favor deles que, na atualidade, carecem realmente de nosso concurso fraternal em espírito. As modificações caminham para a frente e precisamos cooperar, a fim de que estejam robustos na confiança em Deus e em si próprios.

Esperamos que os nossos amigos General Aurélio e irmã Júlia recolham benefícios substanciais com a permanência em Pedro Leopoldo. E continuando a postos, junto de vocês, para o continuísmo do nosso esforço cristão nos alicerces de nosso futuro, sempre mais elevado e melhor, deixa-lhes um carinhoso abraço o papai muito amigo de sempre,

A. Joviano

Há tempo de trabalho
e tempo de reajustar

Meus caros filhos, que Deus abençoe a vocês todos, concedendo-lhes muita paz e bom-ânimo.

Em nome de vários amigos que se encontram conosco, trazemos ao nosso amigo General Aurélio cordiais visitas, desejando-lhe muita coragem e energia no tratamento em curso. Pudesse o nosso valoroso companheiro observar, de perto, o desvelo e as atenções de que é objeto por parte de irmãos abnegados de sua tarefa e, por certo, apenas encontraria motivos para satisfação e estímulo na luta comum.

Não permita que a tristeza lhe absorva as forças preciosas. Não há razão para desalento e, mormente, em nome do carinho materno, devo adiantar-lhe que não lhe faltará o amparo do Alto em circunstância alguma!

Há tempo de trabalhar e tempo de reajustar, como existem épocas diferentes de sementeira e de ceifa. Permanece o nosso bom amigo numa hora de refazimento fisiológico, dentro da qual mais lhe vale a serenidade que a medicação do corpo, de vez que, com a serenidade, o êxito do remédio é sempre indiscutível.

Quando nos confiamos, porém, ao desânimo na situação de conhecimento em que já nos encontramos por nossa felicidade, surge dentro de nós um sentimento que poderíamos classificar por "desconfiança de Deus". E reconhecendo que o Pai só nos confere o bem no curso de todas as ocorrências da estrada, contamos com a existência do nosso estimado companheiro que nos merece as melhores expressões de solidariedade. Raros irmãos encarnados de uma congregação tão importante e tão vasta como seja a da "Cruz dos Militares" guardam uma consciência tão exata de nossa assistência espiritual.[1] Esperamos, desse modo, que o seu espírito generoso e sensível nos guarde o apelo ao fortalecimento próprio em favor da consolidação de suas melhoras. Temos dois médicos da instituição da "Cruz" que o inspecionam e são de parecer que não há motivo para intranquilidade.

O primeiro trimestre na montanha, sem grande cópia de chuvas, é portador de condições climatéricas especiais a que o organismo habituado a respirar na praia nem sempre se afeiçoa com a regularidade desejável. O fenômeno, porém, atinge a todos, expressando-se de variadas formas, através da maioria. Em vista do seu minucioso e demorado tratamento da circulação, o acontecimento se exprime no seu campo fisiológico, através de dores imprecisas, mal-estar e tonteiras, com febre natural na parte da tarde, quando os órgãos movimentados já vão pedindo algum suprimento de energias através do repouso. O nosso amigo, de modo geral, vai passando muito bem e não deve prender-se ao desalento e à amargura. Estamos a postos e não podemos olvidar que Jesus é, acima de tudo, o nosso divino Médico.

Depois de haver registrado as visitas que me são sumamente gratas ao espírito, quero dizer ao Roberto que o acompanho com significativa satisfação em sua jornada para o futuro. Creio que os seus ideais de vida espiritual enobrecida devem ser fortalecidos cada vez mais intensivamente. Mocidade cristianizada simboliza porvir venturoso e confio em que o meu neto prossiga em suas diretrizes e realizações, com a esperança que já lhe vai caracterizando a marcha.

---

[1] Nota da organizadora: General Aurélio foi, como se deduz das mensagens colecionadas no livro *Militares no Além* (VINHA DE LUZ, 2008), provedor da Irmandade da Santa Cruz dos Militares por vários anos. Para maiores dados históricos da instituição mencionada, sugerimos a leitura da referida obra e dos livros *Sementeira de luz* (VINHA DE LUZ, 3. ed., 2008), *Deus conosco* (VINHA DE LUZ, 3. ed., 2010) e *Sementeira de paz* (VINHA DE LUZ, 2010), todos psicografados por Francisco Cândido Xavier.

Somos aqui avós em maioria, felicitando-lhe os planos do futuro lar. Nesse sentido, agradeço à Maria e ao Rômulo o conforto que nos proporcionaram incentivando-lhe os nobres impulsos na direção a que me refiro. Peço ao Roberto cultivar a prece todas as noites, porque, para seguir com um projeto iluminado, através das forças menos construtivas e não elevadas que subjugam o planeta em grande parte, exige-se muita comunhão com a vida superior. Somos sempre seguidos pelo nosso próprio passado e, segundo os ensinamentos que vão sendo recebidos pelas mãos de Wanda, é necessária a intimidade com o divino Pastor para que não percamos o caminho a trilhar. Tudo se vai articulando em favor das aspirações de sua mocidade dentro da bondade celeste e espero que em seu coração haja sempre a luz de fé viva que presentemente assinalamos em sua experiência íntima. Nesse particular, e falando hoje em nome dos avós, rogo à Maria e ao Rômulo ajudarem você no campo do primeiro contato com a escolhida de sua tarefa. Eu sei que o seu coração juvenil está pedindo essa concessão aos amados pais, em silêncio, e completo o seu desejo com as palavras que me saem do coração. São Paulo é distante e cada trabalhador permanece em seu campo, entretanto, peço encararem todos, com simpatia, a possibilidade de um encontro-visita em que este lar tão feliz e tão sagrado para nós todos possa começar a receber as sugestões do futuro. Nesse capítulo, creio que o Rio será a nossa estação de "cruzamento primeiro", na presente encarnação. Quanto ao mais, embora seja a jovem católica romana isso não quer dizer não seja detentora de um belo coração, com sede de luz divina. O bem está em toda parte e quem é fiel a Jesus na posição em que o venera e ama deve ser sempre honrado pelos companheiros da mesma fé. Aguardemos o tempo e já que Roberto vai estruturando o futuro, projetando os seus pensamentos no lar materializado do porvir, é útil vá se preparando igualmente para examinar todos os serviços espirituais que decorrem do casamento. Só peço a Jesus para que todas as suas esperanças sejam realizadas, de acordo com os planos do divino Doador, para que em tudo lhe vejamos a infinita bondade.

Espero que desculpem a carta íntima que bem parece uma interferência menos cabível, entretanto, todos nós temos, em certa fase, um sonho de felicidade em que é doce e oportuna a colaboração geral. Quando digo "sonho de felicidade", não desejo pintar um painel cor-de-rosa, sem as tintas da responsabilidade, todavia, é sempre uma alegria poder incentivar no coração de um neto os ideais nobres que lhe povoam o espírito juvenil.

Deus nos abençoe a todos. E formulando votos sinceros para que nosso amigo General Aurélio positive as suas melhoras seguras em pouco tempo, a fim de que o vejamos na alegria robusta de sempre, sou o papai e amigo muito reconhecido que lhes deixa grande abraço,

A. Joviano

Serviços de sublimação

Meus caros filhos, Deus abençoe a vocês, conferindo-lhes muita saúde e paz.

Falando em nome de vários amigos, trago visitas muito afetuosas de todos ao nosso amigo General Aurélio, desejando-lhe melhoras positivas ao estado orgânico geral.

Esperamos que a sua posição íntima se mantenha dentro da tranquilidade possível, convicto de que não lhe falta o amparo persistente e metódico da nossa esfera de ação. A sua abnegada mãezinha vela constantemente pelo seu bem-estar e toda vez que as sensações de fadiga lhe invadirem a mente convém-lhe a recordação desse carinho incessante, porque a sua lembrança direta será como que a ligação da lâmpada à usina. A atitude mental é sempre uma tomada de força e a sua convicção nesse concurso do Alto constituirá sublime auxílio à solução de muitos problemas de natureza física que ainda o incomodam. Em casos como o seu, de refazimento a longo prazo, a serenidade há de ser um remédio de todos os instantes. Sem dúvida, a inatividade aparente para um espírito de sua têmpera representa prova difícil de atravessar. Contudo, é indispensável recordemos a rapidez das horas e, com a bênção dos dias, tê-lo-emos restabelecido e bem disposto para as suas tarefas gerais.

Nossa venerável irmã Amélia, presente à reunião, agradece à irmã Júlia seus cuidados e carinhos pelo filho querido, dentro da abnegação que lhe assinala os gestos, e promete continuar ao lado de ambos até que consigamos ver o nosso bom amigo restaurado para a boa luta.

Vocês falam com respeito às lides do nosso lado e com referência aos **serviços de sublimação** que cabem a cada criatura, e têm razão. Estudos dessa natureza são preciosos. A verdade é que, pouco a pouco, vão penetrando o domínio de conhecimentos avançados e fundamentais para a elevação da alma. Cada reunião de vocês, na prece e no esforço evangélico, expressa uma reunião de nosso lado. Quando o médium identifica a presença de "a" ou "b", isso não significa visitação a esmo ou extemporânea. A assembleia deliberada para os trabalhos espirituais compele à organização de outra no plano espiritual imediato. Somente assim um agrupamento consegue viver, superar as dificuldades no tempo e projetar-se em benefícios para muita gente na vida coletiva e, de outro modo, numa congregação de elementos puramente terrestres, não conseguiria sobreviver, quando verdadeiramente edificantes, nem mesmo durante uma semana aos ataques das energias inferiores que se encontram em maioria na esfera do homem comum. Em razão disso, vocês não desconhecem como é frequente e lógica a solicitação do plano superior no capítulo da boa vontade, da assiduidade e do horário. Esses fatores significam muito em qualquer grupo com tarefa de ascensão ou de extensão dos recursos do Alto. Quando uma criatura vive fora dos ideais que hoje nos alimentam as almas, nem sempre consegue receber o socorro dos espíritos amigos em favor de si própria, mas se uma pessoa permanece integrada num grupo cristão não é necessário que o corpo adormeça em transe vulgar para que lhe doemos a nossa mensagem ou aviso de acordo com as nossas necessidades mútuas, porque na concentração de pensamentos dentro dos objetivos de melhoria da personalidade a mente se converte, temporariamente, num ímã colocado em nossa direção, absorvendo-nos as manifestações e advertências, em forma de intuição. Nesse sentido, o hábito de estudar o Evangelho, refletindo sobre as lições dele, é um exercício de imantação do nosso espírito com as esferas superiores. Na ocasião do sono físico ou da prece, o intercâmbio com os amigos desencarnados é mais fácil, mais substancioso e mais agradável.

Trabalhemos muito, meus filhos e meus amigos, na preparação do lar espiritual, porque em verdade todos nós trazemos as atrações que alimentamos na vida. Tenho visto criaturas desencarnadas com acentuada luz em determinadas partes do corpo espiritual, vindo a saber que as moléstias de longo curso, quando aceitas com paciência e proveito, possibilitam semelhantes aquisições, porque, quando a nossa mente se concentra em determinado setor da vida orgânica, associando-o aos seus mais nobres impulsos e pensamentos mais santos, aí acende claridade divina. Tenho visto companheiros irradiarem luzes do peito como se guardassem lâmpadas acesas dentro do tórax.

Em maior parte, são irmãos que aceitaram com serenidade e atitude cristã as longas dores que a Providência, a benefício deles mesmos, lhes endereçou. Em compensação, tenho visto grande número de ex-tuberculosos e ex-leprosos em posição lastimável de desequilíbrio, afundados em amplos charcos de trevas, porque a moléstia lhes constituiu simplesmente motivo a revoltas e indisciplinas perante a lei justa.

Quando pensamos o bem, diariamente, irradiando-o através de ondas ininterruptas de compreensão e de amor, nossa mente vai-se transformando gradativamente em gerador de luz. Há mundos novos imensos no terreno da espiritualidade aguardando o ânimo das almas heroicas que conhecem o valor do esforço com Jesus cada dia, mas desde a experiência humana é possível fazer muito e muito realizar. Pouco a pouco, vamos percebendo a importância de nosso concurso no mundo do nosso pensamento, na regeneração do plano em que desfrutamos a bênção do trabalho, e quanto mais pudermos arrojar o inferior para fora de nós em maior parcela o superior resplandecerá em nós mesmos, descortinando estradas novas e horizontes diferentes.

Onde prendemos o pensamento aí se formará uma inibição à maior expansividade de nós próprios. A vida é força divina que nos toma a todos por instrumentos de transmissão, segundo a nossa capacidade de traduzir-lhe a grandeza. Nossa finalidade mais alta, por assim dizer, será, pois, a de canalizar os dons do Céu, convertendo-nos em permanentes doadores de amor e sabedoria, em nome da Divindade.

Mais crescimento de cultura, virtude, competência e experiência significam maior amplitude no raio de ação da nossa individualidade. Somos condutores vivos e conscientes do bem. A grandeza de nossa cooperação depende da grandeza do nosso potencial e sabemos que o aumento de potencial é obra nossa, tanto quanto a descida da força ou o aviltamento dela.

Jesus nos ampare o desejo de aprender sempre mais. Acreditem, contudo, que os assuntos dessa ordem são emissários de grandes benefícios à vida íntima, porque impõem pacificamente novos recursos de nutrição mental que, sem dúvida, nos renovarão o modo de ser. A questão, todavia, é vastíssima e pede tempo, a fim de ser convenientemente observada, em todos os aspectos.

Boa noite a todos! E, rogando ao nosso divino Médico para que o nosso amigo General Aurélio prossiga recolhendo os melhores valores no campo da restauração, deixa-lhes um grande abraço o papai muito amigo de sempre,

A. Joviano

A enfermidade reajusta

Meus caros filhos, Deus abençoe a vocês todos, conferindo-lhes muita paz e alegrias aos corações.

Ainda temos o nosso pensamento voltado para os nossos amigos General Aurélio e irmã Júlia, e ainda agora também colhemos aqui os pensamentos de carinho e amor com que nos acompanham aqui dentro, embora estejam distanciados de nós sob o ponto de vista físico.

Consideramos os laços sublimes da família e agradecemos a coroa de conforto com que souberam operar o levantamento das energias do nosso bom amigo ainda enfermo.

Edifica-me o coração observar a afetividade com que se devotam a ele, concedendo-lhe a certeza de que não se encontra só nesse novo mundo que o seu espírito vai descortinando, embora sem afirmação das notícias espirituais de que se sente possuído.

O instituto familiar, quando evolui e se sublima em verdade, se divide entre dois mundos — entre vocês, predominam os compromissos diante dos impositivos do sangue ou da lei humana, enquanto em nosso meio se sobrelevam os fatores clássicos da afinidade. Somos companheiros uns dos outros, quando nos entendemos reciprocamente.

A renovação do nosso amigo é um grande ensinamento, porque, na realidade, o seu patrimônio de energias fisiológicas tem ameaçado cair em falência, por várias vezes. Entretanto, quanto nos for possível, demorar-se-á ele na esfera de vocês por mais tempo, de vez que **a enfermidade institui verdadeiro reajustamento da alma**. Ele tem merecido a bênção de semelhante preparação pelo muito que tem desenvolvido em favor de muitos. Ligado à extensa organização de companheiros invisíveis, não somente o nosso grupo se interessa em doar-lhe a energia de que precisa no esforço de readaptação isolada. Vários amigos, todas as noites, tomam os alicerces espirituais construídos pela assistência de vocês, de maneira a ofertar-lhe novos recursos e experiências. Tem visitado nessas digressões da alma quase todos os sítios onde tem trabalhado e lutado na encarnação do presente e é justamente premido pela emotividade trazida de nosso plano de ação que ele se apaixona dentro das reminiscências do pretérito, ansioso por imprimir adequada forma verbalística às impressões que lhe vibram na memória. Tem conseguido bastante, em razão disso.

O seu campo interior manifesta-se agora muito mais claro. A serenidade, de algum modo, se lhe espelha no íntimo e uma expectativa calma lhe assinala as preocupações à frente do porvir. Sabe hoje apreciar as flores do jardim doméstico com uma segurança difícil de ser atingida na Terra e desfruta de uma grande paz na mente, porquanto no curso de lições que vai frequentando o seu esclarecimento individual vai ganhando regiões mais extensas. Aqui encontra ele mais recursos de enriquecimento do espírito — no Rio conta com mais facilidades para manter o corpo. Na montanha, o coração se movimenta com mais sacrifício e o pensamento ascende a alturas prodigiosas. Entretanto, ao pé do mar, o colo da mãe-natureza embala o sistema vivo da carne com mais carinho e segurança, embora o pensamento não encontre facilidades para desferir voos tão altos. Isso não quer dizer que a inteligência não possa funcionar em sua expressão sublime ao lado da vastidão marinha. Desejamos tão-somente assinalar um fenômeno comum na vida de relação. Quanto estiver ao nosso alcance faremos o possível para que o nosso devotado amigo de muitas viagens regresse ao lar que vocês edificaram para mais amplos entendimentos com os setores de vida mais nobre, em nossos círculos. Assim me exprimo porque, fisicamente, as suas energias não têm progredido na direção do verdadeiro reajustamento como desejamos. Acha-se mais inclinado ao repouso, com necessidades mais imperiosas de paciência com o próprio estado, não obstante estarmos ao lado dele, realizando quanto nos é possível ao seu refazimento. Esse o nosso propósito, mas não escondemos a verdadeira posição do campo orgânico, suscetível de maiores alterações, em sentido contrário aos nossos desejos, de um momento para outro.

Estamos, de qualquer modo, sinceramente satisfeitos com a melhoria que vem revelando em seu processo de tratamento. Muitos são os companheiros militares que o auxiliam e, por diversas vezes, tem ido, quando o sono lhe cerra as pálpebras, ao curso de espiritualização mantido na Igreja da Cruz com vistas à necessidade de assistência aos seus cooperadores, diretores e associados. Em tornando ao corpo, guarda recordações imprecisas que se traduzem nas interrogações referentes à morte e aos seus problemas, e em outras cogitações anexas a esse assunto. Estejamos alerta, auxiliando-o por nossa vez quanto possamos no âmbito de nossas oportunidades. Ninguém pode prever o dia de amanhã, a não ser aqueles que colocados em ângulo muito mais elevado que o nosso conseguem observar a movimentação do comboio da experiência humana na zona atravessada, no lugar em que viajamos agora e nas linhas da frente que se mantêm ocultas ao nosso olhar. Entretanto, a situação desenrola-se exigindo-nos confiança e atenção, devoção amorosa e vigilância ativa.

Mas sabemos que não é ele apenas o único objeto de nosso auxílio incessante. Alguém igualmente no Rio, pelo avanço das lutas na carne, exige de nós esse concurso silencioso. Que Jesus nos fortaleça para prestar-lhes toda a cooperação suscetível de ser desenvolvida por nossa capacidade de contribuir e ajudar sempre. De nosso lado, não descansaremos, esperando que vocês façam o mesmo.

Aqui, meus filhos, eu cerro minhas notícias de amigo, com um forte abraço em vocês. Rogando à Divina Bondade sustentar-nos os corações no abençoado caminho de trabalho e harmonia que vamos trilhando, sou o papai e vovô muito reconhecido de sempre,

A. Joviano

05/04/1950

No templo consagrado ao bem

Meus caros filhos, Deus abençoe a vocês, conferindo-lhes muita paz aos corações.

Não preciso dizer-lhes do meu contentamento em lhes observando o bem-estar destes dias. Graças a Jesus, um templo foi erguido completando-nos as antigas esperanças de um santuário, não de paredes frias, mas de serviços ativos aos semelhantes. Todos nós acompanhamos com sincera satisfação a harmonia geral em que se processa o início da nova etapa de trabalho cristão. Nossas preces se uniram às orações de vocês e continuamos rogando a Jesus lhes multiplique os dons de servir. Ontem, no passado remoto, erigíamos construções que nos enobrecessem o nome e a situação social, mas hoje, para a nossa alegria, encontramos a oportunidade de levantar **o templo consagrado ao bem** de todos, como quem fixa uma fonte e lhe canaliza as águas para o conforto geral.[1] Creiam que se consumou uma parte muito importante dos nossos compromissos e, hoje, as minhas felicitações mais calorosas são essas — as que lhes endereço com o coração, cumprimentando-os pela dedicação ao bem coletivo. Abençoados sejam todos os trabalhos que precederam à realização, bem-aventuradas todas as lutas que geraram em vocês essa necessidade de comunhão com o Evangelho, necessidade que se origina no mais além da vida humana, reportando-nos ao período de pré-renascimento,

---

[1] Nota da organizadora: concluídas as obras da nova sede do Centro Espírita Luiz Gonzaga, Arthur Joviano sugeriu que Maria e Wanda também comparecessem às reuniões de terças e sextas-feiras à noite, as quais Rômulo já frequentava. A sugestão foi plenamente aceita.

porque bem sabemos que vocês não procuraram a luz pela dor, mas pelo amor que hoje, para a nossa alegria, consagramos à claridade espiritual que ilumina a existência.

Não teço tal fraseologia estimulante só porque a obra material se haja concretizado, mas, acima de tudo, porque "o acontecimento confere-nos a todos mais amplos motivos de integração na tarefa que a Boa Nova nos concedeu, permitindo-nos erguer com as mãos e com os corações, com os raciocínios e sentimentos, com a virtude e com conhecimento a igreja viva do amor, no imo da própria alma, dentro da qual celebraremos hoje e amanhã a nossa gradativa vitória com o Cristo, nosso Senhor.

Agradeço com toda a alma à nossa querida Maria e à Wanda a docilidade com que me receberam a colaboração. Vê-las pessoalmente, no sentido humanitário do serviço evangélico de Pedro Leopoldo, em nova fase, constituiu para mim indizível felicidade. Tudo na vida é adquirível a preço de esforço e boa vontade, inclusive os próprios dons de ajudar o próximo e as técnicas mediúnicas. Não há limitação para a alma que se armou do desejo de fazer o bem, porque o bem é uma força por trás da qual brilha o poder do Céu. Liguemos o espírito ao suprimento de "Cima" e jamais falharão os recursos.

Eu sei quantos espinhos e quantas pedras estão amontoadas nesse ministério, sob o ponto de vista humano. Para crescermos em semelhante apostolado, é preciso dar tudo de nós mesmos, sem medir a força e o trabalho despendidos. Entretanto, vocês penetraram, ainda no corpo temporário, num domínio que muita gente consegue, dificilmente, depois da própria morte. Acreditem que toda a obrigação real com o Cristo envolve um privilégio que é sempre divino — a prerrogativa de não sermos substituídos com facilidade. É sempre vulgar a movimentação dos valores humanos na experiência comum, mas substituir o companheiro de Jesus que sabe ser útil em todas as circunstâncias, que ajuda por amor e aclimata-se ao esforço do bem com a naturalidade de quem respira é providência quase inexequível na Terra.

Guardem, pois, a certeza de que desfrutam um privilégio auxiliando a todos com o espírito situado nos mananciais da vida superior. Estou realmente satisfeito e hoje sei que estarão substancialmente juntos no santuário espiritual da cura, onde estiverem. Vejo que o nosso ideal tomou corpo e gradativamente alcança realizações que, há dez anos, mal poderíamos imaginar.

Amparando os necessitados e os doentes, com o ensino da revelação do reino de Deus, permaneceremos em sintonia com o Cristo e esse, filhos do meu coração, é o maior triunfo que lhes posso almejar.

Na Terra reconhecemos sempre que tudo se submete ao sopro das transformações necessárias e renovadoras. Ninguém pode lançar alicerces demasiado profundos no solo das convenções humanas, ainda mesmo quando somos os legítimos donatários de patrimônios consideráveis da riqueza terrestre, mas essa edificação que vocês passaram a colocar juntos, no espírito imorredouro, é a posse fiel e inalienável dos "talentos" recebidos na Vida Maior. Enquanto a criatura dá recursos extrínsecos à sua personalidade, distribuindo bens exteriores à sua própria economia espiritual, é um louvável mordomo do Senhor. Todavia, quando dá o que lhe pertence na carne e no sangue, no tempo e no espaço, no sacrifício e no suor, na saúde e no bem-estar, na dificuldade ou no equilíbrio, é o herdeiro de Deus entrando na posse do tesouro que, por direito, lhe cabe no Universo. Na primeira condição, somos "protegidos"; na segunda, passamos a "proteger" em nome do Altíssimo. Em uma, somos depositários ou servidores; na outra, somos cooperadores e filhos do divino Lar. Que Deus abençoe a vocês nessa nova jornada é o que desejo com todo o meu coração.

Trabalhem e ajudem, e observarão os resultados como sempre! Espero que Wanda consiga progredir sempre mais na psicografia. Daqui a alguns meses tentarei escrever por seu intermédio, em agradável serviço de extensão do nosso intercâmbio. Peço a ela não se preocupar com os "mecanismos". Mecanismo é sempre algo da máquina. E como a máquina no caso mediúnico é o corpo físico mais vale atentar o medianeiro da Espiritualidade para o pensamento. Pode assinar o nome de nossa amiga Ottília, sem escrúpulos, o que ainda não foi efetuado em razão de sua própria resistência passiva.

Difundamos a ideia cristã, servindo-a cada vez mais. Esse é o mais belo programa da permanência na Terra, porque as plataformas do mundo, veneráveis, aliás, pelos bens que instituem nos setores do progresso, sempre encontram legiões e mais legiões de servidores pagos, sempre atentos ao salário e menos vigilantes no serviço, ao passo que a sementeira e a seara do Cristo ainda contam com inúmeros claros, pela glória oculta de que se revestem, nas quais escasseia a recompensa humana para que haja substanciosa colheita na vida espiritual — isto é, na vida íntima e pessoal com riquezas e compensações intransferíveis.

Boa noite para vocês todos, e desejando-lhes muita paz e saúde no desempenho de nossas obrigações edificantes de sempre deixa-lhes um apertado abraço o papai muito afetuoso e amigo de todos os dias,

A. Joviano

A mediunidade
de Wanda

Meus caros filhos, Deus abençoe a vocês todos, concedendo-lhes muita saúde e paz, alegria e luz.

Desejando que o bom-ânimo se instale cada dia, na governança de nossas atividades comuns, espero em Jesus possamos prosseguir semeando o bem e servindo-o em todos os passos de nossa jornada para a frente.

Acompanho com o interesse possível a movimentação dos nossos no âmbito das cerimônias religiosas do ano corrente. A verdade, porém, é que não só os motivos do "ano santo" determinam esse acerto de impulsos, quanto à peregrinação até Roma, porque, na essência, há em nosso grupo antigo fascinação constante em torno de velho monumento de nossas lutas e ligações de ganhos e perdas, desenganos e desilusões. Não sei se tudo vai bem nesse amontoado de planos e providências, considerado o assunto sob o ponto de vista material. Entretanto, haja o que houver, procurarei ampará-los com o melhor carinho. Há viagens que se transformam em verdadeiro marco para o caminho de redenção e aperfeiçoamento, e peço ao Alto para que o projeto em andamento se converta em bênçãos para todos.

Há uma ação perene da mente de todos vocês durante o sono físico. Naturalmente, a permanência no corpo não se baseia em processos excessivamente seguros para que a memória possa arcar com a responsabilidade de todas as lembranças, mas, na realidade, por várias vezes, temos ido de novo à Cidade Santa sem necessidade do avião ou do navio e ali relemos velhos caracteres do pretérito ainda não extinto de todo, de modo a poderem vocês tolerar certas dificuldades espirituais em algumas das circunstâncias da jornada salvadora e evolutiva. Permita Deus possam nossos viajantes desfrutar bom clima, contentamento sadio e saúde robusta. Os amigos mais amados experimentam sempre grandes obstáculos para poder exprimir os seus votos, desejos, anseios, preocupações com toda a clareza, razão pela qual me resta o recurso à prece, a fim de que todos os serviços da romagem se processem com a regularidade necessária.

Minha querida Wanda, pretendo hoje destacar nesta carta alguns tópicos, principalmente consagrados a você. **A sua mediunidade** é uma sementeira promissora, que já se expande em flores de esperança e reconforto. Quanto estiver ao seu alcance, incentive seu ideal sublime de crescer na tarefa. Leia muito e continue estudando em todos os campos da literatura, da ciência, da filosofia ou da religião, à maneira do tipógrafo que se enriquece de caixotins. A mediunidade em seu caso é de uma amplitude pacífica. O seu desenvolvimento não se acha orientado por impositivos de dor. Brotam as suas energias espontaneamente, sem exigirem de nossa parte maior cuidado. E, graças a Jesus, você tem sabido proceder com devotamento e prudência, sem ultrapassar as fronteiras do possível e do natural. Assim iremos muito bem. Não acredite venhamos a permitir que entidades menos construtivas se aproximem de seu trabalho. E nem espere que mecanizemos seus braços e mãos como se fosse você simples máquina sob nosso livre-arbítrio. Nossa voz para você é de pensamento a pensamento. A organização mental de cada um é delicado aparelho de transmissão e, consequentemente, de recepção e de força emissora. Há "ouvidos e olhos mentais" como possuímos na carne olhos e ouvidos estruturados na matéria densa do corpo físico. Por agora, nossa amiga Ottília é sua orientadora em adestramento. Alma feminina, delicada e vibrátil quanto a sua, foi efetivamente selecionada em suas relações pessoais "neste mundo" em que me encontro para conduzir-lhe as primeiras manifestações no serviço novo. Ela está admiravelmente satisfeita com o seu progresso no esforço e conta com a sua colaboração viva e ativa na obra a realizar. Todavia, logo depois dessa série de páginas a que vocês ambas se entregam por amor à filosofia cristã do trabalho e do amor, pretendo escrever por seu intermédio algumas "chapas", contendo pensamentos e frases do meu novo meio para colaborarmos no ministério da divulgação inteligente do Evangelho de Jesus. Não serão trabalhos iguais a esses de nossa amiga através de suas faculdades, no que se refere a tamanho, porque desejo esclarecimentos mais sintéticos e estudos mais fáceis e acessíveis à massa popular. Assim é que ao término de sua tarefa no presente cogitaremos do assunto, sendo que a esse tempo designaremos a ocasião e circunstâncias mais favoráveis à nossa comunhão espiritual para o serviço a fazer. Cada "chapa" será um cartão distribuindo algo dos princípios superiores que abraçamos na vida, porque não ignoramos hoje que detemos a obrigação de atuar no trabalho individual e coletivo que implique o progresso do todo. Francamente, estimaria escrever pela mão do próprio Rômulo, com quem me afino integralmente, tanto quanto é possível, há precisamente três lustros. Entretanto, a natureza de seus compromissos na administração pública não me permite modificar-lhe as "ondas positivas de força" em ondas de espécie diferente. Convém-lhe a posição de orientador e educador, com a qual mais se sintoniza com os nossos maiores, de acordo com a lei de aproveitamento dos recursos vocacionais. Até que isso ocorra, porém, escreverei prazerosamente por sua mão e estimarei que a sua sementeira, com segurança e boa vontade, se estenda dadivosa em bênçãos de conhecimento e reconforto para todos. Não tenhamos pressa, porque a precipitação estraga sempre, mas prossigamos a caminhar na direção desses objetivos, de auxílio à extensão da luz na Terra.

Estou muito entusiasmado com as suas possibilidades e com a sua determinação de ajudar ao nosso plano de ação e conto com a sua firmeza de fé para agirmos segura e nobremente em todas as situações. Assim aguardemos — Ottília permanece em serviço abençoado de preparação e com o apoio divino realizaremos muitíssimo. Ela, igualmente, pretende oferecer-nos alguns postais de ensino e consolação, e devemos esperar os dias porvindouros com infinita alegria e ilimitada confiança.

Quanto ao nome que você adotará, medida plenamente aconselhável, poderá escolher o que mais aceitado surja à sua apreciação, apenas sugerindo seja conservado o sobrenome "Lucius" para que se inicie oficialmente, se assim podemos dizer, a sua viagem fora do domicílio de seus dons medianímicos. Será inspirada pela nossa amiga aqui presente, que, por certo, se sentirá feliz em apresentar-lhe várias sugestões que você, amanhã ou depois de amanhã, recolherá enquanto o corpo repousa, guardando a ideia central do assunto quanto o disco assinala em si mesmo as vibrações que recebeu em sua complicada e formosa estrutura.

Estude, trabalhe e avance servindo. Quem ajuda a alguns recebe a colaboração de muitos e quem auxilia a todos será alvo da gratidão e do amor de quantos lhe recebem o interesse amigo, o olhar de simpatia e a palavra encorajadora e dulcificante. Acompanhar o Cristo é a mais sublime tarefa que podemos encontrar dentro da vida. Sigamo-lo.

Estou muito satisfeito e reconhecido com a dádiva de "Jesus no lar" em nossa noite de hoje. Rendo graças a Deus por haver permitido a Neio Lúcio arrojar mais algumas páginas de Evangelho e experiência para fora de si mesmo. Grato a vocês pela felicidade que me proporcionam.

Meu caro Rômulo, estou recordando a exposição de Ponta Grossa, em razão da passagem do corrente mês de abril, e oro em sua companhia agradecendo a Jesus o socorro que recebemos. E esperando que esse socorro seja sempre uma bênção para nós cada dia despede-se num grande abraço o papai muito amigo de sempre,

A. Joviano

Dessas fontes

sempre recebemos

Meus caros filhos, Deus abençoe a vocês, conferindo-lhes muita saúde, paz e alegria.

Meu caro Rômulo, tenho meditado em suas reflexões, como sempre, e partilhado as suas experiências interiores com o mesmo aproveitamento habitual. A luta não pode ser diferente. Estamos ingressando num domínio muito diverso de quantos nos guardam a ação no passado, em nos referindo às fontes espirituais da vida superior.

Dessas fontes sempre recebemos. Hoje delas desejamos dar. Para isso, porém, é imperioso conhecermos as mesmas inquietações e sacrifícios de quantos nos proporcionaram a bênção de suas obras no pretérito.

Antigamente, a nossa posição não era outra. Também ouvíamos, no âmago do ser, lições mil e iluminação profunda que não conseguíamos compreender. Nessa matéria, é indispensável jogar com o verdadeiro amor fraternal e com o tempo que tudo transforma. Não pense que a paisagem próxima se modifique de modo fundamental. O necessitado mais difícil de ser socorrido é aquele que transporta consigo a exigência de amparo espiritual. O faminto do corpo tem o relógio do estômago a espicaçá-lo; o caçador de recursos, para a manutenção dos seus, conta com o azorrague dos familiares a lhe reclamarem a cooperação; o doente possui a dor a estigmatizá-lo; daí uma compreensão imediata para todos os portadores de semelhantes impositivos. As necessidades espirituais, porém, são complexas, profundas. A vida mental, entre os encarnados, assinala-se ainda por grande analogia com a experiência fetal do homem físico. As realizações nessa esfera comum na atividade terrestre ainda são vagas, imprecisas, tanto quanto as do homem ativo para o feto, que, embora não tenha pulmões, não sente ainda a necessidade de respirar no berço em que vive.

Tivemos longos milênios de preparação no passado, estamos em milênios de preparação no presente e possuímos vasto patrimônio de séculos no futuro. Tudo o que transcende a rotina respeitável deve ser doado com extrema cautela, porque, um dia, entenderemos com mais propriedade que há multiplicidade de desígnios para as múltiplas coleções dos indivíduos. Cada alma, quanto acontece a cada mundo, é conhecida por vibrações e movimentos que lhe são peculiares e intransferíveis. O que é útil agora para nós é ruinoso para o que vai à frente de nossos passos ou para aqueles que marcham à nossa retaguarda. O remédio de um enfermo não é aplicável a todos e a alimentação conhecerá gradações quase infinitas ou a vida carnal se extinguiria na Terra. Daí, meu filho, esse imperativo de aproveitarmos todos os valores em nós mesmos com vastíssima paciência e invulnerável serenidade à frente dos outros, se não desejamos perder a gloriosa oportunidade de crescimento que nos foi facultada. Creia que, por minha vez, se fui professor de letras na Terra, tenho aprendido enormes e minuciosas lições no plano a que minha singela colaboração foi chamada. Hoje compreendo que se para a nossa felicidade já conseguimos amealhar alguns conhecimentos na ciência de distribuir os dons e vantagens da vida material que, presentemente, não procuramos concentrar em torno de nós, mas sim estendê-los a benefício de todos, começamos a penetrar o ministério da distribuição dos bens espirituais. Então reconheci claramente por que Jesus preferiu o madeiro. A cruz e a cadeira dourada são tronos diferentes com a mesma função de administrar e governar. Erigindo decretos ou ordenações, sob o ponto de vista humano, transformamos a face da Terra e operamos a renovação e a transposição dos elementos que nos cercam na existência, mas pelas atitudes no sacrifício próprio é que atingimos a capacidade de atuar na vida propriamente considerada. Estamos, pois, no momento, buscando valores para ensinar e ajudar, prover e socorrer na pauta do Mestre divino, e nessa pauta o século é quase um dia, se não pudermos compará-lo a um minuto na eternidade.

Não acredite que isso seja razão a desalento. Há que considerar no assunto os interesses da massa para quem devemos simbolizar o fermento diminuto. A fermentação excessiva destrói o pão e é imperioso cogitar de todas as medidas atinentes à sustentação da vida, nesse particular, com muita calma.

Tome o seu próprio caso de cooperador espiritual, no campo das curas, por exemplo. Se você visse os amigos que o assistem, os que se congregam ao seu lado para contribuir no socorro a distância, os companheiros que lhe renovam os elementos vitais do vaso fisiológico para que as suas emissões vibratórias não se percam na qualidade e na intensidade, os que nos auxiliam para que a calma esteja firme, tanto quanto possível, em sua mente, a fim de que as suas possibilidades presentes não se percam, os auxiliares que influenciam na direção da assistência, acertando arestas e equilibrando providências de serviço e, sobretudo, os que se abeiram das suas horas de prece, rogando medidas mil de alívio para os seus males e para os males daqueles a que se imantam na segunda hora de visão integral de todos os meandros do serviço, você provavelmente não suportaria mais. A sua mente se dilataria, cresceria, buscaria outros processos de manifestação longe dos obstáculos benéficos que a retêm e, à maneira do óleo fervente, se incorporaria a outros setores de energia vital. É indispensável, pois, muita serenidade e muito entendimento para jornadearmos com êxito em caminhos tão vastos e complicados! Concluo, hoje, que inúmeras experiências me enriquecem a senda, que só nos deve interessar a alegria de dar, porque aquele que dá sente sempre e isso é essencial! Temos verdadeiros mundos dentro deste mesmo mundo para descobrir, conhecer, desbravar e utilizar. Somos locatários de uma enorme e acolhedora residência que é a Terra, com vastos compartimentos e, enquanto encarnados, só ocupamos um desses compartimentos. Notem que não digo pavimentos para não oferecer-lhes a ideia de esferas superpostas. Reporto-me aos círculos de vida que se ajustam na própria linha horizontal das atividades comuns do homem. Nesse sentido, pois, tenhamos sempre a doce coragem de repetir as lições, sem desânimo e sem desagrado. O ensinamento de quem ajuda é pão sublime à fome imanifesta do espírito humano.

Repitamos sempre. A pedra que alcança o mar, guardando a perfeição do esferoide sem garras agressivas, é aquela que repetiu os movimentos da aprendizagem milhões de vezes no curso da corrente. A natureza é pródiga de sugestões nesse particular. O princípio vital demora-se nas árvores centenas de ano, ensaiando rudimentos da memória. A fonte corre sobre o seio adusto da Terra, voltando à atmosfera para tornar ao chão, milhões de vezes. E nesse movimento incessante os seres e as vidas se auxiliam reciprocamente. Repetindo, pacificamente, criamos o bem para a comunidade. A repetição é aprimoramento e criatura alguma lhe fugirá aos mandamentos justos. E para sermos lógicos não podemos esquecer que o Cristo terá repetido para nós, lição a lição, milhares de vezes, sem que pudéssemos entender-lhe os alvitres. Assim, aprendamos a repetir, com o infinito bem, porque só nesse curso avançado de auxílio fraterno é possível incorporar definitivamente à economia de nossa própria alma a essência do amor divino que, por agora, ainda não podemos compreender em sua grandeza total. Não julgue que alinhavo essas palavras na posição dum mestre. Em semelhante capítulo, não passo de seu irmão, e irmão obscuro no setor do aproveitamento, porque à medida que se acendem mais luzes mais se nos mostram as complexidades do serviço a fazer. Refiro-me aqui a esses pontos de estudo, em favor de nossa própria tranquilidade, de modo a fixarmos em nós mesmos todos os bens decorrentes da luta.

Ajudemos sempre. Apaguemo-nos para que o bem

resplandeça. Façamos do dia uma lanterna amiga para clarear o nosso caminho e a senda de outros que marcham no roteiro evolutivo não distante de nós. Recapitulemos o gesto de fraternidade no testemunho da boa intenção tantas vezes quantas se fizerem necessárias. Trabalhemos pelo bem geral. Sirvamos a todos, na compreensão justa do nosso papel à frente do Cristo, em cujos padrões santificantes buscamos hoje a inspiração da mordomia ou do serviço e estejamos certos de que no entardecer não nos faltará visão para contemplarmos a glória silenciosa das estrelas a nos indicarem o nascente em que nova madrugada de bênçãos ressurgirá.

Desejo a vocês excelente viagem no campo dos compromissos assumidos e tanto quanto me é possível estou em preparação para ajudar a todos, em qualquer rumo, já que os nossos examinam a possibilidade de longa visita ao mar.

Muita saúde e paz para todos é o que lhes deseja, muito afetuosamente, o papai de sempre, num grande abraço,

A. Joviano

A coroa do raciocínio

Meus caros filhos, Deus abençoe a vocês, concedendo-lhes muita paz e saúde, bom-ânimo e alegria no campo da luta edificante de sempre.

Estive em companhia de vocês por vezes variadas no curso da viagem e quanto lhes ocorreu, em toda parte, sentimos a extensão do trabalho espiritual e material ao longo de todas as paisagens e circunstâncias. Quanto mais se nos dilata a experiência na lavoura de recursos humanos dentro da qual semeamos e colhemos, diariamente, mais observamos a condição da Terra, que categorizamos, por fim, com muita propriedade, por escola de progresso universal.

Os espíritos, aí dentro, se encontram, em sua maioria, como elementos em formação, preparando-se para os mais altos cursos na Eternidade.

Há necessidade de tempo, de dias e séculos para que **a coroa do raciocínio**, do sentimento e da sublimação se concretize, habilitando a criatura para os climas superiores da vida mais alta. É por isso que a sensação de grandeza oprime e enobrece, abrindo horizontes vastíssimos aos nossos corações e braços na sementeira e na seara da luta comum.

Nesse aspecto, a experiência de almas da nossa posição é mais encorajadora. Nossa "época" é de transição. Ensaiamos serviços de acabamento no edifício do passado e esforço de base para o futuro. Por dentro, trazemos os sinais de dores e prazeres, de qualidades e tendências que nos caracterizaram há milênios consecutivos, mas no imo do ser já abrimos algumas portas de acesso aos estímulos fecundos do Alto, que, para a felicidade nossa, já percebemos por fora.

Nossos conflitos individuais, por essa razão, constituem enormes embates de nosso espírito novo contra a nossa velha individualidade. Para a Terra, estamos amadurecidos, para os círculos superiores, somos demasiadamente verdes. Nossos princípios de elevação definitiva são frágeis à frente das grossas raízes que nos imantam ao clima planetário. Junto do Evangelho, que nos convida à ascensão, escutamos os apelos e requisições da Lei que nos constrange à ação horizontal. A justiça prende-nos ainda, enquanto o amor nos compele à libertação. Há mil vozes gritando em nosso mundo interior, porque a nossa situação é, francamente, aquela dos desajustados, pendentes entre dois extremos que se tocam e que se repelem simultaneamente. Por esse motivo, chegados a essa eminência da luta, faculta-nos a Providência Divina a possibilidade do reencontro e do entendimento. A fé, bem sentida e bem vivida, desempenha as funções dum porteiro divino, auxiliando-nos para o intercâmbio necessário. Não fosse a atividade religiosa e milhões de almas adiariam indefinidamente realizações valiosas, porque sem essa lâmpada acesa da confiança na Bondade Infinita a criatura se precipitaria no abismo da desilusão pelo desespero que o desajuste provoca no centro do coração. A fé opera o controle das forças inconformadas e avançamos por essa "terra de ninguém", familiar a todos os idealistas e trabalhadores que agem por devoção ao bem e não por obrigação ao serviço, glorificando o serviço, em si mesmo, elegendo nele a única atividade verdadeiramente libertadora da mente escravizada a paixões e convencionalismos diversos. Essa "terra de ninguém" é a senda dos que avançam sozinhos, ou quase sozinhos, porque encontraram uma saída e não desejam menosprezá-la. Longo, porem, é o tempo de jornada e a consolação única que nos cabe é a de nos fazermos sentidos, entre uns e outros, no campo do espírito, em que nossas energias se renovam e nossos ideais se refazem.

Quando vocês adormecem no corpo físico, na posição de "desajustamento natural" em que se encontram, pelos conhecimentos novos adquiridos, o sono é mais um transe em que a alma semiatormentada se desliga das teias fisiológicas para registrar as nossas lembranças, sugestões e instruções. Não fora essa trégua aos membros exaustos pela carga de pensamentos que elaboramos, em completo desacordo com a capacidade de resistência carnal, e semelhante gênero de luta não seria possível senão por tempo reduzidíssimo. Mas a Sabedoria Ilimitada não nos esquece as necessidades e faz-se possível a permuta de forças, ideias, expressões e experiências. Na realidade, vocês não arquivam todos os detalhes na memória cerebral, mas possuímos aqui, no plano imediatamente superior ao de vocês, os necessários recursos para gravar-lhes na mente os pontos fundamentais e imprescindíveis à ação que devem desdobrar no meio em que se demoram, e daí a mente, mais segura de si mesma, com soluções aparentemente espontâneas para os pequenos enigmas de cada dia, em cada manhã que se reerguem para o combate purificador na Terra, que é, sem dúvida, nosso antigo e milagroso educandário.

Associo semelhantes impressões para dar-lhes a noção da serenidade operante que devemos adotar diante de problemas tão complexos, quais sejam de beneficiar e ajudar, educar e regenerar. Que o Senhor nos dê sempre luz ao cerne da personalidade para que estejamos sempre atentos na preservação de nossa própria paz, no campo das causas, sem nos perdemos em aniquilamento de tempo e oportunidade nos efeitos efêmeros que nos cercam na vida vulgar.

Meu caro Rômulo, o nosso receitista está aconselhando a você o uso de *Ipecacuanha*, *Lachesis*, *Eupatorium*, *Staphysagria*, de 5ª, por 8 a 10 dias. Você é portador de um resfriamento desequilibrante com intoxicações leves e naturais de quem se ausenta dos hábitos domésticos por alguns dias. Desejo também pedir a você para traçar programa de algum tempo, vamos dizer, alguns dias, na praia. O ar marinho é um remédio salutar. Eu sei que isso o aborrece. O seu clima é a criação de benefícios incessantes pela atividade do trabalho que edifica e estabelece valores no tempo, entretanto, o operário não se pode esquecer da máquina e a sua máquina precisa do lubrificante indicado. Estudará o assunto quando parecer a você oportuno.

Continuo colaborando com os nossos, através de todos os recursos ao meu alcance. A nossa Marcelina tem recebido de meu coração a migalha que lhe posso dar pelo muito que fez por nós todos.[1] Jesus nos fortaleça e nos abençoe.

Formulando sinceros votos ao Alto pela paz e contentamento de vocês todos na jornada de cada dia, despede-se por agora, com um grande abraço muito afetuoso, o papai reconhecido de sempre,

A. Joviano

---

[1] Nota da organizadora: Marcelina foi, por longos anos, estimada e dedicada servidora do lar de Arthur Joviano.

Exigências do trabalho

Meus caros filhos, Deus abençoe a vocês, conceden-do-lhes muita paz e alegria no círculo das lutas de sempre.

Nossa irmã Amélia pretendia escrever para o filho querido, mas, não podendo fazê-lo, em razão de serviços que lhe não permitem hoje a manifestação, recomendou-me trazer-lhes o seu pensamento amigo com a promessa de uma visita em primeira oportunidade.

A palestra em que se empenham guarda para mim um atrativo forte. É um tema sempre novo esse que se reporta às **exigências do trabalho** para que o progresso e a iluminação não sejam utopias em nossos corações e em nossas vidas.

O espírito reencarna com o impositivo primordial de aquisição da experiência e sem o esforço no campo de atividade a que foi projetado não recolhe benefício algum, a não ser aquele de conhecer a grade biológica para oferecer notícias de suas manifestações.

A alma inerte é realmente o único prisioneiro digno de lástima. Daí o perigo de todas as situações que nos constranjam ou induzam à perda sistemática do tempo. Nesse sentido é que a prova dos grandes orientadores das tarefas mais terrestres que celestes, mais carnais que espirituais, se apresenta invariavelmente com aspectos mais graves, porque os missionários dessa ordem muito raramente encontram ensejo para cogitarem dos problemas essenciais que lhes digam respeito, de vez que a multidão de pessoas, de questões ou de coisas lhe absorve o tempo e a existência.

No fundo, todas as atividades se irmanam e se confundem. Cada mordomo e cada servidor da economia divina sobre a Terra se acham no melhor lugar em que possam produzir na lavoura do bem comum em nome de Deus e cada inteligência oficia no altar de si mesma na adoração ou na obediência ao Senhor, mas para aquele que administra as lutas são sempre mais fortes e mais violentas, porque é necessário manejar duas espadas ao mesmo tempo e são muito poucos aqueles que conseguem o equilíbrio para o ministério da elevação.

No quadro geral do mundo, porém, o trabalho é o motor da prosperidade eterna. Nossa mente exige ação para renovar-se em todos os momentos da luta. Nosso espírito é conduzido à reencarnação à maneira do aprendiz retardado num grande centro de produção apressada. Tudo nos reinos inferiores ao homem é movimento e energia, em combinações incessantes, relativamente às quais são raros aqueles que dispõem de recursos para analisar convenientemente. Mas se aprofundarmos a sonda do pensamento no espaço e no tempo, observamos a rocha trabalhando para sustentar a Terra ou para converter-se em solo aproveitável e na intimidade de cada trecho de matéria, aparentemente bruta ou inconsciente, auscultamos milhões de vidas primárias em turbilhonária agitação. Mais adiante, encontramos a natureza trabalhando e agindo, aperfeiçoando, corrigindo, eliminando, selecionando e brunindo na água, no ar, nas árvores e nas coleções de seres menos evoluídos que o homem comum. Em tal espetáculo, tudo se movimenta e se desloca na direção de algo melhor, de algo mais elevado, mas a criatura vulgar que elegeu a inércia por ideal de vida acredita-se o ponto-chave, ou a sede viva, desses movimentos e passa a beneficiar-se deles, indebitamente, para consagrar a ociosidade ou o sistema de furto psíquico a que se acolhe, porquanto aproveita e não é aproveitada, recebe e não dá, entesoura e não ajuda, retém e não distribui. Ignora, deliberadamente ou não, que o chamado mundo de inércia em que respira é um verdadeiro "precipício de atividade", se podemos classificar assim a crosta da Terra, e acreditando no repouso destrutivo cristaliza as suas melhores possibilidades e nega-se a aderir ao programa da vida que foi chamada a servir.

Então, mais tarde, sem o aparelho maravilhoso de peças fisiológicas em que se expressa no corpo vulgar, que é igualmente uma colmeia "formigante" de serviço a milhões de células vivas, ativas e atuantes, a criatura viciada pela ausência do trabalho como que se detém na corrente do Universo e demora-se longo tempo nesse "ponto-morto do eu", copiando a atitude de um peixe que, temendo a jornada das águas sobre as pedras e sobre o lodo do chão, se deixasse ficar num poço cômodo, dentro do rio, sem desenvolver a capacidade natatória de que é portador — quando seus companheiros alcançassem o mar, para a comunhão mais alta com o planeta, ele ainda estaria circunscrito à cisterna de sua eleição, incapaz de compreender a amplitude do raio de ação dos outros peixes e repetindo sempre as mesmas operações.

Não tenhamos dúvidas. Renascimento na Terra é escola de trabalho para fins de reajustamento, corrigenda ou sublimação e sem trabalho o restaurador nada restaura, o educador não educa e o santo não santifica.

Grande é a exigência do plano superior, mas é impossível qualquer incompreensão nesse domínio quando alcançamos alguma fagulha de claridade divina dentro da consciência. E tomo a conversação de vocês, nesta noite, para objeto de nosso intercâmbio agora, para que vocês entendam quão triste é a posição de muitos daqueles que nos rodeiam, inabilitados à aceitação de qualquer mudança benéfica na esfera dos preconceitos e dos pontos de vista a que se ajustaram. Muitas vezes, oferecem-me a ideia de espíritos paralíticos na gaiola viva do corpo, mais dignos de compaixão que de censura. E não precisamos alongar o assunto em várias considerações, porque a percentagem dos corações renovados dentro de um século é tão estreita que não nos convém definição indiscreta do número.

Libertemo-nos de semelhantes cadeias trabalhando, agindo, atuando com as possibilidades que o Céu nos confiou, em caráter temporário, e utilizando os patrimônios a que, por auxílio do Alto, temos tido acesso.

Fazer algo — deixar alguma coisa, movermos para os cimos do entendimento, subir à compreensão, aceitar horizontes novos, pavimentar o caminho das horas com edificações valiosas a todos —, eis algumas sugestões que nenhum de nós deve desprezar, porque o tempo é um benfeitor milagroso para quem aproveita, mas um censor implacável para quem o menoscaba, porque nele, com ele e por ele nossa individualidade eterna se afirma e se dá a conhecer, onde estivermos.

Penso que a "tirada" filosófica está pronta. Desculpem. É o desejo de colaborar com vocês na tarefa de cada dia. Renovo as minhas lembranças da carta última, no capítulo da saúde. Quem louva o trabalho não pode esquecer a máquina, através da qual o serviço se concretiza, se firma e se expande.

Boa noite para todos. Continuem recordando a "nossa comunidade" nas orações. O serviço nesse setor é maior que possa parecer. Rogando a Jesus nos fortaleça e nos sustente em todas as fases da luta redentora, deixa-lhes um grande e afetuoso abraço o papai de sempre,

A. Joviano

A gaiola biológica

Meus caros filhos, Deus abençoe a vocês, conferindo-lhes muita paz aos corações.

Partilhamos a justa alegria de vocês ante os resultados de ontem na reunião com o médium Peixoto.

De nosso lado, somos sempre uma assembleia de servidores, acompanhando fervorosamente o serviço desenvolvido pelos companheiros, assim mesmo como num campo habitual de esportes, guardando apenas a diferença de que não somos espectadores e sim cooperadores ativos.

Tudo fazemos, falando coletivamente, para despertar os nossos amigos que dormem, não propriamente na "carne", mas na "atitude". Permanecer na carne é sempre um bem, gerando vantagens incalculáveis para a alma, entretanto, não podemos dizer o mesmo quanto à atitude imprópria. Infelizmente, porém, raros acordam ou se modificam.

Estamos, muitas vezes, na posição dos instrutores menos estimados nos colégios comuns. De manhãzinha, o professor arrebata os jovens estudantes ao repouso do leito, impõe-lhes o banho frio e enche-lhes o dia com disciplinas construtivas, mas o aluno, de modo geral, só percebe o valor de semelhante concurso quando já despiu a capa frágil da juvenilidade fisiológica. Enquanto no período escolar, estremece, grita, chora e se revolta e o mentor lhe surge na mente como fantasma incômodo e inconveniente.

Por nossa felicidade, essa situação não existe entre nós. Compreendemo-nos e caminhamos juntos — essa é a nota mais importante no momento, depois da nossa certeza na proteção do Senhor.

Realmente, porém, considerando o assunto "deste lado" em que hoje me vejo, o esforço é dispendioso, em demasia, com raro fruto imediato. Ainda assim compensa, porque "todas as sementes da verdade, depositadas na terra viva do coração, despertam um dia, germinam, florescem e vivem para a glória de todos.

Por mais desejemos alcançar um conceito definitivo para o que se refere à materialização, é quase impraticável o esclarecimento global do assunto na época atual do conhecimento e da expressão humanos.

Creiam, contudo, que o serviço daquelas entidades que se movimentaram no recinto é bem semelhante ao de um sábio que fosse obrigado a cumprir delicada missão nas profundezas de algumas de nossas minas de atmosfera densificada e pestilencial. Por agora, a materialização espontânea seria a dos seres mais próximos da condição dos encarnados, condição essa em que muitas criaturas perturbadas e sofredoras se sentiriam contentes com o ensejo de se manifestarem no ambiente vulgar. O acontecimento, porém, seria inútil ou ruinoso por não educar e nem reconstruir espiritualmente na alma, que é eterna. Para abrir as possibilidades de um médium da situação de Peixoto, o trabalhador ou os trabalhadores daqui assumem extensas responsabilidades, com o justo compromisso de lhe utilizarem as forças, para não dizermos da própria vida, em trabalho de auxílio, instrução, aviso, consolação e socorro à humanidade. Daí a enormidade da renunciação, de vez que, para beneficiar, é necessário que os responsáveis assumam a direção e o desempenho de trabalhos efetivamente sacrificiais.

Já comentamos alguma coisa em outra ocasião, com respeito à feição técnica das tarefas em si mesma. Hoje, porém, desejamos salientar tão-somente o problema da luz para que vocês todos se enriqueçam de claridade, cada vez mais.

A entidade no ambiente em exame, que já disponha de grande cabedal iluminativo, é obrigada a "apagar-se", como aconteceu a André Luiz e aos seus companheiros quando se dirigiam à "paisagem gregoriana". O perispírito como que se obscurece, célula a célula, e o servo, naturalmente envergando o equipamento necessário, penetra a zona da tarefa que o espera vestindo-se com a roupagem que o "médium" lhe fornece, de modo a entrar em contato com as mentes do plano carnal que a ele se ajustam provisoriamente, depois de muitos anos de adequada preparação.

O material recebido por empréstimo do instrumento em repouso é manejado na formação d**a gaiola biológica** destinada à materialização a tempo rápido; daí a impossibilidade de manifestação fácil a qualquer um. Para expressar-me, ali, com alguns aspectos de minha personalidade real, deveria submeter-me a torturado treinamento. Assim, em qualquer circunstância, abusarei da bondade dos companheiros já diplomados em materialização para fazer-me sentir. Quanto ao maior ou menor brilho das manifestações, o concurso do ambiente é decisivo.

A reunião conosco é alguma coisa que o espírito encarnado pode inclinar para baixo ou para cima. Quando aparecerem assembleias homogêneas, o comunicante poderá exprimir-se com todo o esplendor de seus traços psicológicos integrais e com todo o seu potencial de luz. Mas imagine cada um de vocês a travessia de longo braço de mar, num escafandro delicado, sob as ondas, escafandro esse que se constitui da vida emprestada de um companheiro sob os tentáculos enormes de seres desconhecidos e quase sempre hostis, que podem surpreender-nos em ataque a qualquer momento. O braço de mar é a sala da reunião formada com o material fisiológico dos assistentes. Os seres desconhecidos e hostis são os pensamentos de duas terças partes dos assistentes em todas as sessões dessa espécie, no estado evolutivo em que se encontra a mente humana. Ora, o comunicante benemérito, que sempre comparece por amor e espírito de cooperação, deve empregar noventa por cento de suas energias no ministério da vigilância. Não há espontaneidade no ambiente (porque temos de observar que todo ambiente é vivo) para que a luz do visitante se projete, caso ele se esforce por reacendê-las, através do perispírito do medianeiro. O interesse, aliás, de quem aceita a empresa desse teor é o de vulgarizar-se e obscurecer-se para não atrair maiores vibrações destrutivas e intoxicantes.

O mundo nosso ainda é bem nosso. Se um anjo surgisse dentro dele, não lhe perdoaríamos a excelsitude. Nosso impulso primeiro seria o de lhe examinar a armação das asas, se os anjos de nossa consagrada teologia romana possuírem, de fato, apetrechos dessa natureza.

A formação do corpo gasta tempo. São necessários catorze anos, aproximadamente, para que o espírito, realmente, se faça adaptado ao processo vital da reencarnação. Calculemos, assim, quantos anos despenderemos na formação, erguimento e engrandecimento do espírito.

Sigamos devagar para avançarmos com segurança.

As aplicações das irmãs Scheilla e Nina para o Rômulo se verificaram a meu pedido. Estou satisfeito com os resultados. Desculpem-me a intromissão, mas você, meu filho, pensa em todos e se esquece, cuida da comunidade e olvida-se. É natural que do ponto de vista paterno de minhas possibilidades cuide eu de você, de alguma sorte. Vamos para frente, de alma feliz e de pensamento voltado para o progresso. Espero que a Bondade Divina nos ampare e ilumine a todos.

Nossa amiga Ottília permanece muito satisfeita com o progresso de Wanda, a quem cumprimento pela sadia compreensão de suas novas atividades espirituais. Que Deus nos abençoe a todos.

E não me sendo possível a permanência mais longa, em vista das obrigações que me retêm aos nossos, deixa-lhes carinhoso abraço o papai que lhes deseja excelente viagem, com um forte abraço ao General e à irmã Júlia, com quem se encontra a nossa irmã Amélia em missão de auxílio.

Abraços muito afetuosos do papai e amigo de sempre,

A. Joviano

Bênçãos de amor e luz

Meus caros filhos, Deus abençoe a vocês, conferindo-lhes muita saúde, paz e alegria.

Renovados no campo celular e nas zonas do espírito, congregamo-nos, de novo, no santuário do lar para render graças ao Senhor. Seja ele louvado pelas muitas **bênçãos de amor e luz** que nos concede, através da possibilidade de atendermos aos nossos desejos e do trabalho que nos faculta, sempre e cada vez mais, a visão do mundo em seus múltiplos aspectos.

É uma bênção divina poder "marchar por dentro", elevando sentimentos e concepções para melhor informar à nossa consciência com respeito à vida, em sua eternidade e grandeza. Estou agradecido a você, meu caro Rômulo, por me haver tranquilizado com o tratamento a que se submeteu. Creia que é uma alegria para nós, "neste lado", prestar assistência a corações que, ligados ao nosso, vivem sintonizados com o bem supremo, porque a sua paz criadora e diligente é igualmente a minha paz e porque os sentimentos que os animam se refletem sobre mim, tanto quanto os meus pensamentos se projetam sobre vocês, envolvendo-lhes a estrada espiritual, com o auxílio divino.

Você precisava de semelhante recurso. Intervenção natural, construtiva e benéfica. Passei ao seu lado inesquecíveis horas junto do mar, principalmente quando a sua mente se recolhia para pensar entre os dois infinitos — o da matéria tangível e o do reino espiritual, inimaginável em suas mais elevadas expressões.

Nossos entendimentos, sem palavras articuladas, foram mais vivos que você mesmo possa calcular. Alguns amigos nossos estiveram completando o tratamento iniciado pela nossa prestimosa irmã Scheilla, e ela própria, por duas vezes, visitou-nos para sentir a eficiência de suas melhoras. Felizmente, você não adora o falso ídolo da enfermidade e trabalhando firmemente contra a mística de semelhante "entidade" não conseguiu verificar as necessidades do corpo. A luta, meu filho, equilibra a inteligência e não oferece ensejo de perquirição para a alegria daqueles que a elegem por abençoado clima de construção íntima e, em face disso, eu mesmo fui constrangido a mobilizar os recursos alusivos ao tratamento que lhe era indispensável.

Para esclarecer melhor, explico a você que dando menos trabalho à peça física podemos atuar com mais segurança nas particularidades perispirísticas que lhe correspondem e, assim, a presença do mar, ofertando a posição ideal, permitiu que lhe desalojássemos o corpo perispiritual para o socorro com a eficiência desejável. Isso não deve ser novidade para vocês. O sono é o desligamento das funções da alma e, diariamente, em toda a crosta da Terra, há milhares de intervenções, auxílios e influências a benefício das criaturas que se fazem credoras desse amparo, tanto quanto existem envolvimentos, desequilíbrios e ataques aos milhares, em cada noite, contra as personalidades encarnadas, por parte de espíritos desafetos, cuja intromissão é permitida pelos poderes superiores para a obra, não de castigo propriamente considerado, mas de reajuste. Em casos especializados, porém, precisamos de circunstâncias especiais e, desse modo, foi possível renovar-lhe as células, por transfusão, em grande parte do campo circulatório. Estou muito satisfeito com as melhoras havidas e agradeço a todos os companheiros que nos auxiliaram na tarefa de amparo à sua máquina.

O concurso do nosso estimado Peixoto foi muito apreciável e espero que o divino Médico nos conserve os serviços efetuados por muito tempo, abençoando-nos os bons propósitos de semear o bem e a luz através das bênçãos do serviço.

Registro, com satisfação, os seus conceitos com referência ao fenômeno da materialização. Suas ilações se aproximam da realidade tanto quanto é possível ao espírito ainda detido nas tarefas da esfera física e na primeira oportunidade comentarei com você o assunto, na medida de minhas possibilidades técnicas de elucidação. Tais estudos se caracterizarão no mundo vulgar com progressividade morosa, porque envolvem muitas relações com a física nuclear, agora em moda, em cujos trabalhos iniciais o homem se confiará ainda a longas provas de destruição. Não convém colocar conhecimentos tão profundos e de alcance tão transcendente em mãos conduzidas pela dominação pura e simples. A desintegração do urânio e os recentes estudos com o hidrogênio são matérias insignificantes quando confrontadas com o jogo fenomênico da materialização e desmaterialização em alicerces biológicos da própria existência humana. Aguardemos o tempo. Nossa fase na atualidade é de amanho do solo, de sementeira, de preparação. O arado da ideia e da palavra ferirá repetidas vezes o seio da terra viva das almas, até que maior número de inteligências se consagrem à sublimação. Nesse passo, Jesus é realmente o caminho. Não haverá elevação, iluminação e aperfeiçoamento do material psíquico e mental da alma encarnada sem ele. Continuemos, de Evangelho no coração, na cabeça e nas mãos. O serviço é longo e o dia do despertamento humano para a lavoura divina está apenas amanhecendo. O serviço e o aprendizado representam nossa cartilha, nosso remédio e nosso refúgio.

Modificando a tonalidade vibratória desta carta, continuo pedindo a vocês a colaboração da prece a benefício dos nossos ausentes do Rio. Venho cooperando, quanto me é possível, mas vocês sabem hoje que o valor do pensamento de auxílio na oração é força determinativa. Que Jesus nos abençoe.

O receitista deixou um recado para o tratamento de Maria, que será entregue.

Rendamos graças ao Senhor, pela oportunidade de renovação que nos foi concedida e esperando que a luz, a alegria, o bom-ânimo e a tranquilidade reinem sempre conosco abraça-os muito afetuosamente o papai reconhecido que não os esquece,

A. Joviano

14/06/1950

Cada roupagem
uma encarnação

Meus caros filhos, Deus abençoe a vocês, conferindo-lhes muita saúde, paz e alegria.

Quisera encontrar expressões para interferir na palestra espiritualizante que vocês improvisaram em torno da alma e da reencarnação. Entretanto, se de meu lado as imagens se sucedem ricas de tema e colorido, no lado de vocês há deficiência expressiva. Tudo deve estar condicionado à experiência e a revelação de qualquer natureza é constrangida a marchar para frente, não na medida dos passos e sim dos milímetros para que a vida se mantenha sem choques e sem movimentos bruscos, no plano em que se detém.

Continuem, porém, elegendo semelhantes assuntos em torno da mesa cristã no lar consagrado aos princípios superiores do Mestre. O campo doméstico é sempre abençoada escola a espraiar-se em seus valores legítimos, no infinito do espaço e do tempo. E quando a casa do homem se converte em santuário dos mais nobres pensamentos, a zona de penetração do Céu se desenvolve mais amplamente na Terra.

Somos os herdeiros dos milênios caminhando com a súmula de todas as experiências realizadas desde os reinos primários da luta evolutiva. Somos, em toda a extensão do tempo, uma individualidade envergando roupagens diversas. **Cada roupagem uma encarnação.** Cada encarnação é uma zona de experiências que ilustramos ou obscurecemos e através da qual, embora a nossa unidade essencial, descemos ou subimos na escala vibratória da vida, de acordo com o nosso aproveitamento ou com a nossa inibição voluntária. Assim me expresso, porque há pessoas que estabelecem os seus próprios impedimentos à maneira de um operário que se servisse de um paraquedas para executar determinado serviço em certa região e que, chegando a ela, desistisse das responsabilidades assumidas, julgando-se sem forças ou sem aptidões para a tarefa traçada. Somos, pois, células vivas e eternas no imenso organismo divino do Universo, cujas funções se fazem cada vez mais complexas, à maneira que incorporamos novos valores à nossa própria inteligência. A mente diretora está para nós todos quase na mesma proporção em que se encontra uma célula orgânica em tecido remoto da epiderme perante a inteligência que já conquistamos. Esse confronto, aliás, está incompleto. A diferença chega a ser realmente infinita. Usamos encarnações ou experiências como o nosso comboio físico usa vestes e, assim, como não seria interessante guardar as reminiscêncis totais da roupa comum, para não congestionar os nossos "armazéns mentais", assim também as experiências ou passagens inúteis, ou quase inúteis, pela esfera carnal não devem ser religiosamente guardadas no domínio de nossas recordações, não obstante permanecerem indelevelmente registradas na essência de nosso próprio ser, para que um dia efetuemos a recapitulação geral no balanço dos milênios.

Tudo jaz fotografado, escrito e impresso dentro de nós. Fatos mínimos ou grandiosos, lutas singelas ou complicadas, atitudes insignificantes ou graves — tudo se encontra detido em nosso arquivo divino.

Nossas existências se enriquecem de bênçãos e luzes à medida que os tipos de experiências sejam melhorados no imo de nós mesmos. Não podemos realizar senão segundo a nossa capacidade de refletir. O Alto projeta incessantemente os seus tesouros para baixo, mas se não possuímos recursos de detenção das riquezas de conhecimento, iluminação, inspiração, beleza, aprimoramento e sublimação os raios da esfera superior passam despercebidos, à espera de que o nosso mundo individual cresça, aperfeiçoando-se e santificando-se cada vez mais. Daí a razão de repetirmos sempre que o progresso da humanidade depende do progresso do espírito encarnado. Alguém ou alguns precisam subir para que outros subam, melhorar para que outros melhorem e, por isso, essa necessidade de recapitularmos sem cansaço as edificantes lições do bem.

Não nos desviando, porém, do ponto em derredor do qual vocês palestravam, devo esclarecer-lhes que a morte física adianta quase nada para a média espiritual do mundo. Regressando para cá em suas roupagens perispirituais, a criatura, de modo geral, continua repetindo o que fez e quanto fez, aguardando novas oportunidades de imersão na zona de exercício e luta que situamos na reencarnação. Sentimo-nos aqui aflitos quando vemos filósofos que negam com dados inteligentes a existência de Deus. São milhares os espíritos insubmissos, apesar de muito intelectualizados, nas correntes do ateísmo quase absoluto. É que, não tendo criado neles mesmos o campo de reflexão das bênçãos de Mais Alto, guardam a visão fechada, observando apenas o ciclo de encarnação, desencarnação e reencarnação. Tecem comentários engenhosos e conseguem aqui compactar comunidade de aprendizes e seguidores.

Naturalmente, muitos estudiosos não entendem tais informações, contudo, é que não perceberam ainda o imperativo de visão espiritual que no fundo simboliza sublimação da nossa individualidade para as ascensões de natureza mais nobre.

A ideia do papel no drama evolutivo da vida define com a propriedade possível a questão que estudávamos à mesa. É imprescindível "encarnarmos" o papel que fomos chamados a representar e a viver em cada existência com entusiasmo, fé e confiança. Somente assim conseguimos regressar aos círculos de educação atrás dos bastidores, aptos a representar interesses mais importantes do Educador divino.

Creiam que para mim é difícil explicar a vocês, tecnicamente, todas as complexidades em que está assentada a luta de cada um de nós quando no corpo físico, mas a imagem da alma como sendo a mente em função de progresso da vida a manifestar-se em nós, por nós e conosco, está bem enquadrada às necessidades do momento. Muitos detalhes com a erudição desejável talvez complicassem esta carta e não alcançaríamos a paz íntima que, na essência, é o objetivo de nossas relações.

Mesmo acima de nossas cabeças está uma lâmpada a brilhar. Diversos elementos funcionam para que se verifique semelhante fenômeno, já corriqueiro aos nossos olhos. No cimo ou nas profundezas está a eletricidade, com todos os seus recursos de condução. Em seguida, temos a tomada ou corpo em que a eletricidade se expressará. Logo após, temos o veículo da lâmpada com os seus filamentos e processos de reflexão. Em última análise, temos a luz, que varia em intensidade, cor e expressão, segundo a capacidade transmissora do material aí reunido. Se o vidro fosse fosco, a claridade seria menor; se verde ou vermelho, as irradiações seriam diferentes. Na intimidade do processo, a eletricidade, sem forma, indefinível e poderosa, simbolizando o espírito, seria a mesma, inalterável e inabordável aos nossos métodos atuais de conhecimento. O que varia é manifestação. Aqui temos uma singela imagem do quanto desejaríamos exprimir sem poder. Creio, porém, que para as nossas exigências de aprendizado bastará pensar que se utilizarmos as tomadas de nossa alma, ajustando-as aos fios do divino bem, e se aprimorarmos cada vez mais os recursos de projeção dos poderes sublimes que nos propomos captar, a nossa vida será um celeiro de luz e de amor, formando bases prodigiosas para a vida em si que nos espera além, sempre mais elevada e mais bela, à medida que nos aperfeiçoamos e nos aformoseamos em sentimentos e pensamentos na grandeza do tempo sem fim.

Essa é a humilde colaboração que trago a vocês para a conversação desta noite. Acreditem que minhas palavras modestas superam, assim, com o auxílio que vocês me prestaram, qualquer tema de outra natureza que fôssemos levados a discutir no plano da luta comum.

Cresçamos iluminando os caminhos que nos aguardam. Idealizemos sempre mais e sonhemos as realizações da frente para que a retaguarda não se converta em prisão para os nossos desejos e aspirações.

Além, resplandece nova luz. Depois de cada noite, há novo dia. Que Jesus nos conceda o alimento de seu infinito amor para que saibamos caminhar vitoriosamente. Guardem um grande abraço do papai muito amigo de sempre,

A. Joviano

Valorizar os servicinhos de cada dia

Meus caros filhos, Deus abençoe a vocês, conferindo-lhes muita saúde e paz no desdobramento da boa luta.

É um prazer revê-los assim em quadro completo nos júbilos familiares. Não é sempre fácil manter o mesmo tom de harmonia pelos anos adentro e por isso, sempre que o Roberto se encontra reintegrado em nosso grupo doméstico, a impressão doce da primeira hora permanece na alma, suavizando o coração.

É a praia bendita do lar de cujo aconchego podemos divisar o oceano largo das experiências. Abençoada e inesquecível será sempre semelhante época, não só para vocês, como também para mim. No período de sementeira, é reconforto unir os braços e entrelaçar as mãos para que o futuro seja rico de patrimônios e suprimentos renovados. Este é o nosso tempo sublime à frente dos netos muito queridos. Você, meu caro Rômulo, e Maria se encontram com os valores iluminados da responsabilidade, na posição de intermediários abnegados e amorosos ao lado deles.

Nós outros, os amigos deste plano, somos os lavradores. Através do pensamento, da palavra e da ação renovamos os nossos destinos, semeando experiências diferenciadas para o porvir com Jesus. Que ele nos proteja, a fim de que o sol do bem nos aqueça a lavoura santa, permitindo que a luz da fé seja mantida em nossos corações para sempre.

Felizmente, vocês regressaram bem da pequena romagem efetuada. Permita o Senhor possam auferir lucros eternos de todos os contatos com o serviço edificante, em nome de Jesus, por onde atuaram e seguiram.

Há viagens e viagens. Numas, damos e recebemos. Noutras, não realizamos senão dispersão e readquirimos impressões que deveríamos deixar à margem.

Não me refiro aqui, sistematicamente, a muitos amigos nossos, dedicados às peregrinações. Não. Às vezes, no passeio inocente ou na superfície inútil, buscamos forças de refazimento demasiado importantes para serem desprezadas. Quero reportar-me ao sentido da utilidade.

Que visitemos Roma com os seus esplendores históricos será sempre uma bênção, entretanto, será importante perguntar quais as bênçãos que improvisamos com as dádivas recebidas. A oportunidade é algo vivo, semelhante a uma entidade consciente que nos pedirá contas.

Extasiarmo-nos perante a contemplação de uma catedral será viver uma cena indescritível, entretanto, convém saber o que fizemos do ensejo de penetrar-lhe os umbrais. Entraremos em contato visual com paisagens sublimes de países estrangeiros à nossa atualidade, mas dentro de nossa consciência se demoram inquisições iguais a estas:

— Para quê?

— O que fez?

— Que deu de você mesmo?

— Que recebeu de bom?

— Qual é a cota do tempo despendido?

E assim vamos aprendendo a **valorizar os servicinhos de cada dia**, seja onde for, com o apoio do Senhor, que é o Amigo vigilante e fiel.

Peço a ele faça de vocês todos viajores inteligentes, aptos à colheita das melhores observações e dos melhores recursos, por onde passarem. Estou igualmente satisfeito e reconhecendo que os nossos tornaram da Europa sem incidentes desagradáveis em caminho.

Muitas vezes, reparando as douradas ruínas romanas, tenho a ideia do morto que ressuscitasse de imediato para contemplar o jardim solitário que lhe guarda os despojos. As relíquias são sagradas, mas não satisfazem às exigências da hora. Não desejo condenar o turismo, nem subestimar as alegrias de uma excursão proveitosa. Meu propósito é apenas o de conferir ao tempo a honra que lhe compete para que venhamos a enchê-lo de "construções espirituais", em qualquer parte. Rendo homenagem ao passado e não sou uma ave sem ninho e nem uma árvore sem raízes, mas não posso esquecer que tudo é riqueza quando manejamos, com segurança real, os nossos interesses imperecíveis. Jesus nos abençoe a todos em nossos sadios desejos de acertar.

Cabe-me dizer à nossa prezada Maria que vamos fazendo quanto nos é possível para garantir-lhe a saúde com o equilíbrio orgânico ideal. As preocupações são nossas e devemos orar para que todos os problemas sejam amparados pela bondade de "Cima". Nunca estamos de todo sem questões complexas, em vista da complexidade crescente de nossa mente e de nossa vida, sempre repletas de novas atrações e de novos apelos.

Desejo ao Roberto um descanso remunerado por boas experiências na Fazenda. Cada vez mais estimo em meu neto o seu esforço de se sustentar à distância de quantos nos atacam a edificação de vida nobre, através dos ouvidos acessíveis a todas as informações. Roberto vem consolidando excelentes conquistas nesse território sentimental e a hora pede realmente muito silêncio e serenidade mediante o rumo da administração política do país. O moço de responsabilidade deve fazer sempre muito de conformidade com os ideais superiores que o animam e falam o estritamente necessário para não se enfileirar com a leviandade e com a reprovação facial e barata. O nosso futuro veterinário tem ganho verdadeiros dons de observador consciencioso e isso é muito importante para o hoje e para o amanhã. Aliás, estamos à frente de muitos enigmas públicos, perante os quais a nossa atitude deve ser a do trabalhador interessado na obra do bem, sem grande detenção da alma no círculo dos benfeitores individual e humanamente considerados. Vale mais esperar o tempo para definir os homens que catalogá-los à pressa pelos padrões do entusiasmo fácil que é, invariavelmente, a primeira força a converter-se em desencanto nos dias da realidade e da prova experimentalmente sentidas e vividas. Que Jesus nos fortaleça o espírito em nossas tarefas, que não devem nem podem sofrer adiamento por dizerem muito mais a nós mesmos que aos outros.

Cuidem da organização fisiológica contra a gripe, que vem assumindo características muito graves. A saúde é um tesouro, cujas moedas não toleram a substituição.

Reúno vocês todos num grande abraço, esperando que o Céu lhes conceda tudo que existe de belo e bom, agradável e útil nas lutas de cada dia, para que obtenham crescimento mental cada vez mais forte e seguro para as obras do nosso Pai celestial. São os votos do meu coração de pai e de avô que não os esquece,

A. Joviano

Um filho, um neto são vergônteas queridas

Meus caros filhos, Deus abençoe a vocês todos, conferindo-nos muita paz, saúde e alegria.

Sinto-me satisfeito pela oportunidade de ainda nos reunirmos com o nosso caro Roberto na presente semana, pois desejávamos, de nossa parte, reafirmar-lhe os ardentes votos de triunfo neste ano, dentro do porfiado combate estudantil dos tempos últimos. Graças a Deus, vemo-lo fortalecido e robusto à maneira de um trabalhador diplomado na teoria, habilitado a enfrentar a experiência na grande floresta humana.

Um filho, um neto são sempre vergônteas queridas da árvore sadia de nossos melhores sentimentos e vê-los crescer no conhecimento e na prática do bem, entendendo as noções do direito e dever, liberdade e responsabilidade é, sem dúvida, alegria das maiores que somos suscetíveis de desfrutar! Não sei como dizer-lhes do meu contentamento em observar o Roberto homem feito, apto e compreensivo, em plena madureza de planos abençoados à frente do porvir. Jesus o fortaleça e guie. Excelentes orientadores não lhe faltam. Proteção e amizade não se fazem escassas em derredor de seu coração e recursos mil lhe enriquecem o caminho para a sustentação própria, na vanguarda de nossos melhores ideais.

Partilho, meu caro Rômulo, as suas considerações afetivas no conflito espiritual de ontem, quando os seus pensamentos buscaram os meus. Pouco a pouco, vamos admitindo os imperativos da viagem. A existência é realmente parecida a grande excursão por mar, a fim de alcançarmos novos portos. Enquanto preparamos a romagem, achamo-nos sempre em companhia de muita gente. Há ruído, alegria fácil e camaradagem festiva, entretanto, se o viajante delibera embarcar, em verdade penetra o navio tão-somente em comunhão com aqueles que adquiriram passaporte e passagem. E quando o transatlântico se afasta da praia segura cresce a noção de responsabilidade e de grandeza da vida. Em alguns, semelhante noção é temor, ao passo que em outros é renovação e engrandecimento de propósitos. Quem permanece na praia, contudo, algema-se ao ruído, à alegria fácil e à camaradagem festiva, nos quais elege o seu clima de satisfação favorita.

Na realidade, meu filho, não há mais compreensão aceitável por parte da maioria daqueles que nos integra o grupo familiar. A distância, agora, é regularmente grande no setor do autodescobrimento. Impraticável a comunhão nos moldes desejáveis. Se eu, por exemplo, me expressasse no círculo dos nossos, qual o faço aqui, sem inibições afetivas e sem impedimentos sentimentais, apenas despertaria em muitos dos corações que se ligam aos nossos desencanto, medo e, talvez, revolta deplorável. Assim como em sua administração você não admite o noviço com os mesmos recursos conferidos ao mais experiente, assim também prevalece o impositivo do tempo e do esforço nas aquisições espirituais. Tudo varia segundo a nossa capacidade e trabalho, que constroem dentro de nós e fora de nós os valores do merecimento. Não se agaste por seguir sozinho no setor "nosso lado". Somente não andaríamos, assim, sem a companhia deles, se, igualmente, "ficássemos" na praia. Não suportamos, porém, a estagnação e o isolamento se fez imperioso e inevitável. O melhor remédio, portanto, é o entendimento.

A natureza, em si, é pródiga de ensinamentos. Quantos animais úteis oferecem inutilidades que lhes não convêm? Quantas árvores deveriam mostrar linhas mais nobres? Entretanto, no fundo, são portadores de benefícios na posição em que se colocam. A grande compaixão do Cristo é lição para cada hora e só essa compaixão nos ajuda a silenciar, preservando os nossos próprios recursos. Com essas palavras, não desejo dizer que desaprovo as suas atitudes, amigas e paternais, de companheiro e de educador, devotado ao serviço incessante. Creio mesmo que renunciar a esse traço de suas características pessoais seria erro grave, porque tudo é concedido a nós todos para o bem na economia da vida. Desejo, apenas, salientar que no caso dos "viajores retardados" muitas vezes mais vale silenciar a benefício de nossa paz, alegria, bem-estar e saúde. Não convém dar o coração à "circunstância de tortura", porque há muita gente que estima a dilaceração do companheiro ou do próximo para depois chorar a perda de abençoadas oportunidades de entender, agir, cooperar e aprender. O meu humilde lembrete é somente de defesa nossa. O "não vale a pena" é um específico de grande importância em muitas situações difíceis.

Compadeçamo-nos e olvidemos. A piedade nos defende da entrosagem fluídica com elementos destrutivos ou perturbadores e o esquecimento nos renova a energia para a ação.

É imprescindível confiar ao tempo certos problemas, tanto quanto é necessário dar ao calor do forno o vaso de barro cru. Quem resistirá à lição dos anos? Quem? Que eu saiba, ainda não vi coração que as horas não modificassem. Por vezes, a rebelião e a angústia parecem endurecer as fibras mais preciosas da alma ou apagar as mais belas notas da afetividade e do carinho, mas não acreditemos em impassibilidade ou indiferença invariáveis. Um dia, tudo volta à superfície e mais vale guardar o remédio para o momento culminante da ferida que aprofundá-la mais no desejo de tudo solucionarmos de pronto. A vida está aí à nossa frente e os dias são grandes mestres. Colhemos somente os frutos da espécie que semeamos. Sirva-nos, portanto, de consolo a convicção de que se nos não tem sido possível a distribuição de fortunas amoedadas, ninguém poderá negar a nossa contribuição da boa vontade. Espraie a sua confiança mais longe. Partamos para a frente toda a vez que um associado de destino e de luta se converta para nós em fantasma da retaguarda. A estrada eterna guarda ensinamentos especiais para todos. E em toda parte a família humana espera seus componentes dignos, suspirando pelo engrandecimento daqueles que se fazem mais produtivos, enobrecidos e operosos.

Tudo está bem. Felizmente, a Bondade Divina tem brilhado sobre todo o nosso roteiro e as oportunidades de aprender e fazer progredir e ajudar vibram para alegria nossa, em nossas mãos.

Registro, com sincero prazer, as melhoras da saúde de nossa querida Maria. Meu contentamento é grande e espero prossigam ambos cada vez mais fortes e satisfeitos no caminho eleito para a vitória comum aos dois.

Por hoje, penso bastarem tantas linhas sobre o papel. Creiam que se conduzem e se fazem visíveis sob a vibração dos meus melhores pensamentos de carinho, amor, confiança e gratidão.

Deus nos abençoe e nos fortaleça a todos, e recebam grande e afetuoso abraço do papai e vovô que não os esquece,

A. Joviano

Na Casa do Ipê, nossas almas se encontram em festa

Meus filhos do coração, Deus abençoe a vocês, conferindo-nos a paz e a alegria, o entusiasmo de lutar dignamente e o bom-ânimo de servir sem repouso, na santa continuidade do nosso ministério de compreensão e de amor.

Nossas almas se encontram em festa, ao lado de vocês nesta silenciosa e deslumbrante noite de comunhão nos votos reiterados de trabalho e progresso, edificação e aperfeiçoamento com Jesus. Reunindo vocês num grande abraço, elevo, ao lado de vários companheiros nossos, a prece de nosso reconhecimento ao Altíssimo, agradecendo a Ele a bendita oportunidade de renovação que nos concede.

Um lar não é apenas um abrigo de alvenaria ou madeira para a vida física — é um ninho de almas, onde as esperanças e os ideais se misturam em santificante harmonia para a vida superior.

Jesus abençoe o nosso novo santuário, transplantando com vocês para aqui os dons da saúde e da paz, do equilíbrio e do amor, da fortaleza e da coragem, do carinho e do entendimento para que, em novo e abençoado pouso, nossos pensamentos, em revoada de serviço e luz, possam prosseguir vibrando na criação de estímulo e tranquilidade, esforço e ação a benefício de quantos nos cercam os corações e em favor de nós mesmos, na jornada infinita.

Guardemos a nossa arca de compreensão e amor sublime, porque em suas fibras mais íntimas há disposições ignoradas de beleza, que traduzem nos atos e nas relações de nossa experiência atual a música do Céu.

O lar é um templo vivo e, graças a Deus, vocês souberam povoar a casa que o Senhor lhes conferiu, não de ídolos mortos, mas de gênios renovadores e vivos, simbolizados nos impulsos de ordem e trabalho, elevação e harmonia.

Estamos sinceramente satisfeitos na intimidade deste santuário com que vocês materializam um divino ideal. De início, em me reportando à obra em si, desejo cumprimentar a nossa querida Maria pelo muito que semelhante serviço lhe deve ao coração. Vejo-a em todas as particularidades do empreendimento tangível, desde o caminho de acesso à última flor dessa colina, que passa a representar um marco inesquecível em nossos destinos. Observo-lhe, em cada ângulo do serviço, o espírito de sobriedade e previdência, com singular aproveitamento dos menores recursos para o bem de todos. Abençoado seja o seu maternal coração, que nunca descansa na criação de valores que condizem com a nossa felicidade e com o bem comum. Sinto aqui a imensa paz e a inexprimível confiança, não somente do pai humano, que se devota aos filhos do coração, mas também do amigo de muitos séculos que, desde muito, se sente convenientemente abrigado no domicílio sentimental, erguido na ternura que consagram à minha memória. Reúno-a, minha querida filha, num grande abraço com o nosso abnegado Rômulo, pedindo a Deus, com todo o potencial de minha fé, lhes conceda felicidade e longa existência nas oportunidades do presente, a fim de que, amparados um no outro, continuem, vida afora, criando o bem e a prosperidade de todos. Faço dessa oração, neste minuto, um sagrado momento de minha vida espiritual, porque hoje conheço a importância da comunhão conjugal nos princípios superiores do Evangelho cristão. Unam-se, cada vez mais, um ao outro, dividindo a vida e a saúde entre ambos, para que a seiva do equilíbrio perfeito lhes circule nos corações que, em verdade, funcionam uníssonos, como dois instrumentos iguais, numa só alma. Ajudem-se, cada dia sempre mais, nesse intercâmbio divino em que se expressam na luta habitual. A dádiva da existência é um dom de alegria perfeita. Viver na Terra é também aprender a crescer para voos mais largos. Que o desânimo e a tristeza nunca atravessem as nossas portas. Que a beleza, por celeste concessão do Senhor, aqui esteja em cada canto, porque Deus, o autor da paisagem constelada do firmamento, é igualmente o criador da flor perdida no deserto, cheia de perfume e encantamento que Lhe celebra a grandeza em silêncio. Não se confiem à perturbação ou à amargura, em tempo algum. O tesouro da Providência Divina dá sem limitação. Todos os dias são reafirmações da glória de nosso Pai, que nos empresta fartamente os motivos de engrandecimento e santificação.

A experiência do espírito, em toda parte, é renovação. Esta casa feliz e iluminada ser-nos-á veste mais nobre aos pensamentos e sentimentos. Representa como que o corpo novo de nossos ideais de união e sublimação sempre maiores da senda redentora. Rogo, pois, ao Amigo divino aureolá-la de bênçãos e recursos sempre multiplicados da vida superior. De minha parte, quanto estiver em minhas possibilidades aqui farei a minha praia de reabastecimento e refúgio. Estarei com vocês no culto do amor e da gratidão, diariamente, celebrando com júbilos novos as nossas esperanças de vanguardeiros do trabalho, do trabalho que é, no fundo, o clima único da verdadeira felicidade e da verdadeira paz.

Nossa tranquilidade sempre foi criadora e dinâmica. Prosseguiremos na serenidade ativa, no ideal operante na crença realizadora. Este santuário é um jardim e uma escola, um ninho e um berço — jardim de nossa aproximação e carinho, escola de nosso progresso espiritual, ninho de nossa confiança e afetividade, e berço de nossos sonhos de serviço, na consagração constante ao Senhor, de vez que, quando nossos corações se unem ao Cristo, a existência se renova, dia por dia, na eterna juventude da alma à frente do Infinito. Cada manhã é renascimento e, assim, de mãos unidas e sentimentos entrelaçados, marchemos adiante, convencidos de que nosso patrimônio de esperanças e alegrias se derrama incessantemente a benefício de todos em nossa romagem de atividade edificante.

Ao Rômulo, ofereço nesta noite um trecho do "Eclesiástico", capítulo VI – 27. À Maria, ofereço no mesmo livro o trecho constante do capítulo XL – 27. São ambas as lembranças baseadas no número 27, de inesquecível significação para nós, e que se encontram na obra do Padre Matos.[1]

O primeiro versículo se refere à sabedoria, mas transfiro a conceituação como sendo uma sentença de homenagem à esposa, e o segundo se refere ao Senhor, mas faço idêntica transposição como se a frase fosse escrita em louvor do esposo. Nas duas recordações, deixo aos filhos queridos o conteúdo de meu carinho na noite de hoje. E oferecendo a vocês dois e aos queridos netos o meu coração, cheio de gratidão e carinho, sou o papai e vovô que se sente profundamente feliz em seguir-lhes os passos, hoje e sempre,

A. Joviano

---

[1] Nota da organizadora: *Eclesiástico*, VI: 27- *"Aproxima-te dela de todo teu coração e guarda os seus carinhos com todas as tuas forças."* XL: 27 - *"Nada falta ao que tem o temor do Senhor, e com ele não há necessidade de outro auxílio."* Tradução da Bíblia Sagrada pelo Padre Matos Soares, Porto — Portugal — 1933.

26/07/1950

Casa do Ipê

Meus amigos,
Nova casa, novo templo.
Nova lavoura de luz.
Deus vos guarde, cada dia,
A habitação com Jesus.

Casimiro Cunha
*Oferta à **Casa do Ipê***

Nota da organizadora: natural de Vassouras | RJ, Casimiro Cunha figura entre os poetas cujos poemas integram o livro *Parnaso de além-túmulo*, psicografado por Chico Xavier, desde a primeira edição (FEB, 1932). Para maiores dados biográficos, sugerimos a leitura de *Sementeira de luz* (VINHA DE LUZ, 3. ed., 2008), nota explicativa à p. 7 e *Deus conosco* (VINHA DE LUZ, 3. ed., 2010), nota explicativa à p. 318.

26/07/1950

A Casa do Ipê

Meus caros amigos, Deus nos ampare sempre.

O lar que procura o Evangelho é procurado pela Lei do Senhor. **A casa** que se consagra à luz do Mestre é por ela iluminada, onde quer que se encontre.

Erguem-se paredes sólidas e ornamentadas, mas onde os corações se ergueram para Jesus vive um santuário de imensas dimensões, com a segurança da eternidade e com os adornos mais expressivos da vida.

Um templo familiar que institui o culto doméstico do Divino Testamento é acompanhado pela sabedoria do Alto, seja onde for.

Deus nos guarde e fortaleça na morada nova, e que os nossos corações permaneçam consagrados ao Cristo, na mesma proporção de fé e otimismo com que vamos marchando pela estrada do engrandecimento espiritual, são os votos do amigo reconhecido,

João de Deus Macário

Cada dia é
portador de bênçãos novas

Meus caros filhos, Deus abençoe a vocês todos, conferindo-lhes muita paz.

Alegra-me a satisfação com que se devotam ao reajustamento em novo plano para a luta física. A vida é sempre renovação em toda parte. Os dias parecem iguais, mas simplesmente parecem. Voltam, sim, no mesmo curso das estações a se repetirem, de conformidade com as leis préestabelecidas para o equilíbrio planetário. Entretanto, não são os mesmos na feição mais íntima.

Cada dia é portador de bênçãos novas e de oportunidades diferentes. É indispensável analisar as sugestões e recursos, ensinamentos e surpresas das horas para que o nosso patrimônio não perca os dons multiplicados de que o tempo é o emissário benemérito para nós todos. Assim, portanto, guardemos alegria e tranquilidade com a transformação dos valores e, em nosso caso, não podemos esquecer que a transformação se verifica para melhor. Rendamos louvores a Jesus, que tantos recursos nos proporciona, e consagremo-nos às obras dele, que são as do progresso e aperfeiçoamento da vida onde nos encontramos com a satisfação dos colaboradores felizes, e sigamos no rumo do amanhã com esperanças sempre mais altas.

Abro hoje, meu caro Rômulo, um parênteses para cogitar do problema da sua saúde, não para incensar as dificuldades orgânicas, o que, felizmente, não é de nosso feitio, mas sim para exercermos o bom serviço da prevenção benéfica. Na noite de anteontem fui eu mesmo quem transmitiu o recado sobre a aplicação dos elementos homeopáticos, o que fiz depois de examinar o funcionamento de sua máquina. Você sabe, meu filho, que fala a você o velho amigo que já transpôs o "grande portão" e posso exprimir-me com a serenidade e a segurança de quem conhece a experiência. Ninguém deve esquecer o valor e a importância do veículo físico, e precisamos cuidar dele. Em boa teologia católica firmou-se o princípio de que as criaturas possuem dia préfixado para a viagem, mas conservando os conhecimentos próprios de agora posso dizer-lhe que não é bem assim. Todos, em nos encontrando na Terra, deveríamos fazer tudo por nos demorarmos bastante no sublime aprendizado que nos oferece. Sabemos hoje que a Eternidade é a nossa herança e, por isso, cada vez que nos transferimos de plano é mais útil conduzirmos conosco a melhor bagagem no setor da lição aprendida e do serviço feito. Senti-me na necessidade de traçar esse preâmbulo para justificar a minha entrada no assunto. Para temperamentos de nossa estrutura, a atividade é alimento. Receitar-lhe, pois, o repouso seria tão absurdo como subtrair-lhe o remédio, cuja virtude nos auxilia na restauração indispensável. Entretanto, permita-me aconselhar a você baixar um pouco o termômetro das preocupações. Nossa mente é o senhor das comunidades celulares que se habituam a servir-nos enquanto perdura a nossa permanência na esfera carnal. E essas comunidades são como um grande povo, que atende a determinadas circunstâncias em que os princípios da limitação passam a imperar e não convém insistir em excesso no desdobramento das obrigações a essas associações microscópicas. É o nosso caso. Você foi objeto de algumas perturbações de vasos circulatórios em outro tempo, que deixaram certos traços profundos a figurarem hoje por pontos vulneráveis de seu organismo. Há que concedermos alguma coisa a essa "gente celular" para que se não desarmonize. Felizmente, o fenômeno foi precedido de certas providências benéficas, não só no campo da medicação como também em seu abençoado ministério de curas, mas, por alguns dias, aconselho a guardar uma atitude suficientemente calma, diante da paisagem da luta.

O problema não é o de evitar o movimento nem de afastar-se da atividade regular, e nem mesmo o de despender força física. O problema é de atitude mental, que se reveste de muito mais importância que possamos pensar. Um médico humano, se visitasse você pela manhã, diagnosticaria um espasmo de vasos importantes, mas os nomes complicados apenas desfiguram as situações e não resolvem os problemas. Temos, pois, a esperar de você, por alguns dias, uma posição íntima de calmaria quanto possível para tratarmos do assunto com a segurança que desejamos. Pouca alimentação com predominância de líquidos e respiração rítmica durante alguns minutos, nas horas do dia, como se você estivesse em ginástica de pulmões. Essa providência melhora o aparelho central, com eficiência. Esperamos restabelecer as zonas um tanto perturbadas através de nossos recursos, mas aconselhamos a você o uso do *Kalmia Lat.*, ou equivalente, 5 gotas num cálice de água, duas vezes ainda hoje, antes de deitar-se, com espaço de uma hora, repetindo a medicação amanhã cedo e à noite. Você não se agaste com essas lembranças, porque reconheço e justifico a sua desistência de qualquer culto às enfermidades, contudo, não é nesse espírito que examino a situação e sim na do restaurador, que compreende a beleza e a utilidade de certas máquinas. Poderia ignorar o caso nas páginas de nosso intercâmbio e assim agiria se você não tivesse assinalado o fenômeno da manhã, embora toda a nossa aparelhagem de assistência indireta, em ação, mas julgo melhor entrarmos em entendimento, porque, desse modo, você cooperará comigo, com a eficiência que eu desejo. Longos anos desejo a você no bom combate, muitos prêmios da luz aspiro para vocês todos ao termo da luta construtiva e, por isso, não posso fugir à tarefa da preservação indispensável. Espero que, com o auxílio de Jesus, dentro de uns dois a três dias você poderá retomar os hábitos e a alimentação comuns ao esforço de sempre. Deus nos abençoe a todos e conservemos ao nosso lado a confiança e o otimismo.

O receitista indicou elementos para a nossa querida Maria, a quem peço resguardar-se contra os golpes de ar frio, no serviço antigripal.

Boa noite para vocês todos. E rogando ao Senhor nos ampare e ilumine reúne-os num grande abraço o papai muito amigo de sempre,

A. Joviano

A existência no corpo é verdadeiro privilégio

Meus caros filhos, Deus abençoe a vocês, concedendo-lhes muita saúde, paz e alegria, na caminhada redentora.

Muito felizes registramos as melhoras do Rômulo, esperando em nosso divino Médico prossigam acentuadas e firmes para que na sua posição de trabalhador do bem continue a postos na sementeira da luz e da renovação.

Creiam vocês que muitas vezes as nossas preocupações podem parecer descabidas ou inoportunas, mas não é assim. Reparamos a luta por outros flancos e relacionamos as dificuldades através de outros ângulos. E alcançando mais longe, nas linhas da experiência individual, identificamos a tempestade à maneira do viajor avançado em grandes travessias, como as do deserto, por exemplo. E tememos por vocês quando a ventania ruge ainda longe, de vez que a oportunidade d**a existência no corpo é verdadeiro privilégio** para a mente que despertou ao sol do Cristo. Quando a inteligência e o coração ainda dormem, ociosos, a partida não faz diferença grande, todavia, se o espírito acordou para a verdade, aceitando-lhe a sementeira gloriosa, preciosos se lhe fazem a vida e o tempo e, de nosso lado, tudo fazemos por preservar-lhes a demora na crosta do mundo.

Com sincera satisfação, observamos as melhoras havidas e contamos com o prosseguimento do cuidado e da serenidade imprescindíveis à melhor harmonia mental. O nosso clínico vai indicar alguns medicamentos e agradeço a Jesus o auxílio que em seu nome nos foi prestado. Graças a Deus!

Vocês se referem a particularidades importantes nos

serviços de passes e comentam semelhantes atividades com justas razões. No parecer de vários orientadores do plano superior, as sessões públicas de segundas-feiras e sextas, em Pedro Leopoldo, equivalem a trabalho assistencial de um grande pré-hospício. Vocês aí reconhecem os loucos somente quando já atravessaram a faixa sutil do equilíbrio próprio, mas ignoram a extensa, a esmagadora classe dos doentes imanifestos, dos retardados espirituais, dos desajustados de todos os matizes, dos obsedados em luta de resistência, dos alienados, sem declaração de desequilíbrio, dos neurastênicos disfarçados, das psicoses ocultas, das paixões escondidas, das aflições sopitadas, dos dramas obscuros e anônimos que se nos afiguram, portas quase abertas às grandes calamidades sociais, a desvarios absolutos ou à descoberta de enfermidades mil, com diagnose indevassável por pertencerem claramente aos domínios da alma. O serviço é grande e tende a crescer cada vez mais e todos os núcleos de Espiritismo deveriam possuir semelhante célula de aplicação viva do socorro cristão às inquietudes e desilusões, problemas e desarmonias do viajor da Terra. Bastaria um pouco de boa vontade misturada ao valor de uma fé positiva e muito serviço restaurador poderia ser levado a efeito a benefício de milhões. A palavra "milhões" não se filia ao exagero, porque as complicações e golpes do caminho humano, formando tenebrosos aspectos na paisagem social em todos os climas do planeta, são de atordoar os espíritos mais ponderados e previdentes! O passe com o esclarecimento fraternal da Boa Nova é remédio ativo e salvador em todas as situações e nesses serviços que hoje parecem reduzidos ou pequenos assinalamos preciosa sementeira de importância decisiva na psicoterapia do futuro.

Em nosso agrupamento, o assunto vai assumindo características novas com o alargamento do trabalho. Somos de parecer que não deve haver extensão da atividade magnética além da meia noite. Possuímos razões ponderáveis para isso, porque a modificação planetária diminui, desse momento em diante, a nossa capacidade de colaborar com vocês e para a garantia do trabalho eficiente somos de opinião que qualquer intensidade desse esforço, em massa, deve ser evitada além dessa hora. Não é naturalmente uma regra absoluta, mas uma lembrança concorde com as nossas possibilidades do "lado de cá". Os raios solares não nos permitem uma condensação tão forte de poder fluídico, deste lado, a ponto de podermos auxiliar a vocês, de maneira absoluta, em qualquer circunstância mais grave que nos obrigue a certas defesas, motivo pelo qual consideramos acertada a regulamentação de término das atividades magnéticas de cada reunião. Não podemos olvidar que somos dínamos vivos e conscientes submetidos a leis que vigoram para os dois planos. Até o zênite a força solar em cada hemisfério aumenta progressivamente, e até o nadir a energia espiritual gradualmente cresce em nossa esfera de ação. Nesse apontamento, creio haver demonstrado a vocês o imperativo novo que a amplitude dos trabalhos exige. Creiam, contudo, que o esforço de vocês e a tarefa que estão desenvolvendo correspondem ao que imaginei e sonhei. Para a minha felicidade, tenho visto bênçãos tamanhas por intermédio das mãos e da palavra de vocês, que me resta a alegria de continuar rogando a Jesus lhes multipliquemos dons de servir para criarmos felicidade e paz em todos os caminhos que formos trilhando.

Penso seja interessante para vocês a pequena observação do nosso meio para auxílio do nosso plano aos serviços magnéticos de cura, socorro e ajustamento:

— de 0 hora às 6 horas - menos,
— de 6 às 12 horas - muitíssimo menos,
— de 12 às 18 horas - mais,
— de 18 às 24 horas - muitíssimo mais.

Semelhante tabela se refere ao esforço nosso de cooperação, porque quando se reúnem, com horário e assiduidade para obras sublimes dessa natureza, fazemos verdadeira aparelhagem assistencial para as famílias do serviço. Isso, porém, não quer dizer que o passe deva ser evitado em determinadas ocasiões. Essa operação é sempre benéfica e valiosa, em qualquer tempo e lugar. Referimo-nos apenas ao serviço compacto dessa espécie, ao qual nos consagramos a benefício do nosso enriquecimento espiritual e da nossa alegria. O serviço caminha e assim as explicações e experiências vão caminhando conosco para frente. Jesus nos conserve o bom-ânimo de ajudar e servir, incessantemente.

Despeço-me por hoje, com um abraço muito amigo.

Rogando as bênçãos do Alto a favor de nós todos, para que continuemos em nosso bom combate, alegres e tranquilos nas tarefas que o Senhor nos confiou, em favor de nossa vitória, hoje e no porvir, sou o papai muito afetuoso e reconhecido de sempre,

A. Joviano

A leitura
do livro "Jesus no lar"

Meus caros filhos, Deus abençoe a vocês todos, conferindo-lhes muita saúde e paz, acrescentando-lhes os dons da alegria e do bom-ânimo em todas as fases da luta santificante.

Vocês ventilaram um assunto que considero da maior importância, mesmo porque estou agora ligado a nada menos de cem agrupamentos em que **a leitura de "Jesus no lar"** me busca a presença. A expansão do serviço me enche de alegria, porque a Bondade Divina jamais nos deixa a sós. Na passada semana, tive a felicidade de ingressar no "grupo número cem", em que as nossas páginas singelas são comentadas. É provável que muito em breve vocês lerão trabalhos meus com o selo de "Neio Lúcio", em outros lugares. Não se espantem! Sou eu mesmo, tentando imprimir novas modalidades à minha tarefa no trabalho e na confraternização. Procurem no fundo, não na superfície. Se nos devotarmos ao "jardim de infância", não é praticável o milagre de nos fazermos entendidos de imediato pela mente duma criança. Ditaremos ou escreveremos, mas a instrumentalidade vive agora à frente de mim. A criação de qualquer atividade prolonga o nosso espírito, de vez que a nossa influência é, invariavelmente, "nós mesmos". Sinto-me, pois, feliz e vou aumentando obrigações que me falam à alma com expressiva doçura. Trabalhar é enriquecer-se e servir é aperfeiçoar-se. No esforço novo amealho experiência e sendo útil melhoro a mim próprio.

Reporto-me ao meu caso não só para lhes dar a conhecer a minha felicidade nova, mas também para ilustrar a posição do Rômulo no serviço assistencial que ele abraçou. Em verdade, meu filho, você ainda não pode identificar a presença de seus auxiliares, mas em cada cinquenta enfermos você recebe um cooperador, salientando-se que na medida de seu progresso, na ação, muitos beneficiários de seu concurso, em transitando para "este lado", se converterão em seus auxiliares e colaboradores. Os que contribuem com você, naturalmente não vivem de modo exclusivo ao seu lado. Tanto quanto possível visitam na cota possível de comparecimento as suas preces das terças-feiras, voltando a vê-lo, quando necessário, nas sessões públicas de segundas e sextas, cada semana. Isso porque são detentores da posição de enfermeiros volantes, se posso assim me definir, porquanto no plantão contínuo da assistência individual perseveram os amigos mais intimamente associados por afinidades ou por obrigações com os enfermos.

Quando o doente vem procurar o nosso concurso, não age casualmente. Já se encontra num processo de doce constrangimento, de acordo com os méritos ou necessidades que lhe caracterizam a situação. Comumente, chega acompanhado por amigos que se incumbem de todos os serviços da continuidade. Se o paciente é detentor de boa índole e abre o coração e a mente aos benefícios, as suas melhoras ou cura estão garantidas em qualquer enfermidade, na proporção de cinquenta por cem. Mas se a intolerância, a indiferença ou a teimosia lhes marcam a personalidade, qualquer vantagem, a favor dos interessados, é de muito difícil concretização. Você age à maneira de um "operador psíquico". Diversos benfeitores lhe utilizam a boa vontade e penetram fundo nas almas enfermiças ou obsecadas que nos visitam. A sua palestra é uma espécie de "incisão mental", e o conteúdo de sua palavra é semelhante ao "líquido curativo" distribuído em doses justas no mundo íntimo do beneficiário. Nas reações do indivíduo, estudamos as possibilidades de cura ou negação, mas de qualquer modo há sempre bons amigos seguindo de perto um doente, qualquer que seja, que já possa buscar o socorro em tarefas análogas à nossa. Desse modo, você está muito bem inspirado quando se preocupa mais detidamente com os "novos" em cada semana. Os anteriores estão funcionando sob os processos naturais de socorro do nosso plano. Creia que há ordem e harmonia em todos os fenômenos. Não devo minudenciar fatores, nem apelar para estatísticas do "lado de cá", porque seria perturbar a espontaneidade da devoção com que se empenha no trabalho, mas posso adiantar a você que quando a sua realização ultrapassou o número de mil doentes a sua resolução de servir nesse setor foi proclamada e reconhecida por autoridades justas e somente dessa fase para cá o seu trabalho mereceu maior atenção e maiores suprimentos. Até então o serviço era uma ação experimental, porque você poderia não desejar fixar-se nas responsabilidades dele. Por essa altura, a sua tarefa foi ligada a uma instituição assistencial, de onde procedem, quase na totalidade, os companheiros que colaboram conosco. Segundo vemos, tudo está respondido do Alto, porque programado com firmeza na esfera de vocês. O trabalho é sempre improvisação e basta nos dedicarmos a qualquer faixa de ação no bem que nos pareça mínima ou inexpressiva e recursos mil nos surpreendem para que prossigamos na construção do magnífico edifício de nossa espiritualidade.

Temos lucrado muitíssimo com a sua firmeza no ministério do socorro e da cura, porque o seu campo de simpatia-gratidão está aumentando. Isso significa acréscimo de poder, porque de fios tênues d'água se forma o grande rio.

Outra imagem não tenho mais acertada para pintar o quadro de nosso esforço no presente. A sua saúde, os seus problemas, os seus dons — tudo vem conquistando expressões novas de luz, embelezamento, paz e bom-ânimo.

Continuemos avançando, pois o bem é uma espécie de sol que aumenta cada vez mais na proporção que nos encaminhamos para ele, absorvendo-nos depois em sua claridade indefinível e sublime.

Faça, meu filho, o possível por atender ao justo desejo de Maria, e nosso também, no sentido de mergulhar-se nuns dois banhos de mar. Encare a visita a Botafogo por teste valioso de calma. E repare que o seu esforço nesse campo de serenidade tem sido precioso. As suas aquisições estão subindo agradavelmente. Penso que você não perderia em surpreender os assuntos no berço de nascimento, tratando-os com o remédio da boa compreensão e do bom esquecimento, de vez que, mais dia, menos dia, os assuntos nos procuram onde devemos guardar a paz necessária ao desempenho dos melhores deveres. A minha sugestão não é imprópria. Pode crer. Peço a Jesus para que vocês desfrutem uma viagem excelente, cheia de instrução e novidade com repouso construtivo pela mudança de cenário para as mesmas obrigações que nos acompanham sempre.

Muito boa noite para todos, esperando que a Providência Divina nos ampare, em todos os recantos da luta, o nosso desejo nobre de melhorar e progredir.

Reunindo-os num grande abraço, sou o papai muito amigo de todos os dias,

A. Joviano

O amanhã é sempre de Deus

Meus caros filhos, Deus abençoe a vocês, conferindo-lhes muita saúde ao campo orgânico e muita paz espiritual.

Estou, como sempre, muito satisfeito com os resultados recolhidos por vocês na viagem última. Não somente nos problemas de sangue, como também no setor de nossas questões espirituais, a viagem se revestiu de grandes utilidades. Você, meu caro Rômulo, vai muito bem e necessitava dessa cooperação da natureza. Eu sei que esse gênero de medicação, que compele a provisório afastamento do trabalho, não é agradável ao seu temperamento. Contudo, às vezes, é imprescindível nos submetermos a providências e recursos não apenas por nós, mas também pelos outros. À medida que nossas responsabilidades crescem, a existência ou a oportunidade de que dispomos é patrimônio mais necessário ao espírito coletivo e pela obra comum é indispensável saibamos atender a esses pequenos sacrifícios.

No campo moral, tivemos três acontecimentos que me cabe destacar: a sua visita a Botafogo, o encontro com a escolhida do Roberto e o auxílio indireto prestado à nossa estimada Marcelina, com a sua ida ao campo doméstico. Sua mãe precisava encorajar-se com a sua presença. Anda mais "por aqui" que "por aí", embora não se aperceba. A consciência lúcida e vigorosa mostra a segurança das ideias, entretanto, permanece mais espiritualizada ou menos ligada ao corpo denso. Realmente, deseja subir a Minas e fazer quanto lhe sugere o coração. Esperemos as situações, sem provocá-las. Tudo se revela a seu tempo e, graças a Jesus, o amor e o carinho, a boa vontade e a sinceridade sempre lhe foram fartos no lar amigo e acolhedor que você e Maria edificaram. Se tudo ocorrer no plano de bom entendimento que desejamos, elevemos a Jesus o nosso reconhecimento, porque na solução de certos pontos obscuros criados pelos corações que amamos não devo esperar senão dela e de nossa bondosa Martha a colaboração respeitável e justa.[1] Aguardemos, sem aflição. **O amanhã é sempre de Deus**, embora constitua dever nosso a programação de qualquer trabalho na véspera das boas obras.

Também acompanhei-a na peregrinação à terra antiga, cujos processos de evolução não mais nos atendem às necessidades. De todos os fatos observados por mim, o que mais me tocou o espírito foi a minha visita a Santo Ângelo, onde o túmulo de Adriano está guardado. Aos nossos, tais impressões não alcançam, como é natural, entretanto, sentiram imprecisamente vagas recordações e anseios inexprimíveis que a preocupação das novidades exteriores conseguiu, de imediato, abafar. Um dia, congregar-nos-emos todos em sítios expressivos quanto Roma para louvar ao Senhor que tanto nos tem concedido. Até lá, continuemos lutando e progredindo, trabalhando e seguindo para a frente.

Formulo votos sinceros para que o Roberto se acomode às injunções das novas tarefas em perspectiva, aceitando, com ampla noção de responsabilidade, os serviços novos para os quais se dirige. O casamento é uma estrada florida para ativa lavoura de bênçãos que nos compete aprimorar e elevar por muitos e venturosos anos de ação no bem. A jovem eleita, quanto vocês podem presumir, pode ser uma simpática estrangeira ao círculo familiar na atualidade de reajustamento, entretanto, já sabemos que na pauta da vida eterna é um coração que retorna ao ambiente da escola divina. Peçamos a Jesus forças para ser bem inspirados em todas

---

[1] Nota da organizadora: Martha era uma das filhas de Arthur Joviano que, orientada por ele, fundou e trabalhou no primeiro colégio infantil, pré-primário, no Rio de Janeiro.

as medidas atinentes ao futuro, a fim de que ambos encontrem na intimidade dos nossos corações a paz e a compreensão, o auxílio e a amizade.

O companheiro de lide consanguínea, direta ou indiretamente, nas bases espirituais e eternas da vida, é, invariavelmente, alguém que precisamos ligar mais intensivamente ao coração. Trata-se de uma valorosa e elevada menina, de um espírito amigo e bom, e espero na Bondade Infinita que o nosso grupo continue para adiante na romagem iluminativa do mundo com o mesmo entusiasmo, beneficiando-lhe ainda mais as nobres intenções e os valores íntimos. Roberto ficou naturalmente satisfeito com a reaproximação e cabe-nos dar a ele independência de ação, quando terminados os compromissos estudantis, para empreender a jornada que lhe será própria.

Em casa, meu filho, senti justo conforto com a sua presença, pois a nossa admirável amiga recebeu (ainda que isso lhes possa parecer muito estranho) a sua influência magnética para a melhoria da restauração esperada. Já despertou e vem recebendo cuidados especiais, mas conto fortalecê-la até novembro próximo, quando se verificará o primeiro aniversário de sua passagem para cá, ocasião essa que espero integrar-lhe as energias no trabalho mais intensivo. Parece-me guardar no coração o júbilo verdadeiro de um pai, quando lhes afirmo isso, porque venho planejando localizar a nossa Marcelina em serviços de enfermagem, e creio agir acertadamente. Conta a nossa amiga com diversas dedicações aqui, entretanto, desejo para mim a alegria de reiniciá-la em plena luta construtiva com aproveitamento completo de suas potencialidades espirituais, que são muito ricas e vão ressurgindo, pouco a pouco, dentro da nova fase. Jesus me ajude para que me desincumba dessa gratíssima obrigação.

Maria, o nosso clínico é de opinião que você volte às indicações. Esperamos, com isso, o seu restabelecimento orgânico. Poderá usar o remédio confiantemente. E, além dele, você está recebendo auxílio magnético todas as noites à hora das orações. Sinto-me sinceramente satisfeito por assinalar-lhe as melhoras gerais.

Peço à Wanda desculpar-me a solicitação.[2] Acontece que o nosso "amigo canino" exigia tranquilidade para que o nosso ambiente vibratório se tranquilizasse. Esses pequenos cães têm feito muito bem a todos. Devo registrar isso com sinceridade. O pequeno Fly recebe vibrações de certo tipo e o "rapaz bulhento" do Araújo tem sido excelente auxiliar na assimilação de vibrações mais pesadas.[3] Os egípcios tinham razão. Os animais, e principalmente o cão, desempenham o papel de valiosos receptores em certas ocasiões. Tudo é grande, belo e santo na obra de Deus.

Desejo-lhes muita paz, saúde e alegria a todos e com um grande abraço do coração sou o papai e vovô muito amigo de sempre,

A. Joviano

Notas da organizadora: [2] uma recomendação do vovô: *"Wanda, pode libertar o nosso bom amigo para que Ottília se sinta mais segura."* [3] O Fly, depois de solto, não fez o menor barulho. Ao acabar a reunião, começou a sua rodada de latidos.

Duas épocas de espiritualidade

Meus caros filhos, Deus abençoe a vocês todos, conferindo-lhes muita paz e alegria na sementeira do progresso e do bem.

Vivendo o nosso lar pátrio horas difíceis, creiam que constitui para mim uma verdadeira bênção observar-lhes o recanto de trabalho e de harmonia. No Brasil, por enquanto, relevem-me vocês o comentário confidencial, existem **duas épocas de espiritualidade** atormentada. A primeira é a do Carnaval e a segunda é a da política, quando se faz acompanhar por eclosões apaixonadas nas disputas eleitorais periódicas.

Tão grande antagonismo assinala ambas as palavras que nos sentimos acanhados ao enunciar a presente conceituação. Somos, contudo, uma agremiação nacional muito nova e, por enquanto, os dois períodos a que me reporto estão caracterizados, em nosso modo provisório de ser, por muitas paixões em franco desvairamento. Almas de máscara vagueiam nas mais diversas direções e a caça aos prazeres e aos postos gera dissidências sinistras e dramas ocultos que não vale a pena investigar. Refiro-me ao assunto para render graças ao Senhor em companhia de vocês por nos haver concedido abençoada permanência neste campo de harmonia e de amor, em cuja intimidade podemos comungar com as silenciosas lições da natureza. Daqui, do santuário verde e tranquilo em que nossos pensamentos residem juntos, roguemos a Jesus estenda o seu manto de luz sobre a nossa gente para que o dia não destrua tanta lavoura do bem iniciante em obras admiráveis, no plano evolutivo, através das quais podemos verificar as probabilidades do futuro. Em posições coletivas, qual a que enfrentamos, todo cuidado nas manifestações pessoais merece valiosa intensificação à face dos ânimos aparentemente serenados, mas inquietos no fundo, onde os caprichos de poderosas individualidades e grupos enormes se acham em expectação aflitiva e imanifesto desespero. Tememos distúrbios e perturbações, e cabe-nos a projeção viva e ativa dos poderes da oração, em favor do bem comum.

E em nos reportando ao nosso iluminado campo cheio de árvores e flores devo dizer a vocês que muitos companheiros desencarnados são trazidos até aqui para que novas facilidades da nossa esfera lhes auxiliem o necessário reajustamento. Quando a terra se mantém sem o concurso do homem, é quase impraticável estabelecermos o serviço de socorro na paisagem inculta, de vez que aí não dispomos de recursos educados para o ministério do bem que nos cabe executar. Quando, porém, o solo pode contar com a colaboração inteligente e humana, o serviço espiritual pode lançar nele raízes benfeitoras e sólidas. Aqui, quase sempre, há entidades em refazimento por dias e dias consecutivos, fortalecendo-se para a caminhada.

Hoje tive a satisfação de trazer a nossa Marcelina. Precisa receber novas "injeções" de energia vitalizante para o organismo perispiritual. Está admirada com a beleza da paisagem, quase irreconhecível agora ao seu olhar. Bendiz o trabalho terrestre que lhe colocou o espírito em contato com a afeição de vocês e tem para todas as particularidades do novo meio uma risonha e comovida expressão de carinho e de prece.

Embora pareça estranho o remédio a vocês, a nossa venerável amiga aqui receberá certa medicação, destinada ao revigoramento, através da condensação de perfumes. Eu não sei se vocês já meditaram sobre o destino do perfume produzido na Terra. Conhecem que as águas têm utilidade imediata na sustentação da vida física, que o ar é básico na estruturação e alimentação de todos os seres vivos, que a terra possui aplicações especiais com todas as suas reservas imensas... Mas e as emanações das plantas? Sabemos no mundo tanto a respeito dessas "ondas balsâmicas" de plantas e flores como sabemos das "ondas mentais" de nosso próprio pensamento. O aroma, porém, se reveste de muita importância para as esferas imediatas ao meio de progresso do homem, mormente para as entidades que abandonaram recentemente a carne. Um dia, talvez, não remoto, a própria ciência do planeta saberá distribuir com o perfume a vida e o refazimento, e se o Alto ainda não autorizou maior amplitude de ação à inteligência do homem nesse setor da experiência terrestre, é que todo progresso é arma de dois gumes. Pela inteligência apurada, há elevação e queda, glória ou decadência, porquanto a solução da prosperidade real e eterna resultará do problema de direção. O perfume que contém princípios sublimes para restaurar o tecido vital do corpo denso e do perispírito pode igualmente ser o portador da morte, segundo a aplicação que lhe dermos. Por agora, pois, baste a vocês a boa notícia de que a nossa inolvidável amiga permanece melhor e com alguns dias de estágio por aqui restabelecer-se-á muito mais depressa. Há companheiros recém-desencarnados que necessitam de fluidos ou perfumes do mar, enquanto que outros reclamam as irradiações ou aromas do campo. Tudo é belo e sublime na Criação. Nada se perde. Alguns gramas de pão se transformam em energia para a reconstituição do corpo de carne; algumas gotas de óleo podem ser convertidas em sublimadas emanações de luz na reestruturação de certas forças da vida e da natureza, e algumas flores podem realizar milagres com as ondas invisíveis de força que projetam no lugar em que vivem.

A glória de Deus é uma coroa divina que fulgura nos seres mais humildes e apagados do Universo, tanto quanto brilha na fronte dos anjos. Que o Senhor conceda a vocês muita paz, alegria e luz. Esperando que as bênçãos dele, nosso divino Mestre, nos fortifiquem o espírito em todos os passos da senda, reúne-os num apertado e grande abraço o papai reconhecido e afetuoso de sempre,

A. Joviano

Quem dá recebe sempre

Meus caros filhos, Deus abençoe a vocês todos, conferindo-lhes muita saúde, paz e alegria aos corações.

Meu caro Rômulo, nunca será demais encorajá-lo nos serviços magnéticos de cura. Assim é que me sinto contente registrando a eficiência do seu esforço. Não pense que as lutas íntimas de um trabalhador da sua categoria signifiquem provocações, segundo a concepção vulgar. Não é isso. Há situações na experiência humana em que certos desligamentos se tornam indispensáveis. O espírito que vai crescendo com os dias cresce, como é natural, e o espaço de vida mental na Terra se faz cada vez mais estreito. Por outro lado, você não pode esquecer que doando as próprias forças, a começar de sua administração até o mínimo serviço de fraternidade em favor dos doentes e necessitados, o seu clima interior difere substancialmente, segundo a marcha do tempo. **Quem dá recebe sempre** e você está, invariavelmente, sob novos suprimentos. Nessas injunções da tarefa, o seu coração é obrigado a seguir para diante, no esforço, na renovação dos conceitos e na aquisição de conhecimentos novos e daí esse impositivo de ajustamento aos quadros da luta. Nesse passo avançado de serviço, é indubitável que o servidor caminhe quase só. Ângulos existem no trabalho que somente ele vê e vozes que apenas repercutem nos seus ouvidos. O campo da atividade espiritual é um infinito para cada missionário que se dispõe a transitar por suas paisagens e caminhos servindo sempre. Nos últimos tempos, as suas meditações são mais seguras. Embora o serviço se constitua de benefícios e vantagens para todos, a sua ação se mostra mais independente e mais clara, porque no imediatismo da luta assistencial, vendo-se mais só com a sua tarefa, você pode apreender o socorro do Alto com a segurança precisa e agir com maior liberdade. Abra, pois, o seu espírito a todas as vibrações do ambiente em que vive, depositando nessas vibrações a essência dos seus bons pensamentos, de suas boas intenções e de suas elevadas esperanças. Quando Adão se projetou do Paraíso para o mundo, na expressiva simbologia bíblica, julgou o Senhor não fosse aconselhável estivesse ele só e rodeou-o de companhias. No entanto, quando Jesus foi içado da Terra ao Paraíso, determinou o Senhor que ele seguisse sozinho. Refiro-me à imagem para externar de algum modo a nossa necessidade de otimismo e bom-ânimo em todos os problemas que a arena humana nos oferece. Creia que as suas reflexões do silêncio lhe fazem grande bem e você vem realizando o bom trabalho de autorreestruturação, que no fundo é o maior serviço de uma reencarnação. A senda do meio em todas as jornadas é indiscutivelmente a melhor. Nem muito à direita, porque somos ameaçados de afirmar o que não é justo, e nem muito à esquerda, onde, habitualmente, somos constrangidos a negar com injustiça. Somos chamados a servir. Haja em nossos corações a alegria de executar as boas obras, prestando os melhores serviços que somos suscetíveis de desenvolver em qualquer circunstância. Fora disso é a nossa inclinação a conflitos interiores, que apenas servem por desintegradores de nossas oportunidades de construção do reino superior em nós e fora de nós. O que posso afiançar a você é que o seu poder de ajudar, consolar e curar vai-se fazendo mais alto e mais positivo, à medida que o seu esforço pessoal íntimo e silencioso de adaptação aos desígnios divinos se revela mais claro e mais constante. Jesus multiplique as suas energias nesse cometimento. Você está entesourando uma fortuna, cuja extensão e grandeza não verá com os olhos físicos agora, mas sentirá com a sua visão profunda e real, que jaz nas intimidades do nosso próprio ser.

Com referência ao trabalho de nossa irmã Ottília, por intermédio de nossa querida Wanda, o roteiro que vocês traçaram resulta de nosso entendimento. Antes de tudo, ponhamos a contribuição nas mãos dos nossos amigos do Rio, encarregados da divulgação do livro evangélico, sob as diretrizes dos benfeitores que nos orientam a grande causa no país e caso surja alguma dificuldade voltemo-nos para São Paulo, e se ainda aí algum obstáculo surgir, com que não contamos presentemente, as portas da publicação não permanecem cerradas e poderemos então cogitar do lançamento do trabalho em moldes livres dentro do mesmo espírito de beneficência nas bases do amor. O que não desejamos é qualquer nota de sentimento ofendido da nossa parte, na hipótese de qualquer óbice inesperado, porque as ideias de amargura ou contrariedade geram desconfiança e tristeza, em cujas irradiações temos dificuldade de estabelecer novos rebentos de luz e fraternidade, alegria e bom-ânimo.

Vocês não imaginam quanto é difícil a nossa manifestação edificante, quando sobrevém qualquer exteriorização de mágoas em nossa fonte de intercâmbio, cujas águas cristalinas devem correr natural e livremente. Quando nós instalamos a mágoa dentro de nós, temos, obrigatoriamente, de identificar a causa em outras pessoas e nessa lacuna da obra inteiriça de Evangelho, que cabe aos espíritos amigos realizar, há como que um emaranhamento nos fios de nossa ligação e falta espontaneidade no serviço, que deve basear-se na maior alegria e entusiasmo possíveis. Reporto-me a essas considerações porque temos nas mãos a primeira dádiva das forças mediúnicas de Wanda a benefício do progresso mental coletivo. Quem diz "progresso mental coletivo" diz humanidade. Cerquemos o acontecimento de paz e confiança em nós mesmos, porque vemos inúmeros médiuns por aí à maneira de embarcações avariadas no porto e cujas possibilidades preciosas se perdem rápida ou morosamente pelo assédio da ferrugem ou da desintegração. Seja qual for o norte que Wanda vier a imprimir ao seu destino, com a assistência carinhosa de vocês, é muito de nosso desejo que ela continue nesse abençoado serviço à humanidade. Em qualquer situação, o médium de qualquer espécie, seja na orientação ou na cura, no alívio ou na sementeira de fé, pode edificar muito e preparar glorioso porvir na vida real. Avancemos para a frente, servindo e auxiliando, porque nessa diretriz alcançaremos a graça daqueles que nos dão sempre mais do que damos e o nosso navio poderá singrar as águas do mar humano como luz acesa a benefício de todos os viajantes.

Avisamos à nossa prezada Maria que estamos prestando à sua saúde a assistência de sempre e com respeito aos nossos peço a vocês guardem sempre no coração a disposição de ajudar com a prece e com a afetividade sempre que se mostrem suscetíveis de receber-nos com as mesmas disposições. Que Jesus nos acolha a prece de harmonia e esperança, amparando-nos a todos.

Peço a você, meu caro Rômulo, usar por alguns dias (oito) o *Lachesis* e o *Rododendro*. Serão bons elementos para o seu equilíbrio orgânico.

Desejando-lhes muita paz e alegria, reúne-os num grande abraço o papai muito amigo de sempre,

A. Joviano

27/09/1950

O Evangelho
é também um lar de corações

Meus caros filhos, Deus abençoe a vocês, renovando-lhes as forças no grande caminho da evolução e da redenção.

Você disse bem, meu filho, em se referindo à fé por maior tesouro das almas que se amam e se associam na Terra nas empresas dignificantes do trabalho e da elevação.

O Evangelho é também um lar de corações, dentro do qual encontramos um grande apostolado e uma grande família-apostolado na obra de autoaperfeiçoamento com serviço incessante em nós mesmos, e família em todos aqueles suscetíveis de receber-nos a colaboração.

Não se abatam à frente da ventania... O sopro da tempestade interior é semelhante ao furacão que agita a paisagem. A convulsão momentânea da natureza nos oferece a ideia de que tudo sofre arrasamento, entretanto, grande e invencível dominador é o sol, que volta a brilhar quando a tormenta se desfaz. Vale mais vivermos à claridade da luz sublime de nossas obrigações bem cumpridas que cultivarmos nuvens escuras, à maneira de uma lavoura de sombras, para respirarmos dentro delas.

Há um caminho aberto às nossas almas com a aquisição dos conhecimentos com que Jesus nos sustenta os espíritos. Depois de nos alimentarmos por muito tempo em determinado setor, sem que outros nos partilhem a experiência, somos para esses outros pessoas irreconhecíveis. Não desfaleçamos, porém, porque assim acontece. De modo geral, as preocupações comuns fogem ao cálice do serviço e do entendimento e sem essa medicação de vida eterna a alma encarnada, por mais nobre, experimenta uma certa incompreensão e uma certa impassibilidade que se mostram em moldes duros e frios, de difícil superação.

Vocês hoje dispõem de recursos mais sólidos para julgarem o meu coração nestas cartas de quase três lustros consecutivos. Vocês observaram como me procurei impessoalizar e como que fugi do reduto doméstico. De ano a ano, o amigo velho se fazia menos tocado pela coroa familiar, com avançadas nuances de universalismo.

Aquilo que nos parecia assunto obrigatório em outro tempo como que desapareceu de minha memória e de minhas letras, e o professor de assuntos primários da vida, a rigor, parecia haver ultrapassado o pai. Entretanto, agora, vocês podem funcionar por meus julgadores, mais aptos à apreciação clara e simples. Com esse enunciado, não exteriorizo opiniões acerca de personalidade alguma, ainda mesmo em se tratando dos corações que nos são mais queridos. Desejo apenas destacar essa necessidade de nossa alma se fazer "mar largo" para que não convertamos a beleza de cada dia no doloroso trabalho de conservar um museu de reminiscências inquietantes, cuja manutenção não nos aproveita. Se temos de esperar por alguém, é bom que a expectativa não nos mate as melhores oportunidades com a lâmina envenenada e fria da aflição. Vale aguardar trabalhando, imaginando, sonhando, agindo, lutando, sofrendo e amando por ideais e realizações sempre mais altas. Observam, presentemente, com imensa vantagem para vocês, o drama angustioso de milhares de companheiros desencarnados que dariam tudo para voltar à carne e aí aprender a arte do desprendimento espiritual. O que hoje é para vocês motivo de dor imanifesta constitui verdadeiro prêmio!

Bem-aventurados os que encontram a estrada de libertação íntima na esfera carnal mesmo, ainda que para isso sejam obrigados a receber os golpes vibrados por mãos amadas e incompreensivas. Vocês sentirão, quanto eu, maiores energias para a excursão afetiva mais vasta, por esses domínios infinitos que o mundo nos apresenta... Para incorporar essa lição ao meu patrimônio, muitas vezes repeti o estudo da palavra do divino Mestre: "E aquele que abandonar pai e mãe..."

Porque a chave sublime do ensinamento não está em "desprezar" ou "esquecer", mas em amar, ajudando sempre que pudermos e em tudo o que nos for possível, com o aproveitamento incessante das oportunidades de demonstrar o carinho e o entendimento àqueles que amamos e que ainda não podemos amar.

O roteiro é de trânsito difícil, mas vocês compreendem hoje melhor que ontem e, naturalmente, amanhã estarão mais livres de qualquer nuvem que hoje.

De mim mesmo, afianço a vocês que não me sentarei à margem do caminho para lamentar. Há um grande mundo de mães e pais sem filhos, e de filhos sem mães e pais, de irmãos que perderam os irmãos, de amigos que ficaram sozinhos, de almas dilaceradas, cujas feridas passam ocultas aos olhos mais experimentados, e para eles me inclinarei sempre que a luta me estenda o seu convite para formar na fileira imensurável dos anônimos soldados do bem.

Já que a ternura de vocês ainda me prende à esfera de serviço humano, propriamente considerado, ao lado de vocês posso desdobrar-me e encontrar o amor e semeá-lo através de mil modos, e se há um sentimento marcante em meu coração, com respeito aos problemas que examinamos sem fixação de nomes e lugares, esse sentimento é o da compaixão, não vaidosa, mas sincera e construtiva de quem, amando, não aguarda senão uma brecha de boa vontade e luz para penetrar a fortaleza das almas e tudo dar para que o bem se concretize, porque o tempo é vivo e a oportunidade não retorna dentro das mesmas condições.

Para um dia claro que perdemos é natural que esperemos outro dia, mas a alvorada pode ser descerrada sob o temporal, sob a neve, sob a ventania... Nesse sentido, a paisagem espiritual que estudamos faz-se digna de muita piedade. Que Jesus nos abençoe e ajude a todos, cada qual de nós em sua luta, em seus deveres e em seu lugar.

Com alegria cumprimento a vocês pelo 27 desta noite. Ele brilha hoje por abençoada flor imperecível entre alguns espinhos transitórios. O Céu intensifique o sagrado perfume da bendita união de vocês e dos netos, uns com os outros, com o Evangelho por clima abençoado de preocupações e atividades normais.

Estamos satisfeitos partilhando-lhes o contentamento e espero que a alegria de vocês nunca esmoreça no caminho das edificações que nos cabem. Jesus resplandece no Alto sobre a nossa fronte, aquecendo-nos os corações, e que ao calor desse maravilhoso sol divino possamos marchar para a eternidade do amor e da luz, com trabalho e bom-ânimo, em nossos degraus de aperfeiçoamento, cada dia, são os votos do papai que os reúne num grande e carinhoso abraço,

A. Joviano

04/10/1950

Não se

preocupem demasiado

Meus caros filhos, Deus abençoe a vocês todos, conferindo-lhes muita saúde, paz e alegria.

Estamos todos na companhia de vocês, que pugnaram pelo progresso, e acompanhamos a serenidade que, em substância, deve ser a nossa orientadora de cada dia.

Não se preocupem demasiado, embora a vigilância nos constitua sempre agradável dever. Nosso povo é muito jovem por enquanto e em reparando as surpresas de ordem política em nossa terra recordo a afirmativa bem inspirada do nosso grande e bom amigo João Pinheiro ao filho inquieto, declarando que o Brasil ainda é uma casa grande, povoada por imensa família, em cujas fileiras predominam por agora os jovens e as crianças. Realmente, assim é. Nesta hora significativa, observamos os "jovens" divididos, embora representem maioria digna, e as "crianças" do outro lado da situação adiando problemas de natureza comum, quais meninos caprichosos à procura de guloseimas e de realizações levianas e descabidas.

Não lastimamos a experiência. Lamentamos a ameaça de desordem sistematizada nas instituições públicas. Aqui, nesta "outra faixa do véu", consideramos a revolução por índice de indisciplina através de dois tipos distintos — o da violência, que se manifesta pelas armas, e o da rebelião mental, que alcança milhares e milhões de pessoas, entravando-lhes o raciocínio e criando perigosas ilusões contra o trabalho proveitoso e contra o equilíbrio comum.

Nesse segundo tipo se enquadram todos os movimentos que contrariam as leis naturais que nos regem, sendo imperioso salientar que nessa figuração se revela a rebelião mais ruinosa à vida de um povo, porque é de feição imanifesta e despistadora por difundir sombras mentais em todas as direções.

De qualquer modo, porém, é necessário conservar a calma pessoal nos melhores padrões de superioridade. As águas de alto nível beneficiam sempre, derramando-se por dosagem adequada, sem alterações, mantendo-se no mesmo plano de respeitabilidade e elevação, sempre que sustentadas na posição que a vida lhes assinala, mas quando essas águas esquecem as vantagens do dique e se precipitam para baixo, sempre absorvem de alguma sorte as correntes escuras e amargas do pântano. Saibamos contemplar essa movimentação pública de cima. Nisso não vai qualquer pretensão de superioridade, mas aviso amigo para que não percamos com os espinhos da estrada as energias que nos cabe reservar para as grandes tarefas.

Nossa luta sentimental é muito lógica. Por mais estejamos integrados com o espírito do nosso tempo, não enxergamos o Brasil com os olhos diferentes dos europeus, por mais que possa doer essa afirmativa ao brio de nossa época e de nosso berço novo. O que para nós é deplorável restrição à liberdade, indiferença aos interesses do povo, ausência de responsabilidade e menosprezo aos mais altos dons da vida, para milhões significa bem-estar, acomodação, vaidade satisfeita, desejo atendido.

Um índio e um homem moderno não guardam a mesma visão diante do mundo. Se há problema de distância que a ciência propriamente terrestre jamais poderá resolver a recursos de energia atômica ou etéricas, é o enigma da educação, através do qual cada alma e cada núcleo de almas se distanciam uns dos outros por milhões de anos-experiência ou de dias-esforço, sem os quais não há forças da Criação que possam burilar o espírito ou santificar-lhe os pensamentos e manifestações. Tenhamos muita serenidade e andemos arrimados ao bastão da paz.

Quando voltamos à esfera espiritual, um século adquire a feição do dia rápido. Creiam que não falo para consolar. Expresso apenas uma grande verdade. À medida que crescemos no poder de execução, crescem as tarefas e com o crescimento do serviço o tempo esvai-se. Quatro séculos de jornada para a construção de uma pátria como a nossa constituem fração reduzida de horas. E em observando isso cabe-nos meditar na grandeza do esforço educativo das massas. É preciso que a instrução e o aprimoramento caminhem com intensidade e persistência, se quisermos, em menor tempo, colher os frutos da liberdade construtiva, através da sementeira do progresso bem adubada e convenientemente preparada nas urnas. Até lá a nossa posição é quase a dos desajustados, porque no fundo de nós mesmos supomos que os companheiros de luta humana já estejam de posse dos sentimentos e ideais que nos povoam o espírito, individualizados em mais longas experiências. Esperemos todas as renovações ou mudanças, alegrias ou dificuldades com o ânimo robusto do bom trabalhador.

Relativamente aos nossos problemas internos, felicito a vocês pela vitória que vão alcançando gradativamente. Não revelando muito aproveitamento de nosso intercâmbio e a situação, esclarecida como está, apresenta mais tranquilidade. Quando as posições estão bem expressas e definidas, o acordo é sempre fácil, porque o acordo, assim considerado, é equilíbrio e segurança.

Agradeço ao Rômulo o esforço despendido. Não é que estejam minhas palavras louvando qualquer atitude de máscara ou convencionalismo barato. É que devemos dar a cada pessoa o que lhe devemos, sempre que possível, de conformidade com as predileções da pessoa e não segundo os nossos princípios. Nesse sentido, o nosso trabalho é muito mais profícuo e muito menos comprometedor.

O tempo se encarrega sempre da verdade. De nossa parte, façamos o possível para ajudar com a harmonia. O tesouro da boa consciência não se empobrece de paz e já que possuímos por felicidade é graça divina essa fortuna! Pratiquemos a prece, usemos os remédios para os outros seguindo as necessidades e avancemos para o mais além, com alegria e confiança. Mais tem a seara do Senhor para nos dar, em qualquer dia, que a necessidade do mundo para subtrair-nos, em qualquer ocasião. Guardemos esse conforto, certos de que o Céu possui leis orgânicas funcionando em todos os departamentos da Terra.

A Wanda poderá recolher-se logo depois dos trabalhos, porque vamos ajudá-la com antigripais magnéticos através de passes. Está um tanto resfriada e requer essa medida.

Deus conceda a todos vocês muita segurança de fé e ardente bom-ânimo. A escola é o que é e a lição é sempre aquela de que mais precisamos em nosso próprio benefício.

Reunindo-os no meu grande e carinhoso abraço de sempre, sou o papai muito saudoso e reconhecido,

A. Joviano

11/10/1950

Uma visita mais direta

Meus caros filhos, Deus abençoe a vocês, conferindo-lhes muita paz e saúde, alegria e bom-ânimo.

Hoje temos **uma visita mais direta**, entretanto, apesar de nossa insistência para que esse amigo se comunique com vocês, declina ele do convite, perseverando em se manter ausente do lápis e prometendo exprimir-se por esse meio em outras circunstâncias. Refiro-me ao nosso amigo Mário Telles, que se acha conosco e agradece as vibrações de carinho e amizade que desde janeiro último vem recebendo de vocês.[1] Recomenda-me lhes diga alguma coisa acerca de sua situação e de seus sentimentos e, com prazer, sirvo-lhe de intérprete.

Assevera receber sempre as recordações do Rômulo em matéria de serviço e solicita-lhe não esmorecer na luta, que ele mesmo reconhece cada vez maior e mais árdua. Por não haver preparado um clima interior suficientemente vasto para sentir-se exonerado das obrigações comuns que esposou, sente-se, de alguma sorte, preso aos ideais que lhe mantiveram as energias e os pensamentos equilibrados na administração, circunstância que lhe não permite uma ausência maior dos assuntos da tarefa que deixou em outras mãos.

Isso o preocupa mais que se poderia pensar, porquanto não se sente encorajado a permanecer em atividades que lhe são agora francamente impróprias. Por outro lado, experimenta grandes inibições para abandonar quanto fazia para fazer-se aprendiz em outro setor. Nesse sentido, declara ele que a esposa é a sua esperança, porque deseja empreender

---

[1] Nota da organizadora: em referência ao Dr. Mário Telles da Silva, que foi, por muitos anos, diretor da Divisão de Fomento da Produção Animal do Ministério da Agricultura, à qual estava subordinada a Inspetoria Regional em Pedro Leopoldo.

ao lado dela, na Terra ou à distância dos círculos terrenos, a nova missão espiritual que nota desabrochar em torno de seus passos. Lamenta não ter tido a precisa coragem para abraçar, com expressão de fé positiva, um ideal de elevação qual o que estamos cultivando, porquanto, perdido o veículo denso, é muito difícil o reajuste do homem administrador que não conseguiu se adaptar a uma segunda ocupação de natureza espiritual no benefício à comunidade. Afirma-se à maneira de um trabalhador a quem se arrancasse, subitamente, os instrumentos de trabalho, e pede para que as nossas vibrações de interesse fraternal o ajudem a renovar-se. Nesse caso, diz ele, quem se inclina a renovar-se é o mesmo que se inclina a esquecer-se. Sente o imperativo do olvido para recomeçar aqui e conta com a abnegada companheira que lhe vem fornecendo excelentes recursos e possibilidades que lastima não estar em situação de aproveitar integralmente. Roga ao Rômulo para encarar com muita serenidade os fatos e disposições do órgão de serviço de que ele se ausentou pelas suas injunções da morte física e assevera que estimaria estar em sua posição para não ser tomado pela surpresa da modificação compulsória. Reporta-se a pequenos problemas de trabalho, que não vale comentar nesta carta, dos quais destacamos por mais importante e fundamental a sua necessidade de refazimento para melhor afeiçoar-se à verdade dos acontecimentos no presente e no futuro. Refere-se à esposa com o carinho e a devoção que ela merece e, de minha parte, formulo votos para que ela, onde estiver, possa sempre sintonizar-se com o companheiro na obra do bem e da luz.

Apliquei-lhes passes magnéticos e tão alegre e tranquilo como lhe é possível estar acompanha-nos às orações, com reconhecimento e carinho.

Informa que o irmão Nogueira tem sido amparado e que ele mesmo, Mário Telles, pretende ajudá-lo com eficiência logo tenha as energias consolidadas. Explica que a desencarnação não foi apenas obra do associado invisível de suas lutas, companhia menos construtiva que apenas lhe agravou a posição física, acelerando, de algum modo, o processo do desprendimento, mas sim que elementos cancerosos nos pulmões lhe subtraíram a resistência, sem que ele mesmo pudesse perceber a gravidade da situação, atento à rotina dos seus deveres como se achava. Está sereno, bem disposto e otimista quanto é possível, mas esperamos que decorridos mais alguns meses encontrar-se-á ele habilitado a importantes cometimentos.

Assim, estou contente por atender-lhe aos desejos, pois está acompanhando com atenção a feitura destas linhas e agradece a todos com o silencioso sorriso que de longa data lhe conhecemos.

Meu caro Rômulo, as observações nos passes estão muito interessantes. Reputo valiosos os apontamentos tomados, salientando aquele que se reporta ao fio luminoso atado ao seu coração. Em muitas ocasiões, as mais diversas, no serviço magnético, esse fio é posto em uso, aliás, constituído de matéria de suas próprias forças, pois ligado a nós é veículo para muitos benefícios imediatos a sofredores encarnados e a obsessores nem bem encarnados, nem bem espiritualizados, que comparecem junto de sua tarefa, em grande número. A nossa amiga vidente possui forças magnéticas, mas não positivas, a ponto de sustentar um serviço de longo curso. É uma pilha para receber e não para emitir, embora possa e deva emitir, em circunstâncias especiais, quando ligada a "motores" do nosso plano de ação. Pode dar passes, mas um ou outro a doentes isolados, compreendendo que em função como aquela deve utilizar as energias que lhe são peculiares na boa cooperação.

O seu trabalho de passes só poderá ser partilhado com individualidade positiva, idêntica à que você possui e a própria Maria, tão devotada ao nosso esforço, não deve, por enquanto, distribuir passes, em sentido direto, mantendo-se no trabalho de colaboração em que o seu concurso é invariavelmente precioso. Nesse concurso, ela encontra o serviço necessário à preparação do futuro. Por enquanto, esse é o quadro de nossa tarefa confortadora e feliz.

Sempre que você puder, envie páginas edificantes impressas aos doentes com endereços em nosso livro. Esse serviço está muito frutífero e auxilia eficientemente a nossa ação "deste lado", porque a ideia vale mais que a medicação do corpo na maioria dos casos. Aí estão algumas páginas compactas com referência à nossa nova família — a família dos amigos espirituais e dos companheiros sofredores. E, como vemos, não nos faltam trabalhos e motivos a muito pensamento! Que Jesus nos abençoe.

A gripe de nossa querida Maria vai cedendo, mas ainda hoje convém-lhe um passe antes do sono para que amanheça mais livre.

Reunindo vocês num forte abraço, sou o papai e amigo muito saudoso, sempre com vocês,

A. Joviano

18/10/1950

Ata semanal do templo doméstico

Meus caros filhos, Deus abençoe a vocês todos, concedendo-lhes muita paz e alegria, saúde e bom-ânimo à frente da vida.

Outros amigos nos assistem na prece, contudo, sou eu o autor da carta familiar que, no transcurso dos anos, se vai convertendo quase que numa **ata semanal do templo doméstico**. Em verdade, outros muitos poderiam se comunicar com vocês, trazendo-lhes sensações novas, todavia, se a nossa sensação é pouco variável nas noites de quartas-feiras, as ideias são sempre novas para o nosso campo de ação.

Hoje, meu caro Rômulo, adotarei por tema as impressões enunciadas por sua mãe. Você repare as dificuldades com que somos defrontados para demolir certos princípios cristalizados, a fim de auxiliar o desenvolvimento dos ideais transformadores e reedificantes. Estranhável pensar que o coração possa aceitar e o cérebro recusar que o sentimento deseje e que o raciocínio desdenhe, que a esperança brilhe e que a vontade enfraqueça. É o que acontece às duas almas tão especialmente queridas a nós todos. Ambas, incluindo Martha, guardam a certeza da sobrevivência, entretanto, não se dispõem ao tratamento espiritual com que poderiam marchar ao encontro da verdade. Procuram Marcelina tão longe, quando a velha amiga se encontra ao lado delas. Foi possibilitada a permanência de nossas duas queridas visitantes de Pedro Leopoldo não apenas a benefício delas, porque Marcelina vem aproveitando o estímulo que a presença das duas lhe faculta para melhor conhecer o novo caminho e descerrar os horizontes novos que a morte do corpo agora lhe impõe.

Para aclimatá-la em posição de serviço iniciante, no socorro espiritual do templo cristão já edificado, nenhum local para ela foi mais adequado que a residência de Fausto,[1] com a presença de sua mãe. Gradativamente, vai-se fortalecendo para o mundo diferente a que foi chamada com o concurso direto de quem recebeu, na Terra, por mãe espiritual e verdadeira amiga. Ao lado de corações que tanto representam para ela, a nossa benfeitora desencarnada tem podido integrar-se mais seguramente em nossos assuntos, eliminando os receios e as preocupações que lhe ocuparam a alma desde os primeiros dias depois da desencarnação. Nos últimos tempos, esteve sobremodo ligada à Martha, quando conseguiu despertar além do repouso natural e justo, e, em seguida, veio em minha companhia para cá. A luta de adaptação em nosso plano, para ela, não tem sido pequena e assim a visita de quem tantas influências dispõe sobre o seu espírito lhe arma o coração com forças novas. E, desse modo, temos a nossa Marcelina à maneira de uma colegial necessitada de contribuição materna para afeiçoar-se no educandário novo. Felizmente, o proveito dessa medida providencial é enorme e creio que, em breve, poderá ela própria contar a vocês alguma coisa de sua nova escola. Residência de Fausto, culto evangélico junto de vocês e reunião no santuário espírita, nos derradeiros trinta dias, vão sendo a rotina bendita em que o seu bom-ânimo vai despertando para retomar a preciosa luta e as valiosas tarefas que lhe competem. Segundo vocês observam, nada existe sem aproveitamento. Já que a visita devia realizar-se, que ela funcione a benefício de quem tantos benefícios conosco espalhou.

Quanto ao mais, as suas surpresas são igualmente minhas. A desencarnação não nos circunscreve à expectativa ao redor do bem e, por isso, quando a nossa boa vontade não encontra sintonia, somos vitimados também pelo desapontamento. Creia, contudo, que não me desanimo. Somen-

---

[1] Nota da organizadora: em referindo-se a Fausto Joviano, irmão de Rômulo.

te relego as soluções difíceis aos braços do tempo para que me não perturbem o pensamento necessitado de harmonia para a produção do bem. Contornemos a pedra e esperemos o pingo d'água. Ele pode mais que a nossa impaciência ou nosso desejo. Sua atitude está muito bem inspirada. E não está fugindo ao velho mandamento que aconselha "Honrarás os seus pais".

Tem você realizado o que é possível e quem faz o que pode a mais não é obrigado. Outra não deve ser a diretriz, porque o seu trabalho é o seu trabalho e o seu lar é o seu lar. Dia virá em que as flores e as preciosidades serão permutadas por todo o nosso grupo. Até lá, porém, não é justo atirar rosas à poeira ou provocar a fúria da ventania destruidora com atitudes precipitadas. Cada lavrador em seu lugar é o segredo da colheita preciosa. Entendamo-nos com Jesus e o Mestre nos auxiliará.

Você e Maria guardem o coração cheio de serenidade e alegria, buscando em cada novo dia uma nova ocasião de crescer para a vida eterna, que reserva duras lições aos que não avançam por rebeldia ou por indiferença. Deus nos concedeu motivos mil de interesse, trabalho e incentivo à luta, à vida e à elevação. A juvenilidade é problema do espírito. Conservemos intacto o nosso entusiasmo diante do mundo e da vida, e o mundo e a vida nos responderão com hinos de luz, realização e vitória. Nesse fundamento de paz e ação incessante no bem jamais nos separaremos, formando sempre abençoado núcleo de força atrativa para a nossa obra de aprimoramento e redenção.

Desejo-lhes feliz viagem na direção dos compromissos esposados. Que o Senhor conceda a vocês a coroa de triunfo eterno conferida aos "talentos" bem aproveitados. E num grande abraço, cheio de confiança, amor e carinho sou o papai muito amigo de sempre,

A. Joviano

A prece é um banho de luz

Meus caros filhos, Deus abençoe a vocês, conferindo-lhes muita saúde e paz no círculo das lutas redentoras em que procuramos o enriquecimento para a imortalidade.

Somos vários companheiros com vocês, mais atentos à prece, e agradeço a você, meu filho, a vibração impressa em suas palavras. Temos necessidade da oração para a alma, não só como louvor ou rogativa, mas também, digamos, como assepsia espiritual. **A prece é um banho de luz** interior. E partilhamos esses momentos de paz com enorme alegria nos corações!

Tenho estado junto de seus pensamentos, tanto quanto possível, nestes poucos dias de experiência tumultuária, mas observamos, para edificação nossa, que a vida em comum com a multidão é algo parecido a uma viagem por selva densa. A "flora" e a "fauna" dos pensamentos, por dizer assim, representam grandes fenômenos, sugerindo os mais amplos estudos em torno da inteligência encarnada. Mas estejam vocês convencidos de que todo bem vale o que custa e, desse modo, qualquer serviço espiritual no campo da massa é sempre mais nobre por representar dilatação de esforço e aumento da improvisação em favor de nossas próprias experiências. Quando o trabalho é mais difícil, é sempre mais agradável por mais precioso. Reporto-me a esses conceitos, meu caro Rômulo, anotando as suas conclusões rápidas ao redor de situações e pessoas que se revelam ao seu espírito, de inesperado, fornecendo-nos a impressão da distância em que se acha o "estado maior" da vida popular à frente das verdades divinas. Eu também, noutro tempo, me confiei a vastíssimas ilações, vendo belas formações intelectuais cristalizadas em atitudes que me pareciam inúteis ou destrutivas, e preciosos talentos mergulhados no campo fantasioso do dinheiro, mas o tempo me auxiliou a renovar ideias e a reajustar impressões. Creia, meu filho, que todas as pessoas, de acordo com o índice de aproveitamento da vida que demonstram, se demoram situadas nas posições em que possam servir ao progresso geral com mais segura eficiência.

Nada existe de impróprio na esfera de nossas lutas, a não ser a impropriedade criada por nós mesmos quando atrasamos a nossa marcha na evolução comum. Dou-lhe esses pensamentos, acerca do assunto, porque estimo transmitir a vocês todos os recursos valiosos à serenidade íntima que tenho encontrado. A arena de serviço humano é uma espécie de grande estabelecimento muito bem administrado. Aí dentro há de tudo — experimentos, admissões a título precário, fixações relativas no tempo, retardamento, melhoria, promoções, etc., etc. Se o homem quisesse acordar realmente para a noção de responsabilidade e de trabalho, abandonando o regime de "subnível" em que se movimenta, o aprimoramento individual e a glória coletiva surgiriam na Terra com sublime esplendor para a vida imperecível. Infelizmente, porém, os subchefes do trabalho, com a supervisão natural do Cristo, nosso Mestre e Senhor, são compelidos a esperar a melhoria de padrão interior de inúmeros mordomos e servos do patrimônio terrestre. Quando observamos um homem vigoroso e sagaz completamente entregue aos princípios do ganho material, estejamos certos de que o manuseio do dinheiro é a melhor colaboração que ele pode, por enquanto, prestar à Direção Divina do mundo e não estejamos menos certos de que o próprio material de sua predileção será, mais tarde, o instrumento de sua transformação para o plano superior que ele possa alcançar. E nesse escalão podemos apreciar todas as demais classes de atitude nos círculos da vida comum. Demoramo-nos nas "situações magnéticas" mais agradáveis e nelas mesmas colheremos os recursos precisos à renovação.

Daí a grandeza de nossas oportunidades no presente, porquanto conhecemos agora, com relativa exatidão, o valor supremo do serviço individual em qualquer setor de luta. Cada homem é uma espécie de refletor direto da Divindade. Aprimoremos o instrumento, que somos nós mesmos, e o Senhor, através dos seus órgãos mais elevados de expressão e manifestação, nos utilizará para as obras mais altas. Até agora, meu filho, sabemos que o mais prudente e o mais seguro é aquele que aproveita a oportunidade, mas vamos aprendendo também que se o homem gasta o ensejo para o bem comum, torna-se ele o instrumento que a Divina Oportunidade aproveita na prosperidade de todos. Dessa maneira, reconhecemos que sabendo escolher seremos escolhidos.

Quanto ao mais, deixemos o comboio da existência humana com as suas rodas em movimento. Há muito que andar para essa locomotiva gigantesca, a impulsionar dois bilhões aproximados de espíritos humanos, em fluidos densos, com esmagadora percentagem de inclinação para a animalidade primitiva. Jesus nos ampare a todos e continuemos caminhando.

Dentre os amigos que vieram repousar construtivamente em nossas orações desta noite, saliento o nosso companheiro Raphael, que lhes deixa um grande abraço.

Descansem tranquilos, com a satisfação dos deveres bem atendidos. A vida é um presente sublime que se revela sem passado e sem futuro quando sabemos encher o dia com a luz do serviço digno e santificante.

Esperando que os benefícios da nossa prece atinjam a todos os nossos amados, presentes no templo doméstico e ausentes dele, deixa-lhes um abraço muito carinhoso o papai que não os esquece,

A. Joviano

01/11/1950

Wanda e Ottília

Meus caros filhos, Deus abençoe a vocês todos, conferindo-lhes muita saúde e paz aos corações.

Hoje temos em nosso plano uma noite de grande e delicado trabalho. A véspera do "Dia dos mortos", que são os realmente vivos da Terra, assinala-se por necessidade de ação fraternal em muitos setores. Milhares, milhões de almas encarnadas se voltam nestas horas para nós. É um conflito gigantesco a desdobrar-se. Conflito de emoções e lágrimas, aflições e ansiedades diversas. Quanta sementeira de luz a fazer somente observamos em horas como estas, nas quais sentimos o solo espiritual do mundo propriamente humano varrido por vendavais enormes que lhe não permitem a produção de lavoura benéfica ao ser imortal. Hoje e amanhã lembrem-se comigo da complexidade do esforço que nos compete desenvolver na tarefa do auxílio. Uma prece do coração é sempre uma luz acesa, produzindo energias que vocês, por enquanto, não podem compreender integralmente. Alguns amigos, solicitados pelas reminiscências vigorosas no campo da família, permanecem de guarda na esfera de vocês e alguns visitaram-nos o culto evangélico trazidos por antigos companheiros de nossas reuniões.

Deles destaco o nosso amigo Major Salvo,[1] que ainda sofre as consequências da luta terrestre à maneira do soldado incapaz do desligamento mais rápido das impressões recolhidas em batalha. É sempre agradável estimular um coração amigo e o nosso estimável companheiro na experiência comum bem merece as flores da nossa amizade e carinho.

---

[1] Nota da organizadora: Major Salvo foi um grande amigo da família Joviano.

Embora estejamos em fase memorativa dos "mortos", não devo e nem posso esquecer que nos achamos no mês de aniversário de Wanda e Roberto. Por isso, desejo oferecer à minha querida neta, em primeira mão, as rosas vivas de minhas felicitações. Não suponha você, minha querida **Wanda**, que o vovô ande distraído de seus problemas de menina e moça. Sigo-lhes os passos com atenção e ternura, e acompanho com vaidade construtiva o desenvolvimento de sua personalidade em campo novo de luta. Você e **Ottília**, a sós, vão realizando sólida base para futuras tarefas mais significativas junto ao espírito da humanidade.

Essas páginas que as suas mãos psicografam em paz, com o bom-ânimo e com a fé viva a lhe transbordarem da alma, são pétalas de luz da sublime faculdade de auxiliar em nome do celeste Mentor. Já irradiam perfume e claridade, e falam silenciosamente do alto objetivo de suas lutas. No limiar do seu natalício, desejo saudar você e o seu esforço, dizendo-lhe que do Alto nos vem o suprimento de tudo quanto carecemos segundo o padrão de nossas necessidades. Não esmoreça. Há momentos em que percebo as suas indagações imanifestas diante da vida. E em tais instantes parece a você que a luta é esmagadora e que o dia é um fardo desagradável ao coração. Entretanto, não se deixe absorver por semelhantes pensamentos. Ottília e você têm sido companheiras em diversos caminhos redentores, principalmente no ambiente da amizade fiel com valiosa projeção no serviço aos semelhantes. E ainda agora, a esta altura de sua reencarnação, se encontram vocês associadas na obra educativa que acompanhamos cheios de esperança no presente e no porvir. Creia que se existem lutas elas são encaradas sob aspecto muito diferente no mundo espiritual. Esteja certa de que você possui aqui grande cópia de relações e de amigos que se manifestarão à medida que a sua tarefa for avançando. Algumas vezes, você experimentou nos últimos dez séculos cursos e provas difíceis na vida claustral e nos derradeiros anos a sua vocação de educadora é mais forte em seu destino. Convença-se de que o divino Provedor não lhe faltará com os instrumentos indispensáveis à vitória de sua lavoura. Plante o bem com serenidade e alegria. Derrame os seus sentimentos na terra da bondade e do entendimento e, em breve, você verá a sublime floração do seu campo anunciando frutos preciosos. Não posso adiantar-me no que se reporta ao seu futuro de menina, à frente da luta, mas afiança ao seu carinho que aos aprendizes aplicados o Mestre confere todos os recursos para facilitar as lições. Comemorando assim, antecipadamente, o seu lindo dia, trago-lhe as flores de minha grande ternura e de minha não menor afeição, formulando votos para que o seu espírito operoso e devotado ao bem seja coroado com a láurea do triunfo em todos os seus empreendimentos. A vida com Jesus pede um cérebro sempre disposto a aprender e um coração sempre inclinado a servir ao supremo bem e, em razão disso, apenas me cabe desejar a você muita luz e muita paz para a recepção da vitória que o seu esforço merece. Que o Senhor nos fortaleça em todos os lances da marcha.

Ao Roberto, endereço igualmente os meus "parabéns", esperando dirigir-me a ele em outra ocasião.

E agora, meus filhos, desejando a vocês uma noite feliz, sob o patrocínio dos nossos maiores, abraça-os num só impulso afetivo e deixa-lhes o coração num ramo de muitas saudades o papai reconhecido de sempre,

A. Joviano

15 anos do correio da ternura

Meus caros filhos, Deus abençoe a vocês, conceden-do-lhes muita paz e alegria na sementeira do bem.

É quase incrível a fertilidade com que nos correspon-demos entre dois mundos, tal a frequência de minhas cartas singelas em nossos trabalhos habituais. Tenho pensado em solicitar de nossa amiga Ottília uma página especialmente para mim, intitulada "Como prosseguirei?". Mas em vocês mesmos e em nosso amor de muitos séculos encontro reno-vados motivos para continuar. De um lado, encorajo-me no carinho que vocês me consagram, sempre dispostos a supor-tarem o "meu mundo de pensamentos", e, de outro, confor-ta-me a certeza de que o nosso culto evangélico, aparente-mente tão reduzido, é um templo de portas abertas a muita gente, no instante que passa, com projeções para o futuro. Não faltam, efetivamente, bons amigos às nossas reuniões, que me substituiriam com manifesta vantagem, entretanto, há fatores que concorrem de modo decisivo para que seja eu o indicado à posição de intérprete geral, destacando-se deles a circunstância de estarmos unidos por elos afetivos de pai e filhos num **correio de ternura que está marcado pela garantia de 15 anos**, cheios de serenidade, contentamento e construção espiritual. Este mês de novembro assinala a pas-sagem desses três lustros de felicidade, nos quais, segundo creio, pude conversar com vocês muito mais que em todo o tempo de nossa permuta de corações na experiência carnal.

Dantes o homem obscurecia o amigo espiritual. Falá-vamos uns aos outros como pessoas que muito se querem reciprocamente, todavia, subordinadas a distância justa, medida, naturalmente, pelo muro das convenções. Nossos argumentos e entendimentos mútuos eram, de alguma sorte, vagos e difusos, porque, em verdade, me faltavam bases sólidas, enquanto no corpo, para contribuir com exatidão e segurança no levantamento das convicções de vocês, dentro da vida. Agora, porém, o meu coração está diluído para a mente de vocês como se fora um corpo volátil a espargir-se no ar. Antigamente, entendíamo-nos uns aos outros. Hoje, respiramo-nos mutuamente. Terei expressado o meu pensamento com a clareza desejável? Espero que sim, de vez que o nosso fenômeno de comunhão presentemente é de ordem individual no imo da mente, em cuja intimidade nos compreendemos com a perfeição possível na Terra.

Oxalá pudessem os demais partilhar-nos a oração e o afeto! Achar-se-iam mais fortes para a batalha e mais resistentes para a subida. Para isso, porém, precisariam caminhar na estrada das ideias, dos ideais e das atitudes...

É o assunto de que cogitávamos há poucos momentos. Estamos em plenitude de luta para assimilar os ensinamentos. Entes muito queridos a nós todos se demoram em estados anteriores ao dia de hoje com uma impertinência digna de lástima. Emprego a palavra "impertinência" porque a persistência deve servir para a designação de postos mais elevados, em nos referindo à romagem das almas. Sabemos agora que muitos deles sintonizam com situações, para nós, há muito extintas, ao passo que nós guardamos a paixão de antecipar-nos à nossa época. Nessa autossuperação, através dos ensinos recapitulados harmoniosamente, vindos do pretérito, estamos acumulando energias para ajudá-los com mais eficiência. Se é verdade que não chegaremos a Jesus com débitos pesados ao coração, é um conforto reconhecer que os nossos amigos mais queridos não se adiantam na estrada conservando as dívidas que lhes densificam o modo de ser.

Cada qual, em verdade, permanece no lugar que prefere e a predileção deles não é das melhores. Subamos a escada dos sentimentos à maneira da vibração que sobe na escala da vida e os nossos horizontes se farão cada vez mais largos. A princípio, vulgarizamos as posições em que os nossos adversários gratuitos solenizam as experiências que lhes são próprias e, em seguida, tratá-lo-emos à categoria de crianças espirituais, papel esse que, efetivamente, representam. Essa grande hora é sempre sublime em nossa marcha. É o instante em que nivelamos quanto se mostra inferior a nós para salientar com mais fervor os píncaros da elevação que já divisamos e que nos cabe alcançar.

Conto em que muito em breve vocês terão alcançado esse tipo de vibração tranquilizadora, que se fundamenta na verdadeira paz de nossas almas à frente dos maiores inimigos. Avancemos para que a vanguarda seja o nosso lugar. E estejam certos de que a melhor maneira de nos desvencilharmos de companheiros menos desejáveis do pretérito é ajudá-los para que se firmem nas tarefas que elegeram por normas à própria felicidade. Se temos um grande cesto de pães no braço, o faminto, por certo, nos seguirá. Mas se dividimos a provisão com ele, deixar-nos-á livres para o avanço na caminhada. A ciência de dar e ajudar é alicerce de toda e qualquer libertação. Aguardemos o futuro e vocês verão muitas novidades em minha companhia.

Relativamente à questão suscitada por Wanda na conversação de minutos antes, compete-me elucidar que há que se considerar no sistema de evolução planetária o impulso individual do ser que se promovia, pelo esforço de adaptação de novos meios, a mais altos domínios da seleção, mas não podemos esquecer que vocês estão numa esfera de formas, lembrando mesmo a palavra "formas" para designar os diversos corpos em que a essência espiritual se expressa e evolui dentro do tempo. Os tipos são vasos de contenção aos princípios progressivos e eternos da vida infinita e imortal, que progridem incessantemente. A função criadora da matéria gera "armações" para a manifestação temporária do ser em marcha para os cimos da inteligência, da razão, da humanidade, da sublimação, da santificação e da angelitude. Nesse sentido, os séculos devem ser contados como dias da eternidade e não como aglomerado de anos, tal a grandeza e magnificência, beleza e excelsitude das obras-primas da vida. Grande é o roteiro e cabe-nos avançar trabalhando na prosperidade de todos e de nós mesmos.

A nossa Marcelina encontra-se aqui comigo. Acha-se forte, resistente e mais conformada. Guarda as ideias em Botafogo, mas pouco a pouco liberta-las-á a benefício dela própria. Chegou a hora de consagrar-se a outro gênero de alimentação. As panelas e caçarolas, no presente, ainda que não deseje, se converterão em vasos mais nobres para a aquisição de conhecimentos e recursos diversos, a fim de que se enriqueça de maiores valores e de bênçãos mais abundantes.

Boa noite, meus filhos. Abracem ao Roberto por mim, pela data de ontem. E reunindo vocês nesta vibração de carinho que parte do meu coração para o de vocês, abraça-os muito carinhosamente o papai que não os esquece,

A. Joviano

Cada desencarnação é regresso de um lutador

Meus caros filhos, Deus abençoe a vocês, conceden-do-lhes a todos muita paz, saúde e alegria.

Estimo-lhes a conversação entusiástica na cultura do bem, antes das nossas reuniões, porque assim como é possível ao ferreiro converter o metal maleável da forja quente em utilidades para a vida comum, as opiniões bem ajustadas nos entendimentos mútuos nos oferecem matéria mental mais plástica para a produção de pensamentos edificantes em novos tipos.

Você diz muito bem, meu caro Rômulo, quando se reporta às multidões das esferas imediatas à existência do homem vulgar. Imaginem a vida física como sendo uma vanguarda compacta de luta em linhas gigantescas de soldados que orçam por dois bilhões de elementos individuais. Nessa frente, o atrito é uma corrida ao prêmio que nomeamos por "evolução", "redenção", "sublimação", etc. O trabalho do espírito, mais fácil nessas condições, é uma concorrência de aspecto gigantesco à conquista de valores imperecíveis para a alma eterna. E as esferas imediatas mais próximas à mente do homem constituem, naturalmente, a retaguarda. **Cada desencarnação é regresso de um lutador**, mas qual ocorre nas batalhas que vocês conhecem aí o número dos feridos, dos desajustados e dos loucos é sempre quase esmagador sobre a percentagem reduzida dos heróis. Geralmente, na Terra, quem volta do combate é candidato infalível ao hospital, onde atende a mutilações e chagas por tempo indefinido. Quem retorna ao círculo carnal igualmente traz consigo dificuldades enormes. Mente presa a objetos amados, coração encarcerado em sentimentos inconfessáveis, interesses atados a objetivos inferiores, desilusões intraduzíveis, desacertos numerosos, doenças convertidas em vícios do pensamento, caprichos menos construtivos, perturbações da visão interna, compromissos pesados com determinados seres, inibições que se tornaram sistemáticas, cristalizações do raciocínio que se fizeram contumazes, opiniões endurecidas no tempo, preconceitos transformados em impedimentos ao verdadeiro progresso espiritual, temores infundados, medo das renovações benéficas, dificuldades à compreensão rápida, defeitos de observação, mágoas que os atormentam incessantemente e um sem número de alterações íntimas que nos dão a ideia de reencontrar nos recém-chegados do mundo verdadeira legião de "soldados enfermos", presos da já célebre neurose de guerra que serve para diagnosticar qualquer desajuste. E os milhões de seres nessas condições reclamam providências enérgicas nos setores da assistência, da reeducação e da reencarnação, como vocês não podem, por enquanto, apreciar. E até que entesouremos em nós o estado sublime de consciência que você designa por "apreensão de ordem superior", há muitas e muitas léguas que andar nos domínios do trabalho e da experiência. Por mais movimentada seja a nossa vida no corpo, se realmente acordamos para a verdade divina, a movimentação para nós, que aqui desempenhamos as funções dos legionários da boa vontade, é sempre muito maior. Daí a razoabilidade do seu ponto de vista. A transposição de plano para a nossa mente é muito morosa, considerando as necessidades de preparação à frente da vida superior. Só a vida grande merece a grande morte. Não há libertação para quem não se liberta. O trabalho é desconhecido para quem não trabalha. A vida abundante, com relação à qual Jesus foi tão claro no Evangelho, somente se revela ao coração que se devotou à vida intensa desde aí. A união é uma luz apenas para aquele que ainda na carne a procura. O nosso mundo aqui é de continuação ao que aí teve começo. Na carne, as possibilidades de iniciar ou reiniciar são imensas. Aqui, porém, pelo menos dentro dos círculos mais vizinhos da crosta, a lembrança, a memória, a ligação impõem prosseguimento. Assim sendo, tudo aqui é sono para quem não despertou na matéria densa, desagrado para quem somente se agradou no campo emocional menos construtivo do mundo, angústia para quem não diminuiu as próprias aflições, desânimo ou perturbação para quem não aceitou os benefícios da luta ou entravou a marcha dos que buscavam lidar e lutar com nobreza.

Tudo lógico, vivo, natural. Não podia ser de outro modo. A "Terra próxima", por isso, é talvez menos interessante que a "Terra do agora" para vocês. Conhecendo essas realidades vocês permanecem armados para muitas e valiosas conquistas. Quem mais realizar com o bem mais aquinhoado de dons será pelas forças que o representam. Não se esqueçam de que pensamento e ação simbolizam sementeira e crescimento. Os dias se encarregam de amadurecer os frutos de acordo com a natureza de nossa plantação.

Estou muito satisfeito com as providências que vocês vão empreendendo em favor do Roberto. De nosso lado, partilharemos essas medidas dentro das possibilidades ao nosso alcance. Alegro-me com a colaboração de vocês na solução aos problemas dele, porque, de nosso círculo, é muito de meu desejo se sinta o neto amparado por todos os recursos ao alcance de nossa boa vontade e de nossa dedicação.

Quando a alma reenceta a luta em plano de trabalho que requisita as mais positivas afirmações da individualidade, as vozes e sugestões ao derredor de seus passos são sempre muitas. Desse modo, é útil estejamos ao lado do seu coração juvenil e generoso com as nossas. A sintonia final pertence a ele no grande caminho. Jesus emite para todos, entretanto, cada um de nós lhe ambienta os pareceres em horas e circunstâncias diversas entre si. Esperemos o futuro com o otimismo habitual.

Registramos a lembrança de palavras nossas destinadas ao público. Buscaremos responder logo que se nos ofereça oportunidade. Felizmente, não têm faltado recursos a essa sementeira de conforto e esclarecimento, e só tenho motivos para desejar progresso e êxito amplo ao serviço de vocês, que é igualmente nosso, campo de trabalho e de ideias que devemos exportar em formas sempre novas, atendendo-se às necessidades do tempo, da situação e da personalidade. A ideia em si não se modifica e no setor religioso ela é sempre um valor imutável que desceu de "Cima" para nosso consumo. O que se modifica é a expressão, simplesmente. Lidaremos com elas até alcançarmos a "superconsciência", onde a claridade divina, por enquanto, é inimaginável para nós.

Boa noite a vocês todos. E desejando-lhes muita alegria, bom-ânimo e luz reúne-os num grande abraço o papai muito amigo de sempre,

A. Joviano

A Escola Rural
João de Barro

Meus caros filhos, Deus abençoe a vocês todos, concedendo-lhes muita paz aos corações, com saúde e bom-ânimo na luta de cada dia.

Antes de entrarmos no assunto básico desta carta, consigno aqui nossas preces em conjunto, em homenagem familiar à nossa Marcelina, à frente do primeiro ano de vida nova. Presente à nossa reunião, recebe, satisfeita e comovida, a nossa lembrança e a nossa ternura, dentro da grandeza d'alma que lhe conhecemos. Ainda não se animou a escrever-lhes diretamente. Acanhamento natural e dificuldades compreensíveis, mas sente-se melhorada, conformada e mais forte, dividindo comigo e com a Martha os seus interesses mais imediatos nos serviços de agora, de vez que a cozinha não é para ela uma raiz tão fácil de desprezar. Prossigamos, porém, tranquilos. Entre o pão do corpo e o pão da alma, entesouramos os valores da vida eterna.

Estou, meu caro Rômulo, muito satisfeito e sensibilizado em torno do seu plano educativo que vai, felizmente, tomando corpo. Ainda não me pronunciei abertamente sobre o assunto, porque, na verdade, a centralização de sua confiança no papai toca o meu coração mais do que você possa pensar. Eu sei que entre nós não existe disposição para a idolatria. Somos, acima de tudo, velhos amigos, companheiros de muitas viagens que comungam, por felicidade mútua, na mesma taça de entendimento. Mas você não ignora que a escola ainda é o meu ponto sensível. Apaixona-me, absorve-me, alenta-me. Não pude ainda esquecer um "til" de tudo o que foi vivido por mim nesse setor na experiência última. Quase tudo que nós experimentamos no passado próximo, meu filho, naquele conjunto de paisagens, promessas, discussões, pequenos obstáculos, inibições financeiras, experiências com os políticos e administradores, inclusive certas lutas do próprio lar, jaz em processo de distância cada vez maior... Quase tudo se esfumou e alguns remanescentes vão-se apagando devagarinho... Mas a escola está mais viva, mais luminosa, mais rica! É o meu campo de ação, enquanto vocês, em círculo reduzido, representam o meu jardim afetivo. Entre um e outro, minh'alma se divide. Com vocês, tenho flores e frutos abençoados; com a escola, tenho celeiro e trabalho permanentes. Ambos os setores me infundem as energias de que necessito em favor da preparação do futuro grande, enobrecido e cada vez mais feliz!

Assim, limito-me a desejar amplo êxito em seu projeto, sobre o qual mal temos trocado ideias várias em suas visitas rápidas à minha esfera de ação. A máquina está montada e, quanto acontece a você, creio no surgimento do combustível que, na essência, é o apoio financeiro da fonte administrativa, destinado ao sustento da ação. Entretanto, como acontece a você, espero mais tempo para definir-me sobre as mãos a cooperarem conosco na obra já corporificada. Não podemos, contudo, duvidar da assistência do Alto e, por isso, a experiência ser-nos-á o caminho justo. O operário é sempre a alma de um serviço. Nele está assegurado o triunfo natural das aspirações elevadas ou dele procede o fracasso dos melhores experimentos. Daí o motivo pelo qual, nesse campo, convém-nos iniciar qualquer empreendimento observando, observando, observando... até que o nosso coração possa descansar na segurança de que os sentimentos e os braços que procuramos são exatamente aqueles que correspondem à nossa esperança e expectação.

No que concerne às particularidades do programa a ser executado, acredito nada tenha a acrescentar aos itens que você estabeleceu na mente criadora, em comunhão com os nossos pensamentos. Admito que os pontos fundamentais para a organização devam estar baseados nos seguintes alicerces:

1 - ensino primário,
2 - alfabetização de adultos,
3 - aprendizagem profissional,
4 - prendas domésticas,
5 - indústrias ruralistas,
6 - noções de puericultura,
7 - enfermagem rural,
8 - biblioteca,
9 - clube de alimentação,
10 - exercícios físicos e demonstrações práticas de ordem geral.

Estou certo de que nesses dez títulos temos a base de vasta planificação para o presente e para o futuro, desde que as nossas emissões encontrem a capacidade de sintonia em outras mentes chamadas à execução do "desenho mental". Peço a Jesus para que a **Escola Rural João de Barro** seja abençoada pelo Alto e que, do lançamento dela ao infinito do tempo, seja sempre uma exteriorização perene de graças e benefícios, recursos e luzes para todos.

Desnecessário será dizer a você que o acompanho na iniciativa. Encontrarei muitos modos de ligar-me à nova sementeira com o amor que o ensino sempre me inspira. Se você conseguir despertar os legionários do Rio para a assistência ao novo manancial de bênçãos em processo de formação, creia que teremos avançado cinquenta por cem na direção da realidade. Aguardemos os comissionados para a inspeção de início. Que o Senhor lhes aclare a visão e lhes embeleze os sentimentos para que vejam conosco pelo mesmo prisma. Serei sempre otimista e aguardarei sempre o melhor.

Peço a vocês se previnam contra os resfriados com o uso da fórmula tradicional do *Gelseminum* e do *Eupatorium*. Ajude-

mos o corpo para que o corpo nos ajude. Saúde de alguns trabalhadores na esfera carnal é harmonia e serviço para muita gente.
Por hoje, penso não me seja lícito estender mais. Que o Mestre
do amor nos enriqueça os corações de crescentes luzes.

Brilhem a fé e a esperança sobre nós e confiemos na
Providencia Divina. Que vocês todos recebam muita saúde,
paz, serenidade e alegria para a boa luta de sempre é o desejos do papai que não os esquece e que os reúne num grande
e apertado abraço,

A. Joviano

A escola está viva dentro de mim

Meus caros filhos, Deus abençoe a vocês, conceden-do-lhes muita paz e bom-ânimo aos corações.

Hoje, depois de haver cooperado nos trabalhos de socorro em serviços de amparo a pessoas de nossas relações no Rio (em seguida à grande tempestade lá havida), tive a alegria de acompanhá-los à festa escolar.

Você, meu filho, fez muito bem encorajando os pequenos. São rebentos na árvore da vida humana, reclamando o orvalho do amor e o estímulo para prosseguirem no justo desenvolvimento. **A escola está viva dentro de mim** e, por isso mesmo, é sempre um elo a reunir-nos e a enlaçar-nos de novo. O estabelecimento cuja formação você vai superintendendo realmente representa para mim um incentivo à boa luta. A Escola Rural João de Barro merecerá o apoio celeste para que se concretize na Terra e nessa doce expectativa esperarei o futuro para enriquecer a nossa tarefa, incorporando novos companheiros, infantis agora, à nossa caravana de lidadores do bem e da luz.

Acordar a criança para que a história e a ciência descerrem as câmaras sublimes do pensamento é obra das mais meritórias entre as criaturas. O templo pode ser uma grande instituição socorrista, mas a escola brilha acima dele, por descortinar caminhos novos e novas revelações aos que procuram o roteiro fiel da redenção. Unamo-nos nessa obra de santificação e aprimoramento. Ensinar para o bem comum é o grande benefício que muitos povos esqueceram e daí essa luta sanguinolenta indefinida, que martela o espírito da humanidade desde os albores do século presente. Por alheamento do livro, os homens se despenham no precipício e olvidam quanto lhes ensinou Aquele que para nós todos foi o portador da vida abundante. Assim, em nosso setor de serviço, façamos o possível para materializar a ideia. Doemos tudo a semelhante realização, porque o Senhor se confia a nós, quando confiamos a outrem para o soerguimento geral quanto se encontra ao alcance de nossos corações e de nossos braços. Não importa que o beneficiário passe, melhore, evolua, se engrandeça e olvide. Importa fazer o bem como a doce obrigação de viver. Nossas almas foram criadas para respirar na espontaneidade das bênçãos fraternais, em todos os ângulos do caminho, e se alguma contrariedade se sobrepõe à nossa cooperação na vida recordemos que o Cristo, para ajudar-nos e esclarecer-nos, não só entregou-se à nossa elevação, mas consagrou-se à cruz para fazer elevar os mais desclassificados da sorte à condição de filhos de Deus.

No ministério do ensino, há sementeiras esperando-nos o concurso em quase todos os lugares. Façamos o possível por emprestar o nosso apoio e a nossa solidariedade em quaisquer circunstâncias dentro das quais a nossa contribuição possa ser útil. Sementeiras e sementeiras — eis o nosso programa, a fim de que o homem de amanhã encontre o caminho evolutivo mais aplainado e mais nobre, avançando à frente.

Ainda agora estive em companhia de vários amigos nos setores coreanos de luta e dói ver a miséria espiritual com que o povo representado por todas as classes se atira à luta. O momento terrestre é dos mais graves. Ajuntemos a luz singela de nossa oração aos que se encontram em prece nas mais diferentes zonas do mundo. Tememos, de nosso lado, que o flagelo se desencadeie mais vigoroso que 1939, alicerçando agora as suas operações sobre a desintegração da força atômica e sobre os gases, nas mais variadas fórmulas, que a ciência, a serviço da guerra, vai selecionando para o aniquilamento dela própria e do mundo. De tudo o que se descobriu nos tempos últimos, depois da desintegração do átomo, consideramos o gás enlouquecente a mais terrível das armas, porque pode, em verdade, provocar surtos generalizados de loucura nas cidades sobre as quais for projetado. Que Jesus nos abençoe e nos ajude nestas horas difíceis da Terra, porque onde há sofrimento para muitos não pode haver paz e alegria para alguns.

De nossa parte, estamos trabalhando e contamos com o concurso de todos os que se mantêm voltados realmente para uma vida superior. Seja a coragem o nosso sustentáculo e a bondade divina o nosso farol aceso.

Estou muito satisfeito com a ida de vocês ao Roberto, a fim de acompanhá-lo no expressivo caminho em que entrará ainda neste mês. Não se preocupem pelo aniversário de minha vinda. Estarei com vocês em qualquer parte e das 16 velinhas de 1950 ofereço 8 a vocês e 8 aos netos, pois que não poderemos passar o nosso bolo de entendimento perfeito em outra parte.[1] Formulo votos para que tudo nos corra bem, em me referindo ao porvir do neto, naturalmente interessado no ingresso ao trabalho definitivo. Jesus nos ajudará a situá-lo em posição segura, atentos, quanto nos cabe, ao seu problema de moço em semicompromisso. Que o Céu lhe abençoe os sonhos e aspirações de rapaz.

Com os cumprimentos ao nosso Guimarães,[2] com sincera alegria e muito carinho, reúno vocês todos num grande abraço. O papai muito amigo de sempre, com muita saudade, gratidão e afeto,

A. Joviano

Notas da organizadora: [1] vovô Arthur desencarnou a 14 de dezembro de 1934, portanto, da data da mensagem decorreram-se 16 anos. [2] Em referindo-se a Francisco Guimarães, grande amigo da família Joviano, residente em Belo Horizonte.

Dezesseis anos
de vida nova

Meu caro Rômulo, Deus nos abençoe nestas horas de comunhão espiritual, como sempre, derramando sobre nós a luz do entendimento, a fim de que a estrada se faça sempre mais clara à nossa visão.

Você hoje está aparentemente mais sozinho no santuário doméstico e as vozes do grande silêncio ecoam, com mais força, nas abóbadas da mente e nas raízes do coração.

Não venho dizer dos **dezesseis anos de vida nova** que me felicitam o espírito, apesar da gratidão que me vem do carinho de vocês todos, transformada em celeste perfume para o grande caminho da redenção. Estou sempre reconhecido a vocês e o meu júbilo não pode, sem dúvida, alterar-se mais que nos outros dias em que os vejo marchar comigo pelas subidas ásperas da fé.

Venho transferir as alegrias dessas horas ao seu espírito e ao coração de nossa querida Maria, ante as realizações do Roberto. Em verdade, eu também me sinto contente e comovido. Chegamos ao término de um grande compromisso. As lutas e fadigas de muitos anos se converterão em tranquilidade e experiências novas... Do filho querido fizeram vocês um filho prestimoso da humanidade. Um título de serviço é o ingresso do trabalhador na comunidade maior. Do que era sementeira imprecisa vocês fizeram uma floração promissora e do que era flor frágil retiram vocês agora o fruto maduro, que oferecemos, orgulhosamente, a Deus, ao mundo e a ele próprio — o neto que me é tão caro, em cujo espírito ressoam os ensinos de muitos anos. Sejam felizes e guardem o tesouro desta bendita hora de perfeita harmonia. Partilho com vocês a satisfação do dever bem cumprido.

Quando voltei, impus a mim mesmo a obrigação de seguir nosso Roberto, passo a passo. Vezes inúmeras, viajei junto dele, à distância de vocês, para que não lhe faltasse ao celeiro do espírito o material necessário à grande compreensão. Em muitas oportunidades, acalentei-lhe o sono e as esperanças juvenis para que a serenidade lhe visitasse as atitudes nas horas nevrálgicas da luta. E vocês, que fizeram antes do meu esforço tão pálido? Vocês colocaram-no dentro do próprio coração! Suportaram-no nos braços e guardaram-lhe o coração como um tesouro do Céu entre nós!...

Tudo isso, meu filho, deve ser lembrado para sabermos dar semelhante riqueza ao patrimônio comum. Dar é sempre melhor que receber. A distribuição do bem vale muito mais que a retenção dele. Estamos, assim, todos alegres e tão felizes como é possível regozijar-se o espírito ainda ligado às lutas da Terra! É natural que a saudade permaneça dentro de nós, saudade dos próprios cuidados que a sua meninice e juventude primeira nos impuseram... Mas o soldado de Jesus no progresso está adestrado por habilitações que nos honram. Desejemos a ele a merecida vitória e acompanhemo-lo com os nossos pensamentos de paz.

Entendo o seu estado d'alma nestes dias. É um longo trabalho paciente e difícil que termina. Vocês levantaram o mapa do futuro e traçaram novas diretrizes. Tudo quanto prometeram foi cumprido. Roberto — espiritual — exigia braços e bênçãos, e vocês dois criaram os recursos necessários à grande realização. Que melhor recompensa para nós, além dessa, de vê-lo enobrecido em busca da posição que lhe compete na vida?

No porvir próximo e remoto estará, doravante, mais junto a nós, embora pareça mais separado. O Roberto — homem — naturalmente possui os seus impositivos de roteiro e as suas lutas que fluem do pretérito a se projetarem na tela das realidades presentes, mas o Roberto — espírito — viajará conosco no mesmo carro de amor e de carinho, lutando por erguer, cada vez mais alto, os princípios que lhe assinalam a consciência reta. Nos dias fáceis e alegres, voltar-se-á para nós com imanifesta ternura e nas horas difíceis lembrará as nossas palavras velhas e sempre novas.

Os sucessos desta semana são a verdadeira vitória da alma — vitória íntima, com acréscimo de paz e de contentamento diante da vida. Que a joia entregue por vocês com tanto devotamento ao tesouro da comunidade brilhe sempre com as irradiações e com o fulgor que vocês dois lhe imprimiram.

É por isso, meu caro Rômulo, que antes de tudo meu abraço se dirige mais fortemente a vocês ambos, pelo valor com que se revelaram na causa de reerguimento dos nossos próprios destinos. O companheiro de muitos séculos é hoje um aliado efetivo para o presente e para o futuro. Sejam jorradas sobre ele as bênçãos e as inspirações do Céu. Até agora éramos nós quem nos manifestávamos — agora esperamos que o neto querido se manifeste.

A vida é um rio de luz na direção da imortalidade gloriosa. A luta é a romagem de nosso barco no dorso de suas águas. De qualquer modo, viajemos tranquilos. Quem maneja os remos da vontade esclarecida sabe o que deseja e não para. Serviços se sucedem e as missões da alma se fazem seguidas de outras tarefas sempre mais vastas.

Sejam vocês dois os intérpretes de minha satisfação no Rio. Estarei ao lado de todos, recebendo o meu quinhão de felicidade e encantamento. Muito temos recebido do Senhor e mais tem o Senhor para dar-nos. O bom lavrador decifra o mistério do campo penetrando-lhe a grandeza sublime e aprendendo que essa grandeza jamais alcança o fim. Tenhamos o nosso coração voltado para o bem e o bem nos conferirá milagres de triunfo no serviço de cada dia.

Como sabe você há sempre um mundo de ideias novas em cada oportunidade que nos surge ao entendimento, mas desejo no meu aniversário de hoje — 14 de dezembro, quase iniciante — concentrar as minhas alegrias em nosso "veterinário". Que ele receba as melhores vibrações dos nossos sentimentos. Maria e Wanda lá estão na vanguarda, conduzindo até ele o nosso abraço e nós oramos no centro, na retaguarda da vida irradiante que é o lar, rogando ao Senhor o faça abençoado e vitorioso missionário do grande progresso, até que amanhã possamos igualmente seguir ao seu encontro.

Aqui interrompo assim a minha aventura escrita ou falada para continuar ao seu lado na melhor comunhão de espírito a espírito, no cultivo de nossa felicidade eterna.

Reunindo, pois, você e Maria em meus braços paternos e amigos, nestas horas de harmonia e de luz, deixa-lhes carinhoso abraço o papai e companheiro de sempre nas lutas redentoras de cada dia na Terra,

A. Joviano

Aos nossos benfeitores da Vida Maior

Meus caros filhos, Deus abençoe a vocês, concedendo-lhes muita saúde, paz e alegrias.

Rejubilando-me ante as homenagens afetivas de nossos corações ao Roberto, na semana finda, rendo graças **aos nossos benfeitores da Vida Maior** pelo apoio e solidariedade que nos prestaram, na direção dele, à frente das lutas comuns ao campo juvenil.

Agora é o "mar largo". Habituemo-nos com a ideia de que ele deve encaminhar-se para o futuro usando as próprias armas. É razoável pensar assim para que o nosso amor seja sempre para o neto um motivo de libertação e engrandecimento. Natural que nunca nos afastemos definitivamente das bases respeitáveis. A planta guarda as raízes no solo em que nasceu e produz no espaço imenso. Compreendo a luta íntima a estabelecer-se nas praças anteriores de nossa alma nos momentos de "separação espiritual".

Aí na Terra, graças a Deus, pela experiência de muitos séculos trazida dentro de meu campo interior, em forma de tendências, não senti muita dificuldade para fazer essas operações. Muitas vezes, o meu raio visual atingia uma zona menos devassada do horizonte, mas se houve alguma coisa em meu paternal roteiro de que me possa alegrar é a de que, no fundo, nunca retirei dos filhos e filhas o impulso de experimentar. Deixemos o neto, não à revelia de nosso carinho ou vigilância, mas no continuísmo do aprendizado. O colégio agora, para ele, alargou-se. É a universidade do mundo em que vocês e eu também estamos matriculados, agindo e criando para a nossa felicidade no presente e no futuro.

Não me refiro a semelhantes cuidados porque veja em vocês qualquer nota de apego pessoal, justo no santuário doméstico. Vocês sempre souberam trabalhar mentalmente para ajudar aos filhinhos a se exercitarem para a livre escolha do trabalho e da experiência no mundo. Reporto-me, sim, à medicina preventiva do sentimento, que devemos sempre fazer pairar em campos invariavelmente mais altos de luta, de vez que o filho crescido é mais o companheiro de caminhada que a luz afetiva dos nossos olhos. Vejamos os quadros da vida e conservemos o nosso coração cheio de amor e boa vontade. A nossa confiança em Roberto deve ser justa e grande, e só podemos esperar das resoluções dele o maior bem.

Trago a vocês, meu caro Rômulo, os meus "parabéns" pelo aniversário.[1] Comemoramo-lo com valioso serviço de sementeira junto dos nossos. A sua visita ao lar foi muito feliz. Ainda aí, meu filho, vemos a imagem do filho transformado em companheiro. Você, na conversação com sua mãe e com as irmãs, foi muito mais o amigo humano que o parente pelos laços da experiência física. Felizmente, estivemos ambos tão identificados que me senti, não como pai ou chefe invisível da casa, mas na condição de um associado saudoso que volta de longe, interessado no bem geral. Você teve a serenidade precisa para fixar os meus humildes pensamentos e projetá-los aos ouvidos que nos escutavam. Observou o seu coração junto do meu que em muitas ocasiões é necessário nos transformemos em "crianças espirituais" para atingir a cidadela dos preconceitos cristalizados. O assunto me impele a imaginar um forte guardado por soldados bem munidos que, naturalmente, não abririam passagem a contendor visivelmente armado também, mas experimentaria contentamento e reconforto em abrindo a porta ao menino sem bagagens. Assim, na maioria dos casos, é o coração humano, mormente quando a cabeça empolga o sentimento em quase todos os ângulos da personalidade. Não convém nos dirijamos aos outros revelando os nossos preciosos ins-

---

[1] Nota da organizadora: Rômulo aniversariava no dia 19 de dezembro.

trumentos de verdade infalível... Mais vale penetrar a visão dos que nos buscam ou nos recebem na posição juvenil da mente que em todas as coisas e circunstâncias vem procurando aprender ou semear algo de útil ou de belo.

Creia que a alegria conquistada por você é vitória espiritual do melhor quilate. Pouco a pouco, acentuaremos os nossos triunfos. O tempo reclama da parte dos nossos um esforço mais intensivo e mais eficiente na aquisição de valores realmente substanciais. Não conseguiremos nossos fins tentando aprimorar ou acelerar os nossos processos de dar ou transmitir a eles aquilo de que carecem, e sim descobrir um recurso de auxiliá-los a receber e guardar os bens do espírito que lhes destinamos.

Quanto ao mais, felicito a você pela nova colheita de bênçãos no dezenove de ontem. A vida é uma romagem de luz para quem segue assim, quanto você, de mente, coração e braços abertos às criações do trabalho, da elevação e do bem. Não esmoreça em sua preciosa edificação. Aqueles que ajustam os tijolos da experiência de cada dia, buscando o Alto, esbarram mais tarde com as portas do Céu. Esse pensamento sempre me confortou na caminhada para a frente.

Jesus conceda a você e à Maria vastos anos de abençoado serviço na Terra, estabelecendo novas linhas nos destinos que nos são comuns. Um coração que se eleva amealha recursos em favor de todos. Não nos falte, pois, a coragem de seguir valorosamente para adiante, na sementeira e na colheita constantes do serviço do amor, da fé viva e da alegria.

Que o Céu esteja diariamente com vocês na Terra, embelezando-lhes o caminho e os corações, é o voto do papai que os reúne dentro da própria alma num grande e carinhoso abraço.

A. Joviano

Um 27 jubilar

Meus caros filhos, Deus abençoe a vocês, ao lado de nossos caros amigos General Aurélio e irmã Júlia, nesta noite de paz, fortalecimento, alegria e luz.

Abraçando-os pelas bodas de hoje, consagro a vocês dois, em minha afeição de sempre, o perfume de todas as flores que desabrocham neste abençoado campo de trabalho e fraternidade, ofertando-lhes, ainda, toda a música do Evangelho para que a melodia das palavras divinas se façam ouvidas, de nós todos, nos mínimos ângulos de nossa estrada de redenção.

Nos 27 tesouros de felicidade que vocês estão desfrutando neste **27 jubilar**, elevo minha oração de reconhecimento e carinho a Jesus e a vocês dois, formulando votos ardentes para que ambos recolham todas as flores do jardim infinito da vida abundante que Cristo prometeu àqueles que o amam e seguem.

Encerrando as nossas atividades do 1950, almejo-lhes um Ano Novo de realizações sublimes e entoando o nosso cântico de alegria em oração, para que as bênçãos de Deus façam sempre morada entre nós, abraça-os muito efetuosamente o papai reconhecido de sempre,

A. Joviano

1951

À nossa querida Maria

Meus caros filhos, Deus abençoe a vocês, concedendo-lhes muita saúde e paz, ao lado dos nossos bons amigos
General Aurélio e irmã Júlia.

Prazerosamente, desejo trazer **à nossa querida Maria** o
abraço carinhoso de felicitações pelo aniversário. Não é mais
uma primavera colhida, segundo a crença popular, e sim mais
uma primavera incorporada ao seu jardim interior, onde as flores nunca morrem. Seja a data de seu natalício, minha querida
filha, repetida indefinidamente no curso do tempo, trazendo-
nos sempre a doce e vigorosa alegria de nos sentirmos reconfortados com a luz de sua presença junto de nossos corações.

Tenho ouvido seus pensamentos, suas reflexões. Sua
"conversação sem palavras" toca-me o espírito. Eu acredito
que poucas esposas e poucas mães terão tido, quanto você,
a glória de uma felicidade tão grande, porque a sua paz está
vinculada ao dever bem cumprido e ao ideal superior com
que você alimenta as suas decisões. Eu me honro de anotar, sem lisonja, nesta carta, que em todos os anos atuais e
tempos de nossa convivência nunca vi seu coração inclinar-
se para a injustiça. Alma temperada em experiências e lutas
que muitas vezes lhe custaram sacrifícios extremos, observo
a serenidade que você coloca nas mais íntimas resoluções.
Não me refiro aqui à orientadora do lar e ao coração que
sempre se confia aos que o Céu lhe confiou ao amor no
altar doméstico, refiro-me à sua personalidade imperecível,
às mais íntimas associações de suas ideias e sentimentos para
expressar-me pela maneira que hoje o faço, buscando destacar
não só o carinho, mas também o respeito e a admiração que
você sempre me inspirou. Jesus conceda à sua alma sensível

a fortaleza precisa diante das tempestades humanas. Quando traçamos uma diretriz segura a seguir, quando desejamos uma posição de equilíbrio no desempenho das obrigações que a vida nos confia, e quando sabemos o que desejamos nos objetivos finais do bem, nem sempre somos compreendidos. Cada criatura que se não afina pelos nossos princípios como que nos reclama para a esfera em que se movimenta e em nos observando a marcha sem oscilações nos move gratuita guerra que o tempo, contudo, se encarrega de desfazer. Não se impressione ante as rajadas perturbadoras que em muitas ocasiões nos visitam de perto. Sabe Jesus quanto custou ao seu coração amoroso preservar o campo de paz e alegria que todos desfrutamos, em torno de suas realizações. A esposa é o coração do lar e o espírito materno é a luz da vida. Quando esse coração vacila, o homem treme e desfalece ante o imperativo de luta incessante no mundo, e quando essa luz empalidece, as criaturas erram sem rumo para se precipitar nos despenhadeiros da ignorância ou da insensatez. Tenho a presunção de conhecer a essência de sua abnegação e de seus sacrifícios.

Não importa que outros passem indiferentes ante uma lâmpada acesa. A cegueira não é moléstia de eliminação muito acessível. Continue seu ministério, centralizando seus sentimentos no grande futuro. Ouço-lhe as indagações últimas com respeito ao Roberto e com respeito à Wanda... Não se preocupe em excesso. Que não estará bem, onde somente cogitamos do bem? Cada filho tem o seu caminho, a sua luta e a sua experiência. Um casal, às vezes, me parece como sendo uma árvore abençoada. O esposo é o tronco e a esposa é a copa florida ou frutescente. Os filhos são pássaros que se aninham. Por muito tempo descansam nos ramos viridentes e frondejantes, mas um dia experimentam voar e começam a enriquecer os grandes patrimônios da vida. Mas quem retiraria a força divina do tronco e da copa que se ajustam pelo milagre da seiva? E quem poderia subtrair essa seiva que é o amor imortal, sublime alimento das almas? Vinculada ao amor celeste, essa árvore mística desafia todas as invernias, todas as tempestades, todos os ventos! Reconstitui-se, refloresce e frutifica, invariável, no espaço e no tempo, espalhando obras de luz e santificação no rumo da vida inteira. Tranquilize os pensamentos e vivamos felizes cada vez mais. Temos à nossa disposição um celeiro de bênçãos na fé viva a ligar-nos com os poderes mais altos e em comunicação com a vida abundante que o Mestre nos legou avançaremos vitoriosos para diante.

Trago-lhe, pois, o meu abraço muito carinhoso e muito alegre. No canteiro de seus ideais, prossiga cultivando como sempre as flores da alegria, do otimismo, da concórdia e do bem. A vanguarda é infinita. E os dias belos não se apagam para quem colocou no centro da própria visão a imagem da imortalidade, com o trabalho permanente do bem. Creia que estaremos ao seu lado nas horas difíceis ou alegres para decifrarmos juntos os problemas da luta santificante. Jesus conserve a sua alma, que nos é tão querida, no castelo íntimo dos seus princípios pessoais de justiça, equilíbrio, serviço, ordem, beleza e luz a serviço do coração que palpita pela felicidade de nós todos. São os meus votos ardentes e incessantemente repetidos, esperando que as bênçãos do Alto floresçam ao redor de seu caminho em todos os momentos de suas abençoadas experiências na dedicação com que você assinala a sublime tarefa ao nosso lado.

Minhas visitas afetuosas a todos, com os meus rogos ao divino Médico para que vejamos o nosso amigo General Aurélio fortalecido e refeito em breve tempo. Hoje, não desejo dilatar-me em muitos assuntos. A carta desta noite é do meu paterno coração e não me permito incluir outros temas.

Boa noite para todos. Que a paz do Senhor nos felicite, são os votos do papai e amigo de sempre que lhes deixa carinhoso abraço,

A. Joviano

Ao meu caro neto

Meu caro Roberto, Deus nos abençoe a todos.

Hoje é para você, individualmente, que o vovô Arthur se volta com a expectativa confiante de sempre. E venho **ao meu caro neto** para dizer-lhe da continuidade da nossa assistência e do nosso carinho.

Eu sei que você deu quanto era possível na luta estudantil. Disciplinas, vigílias, regulamentos e programas eram alguma coisa a misturar-se com a própria respiração. E observo também a ansiedade natural do seu espírito juvenil à frente das dificuldades que surgem ante os seus propósitos de habilitar-se em posição digna, de imediato, no trabalho que corresponda à nobreza de suas aspirações.

Você se sente, no fundo, como alguém que houvesse corrido, exaustivamente, por vários anos a fio, encontrando em seguida a passagem cerrada, constrangido à inércia ou à expectação inoperante. Além da porta há o ruído agradável de quem trabalha, luta e vence, enquanto que você, ensaiando a tristeza imanifesta, é compelido à espera indeterminada. Creia, porém, que não é bem assim.

Você está apenas no término da luta com os livros didáticos e teóricos para empunhar os livros iluminados e práticos da experiência direta. Antes de tudo, cada dia, erga seu pensamento para o Alto e peça a Deus forças e recursos para a romagem nova. O presente é sempre uma série de estradas que, de alguma sorte, se confinam com o passado, estradas essas que necessitaremos trilhar com calma, serenidade, esforço e paciência.

Prosseguindo nessa operação silenciosa de reabastecimento espiritual, continue batendo, com senso de oportunidade e prudência, às portas da administração humana, transformando-se em oficial de ligação entre elas e o lar, a fim de que você mesmo saiba apreciar as situações, circunstâncias e casos, com as suas tendências e ideais. Não tema. Ninguém vive ou está sozinho na articulação do bem. Entre o período de formação cultural e a luta profissional, propriamente considerada, há um tempo singular, em que as energias dos pais e dos filhos devem estar conjugadas. Este é o momento que você atravessa para chegar vitorioso ao campo de trabalho, em que seu espírito se manifestará com a devida independência. Compreendo que você não pode, de pronto, resolver todos os enigmas, entretanto, guarde a certeza de que seguiremos ao seu lado. Ajuste-se por dentro com as leis que nos governam e nós equilibraremos as situações por fora.

Não alimente, contudo, qualquer gênero de aflição. O assunto referente às suas ocupações definitivas demanda ainda algum tempo e discernimento. Indispensável pesar, confrontar e analisar situações, a fim de não precipitar-se.

No Rio, estude com serenidade ativa o problema. Considero também que, se possível, a decisão deve ser observada agora, enquanto outro período governamental não se abre à maneira de uma caixa de surpresas. De qualquer modo, porém, não se perturbe. Em qualquer clima político quem sabe fazer amigos encontra possibilidades de concretizar as melhores esperanças e as mais caras aspirações. O que não desejamos é ver você acabrunhado e inquieto, como se o trabalho realmente estivesse faltando ao seu orçamento espiritual. Coloque a sua mente e o seu sentimento no ideal que lhe orientará mais seguramente os passos no futuro. E pratique nas obras de cada dia, afeiçoando-se, cada vez mais, aos verbos "fazer" e "servir", dois elementos preciosos para a nossa vitória real. Não digo a você "esteja descansado", mas sim "estejamos calmos".

A situação será amparada e pedimos ao Senhor conceda a você uma saúde perfeita, com energias robustas e aspirações sempre mais altas no rumo das edificações que o seu ânimo de trabalhador se propõe concretizar.

Sigamos à frente. Seus pais e eu permaneceremos ao

seu lado, fortalecendo-lhe as fibras mais íntimas para a romagem feliz na Terra. Não se esqueça de unir os seus pensamentos aos nossos. A união é fator importante em quaisquer fins. E não ignoramos que a finalidade de nossa luta é manifestamente edificante, de vez que temos por objetivo o seu coração tranquilo e forte no porvir recompensado com a realização dos seus sonhos de rapaz. Entusiasmo e confiança, bom-ânimo e boa vontade, e não se esqueça de que nunca agimos a sós.

Minha visita afetuosa aos nossos bons amigos General Aurélio e irmã Júlia, para os quais continuo formulando os meus sinceros votos de permanência no campo. E reunindo-os a todos no meu devotamento habitual sou o vovô muito amigo de sempre,

A. Joviano

Indicações

do clínico amigo

Meus queridos filhos, Deus abençoe a vocês. Minha visita é reduzida. Apenas algumas palavras de saudação e carinho, com uma receita que prometi à nossa querida Maria.

Minha filha, as dores inesperadas no braço decorrem de uma distensão muscular mal curada, de muito tempo, agravada por alguns fenômenos de ácido úrico.

Indaguei a quem de direito para trazer a você **algumas indicações e o clínico amigo**, a cuja apreciação levei o seu caso, aconselha-lhe as fricções com *óleo de Arnica* (preparado especial da homeopatia) e um a dois vidros do *Tofatril*. Adquira um vidro somente para observarmos se o seu organismo estará acomodado à medicação. E quanto mais verduras nas refeições melhores efeitos se verificarão em seu tratamento.

Ao Rômulo, não darei receituário. Não é conveniente minha lembrança de remédios, embora sejamos dos primeiros ao exaltar a medicina preventiva, mas é que nos estados médios de saúde a demasia de elementos medicamentosos invoca as enfermidades. A água, meu filho, ainda é o melhor veículo de princípios curativos para a sua saúde. A água da prece, do pensamento elevado ao Alto, buscando os eflúvios divinos em sua fonte.

Boa noite a todos, desejando aos nossos bons amigos General Aurélio e irmã Júlia saúde e paz, alegria e bom-ânimo. Com os meus votos ardentes ao Senhor pelo nosso geral fortalecimento na luta, sou o papai e amigo de sempre,

A. Joviano

14/02/1951

No livro do coração

Meus caros filhos, Deus abençoe a vocês todos, ao lado de nossos bons amigos General Aurélio e irmã Júlia, aos quais, como sempre, renovamos os nossos votos de saúde, felicidade e paz.

Volto hoje às nossas cartas afetuosas e habituais, reafirmando no culto da prece a minha presença, com muito carinho e reconhecimento. Em verdade, o papel e o lápis não constituem recursos essenciais para o nosso intercâmbio, porque, acima de tudo, é **no livro do coração** que gravamos as mais belas e mais amplas mensagens daqueles que amamos. Além disso, nos momentos de sono físico rara é a noite em que não nos encontramos juntos em serviço ou em estudo, no grande roteiro evolutivo que vamos executando, em perfeita sintonia de sentimentos.

Venho, meu caro Rômulo, para novamente dizer a você, como em todos os dias, que a nossa viagem segue regularmente. É de lamentar que os companheiros encarnados não se recordem de nossos encontros e trabalhos, ideais e planos em comum, aqui onde me identifico à vida nova. Entretanto, ao mesmo tempo, devemos render graças ao Senhor em razão desse esquecimento temporário, porque a lembrança viva dos fatos e feitos da esfera espiritual lhes perturbaria a marcha. Inclinar-lhes-ia o raciocínio à falsa apreciação de valores dentro da vida e lhes conduziria a fé à posição do êxtase improfícuo, eliminando-se valiosas oportunidades de progresso e elevação para cada um. Muitos acontecimentos, meu filho, que você interpreta como sendo "improvisações magnéticas" em seus trabalhos de socorro fraterno e indiscriminado, representam exatas reproduções de serviços que nós ambos observamos nas excursões de estudo no meu novo campo de ação. Graças a Deus que é assim! Quantos desencarnados se beneficiam, às vezes, com um simples passe ou com uma simples oração! Jesus nos fortaleça para servirmos sem fadiga a todos aqueles que o seu infinito amor nos envia à cooperação. Quanto às lutas no caminho que você vai trilhando, na administração e no esforço, na criação e na realização, não espere mudanças ou alterações que demonstrem vantagens no plano terrestre. As lutas e problemas que o cercam jamais diminuíram. Crescem constantemente, desdobram-se, multiplicam-se e agigantam-se. Acredite que esse é um bom sinal. Não se deve aguardar louros em pleno combate e você permanece forte e bem disposto em sua batalha. Para fazer algo no mundo, é preciso sofrer muito, e para dar ao mundo alguma coisa é indispensável sofrer ainda mais. No silêncio com movimento você aprenderá sempre grandes e abençoadas lições. Não importam a sombra ou o obstáculo. Importa seguir sem desânimo, convertendo cada dia em instrumento do "fazer com o bem e para o bem". Atendida essa base, avançaremos para setores mais altos.

Você, felizmente, vem organizando com muito valor a sua fortaleza íntima. Tenho estado muito satisfeito com o seu esforço em reestruturar o campo emotivo. Isso é muito importante. Não podemos ligar os fios da vida em todas as redes. É imprescindível evitar os choques, os "curtos-circuitos", as descargas violentas! E, assim, com a oração e a boa vontade não há problema que sempre paire sobre nós, de modo insolúvel. Cada dia é dia de avançar para a frente. Considere a tristeza ou a desistência, perante o bem, como inimigos da nossa paz. É necessário agir, trabalhar e aprender sempre. Agindo, libertamos as energias maduras em favor do nosso destino melhor. Trabalhando, faremos as mais elevadas provisões de experiência edificante. E aprendendo, acenderemos eterna claridade dentro de nós mesmos. Nesse processo sairemos de nós próprios ao encontro da vida, armazenando os tesouros de que se fez portadora para a humanidade inteira. Parar, não. Seguir, sempre.

Você, meu caro Roberto, está sempre lembrado pelo vovô. Não se inquiete à frente das dificuldades eventuais na questão de serviço que lhe domina os pensamentos. A vida é semelhante a um escultor poderoso e sábio. Antes de tudo, examina o material em que plasmará a obra-prima. Você, muito naturalmente, em sua idade, está atravessando essa condição. O destino consulta o seu espírito e estuda as probabilidades de conduzi-lo à mais alta galeria do respeito geral, somente adquirível pelo esforço reiterado e paciente nas lutas desdobradas e exigentes em que, para a nossa ventura, fomos localizados. Aceitemos os alicerces e o edifício subirá seguro e reto. Esperemos com a total confiança de quem sabe que nos achamos sempre nas mãos do Senhor.

Wanda, vivo deveras feliz com as perspectivas do seu trabalho mediúnico. Achando-nos à frente de nossa estimada irmã Júlia, recordo o bem que poderíamos estabelecer enviando mensagens de Ottília aos cegos dos diversos recantos do país.[1] Sou sempre um apaixonado pelas ideias novas a correrem aqui e ali por sublimes fontes de renovação mental e semelhante medida seria excelente contribuição entre os nossos amigos mais necessitados de luz. Quanto mais espalhadas as mensagens melhor para o nosso ponto de vista. Eu sei que fazer dá sempre muito trabalho, mas isso representa um privilégio para os servidores mais decididos na órbita sublime do bem. Você, em suas tarefas, escolha um horário, ainda que mínimo, cada dia. Isso facilitará de muito o seu

---

[1] Nota da organizadora: vovô refere-se aos trabalhos de transcrição para o sistema Braille, destinado à leitura pelos cegos, levados a efeito pela Sociedade Pró-Livro Espírita em Braille, fundada pela vovó Júlia, pelo Gen. Mário Travassos, Luiz Antônio Mildeco Filho - cego de nascença -, e pelo oficial da Marinha, Marcus Vinícius Telles - cego em decorrência da explosão de uma caldeira. Dentre esses trabalhos, destaca-se o da transcrição do *Pequeno Dicionário da Língua Portuguesa*, de autoria de Hildebrando Lima e Gustavo Barroso, que levou quatro anos de trabalho, resultando, ao todo, em 64 volumes, que se encontram na Biblioteca Benjamin Constant, no Rio de Janeiro. Vovó Júlia dividiu a tarefa em partes, que entregou à minha mãe Maria, em Pedro Leopoldo, e a várias senhoras, no Rio de Janeiro. Esse trabalho foi organizado e coordenado por vovó Júlia a pedido de sua tia Engracinha, já no plano espiritual, e que se reconhecia devedora dos cegos, porque, mulher poderosa em vida anterior, decretara essa pena para o chefe de insurreição surgida em seus domínios e, em o fazendo, teve como vítima o próprio filho.

trabalho e nos possibilitará recursos mais fáceis de contribuir ao seu lado. À noite, se possível, todos os dias, ou em dias determinados da semana, poderíamos colaborar em sua sementeira, com muito proveito. Marcada, porém, a ocasião, organize um quadro mental que não seja abalado ou transformado facilmente. No seu caso, começaria com trinta minutos e, em seguida, dilataria o tempo, à medida que a fadiga fosse sendo derrotada naturalmente. É uma sugestão. Não faça sacrifícios. Tudo deve ser espontâneo como a respiração, ou como a água pura de uma nascente.

Vocês todos previnam-se contra a gripe. Algumas gotas de limão nas águas, por alguns dias, com o uso do *Gelseminum* e do *Eupatorium*, alternados, produzirão bons resultados. A nova gripe não é diferente das anteriores e sim mais intensa pela acumulação dos tóxicos invisíveis na atmosfera comum.

Deixo-lhes a todos as minhas lembranças, carinhos e afetos de todos os dias. E reunindo-os num abraço muito carinhoso sou o papai, vovô e amigo de sempre,

A. Joviano

Quando vencemos
o abc do raciocínio

Meus caros filhos, Deus abençoe a vocês todos, conferindo-lhes muita paz e alegria, votos esses que torno extensivos aos nossos caros e bons amigos de sempre, General Aurélio e irmã Júlia.

Repetindo a visita habitual, uno-me às preces de vocês para reforçar os pensamentos de gratidão e rogativa ao Senhor a benefício de nossa vitória nas lutas esposadas.

Tenho estado com você, meu caro Rômulo, nos presentes dias de sementeira espiritual mais intensiva, ao lado daqueles que o Poder Maior confiou à sua orientação.

Os seus trabalhos, quanto mais amadurecidos mais substanciosos, porque, em verdade, há no coração e na mente dos seus associados de serviço mais receptividade, mais entendimento, maior plasticidade do pensamento. Às vezes, para muitos, as explicações poderiam permanecer demasiado minuciosas, entretanto, está você e estamos nós todos numa empresa enorme — a formação do espírito brasileiro — e não podemos prescindir da boa vontade, da repetição, da perseverança e da insistência.

Observando os seus esforços, sinto-me feliz conhecendo que o seu devotamento aos compromissos vai sendo coroado do melhor êxito.

Quando ultrapassamos as linhas da evolução iniciante, **quando vencemos o <u>abc</u> do raciocínio** e alcançamos uma compreensão mais vasta, não voltamos à carne sem um programa que representa, incontestavelmente, a "espinha dorsal" de nossa tarefa. Somos milhões de companheiros empenhados em votos e promessas, débitos e mandatos, a nos movimentarmos para solucionar as responsabilidades que abraçamos, depois de pedi-las junto aos "conselhos" e "tribunais" competentes.

E você solicitou esse ministério árduo de despertamento, de serviço, de prática, de suor, de devoção à natureza, que não terminará em tempo próximo. Por essa razão, o seu descanso está no movimento que corresponda ao seu apostolado, à sua missão. Não há recursos, meu filho, para repousar em outros setores. A "voz do compromisso" fala muito alto dentro de nós. Somos torturados, inquietos, aflitos, atormentados quando realmente se instala em nosso íntimo. O ouro fácil, a posição honrosa no mundo, os títulos e as condecorações, quaisquer que sejam, esmaecem diante dela. Tudo se lhe subordina no campo de nossas atividades e viajamos da primeira mocidade até o túmulo ouvindo-a e dando-lhe forma nas obras que nos compete realizar. E bem-aventurados quantos podem escutar a "sua voz", a voz de comando que impera no destino de cada trabalhador com tarefa determinada e especializada. Só posso dizer a você que peço a Jesus fortalecer-lhe a saúde, o ideal e o bom-ânimo nas mais recônditas fibras espirituais.

Eu também, enquanto jornadeei na Terra, só encontrava a escola à frente do olhar. Observava os imperativos da instrução pública ou particular em todos os caminhos e não me arrependo de haver atendido à "voz" que falava em meu coração até o fim da etapa. Digo "etapa", porque voltaremos à lavoura começada. Harmonizamo-nos dentro da edificação do progresso como as peças da máquina ajustadas a determinados fins. Quanto mais aprimorado o começo melhor a continuação. Quanto mais eficiente a continuação mais formosa a vitória no ideal que nos sustenta no abençoado caminho. Do êxito de uma fase dependem as facilidades da fase seguinte. Da segurança do princípio depende o coroamento triunfante de qualquer construção.

Você é o trabalhador do progresso e da evolução em aspectos elevados da luta, mas é também o educador, porque, no fundo, todas as missões de relevo se concentram na preparação ao fim único que é a perfeição. Educar é a tônica de todas as tarefas na direção da harmonia suprema. Em razão disso, estamos plenamente identificados na mesma obra e, no desdobramento dela, a palavra constitui para nós o que a semente minúscula representa para a colheita. Sem o verbo, em nossos círculos de aprimoramento, não há criação.

Na palavra reside o "fiat lux" da própria vida. Assim, prossiga em seu roteiro, encorajado e feliz. Enquanto o hálito divino alimentar as nossas oportunidades, trabalhemos e sirvamos incessantemente. O tempo responderá por nós a todas as deficiências da estrada, porque o tempo favorece, com a lei eterna, o crescimento de tudo para tudo selecionar na hora devida. Desejo, pois, à sua convenção de fraternidade e serviço muita paz e muito êxito, a fim de que os bons entendimentos produzam as boas obras na senda de todos.

De sua gripe, vamos cooperando em seu benefício, mas será útil usar, conforme reparo do nosso clínico, 5 a 8 gotas do *Allium Sativum*, cada noite antes do sono, durante 6 a 8 dias, para facilitar a eliminação das toxinas, com a urgência possível. E através da água magnetizada você receberá o resto de que necessita. Continuemos atentos a essa operação simples de comunhão com a natureza terrestre e com a esfera espiritual, e por intermédio do líquido puro você obterá todos os elementos de que o seu edifício orgânico venha carecer.

Ao nosso Roberto, prometo fazer o possível para que as suas aspirações se façam atendidas.

Creio também que a viagem ao Rio é oportuna. Há problemas que não devem ser perdidos de vista para que a solução se aproxime com as facilidades desejáveis. Deus nos proteja.

Ao nosso amigo General Aurélio falará um companheiro sobre a saúde e esperando que a paz e a alegria estejam com vocês todos deixa-lhes um abraço muito carinhoso e amigo o papai, vovô e companheiro reconhecido de todos os dias,

A. Joviano

É necessária a confiança nos poderes maiores

Meus caros filhos, Deus abençoe a vocês todos, concedendo-lhes muita saúde, paz e alegria, votos esses que estendo muito particularmente aos nossos queridos amigos General Aurélio e irmã Júlia, que seguem conosco na doce viagem familiar.

Meu caro Rômulo, venho comungando de suas ideias, de suas meditações e de suas ilações nos últimos dias. Geralmente, quando você procura a paisagem calma para ajudar a prece, vejo-me de imediato atraído para as suas cogitações, que se fazem também minhas. Esperemos que a vontade do Senhor predomine em nossas esperanças e realizações. Compreendo os conflitos interiores que, às vezes, vulcanizam sem ruído o seu pensamento e justifico-lhe as preocupações à frente da missão que você esposou com fidelidade e devotamento. A hora de grandes incertezas na cabeça é igualmente aquela que instala a perturbação dos braços, que precisam tranquilidade na orientação para desenvolverem convenientemente o programa divino que lhes cabe. Aqui me refiro à administração de serviço habitual. Entretanto, você sabe que **é necessário depor a confiança em poderes maiores**. Isso não nos exonera da obrigação de agir e providenciar, mas é fator de serenidade para os nossos corações empenhados na luta do bem.

Chegam momentos de nossa missão, seja onde for, em que somos constrangidos a escalar a torre de vigilância e, daí, estudar os caminhos em que marchamos. Suba à sua torre e observe. É indispensável, porque, às vezes, a passagem da ventania deixa nuvens e sombras infecciosas na estrada.

Sinto-me satisfeito de qualquer modo, mas não posso furtar-me à obrigação de recomendar a você muita calma no leme da sua e nossa embarcação. Haja o que houver, estou sempre confiado no melhor, e conte com o seu pai e amigo de sempre. Nas grandes renovações governamentais em países qual o nosso, as situações, às vezes, provocam medidas precipitadas ou revelam deficiências de visão, ante as quais precisamos imunizar o espírito em favor de nossa segurança e tranquilidade. Quanto ao mais, peço a você compreender na experiência da carne uma grande romagem para cima quando os nossos espíritos permanecem realmente acordados. A princípio, muitos avançam conosco, subida afora, cantando e orando, entre a beleza da noite e a sublimidade do dia, mas raros chegam aos cumes.

Aqui, alguém se desvencilha de nós por saudades intensas do vale, outro se acredita incapaz na obra da ascensão que lhe é própria. Além, há companheiros que descansam, temendo o suor da marcha, enquanto outros se afastam receando os sacrifícios. O coração intrépido, contudo, segue para diante, invulnerável. Hoje chora, amanhã se dilacera e depois se desengana, mas avança destemeroso, de espírito colocado nos olhos que buscam a inspiração do Céu, e nas mãos que lhe traduzem a grandeza de sentimentos. Nessa peregrinação simbólica, os dias se sucedem com o acervo dos problemas singularmente aumentados.

Uma palavra de compaixão para o que se abateu, um gesto de auxílio para o que enfermou na vanguarda e um bom pensamento para o infeliz que desistiu de caminhar!...

Não sofra quando a luta se faça mais intensa. Para o ministro do bem, o mal organiza tentações mais dilatadas e mais complexas. Ajude sempre sem descrer da vitória final. Lembre-se de que aí todos passamos e em se recordando da romagem para o Alto não se esqueça de que o maior Trabalhador de todos os tempos atingiu sozinho a eminência de um monte e se dois companheiros o seguiram na luta áspera esses não lhe integravam o séquito familiar.

Isso, porém, não impediu que ele, sozinho, empreendesse a regeneração do mundo que se perdia. Se Jesus houvesse acreditado em desânimo e fracasso, o progresso humano não chegaria a evidenciar-se nos últimos vinte séculos. Personalismo com a vontade de Deus, laborando ativamente no bem comum, é serviço coletivo por representar trabalho à humanidade, com a humanidade e por ela mesma, que algo espera dos filhos mais eminentemente aquinhoados pela grande compreensão.

Quanto seja possível, guarde essa imagem da peregrinação para cima. Ela ser-lhe-á útil em muitas circunstâncias difíceis de seu esforço no ajuste de muitos espíritos heterogêneos que nos acompanham por muitos e muitos anos. Você nunca se arrependerá de ajudar, avançar sem ressentimento e sofrer em silêncio pelo triunfo legítimo do bem de todos.

Espero que o Roberto esteja satisfeito e confiado no grande porvir. De minha parte, farei por ele quanto estiver ao alcance das minhas possibilidades de avô e amigo, ainda em luta de aperfeiçoamento e melhoria dentro de si próprio.

Jesus conceda a vocês muita alegria e bom-ânimo. Será de muita satisfação para mim colaborar por seu intermédio em benefício da saúde de nossa querida Maria, com passes magnéticos, até que ela se veja realmente melhor.

Sigamos com o Cristo, e no meu carinhoso abraço de sempre consagrado a você e a todos os nossos sou o papai muito reconhecido de todos os momentos,

A. Joviano

14/03/1951

Nas lutas redentoras

Meus filhos, Deus abençoe a vocês todos, conferindo-lhes muita paz e bom-ânimo, alegria e luz **nas lutas redentoras** de cada dia.

Desejo ao Roberto um fim de mês cheio de esperança e ventura, e mais tarde escrever-lhe-ei em regozijo pelas suas resoluções novas, auxiliado por vocês, na vida de moço. Deus nos proteja.

Meu caro Rômulo, continue com o uso do *Pulmonina* por mais uma semana e quanto ao mais a sua autoassistência magnética prossegue com excelentes efeitos.

Esperamos que o fenômeno orgânico seja eliminado completamente em breves dias. Desnecessário será dizer que estou cooperando ao seu lado no preciso reajustamento.

Com um abraço a cada um de vocês, sem esquecer-me dos nossos bons amigos General Aurélio e irmã Júlia, sou o papai muito amigo e reconhecido de sempre,

A. Joviano

Observo,

com vocês, a tempestade

Meus caros filhos, Deus abençoe a vocês, conferindo-lhes muita saúde, alegria e paz, votos esses que faço extensivos aos nossos sempre caros amigos General Aurélio e irmã Júlia.

Observo, com vocês, a tempestade. Nuvens no céu e ventania na paisagem, mas igualmente com vocês me rejubilo em nosso refúgio-santuário, cheio de bom-ânimo, fortaleza e paz, que, com a graça do Senhor, vamos edificando solidamente.

Não são os raios da atmosfera nem o furacão que nos infundam terror ou mágoa. Não são os golpes da natureza e as transformações do clima que nos incomodam. É a corrente de enxurrada, o detrito que desce, tentando penetrar-nos o reduto de paz santificante. Não por nós, mas pelos ideais que asilamos, pelos dons amealhados, pelas esperanças queridas que o Céu nos confiou. Sim, por esses valores de características sublimes a aflição da expectativa é natural. Ainda assim peço a vocês continuidade de atitude, prosseguimento de calma, a fim de que a tormenta não nos tome os corações.

Pessoalmente, meu caro Rômulo, tenho conversado com você, sem palavras, relativamente aos problemas de ordem imediata, isto é, problemas concernentes à experiência no campo material. Não precisarei alongar-me em considerações escritas, porque nos achamos em perfeita sintonia.

A luta no mundo é justamente um trabalho que não pode terminar. Em todas as direções, o combate se alarga quando se nos alarga a visão.

Estamos acompanhando o caso em si, com o carinho de sempre, e guardamos, como em todos os dias, o melhor otimismo. Entretanto, em você mesmo tenho concentrado a minha mais elevada atenção.

Não posso dizer-lhe "desligue o pensamento", sem recomendar "não se aborreça". Isso seria desconsiderar a dedicação de que você tem alimentado mente e coração no abençoado roteiro de suas tarefas desde o início. Não. Rogo-lhe apenas diminuir a "tensão" para que o ritmo acelerado da vida mental não nos imponha dificuldades orgânicas de vulto.

Aplique a lente da serenidade sobre todas as situações. A serenidade ensina-nos a ver. Em muitas ocasiões, quando supomos explicar, atendendo à precipitação, mais complicamos os problemas que nos cercam. Dentro de nós mesmos, a criação, com inúmeras faculdades de exteriorizar-se, jamais cessa.

Você sabe que uma árvore produtiva sofre o assédio de quase todos os passantes da estrada. Uns desejam a colheita dos frutos, outros lhe decepam os ramos. No fundo, você deve guardar um santo orgulho por haver realizado e estar realizando uma obra bem ordenada e bem executada, capaz de acordar tanto despeito e tanta perseguição. É difícil conseguirmos semelhante coroa em tão pouco tempo.

Graças a Deus, o seu espírito tem sabido comandar e obedecer, administrar e cooperar, trabalhar e servir. Não dormiu você sobre as oportunidades e ainda que todos os seus contemporâneos, amigos, beneficiários e adversários esquecessem a sua atuação o serviço falaria alto por você, incorporando o seu abençoado concurso ao labor vitorioso da comunidade. E bem-aventurados são sempre aqueles cujos advogados são as próprias obras.

Deus abençoe a você contra as pragas do desalento. Esperemos o desdobramento do assunto, com o valor que nos assinala a fé viva. Segundo o nosso entendimento anterior, aqui mesmo estamos à frente de uma "enfermidade" provocada pelos micróbios da calúnia e da perturbação. Não podemos precisar, por enquanto, o curso da moléstia e nem conseguimos traçar um quadro definitivo para os estudos necessários. Papéis variados em casas administrativas e conversações inúteis que não nos é possível congregar num resumo sério. Mas esperemos, de mãos postas no arado das nossas responsabilidades, sem desmerecer da confiança do Alto, nas mais difíceis circunstâncias. Na essência, o dono da vida terrestre, depois do Todo-Misericordioso, é Jesus, nosso Senhor e Mestre. Nada permanece em nossas mãos sem a autorização dele e estejamos convencidos, nas obrigações bem executadas, que o divino Amigo não endossa a injustiça. Às vezes modifica, transforma ou reestrutura os quadros em que nos movimentamos, todavia, creia que tudo ocorre para a glorificação do bom trabalhador. Servindo, aguardemos o futuro, pedindo, porém, a você conservar a sua tranquilidade interior como quem defende um tesouro.

Felizmente, você tem conquistado, sem perceber, valorosos potenciais de resistência. O conflito não empolga as suas forças, não lhe retira a reflexão, nem lhe flagela a mente. Você tem sabido caracterizar as próprias atitudes com preciosos selos de calma e prudência. Não desejo omitir as probabilidades de continuação da luta, em face das circunstâncias estranhas em que se levantaram, compreendendo que o clima de incerteza favorece a subversão dos valores, mas espero que você saiba sorrir com os comentários. De uma certeza desejo que o seu coração esteja repleto: é a certeza de que há sempre mais serviço a fazer, maiores bens a serem distribuídos e mais largas alegrias a serem conquistadas. Lembre-se da sua perseverança de 1930. Muitas vezes, eu mesmo me surpreendi à frente de sua insistência benéfica. Há sempre portas e entradas para a consolidação e reconsolidação de nossas posições. Em circunstâncias difíceis quanto as de agora, usemos a compreensão e a tolerância com esclarecimento amigo nas sedes perturbadas do pensamento. A melhor maneira de corrigir os efeitos é sustar as causas e, por vezes, devemos modificar as ideias nos nascedouros em que se originam. De nossa parte, esteja certo de que nós, muitos amigos e eu, defenderemos quanto possível a sua paz e a sua segurança. Ajude-nos com a própria harmonia para que o nosso esforço não se faça periclitante. A calúnia costuma atirar muita lama, entretanto, há sempre também excelentes corrosivos para a limpeza comum.

Não dê guarida ao desânimo, não esmoreça e não se perturbe. E veremos que a bondade do Senhor acena docemente para nós em todos os dias, encaminhando-nos para o entendimento superior e para a indiscutível felicidade.

Estarei ao seu lado e a qualquer momento basta chamar-me em pensamento, a fim de que estejamos intimamente mais juntos.

Aos nossos bons amigos General Aurélio e irmã Júlia, desejamos muita felicidade. O tempo está prometendo ares mais frescos e acreditamos que o retorno ao mar lhes trará grande benefício à saúde. De nossa parte, e aqui falo por vários amigos e por mim mesmo, auxiliá-los-emos quanto estiver ao alcance de nossas possibilidades, a fim de que desfrutem muito bem-estar no reconforto de que se fazem indiscutíveis credores.

Que Jesus nos abençoe. Roguemos ao Alto para que o Roberto seja feliz, seguindo-o com os nossos corações na vida nova iniciante.

E pedindo a vocês para não nos esquecermos do uso da calma e da confiança, em todos os dias, reúne-os num abraço muito de coração, com carinho, reconhecimento e saudade o papai que vive sempre ao lado de vocês,

A. Joviano

No trabalho pacífico

Meus filhos, Deus abençoe a vocês, conferindo-lhes muita saúde e paz, bom-ânimo e alegria na senda salvadora em que marchamos para diante.

Sem dúvida, o nosso assunto da noite não podia fugir às teclas do momento. Assunto que, como é natural, vagueia invisível em nossas conversações a esgueirar-se sobre os nossos pensamentos, à maneira de preocupação envolvente e obsecante. É compreensível que assim seja. **No trabalho pacífico** a visitação da maldade possui a influência de uma pedra pesada sobre o lago tranquilo. Perturba a superfície, determinando transformações que não conseguimos calcular.

Não hesitemos em afiançar e reconhecer que estamos à frente de uma tempestade. No alto, não longe de nossas cabeças, se avolumam pardacentas nuvens cuja posição não podemos, por enquanto, identificar.

O que se torna verdade concreta, meu caro Rômulo, é a dissenção política nos setores administrativos mais avançados. Os entendimentos se multiplicam, contudo, os cérebros não se afinam. E enquanto isso sucede a calúnia habilidosa dos mais audaciosos no "assalto legalizado" aos bens públicos envenena opiniões aqui e ali, provocando perturbações vultosas e desagradáveis. O nosso caso se acha focalizado. Processo aberto, livro descerrado e documentação no exame de muitos que nada conhecem da matéria em que administram e legislam.

Esperemos os resultados. Quem pode imaginar o que seja a tempestade antes de sua manifestação? Assim nos achamos ao seu lado e preferimos a posição do servo oculto que se desvela no desempenho das obrigações que lhe dizem respeito, com boa vontade e contentamento.

Não há, porém, mistério para você na questão. O partido imperante quer estender-se, proliferar, impor-se e fortalecer-se e, para esse fim, lança braço a todos os recursos. Começa por seus representantes mais graduados, a fazer-se sentir em muitos campos de nossa atividade, e pretende conduzir, muito longe, a sua bandeira de conquistas e realizações. Não temo, desse modo, por vocês, considerando-lhes a ação espiritual. Sei que conhecem o terreno em que pisam e guardam-se incapazes de cometer as leves e pesadas faltas da imprudência. Sob o ponto de vista de abrigo interior, a situação nossa é excelente. Mas ninguém pode imaginar o que seja a ventania destruidora, quando sopra na floresta, sibilante e terrível.

Hora de muita serenidade e calma a que estamos atravessando. Momento de observar, intensamente, pensar bastante e falar muito pouco, a fim de que nos mantenhamos com a possibilidade de servir, continuar a servir ou retomá-la em qualquer tempo. Esperemos os fenômenos, conscientes de que o Mestre não nos abandona. Por enquanto, não encontrei alteração nenhuma no caso em estudo. Sinto que a crueldade nos visita de tão perto, entretanto, sei que nada existe no Universo sem uma função determinada. Devemos repetir, contudo, que os obstáculos surgidos procedem da corrida aos postos diretivos, da ganância pelos cargos e pelas posições-chave de administração do pessoal, em serviço público. Há escolas partidárias que arregimentam por cima, ao passo que outras se mostram operosas e seguras, mas atuando em baixas esferas de luta. As primeiras acordam as opiniões dignas, a análise desapaixonada, a nobreza intelectual e o patriotismo robusto. As segundas, porém, despertam a indisciplina e a má-fé, a desconfiança e a instabilidade, a discórdia e o antagonismo gratuitos. E quando temos a infelicidade de contar com o raciocínio menos claro nas cabeças que dominam no quadro coletivo sofremos, em verdade, grandes alterações.

Vejamos os dias próximos. Há sementeiras de frutos e de espinhos, de exemplos edificantes e amargas desilusões.

A nossa pátria está na posição de quem semeia a atualidade. De qualquer modo, rogo a vocês muita calma e coragem ante as nuvens volantes das conversações inoportunas.

Tenho apreciado com muita alegria, meu caro Rômulo, a renovação íntima de que você vem dando testemunho. Sua mente, de maneira real, conseguia sublimados valores novos. A princípio, temi por seu órgão central, mas logo após rejubilei-me. Você prossegue firme debaixo do granizo e do vento. Isso mesmo. Nenhuma atividade diferente dessa nos seria útil nas horas que se vão distanciando. Há momentos, meu filho, nos quais, ainda mesmo que estejamos na cruz, deve a nossa visão alcançar mais longe. Não acredite na ausência do trabalho, seja em qualquer circunstância. Não dê guarida a pensamentos tristes ou desalentadores. Mais tem Jesus para dar-nos que o demônio para subtrair de nós, em qualquer parte.

O seu e nosso problema fundamental na hora em curso reclama apenas duas equações distintas: saúde e paz. Nada de temores vãos, de preocupações doentias ou de dificuldades que apenas se mostram, sem aparecerem de todo. Jesus guarda o poder de tudo fazer e tudo renovar para o supremo bem e cabe-nos esperar por ele. Até que a estrada se esclareça, dividamos os ouvidos entre o Céu e a Terra, e aguardemos. Os dias são perguntas e respostas entre uns e outros. Agora perguntamos, amanhã seremos esclarecidos. Haja o que houver, contem conosco, porque o nosso afeto imutável permanecerá com vocês em todas as circunstâncias.

A luta para edificar e reedificar é nossa conhecida de muito tempo. E conservem a paciência e a alegria nas almas, na certeza de que todas as realizações se fazem mais facilmente concretizáveis, com a serenidade e o otimismo em nossos corações. Estarei com vocês mais frequentemente no programa "mais unido".

Com referência à nossa Martha, sigamos auxiliando-a com as nossas orações. Se fôssemos anotar todas as expressões da diagnose nos casos de saúde, numerosos e complexos que nos procuram, incentivaríamos as enfermidades ao invés de curá-las. Os micróbios, os vírus e os fungos são realidades insofismáveis. Os médicos são outros de cuja existência e competência não nos cabe duvidar. Mas se prendemos nossa atenção no mundo dos sintomas, em que tanta gente boa vive obsecada, nada mais teríamos a fazer que deitar o mundo num leito astronômico e cogitar tão-somente de serviços hospitalares. Hoje, digo que mais vale a fé que modifica, reestrutura e tonifica que a medicação alarmante e suntuosa que auxilia a doença a fixar-se com mais calor. Vocês, nesse sentido, assinalam grande progresso. Que o divino Médico nos conserve em sua renovadora luz.

Ao Roberto, os meus "parabéns" pelo noivado. Em breve, hei de escrever-lhe uma carta mais cuidada, com relação aos deveres novos. Espero que o meu neto continue muito forte, muito esperançoso e muito feliz!

E agora, com a alma integrada com as preocupações e esperanças de vocês, devo despedir-me por hoje. Caiam sobre nós as graças do Senhor, assim como a chuva sobre a terra sedenta. E que a fonte celeste nos sustente, ajude e reanime são os votos muito sinceros do papai, que lhes deixa um carinhoso abraço com todo o coração,

A. Joviano

Demonstrou apreciável aproveitamento do Evangelho

Meus queridos filhos, Deus abençoe a vocês, conferindo-lhes muita saúde, paz e alegria na estrada de nossas lutas renovadoras.

Muito contente com a atitude de vocês à frente do céu tempestuoso, rendo graças a Deus pelo reconforto que vamos recebendo. A união espiritual é algo semelhante a um santuário invisível. Em seus fios magnéticos, sentimo-nos abrigados contra qualquer força desintegrante que nos assedie a tranquilidade.

Quem passa com serenidade pela floresta do mundo fatalmente encontrará, com mais intensidade, as víboras que se multiplicam no chão. Digo, com serenidade, porque essa condição pertence aos viajores que passam vigilantes no desempenho dos deveres que lhes competem.

Servem aqui e servem ali, jamais regateando a cooperação que as circunstâncias lhes situam nos braços e, com isso, muitas vezes granjeiam a inimizade gratuita das criaturas que a ociosidade ou a indiferença encadeiam nos detritos inúteis.

Vocês fazem bem encarando os problemas de mais alto. O bom humor é remédio eficaz em tais horas, porque a energia mental requer o suprimento necessário de forças para sustentar-nos em plena luta. Quem semeia o bem, todavia, invariavelmente encontra as vozes amigas, convertidas em defensores do trabalho no qual empenha o coração. E vocês, com o auxílio do Alto, vão recebendo justas manifestações de apreço e carinho que só nos cabe endossar com os nossos votos de confiança no futuro. Vejamos o que nos reserva o Senhor para o amanhã, conservando, porém, dentro de nós, de modo inequívoco, a certeza de que o Alto só nos confere o que mais se adapte às nossas necessidades de progresso e elevação. Das mãos do Senhor dependemos em todos os instantes e no círculo de quaisquer dificuldades não olvidemos louvá-lo e engrandecê-lo com as nossas moções íntimas de fé e reconhecimento. Defendamo-nos, assim, contra o mal, usando a boa vontade. Bem sabemos que não é fácil empregar o amor, genuinamente considerado, a propósito de qualquer acontecimento, mas a compreensão é como a água pura que pode servir a todos os lares e a todas as instituições indistintamente.

A calma e o espírito de cooperação com que o nosso caro Rômulo enfrentou a prova são justos motivos de contentamento para nós todos. Reconhecemos a dor do nome contundido na imprensa venal e descriteriosa, sabemos quão aguçado e venenoso é o estilete que nos procura a "carne espiritual" do ser e por isso, meu filho, sabemos quanto lhe dilaceraram as fibras interiores de homem as considerações impensadas. Você **demonstrou apreciável aproveitamento do Evangelho** e felicitamos o seu esforço nesse particular. Há momentos em que o falar se torna inútil ou ruinoso. O silêncio construtivo, cheio de palavras sem som de afirmações documentárias, em tais horas, é sempre mais valioso. E você, com a ajuda de Deus, tem sabido movimentar o monossílabo com a exatidão indispensável nas horas em curso.

Guarde intactas a sua alegria, a sua confiança, a sua operosidade e a sua coragem. O trabalho de um homem é a sua maior revelação na vida. Creia que o tempo é o grande e infalível descobridor de situações e de homens. E ele falará naturalmente por você sempre que o verbo humano se faça apagado, inconstante ou inexpressivo – será assim como a luz desta hora – por maiores que surjam as sombras da noite será sempre uma chama brilhante indicando a realidade.

Em seu coração mora o prazer das obrigações bem cumpridas e esperamos que a sua felicidade íntima seja acentuada sempre mais. Jesus nunca nos retira a oportunidade de trabalhar e cooperar na sementeira do bem. E a justiça é o meirinho invisível do Céu, buscando no mundo todo e em qualquer desajustamento para a necessária reestruturação. Não tememos e procuremos seguir adiante com as felizes convicções que nos enriquecem o espírito. De modo particular, continue atento às ameaças, usando os recursos que o mundo nos oferece. Todos os pontos principais de nossa "vacinação" já foram atacados. Você foi muito bem inspirado e muito feliz em toda medida levada a efeito, sem discussão e sem protestos. A parte mais importante do campo defensivo está devidamente semeada e, agora, pouco a pouco, tentemos atingir os amigos e companheiros de lides em comum, nos setores da cidade grande, para que alcancemos os nossos fins.

Bem-aventurados aqueles que pedem serviço ao Alto e nessa categoria incluo hoje você, ante as sinceras rogativas do seu coração de trabalhador do bem. Continuo insistindo na necessidade de se manter você na fortaleza do bom-ânimo para que as setas mentais do ambiente próximo e remoto não lhe firam as fibras psíquicas. Serenidade e alegria diante da vida. Serenidade e alegria perante as nossas provações e necessidades. Essa é a fórmula ideal para a vitória. A saúde orgânica de vocês é mais fundamental, mais importante que os problemas de qualquer procedência.

Você sabe que a existência na Terra tem parentesco afinado com as suas dificuldades entre as plantações e as enchentes. Numa estação, o sol ajuda a preparar a sementeira e em outras as águas levam-na. Vem, contudo, a perseverança e aproveita o adubo espesso das aluviões, quando não inutilizam à flor da terra e renova-se a lavoura em experimento, com a esperança voltada para a divina proteção. Todos os administradores no mundo, e mormente aqueles de maior e mais respeitável patrimônio no tempo, são visitados de vez em quando pelas correntes escuras da enchente arrasadora da maldade e da calúnia. Mas os dias serenos retornam e tudo se refaz. Que esses pensamentos de renovação lhes refaçam o ânimo, fortificando-lhes os alicerces de paz e alegria. E que o Senhor nos abençoe.

Estamos todos nós trabalhando ativamente pela rearmonização dos fios imponderáveis de nossa tranquilidade e aguardamos a alvorada nova confiantemente.

Pedi ao receitista me aconselhasse algo para a medicação de Maria, no ponto a que se refere, e ele lhe indica o *Barita Carb.* – 5 gotas pela manhã, ao levantar-se, num cálice de água pura, durante um mês, e informa que fornecerá novas fórmulas logo depois do uso dos medicamentos já recomendados.

Ao grupo de filhos e netos, que me fala habitualmente às mais profundas fibras da alma, os meus votos de muita fortaleza, bom-ânimo e paz. E recebam com o meu coração um grande e apertado abraço do papai e velho amigo de sempre,

A. Joviano

Estamos em plena luta

Meus caros filhos, Deus abençoe a vocês, conferindo-lhes muita saúde, paz e alegria.

Estamos em plena luta, mas numa romagem quanto a da Terra nada é mais natural. As nossas condições físicas e sociais, na essência, constituem um barco em que nossa alma viaja no extenso oceano da carne. Convenções veneráveis e recursos precisos nos amparam o sentimento e o nosso raciocínio, necessitados de experiências maiores para a vida imortal.

De quando em quando, a tempestade nos fustiga. Sabemos, por nossa felicidade, evitar os rochedos, aproveitar os ventos favoráveis e contornar os perigos da navegação, mas a tormenta, simbolizada nas circunstâncias adversas, periodicamente nos visita para a aferição de nossos valores.

Então, alcançamos um momento crítico. É o de nossa superação, de nossa elevação, acima das próprias deficiências e fraquezas. Hora de preservação da ordem e da paz dentro do navio, sem que nos detenhamos nos enigmas de fora, onde o furacão sopra de rijo e onde as correntes traiçoeiras costumam convidar-nos a profundos abismos.

Tenhamos serenidade e confiança no Timoneiro maior. Compreendo com vocês quão difícil se torna atender aos intrusos, ajudar aos que nos combatem e acolher quem nos fere. Sei que tudo isso faz parte de uma iniciação em Cristianismo, com todas as letras maiúsculas. Ainda assim, valeu o sacrifício e o sofrimento em benefício de nós mesmos.

Todo o problema é guardar a harmonia interna, conservando intacta e valiosa a paz que o Senhor nos conferiu. Peço ao nosso caro Rômulo, nesse sentido, acentuar a calma no grau superlativo para que atinjamos os resultados precisos. Acima de tudo, meu filho, estão vocês, cujo amor nos impulsiona a permanecer em lide na Terra.

Entendo que o seu coração está ligado a esta instituição que nos é sumamente querida. Cada galho de árvore, cada cântico de passarinho, cada fio d'água permanecem aliados ao seu espírito nesta paisagem. E você tem toda razão. É o fruto de uma existência operosa a derramar-se em benefícios providenciais para o campo inteiro. Não serei eu, seu pai e seu amigo, quem lhe vá diminuir o devotamento ao que é útil, santificado e belo. Não. Compreendo o seu espírito e as suas aspirações. Rogo-lhe, apenas, conservar a tranquilidade soberana em suas elucidações e decisões.

Quando uma regra amadurece, há milhares de mãos que lhe assaltam as vantagens. Isso é da força determinante, num plano de ação quanto o nosso, em que a ignorância audaciosa é o apanágio de muita gente. Não perca, porém, o seu contentamento haurido na sementeira e no crescimento. Relativamente a esses assuntos, temos conversado sem palavras, longamente, no sono do corpo ou na vigília dele, e espero que as suas determinações de bem agir, sob a inspiração de Jesus, se convertam em realidades cada vez mais completas.

Tenhamos compaixão dos que dilaceram e perturbam, e estejamos convictos de que, em nosso âmbito pessoal, tudo se fará pelo melhor. Com um elemento estranho a alterar o rebanho, o pastor não sabe precisar consequências e prejulgar nos acontecimentos. Antes de tudo será necessário remover o empecilho, mas permaneça na certeza de que estamos cooperando também. Quanto se faça possível será feito em nosso favor. Só desejo, e isso ainda mesmo que nos encontrássemos num reino material que abrangesse a Terra toda, que as suas energias orgânicas sejam preservadas.

Você não imagina o que é perder o instrumento quando precisamos dar a nota que nos cabe no concerto da eficiência geral ou o que seja sofrer a eliminação da oportunidade de atuar pelo corpo de carne, quando sentimos que os assuntos são da alçada e jurisdição imediata de nossa inteligência.

Cultivemos, com método, a convicção de que tudo se transforma para o bem mais elevado e esse pensamento, suficientemente corporificado em nossa cabeça, é a sede de muitas forças sempre crescentes, aperfeiçoadas e renovadas, que acreditávamos não existir. Não desejo vê-lo desinteressado do seu trabalho e de sua missão, e sim valorizando cada sucesso, cada pessoa e cada coisa no tempo, lugar e situação que lhe sejam próprios.

Sem dúvida, aguardo o dia de amanhã com uma curiosidade construtiva igual à sua. Certo, possuo outras elucidações que ainda não podem chegar até vocês, entretanto, no setor da novidade, quanto às manifestações, a nossa expectativa é a mesma. Aguardemos.

Sejam a paciência edificante, a calma construtiva, a tolerância salvadora e a compreensão digna as nossas companheiras do dia a surgir. Quanto aos provocadores da desordem, aos que ameaçam a estabilidade e a segurança de uma obra que é de todos, esteja certo de que receberão a seu tempo a experiência que mais lhes convenha.

Ainda há algum tempo partilhei de uma grande assembleia designada para providenciar sobre um homem encarnado menos útil aos semelhantes e, com espanto, quando todos esperávamos fosse a morte do corpo a sentença adequada para ele, na suposição de que com isso faríamos cessada a sua infeliz ação, eis que o dirigente do nosso conselho pediu para ele mais vida na carne, alicerçando a solicitação na verdade de que, efetivamente, só a dor de existir no seio de muitas lutas e de inúmeras contrariedades pode ensinar novo tipo de conduta aos que se transviam. Peçamos para os que nos ferem e perseguem, sem razão de ser, a graça de continuarem na carne. O tempo é o educador do coração e da multidão. Na retaguarda vem a justiça, que parece tarda. Na frente surgirão os que nos seguem para que muitas questões se resolvam e para que muitos problemas sejam convenientemente decifrados.

De mim mesmo, estou contente e otimista como sempre. Rendamos graças a Deus e passemos adiante. Há verdadeiros tesouros a descobrir e o Senhor permanece conosco, auxiliando-nos a caminhar.

Amanhã estarei mais intimamente ligado a você. Conservemo-nos na casa da prudência. Nem muita alegria, nem muita gravidade. Um ouvido receptivo, outro indagador. Olhos diligentes. Palavra escassa. Movimentação tão grande quanto possível. Em suma, boa vontade e dignidade. Há missões especializadas que somos obrigados a receber com a satisfação convencional e com a moderação do espírito que sempre vê mais longe. Você possui mais experiência que eu mesmo nessa arte difícil da esgrima sem armas a que muitas vezes somos convocados no mundo. Jesus nos auxiliará.

Use por duas a três noites consecutivas a colaboração do *Kalmia Lat.*, 5 a 8 gotas num cálice d'água pura. E o resto virá pela automagnetização aplicada e acrescida de recursos do nosso plano.

Vamos à luta, com alegria e fortaleza. Nossa alegria vem de Deus e quando as nossas emoções trazem semelhante selo de procedência tudo segue notavelmente bem para nós e para aqueles que nos cercam.

Boa noite para vocês e conservando-lhes os corações dentro do meu coração num grande e apertado abraço, sou o papai reconhecido de todos os dias.

A. Joviano

O quadro do dia 12 de abril

Meus queridos filhos, Deus abençoe a vocês todos, conferindo-lhes muita saúde, paz e alegria, na estrada edificante de sempre.

Como não podia deixar de ser, reporto-me à nossa experiência de quinta-feira última, com a visita de que fomos objeto. Estimei realmente observar a posição receptiva de sua mente, meu caro Rômulo, no setor da luta aberta. Suportou você, com a calma necessária, os golpes mentais e verbais do "núcleo perturbador" e desejo cumprimentá-lo pela galhardia.

Tudo correu magnificamente sob o ponto de vista moral, porque um lobo controlado é constrangido a reconhecer a verdade, ainda mesmo quando não consiga aceitá-la. E tivemos a felicidade de abrir as portas a uma situação dessa natureza, desfrutando, porém, para nosso contentamento, a companhia de abnegados companheiros de luta e de ideal. Graças a Deus, não nos faltou esse reconforto para a nossa edificação.

Você sabe como é difícil transformar sem cáusticos adequados o fundo escuro de um vaso comum. Assim ocorre ao coração humano, em se prendendo às ambições desabridas. Com a argumentação amiga e conselheiral, é sumamente difícil a nossa penetração em seus ângulos mais íntimos. E por isso, embora o nosso esforço demonstrativo, não improvisamos para esse tipo de criaturas as convicções de que necessitam.

Mas a purificação, a transformação e o reajuste são efetivamente obras de boa vontade, em cuja execução não prescindiremos do tempo. Aliás, é justo considerar que a nossa conquista foi grande. Conseguimos criar naquele espírito estranho e desvalido de mais altas aspirações um novo entendimento acerca da administração pública, impondo-lhe bastante material de pensamento e meditação no silêncio retificador, mas não podemos esquecer a gravidade das horas que atravessamos. Tive a ideia de que nos achávamos perante um problema infantil. Devíamos sossegar uma criança irada e de maus princípios, tolerando-lhe as intromissões com espírito de carinho e entendimentos, porque um "acidente legal" lhe conferiu dignidades somente compatíveis com a madureza pensante.

Imaginemos **o quadro do dia 12** transportado ao cenário nacional e reflitamos na insegurança de nossas mais veneráveis instituições diante do espaço e do tempo. Histórica e politicamente falando, o assunto é de pesado relevo, porque o mundo inteiro está meditando nas responsabilidades do "hoje" e do "amanhã". O século presente, que nos reuniu mais fortemente de novo, é um período agitado. Dele possuímos já mais de cinquenta anos de guerra e transformação em bases sanguinolentas de martirização humana. O que virá dentro da metade dele é assunto inabordável à nossa imaginação, entretanto, em nossa terra afortunada e feliz, observamos o arbítrio infantil acima da circunspecção da experiência e a aventura pairando sobre a responsabilidade. Enfim, habituemo-nos a reconhecer que a obra é do Cristo e peçamos a ele nos fortaleça para o serviço que nos cabe desenvolver e efetuar.

Você agiu acertadamente descerrando a porta do seu trabalho à observação do acusador. É pena que ele não possa tomar a sua carga nos próprios ombros, por alguns dias. Ficaria menos desenvolto na verbalística menos edificante. Se os que não choram pudessem receber as lágrimas dos que padecem, nos próprios olhos, por algum tempo, a vida na Terra seria mais humana e mais compreensiva. Há, contudo, compensações intransferíveis na luta e na dor, na ação constante pelo bem e na esfera do otimismo infatigável, que raramente é dado a outrem conhecer. Guarde, pois o seu fardo, que é também nosso, com o orgulho e a alegria que ele nos merece. Retire dele, cada dia, uma nova expressão de estímulo e realização para a tarefa que você foi chamado a executar e aguardemos o futuro. O Cristianismo tem a virtude de converter a nossa cruz em utilidades e bênçãos para todos os que nos cercam. Não temamos. Auxiliemos e sigamos para diante.

A sua evocação afetuosa de nosso amigo Mário Carneiro trouxe-o nesta noite até nós.[1] Está satisfeito e agradece as suas lembranças carinhosas. Vai bem, operando, como é natural, o reajustamento gradativo das ideias de que se fez acompanhado ao nosso plano. Para qualquer expressão de materialismo, ainda mesmo quando rotulado em boas designações doutrinárias, a morte do corpo é problema dos mais surpreendentes, porque quanto mais nos elevamos em conhecimento mais reconhecemos que a "matéria", na substância em que a manejamos, é algo que cessa de existir como realidade ao nosso olhar. Assim sendo, em qualquer forma de ateísmo dignificado pela filosofia, cultuamos aquilo que praticamente não possui existência verdadeira. Esse enigma tem sido para o nosso admirável companheiro uma incógnita de trato muito complexo. É a vida com o seu infindável cortejo de mutações. Hoje, cremos. Depois, observamos. Em seguida, reajustamos. O pensamento amigo de vocês lhe fará grande bem.

Peço-lhes igualmente a vibração especial em favor dos nossos. Ultimamente, tenho estado mais frequentemente com os nossos grupos domésticos no Rio, fortalecendo a todos quanto seja possível. A nossa Marcelina segue encorajadoramente. Muito progresso, grande aplicação ao trabalho e maior boa vontade. Seja, pois, a tranquilidade em Cristo a nossa herança de luz para a jornada de sempre no rumo da Vida Superior.

Para a nossa estimada Maria, aconselho o uso de *Gelseminum* e *Eupatorium*, *Ipecacuanha* e *Lachesis* por 5 a 6 dias, para defender-se organicamente. A gripe bate à porta de vocês e convém, quanto nos seja possível, correr os ferrolhos.

A vocês todos deixo-lhes o meu grande abraço.

---

[1] Nota da organizadora: Mário Carneiro era um amigo da família Joviano, que desencarnou em 1946.

João de Deus, presente, esperará por vocês na quinta para os habituais estudos evangélicos. E eu, reunindo-os em meus braços, com a saudade e a dedicação, afeto e carinho de todos os dias, sou o papai muito amigo que vive junto de vocês, com todo o coração,

A. Joviano

Sobre o programa anual das viagens

Meus caros filhos, Deus abençoe a vocês todos, concedendo-lhes muita saúde e paz, alegria e ânimo forte, serenidade e luz.

Voltam vocês novamente ao **programa anual das viagens** e rejubilo-me com as oportunidades que lhes serão descerradas na comunhão com outras pessoas, paisagens e coisas, porque é sempre valioso o conhecimento mais completo de quanto se alonga em torno de nós.

E em nos referindo a Uberaba é justo salientar quanto você, meu caro Rômulo, ali tem obtido no setor da plantação de trabalho, cooperação e simpatia. Só a perseverança conseguiria o que o seu esforço alcançou. Louvada sempre seja a boa vontade que desintegra a densa crosta das incompreensões, possibilitando-nos a sementeira de renovação para a vida mais elevada. Você nunca se arrependerá de repetir sempre as lições de amparo, concurso fraterno e persistência metódica. O tempo se incumbe de restituir-nos quanto lhe doamos, em multiplicação permanente. Os dias são passos dos séculos e com eles aprendemos a valorizar cada coisa no lugar que lhe é próprio.

Em se ausentando de nosso ambiente comum, não olvidem a nossa farmácia de emergência. Remédios selecionados, como sempre, que nos sirvam de "pronto-socorro" em qualquer situação de necessidade. Acredito não seja preciso realinhar aqui os nomes. Bastam nossos conhecidos e familiares na resistência habitual contra as enfermidades de qualquer procedência. Espero que vocês, nos campos a que se dirigem, possam recolher os melhores valores e as melhores impressões, enriquecendo sempre mais o nosso cabedal de experiências para a boa luta.

Quanto ao que vai ocorrendo na sua paisagem de serviço, meu filho, não cedamos a cada assunto mais atenção que a merecida. Estamos na travessia de tempos complexos para todos aqueles que guardam a responsabilidade da administração, de vez que há sempre quem dispute os cargos detestando os encargos, e quem busque extrair apressadamente as vantagens com pleno esquecimento das obrigações. E por infelicidade coletiva maior temos, em muitos aspectos, a consagração da ociosidade e da indisciplina, rotuladas de "direitos", em autênticos processos de garantia nacional. São os espinhos da época, fartamente espalhados em todos os setores, seixos que perturbam as rodas da máquina direcional. Achando-nos, no entanto, à frente de uma epidemia, todo o cuidado é pouco, a fim de evitarmos o espetáculo da rebelião protegida por textos legais. Há tempos em que, embora conheçamos o impositivo das válvulas de libertação a benefício do progresso de todos, não devemos chamar a nós o papel difícil que lhes cabe. Haverá sempre tipos alardeantes de protesto e reajuste que nos exoneram do espinhoso e triste dever de "gritar". Conduzamos o barco com prudência e paciência. Essas tormentas internas são frutos de grandes desequilíbrios políticos e morais que só o tempo e a experiência conseguirão sanar. Tenhamos calma e avancemos.

Quem elege o insulto por norma de ação na vida encontrará com a própria vida o ensinamento que lhe é devido. E enquanto há peçonha nas serpentes que se arrastam e crueldade nos lobos que infestam as estradas em que nos movimentamos o progresso adianta-se, imperturbável, para a vanguarda a que se destina. Enfileiremo-nos, felizes, junto de quantos propugnam pela evolução e pelo aperfeiçoamento de tudo o que representa a vida na Terra, que é material multimilenário e valioso de nossa própria formação e educação. Há legisladores e administradores que surgem na ribalta do mundo como legítimos frascos de fel e vinagre, despejando amargura e azedume, perturbação e desânimo. Que eles permaneçam onde se lhes situa a preferência e caminhemos com a prosperidade sob os seus prismas diversos.

Havendo oportunidade, troque impressões com os seus colegas de labor administrativo no decurso de sua viagem de serviço para assentar, com quem se enquadra às tarefas da diretiva, as medidas mais adequadas à situação e no centro de suas atividades estejamos protegidos também pelas interpretações legais. Aplique os seus regulamentos e diretrizes como quem sabe que a própria vida atende ao plano divino e aguardemos os resultados. Se é verdade que o ministério da orientação exige que sejamos "bons", não determina que sejamos "bonzinhos". A obra é de discernimento. Assim, pois, sigamos concordando com o que a hierarquia exige de nós, materializando, por nossa vez, os princípios de trabalho que a hierarquia nos reclama. Serviço de serenidade, rotina e ordem.

Quanto ao mais, estejamos alerta para não trair os nossos próprios compromissos de ação no levantamento do bem maior. Não desanimar para não menosprezar. Agir incessantemente. Ajudar a todos. Criar na atmosfera da harmonia a plantação do trabalho edificante e pacífico. Abrir novos horizontes para que o pensamento não durma estagnado. Descobrir novas fórmulas para que a palavra não se encarcere nas fórmulas e para que a ação não se traumatize. E caminhar por dentro da "terra sentimental do próprio coração", que é nossa e cada vez mais sempre nossa, estabelecendo aí a sementeira viva e crescente de hábitos renovadores que nos favoreçam a libertação mental para mais altos impulsos da vida, nas obras do bem incessante. Essa, meu filho, é a norma.

Com respeito aos espectadores do nosso trabalho, não se nos dá que aplaudam ou ridicularizem. Enquanto o luar se proteja no lago, desvendando revelações de beleza sublime, o sapo permanecerá, coaxando. Que fazer? Os batráquios são tantos que não vale a pena afastar um só deles. Outros viriam, porque a lagoa é casa deles também e que os aproveita na extinção ou na diminuição dos vermes daninhos. Construamos com firmeza, dentro de nós, a própria fortaleza da compreensão e da tranquilidade, e blindados pelos eflúvios do grande entendimento que tudo compreende e tudo edifica avancemos para o nosso grande futuro de alma ativa na Terra, mas centralizada no Alto.

Acredito que no seu roteiro, na inspiração de tolerância construtiva em que os seus pés e atos vão marchando, tudo seguirá vitoriosamente bem. Que o mês corrente seja encerrado por você com a alegria do trabalhador que sabe viver o seu dia. Há tempos em que o nosso cálice de lutas pequeninas transborda para que nos capacitemos das lutas maiores que nos aguardam além, a favor do nosso próprio engrandecimento.

Continuo operando pelos nossos, para os quais rogo a bênção de Deus.

Desejando a vocês uma excursão tranquila e vitoriosa nos diversos setores a que se conduzirão, deixa-lhes um apertado e forte abraço o papai muito amigo de todos os dias,

A. Joviano

O passado espiritual

Meu caro Rômulo, Deus abençoe a você, ao lado de meus netos, cercando-lhes a estrada com as bênçãos divinas da saúde e da paz, da alegria e do bom-ânimo.

Aqui me encontro, rejubilando-me com você ante o êxito de sua viagem, sob todos os sentidos. Além do trabalho habitual, você recolheu a alegria de um bom entendimento com superiores hierárquicos e companheiros do serviço administrativo. Creia, meu filho, que muito me regozijo diante das expressões de solidariedade e reconforto que o seu espírito de batalhador do progresso e do bem vai recebendo, em todos os campos de ação.

Você não tenha dúvida. Muitas vezes parecem pouco permeáveis à nossa compreensão os assuntos em conexão com **o passado espiritual**, mas, em verdade, somos constrangidos a reconhecer que cada ano de luta na carne nos coloca em contato com novos personagens e situações de nosso pretérito remoto e próximo. E em muitas ocasiões, meu filho, certos grandes credores de nosso espírito só aparecem na senda que trilhamos quando já conseguimos amealhar melhores e mais amplos recursos de pagamento ou de redenção. A Bondade Infinita não nos conduz a problemas inúteis ou a testemunhos prematuros. Defrontado por adversário complexo que se encontra na lista de nossos associados do reajuste, usemos nele, com ele e em torno dele os antissépticos da lição de Jesus.

Você está agindo muito bem sustentando a calma e a tolerância construtiva. Não devemos adubar espinheiros nem derramar pedras sobre as rochas. O serviço nosso condiz muito mais com o esclarecimento e com a boa vontade. Consideramos, muitos amigos nossos e eu mesmo, o seu comportamento muito louvável. Você abriu as portas de sua tarefa ao perseguidor gratuito e mostrou-lhe a essência de suas realizações, e se a compreensão se mantém dentro do subnível, que se há de fazer? Vale mais a paciência em momentos desses e confiamos em seu espírito de trabalho e em suas fibras de resistência edificante. A serenidade é o baluarte em que se apoia a vontade de Deus na expectativa de melhoria dos homens. Um dia você verá com outros olhos o cérebro que nos acusa e compadecer-se-á mais vivamente conosco em seu benefício. Por agora, baste-nos saber que ele é um irmão infeliz, com agravo crescente de débitos e enigmas. Que Deus o abençoe e ajude sempre.

Reconhecemos que você voltou revestido de poder para efetuar qualquer providência que lhe pareça viável, todavia, reafirmamos para os seus ouvidos atentos que, antes de tudo, convém as aplicações do estatuto legal nos casos diversos em que se subdividem os seus problemas últimos no trabalho de sempre. Não temamos. O auxílio procede de todos os lugares e nenhum de nós permanece desamparado. Siga os ditames de sua consciência e de seu coração. Você sabe que o seu espírito jamais se arrependeu de haver auxiliado.

Há tanta ignorância produzindo perturbação e miséria no mundo que, francamente, fora dele a nossa visão se inclina incontestavelmente para a grande piedade. Com essas palavras, não enuncio um desejo particular. Você possui as graves responsabilidades de quem orienta e saberá melhor que seu pai o que devamos fazer. De qualquer maneira, acompanhá-lo-ei ao nosso trabalho e à nossa boa luta.

Sem dúvida, as autoridades honraram o seu espírito de realizador e lhe conferiram recursos extensos para as soluções drásticas e apressadas, entretanto, considero que a nossa posição coletiva é muito delicada. Voltou ao poder um homem de índole respeitável e excelente, mas apaixonado pelas decisões de caráter imediatista e absoluto. Cercado de inteligências veneráveis e cultas nos diversos ministérios da nação, de modo algum deixará de dobrar-se às insinuações políticas do nosso tempo, sustentando-se invariavelmente na "maioria numérica", preferindo ferir o serviço a desagradar a multidão. O ponto de vista externado por nossos amigos da Diretiva Geral é sumamente valioso, no entanto, cabe-nos ponderar o isolamento do meio e a distância a que nos encontramos do "centro orientador" do país para desdobrar os quadros definitivos com muita calma e auxílio fraternal.

Compreendo perfeitamente as suas reflexões dos dias últimos e dou razão a você de modo pleno. Tanto quanto eu você sabe que há ordens e determinações que se alteram apressadas com o simples objetivo de não contrariar esse ou aquele grupo. É o mal da política de intriga, de perturbação, de assédio. Ainda temos muito escalracho em nossos campos, com os quais precisamos terçar as armas do esforço digno antes que possamos fazer erguida e robusta, em nossa esfera de ação, a árvore abençoada e renovadora da verdadeira democracia. Trabalhemos pelo advento dela, dando à nossa grande causa de libertação espiritual quanto possamos dispor de melhor.

Estamos vivendo horas muito graves em toda parte. Aliás, é indispensável ponderar que no Brasil as inquietudes desse gênero são mínimas quando confrontadas com as aflições dos outros povos. É um tempo de transição muito acelerada, dentro do qual se faz mister a adoção da serenidade como antídoto de muitos estados mórbidos especiais da mente coletiva. Avancemos para diante, agindo e auxiliando, aprendendo e servindo. A isenção de responsabilidades e compromissos virá triunfalmente depois. Anime os nossos companheiros de ação, ajude-os a raciocinar e, certo, receberemos do Alto a luz de que carecemos para caminhar sem sombra para a vanguarda que nos compete atingir.

Aos nossos, inclusive aos nossos caros amigos General Aurélio e irmã Júlia, vamos procurando amparar na medida de nossas possibilidades singelas. Jesus conceda a todos muita coragem e forças para a superação dos obstáculos que ainda lhes surgem na caminhada para adiante. Peço ao Senhor para que os seus esforços sejam amparados por todos os que nos estendem braços magnânimos do Alto, e assinalando a falta que a nossa querida Maria nos faz, e pedindo para ela a paz que aqui desfrutamos, nesta abençoada noite de oração e de alegria, deixa-lhes um grande e carinhoso abraço o papai muito amigo de sempre, que deseja a você, à Maria e aos netos muitas felicidades, júbilos e bênçãos em todos os momentos da vida,

A. Joviano

Quem aprende está sempre servindo

Meus caros filhos, Deus abençoe a vocês, conferindo-lhes muita paz, saúde, alegria e bom-ânimo.

Hoje, meu caro Roberto, detenho-me particularmente em nossos casos para dizer a você que o vovô continua velando. Acompanho suas interrogativas imanifestas, sua expectação, suas reflexões de moço, e peço-lhe encarar as lutas do reinício com calma, coragem e serenidade.

Consideramos por "reinício" a fase presente em que a mocidade entusiasta e realizadora estua no coração, estruturando planos e imaginando os sucessos do porvir.

Não se agaste com as circunstâncias pelas dificuldades naturais que a sua entrosagem no serviço público está apresentando nos quadros do oficialismo. Não se esqueça você de que aquele **trabalhador que aprende está sempre servindo**. Aprender é o primeiro mandamento das grandes tarefas. Por agora, a luta ainda pede a você complementação e integração com a carreira escolhida. Você possui à frente vastíssimo futuro e o futuro é alguma coisa que devemos conquistar. Refugiar-se no trabalho por amor ao trabalho e buscar a ação por devotamento à ação – eis o melhor princípio.

Por felicidade nossa, você tem aqui um reino abençoado de serviço e preparo incessantes. Dentro do roteiro que você traçou a si próprio a sua capacidade aqui dispõe de múltiplos meios para se exteriorizar, crescer e engrandecer-se. Entendemos as suas perguntas sem palavras. Por que os anos escolares, laboriosos e difíceis, sem uma habilitação oficial imediata às suas aspirações? Por que as portas da atividade profissional garantida ainda cerradas aos seus propósitos de avançar para a frente? E na sua imaginação juvenil, os problemas se alinham, na sequência natural do ontem e do hoje, com esperanças ardentes e realizações que parecem remotas ante os desejos bem conduzidos do coração. Não se deixe, porém, perdido em semelhantes labirintos. Não se detenha aí. Prossiga avançando na tarefa, no estudo, no conhecimento. O painel do trabalho à sua mente e aos seus braços, ao seu coração e às suas forças está desdobrado. Não se incomode com a demora da consagração oficial. A melhor de todas as garantias ainda e sempre é a experiência adquirida. Você está recomeçando a tarefa no mundo e não pode esquecer as necessidades do esforço dia-a-dia. O título é uma chave. Use-o na penetração do serviço em si mesmo, qual vem fazendo, porque assim as oportunidades de realizações mais altas virão inevitáveis ao seu encontro.

O tempo é o grande criador, o admirável amigo e o venerável conselheiro de todos. Compreendemos que os seus sonhos naturais de rapaz reclamam ponto de apoio para se positivarem na felicidade que você está esperando. É belo esperar e imaginar, mas é necessário, antes de tudo, instalar a nossa alma em terreno firme para que o nosso pensamento se concretize de acordo com a nossa expectação. Não tenha dúvida quanto ao porvir. Desejar é começar a marcha para a obtenção daquilo que procuramos. Quem idealiza está construindo. Não faltarão a você os recursos indispensáveis às edificações porvindouras. A hora, porém, é de ajuste, de projeto, de pensamento, a fim de que a coroa da responsabilidade encontre segurança e firmeza em sua fronte.

Estamos satisfeitos com a sua atuação no campo do destino. Não recue. A vida nos retribui multiplicadamente o que lhe damos. Esforço por esforço, bens por bens. Nada se perde. Tudo obedece a leis de criação, amplificação e reprodução. O seu trabalho de agora não é insignificante. É sólida coluna dos dias que virão. E nos dias que aguardamos chegará também para o seu espírito a bênção da felicidade que você está aspirando. Felicidade de seguir nas suas linhas preferenciais de ação, no sentimento e na vida ativa, felicidade de traduzir na Terra, em notas positivas e seguras, o cântico de suas realizações individuais e inconfundíveis. Espere agindo e o Senhor agirá em favor da materialização de sua esperança. Não está longe o dia de sua "crisma funcional". Todos estamos cooperando para que você seja muito bem-sucedido em suas aspirações afetivas e interesses de moço trabalhador e cristão. Apenas rogamos a você muito bom-ânimo, entusiasmo crescente e força de ideal no cérebro e no coração, de modo a colaborar conosco em favor de você mesmo. É para nós muito difícil auxiliar com segurança ao espírito aflito ou amargurado, porque a inquietação excessiva gera perturbações e a tristeza estabelece o gelo mental em derredor do raciocínio. Guarde alegria e paz, energia e boa vontade no projeto e na ação. E verá que a solução dos nossos problemas chegará com maior facilidade até nós. A solução é resposta do Alto. Assim, pois, batamos, através do nosso esforço, às portas de nosso Pai e o socorro não se fará negado em tempo algum.

Maria, guarde cuidado contra maiores incursões da gripe na esfera orgânica. O nosso receitista já formulou indicações, mas, além delas, peço a você resguardar-se convenientemente contra os golpes de ar frio no tórax, usando mingaus ou caldos quentes pela manhã, por três a cinco dias, em se levantando para as lides comuns. Estamos no campo de vocês em plena estação renovada. Muito frio, muita mudança. Atendam todos vocês aos preventivos. O corpo é um templo de trabalho cujo valor, quase sempre, só compreendemos em sua máxima extensão depois de perdê-lo. Quanto estiver ao alcance de vocês auxiliem a sustentação do corpo como quem ampara a higiene e a segurança da casa, que se fez o lar de nossas melhores esperanças.

Continuo, meu caro Rômulo, cooperando com você na equação dos nossos casos. Muito satisfeitos com a sua calma e tolerância, esperamos tenha você forças para perseverar nas mesmas diretrizes. Males existem que devem ser relegados ao "esquecimento com vigilância", se podemos nos expressar assim, ante os impositivos de serenidade do homem e as responsabilidades inalienáveis do administrador. Deus o fortaleça em sua luta direcional. Atravessamos uma época de grande nevoeiro e quem conduz qualquer embarcação em mar tão perigoso, qual o das injunções políticas e administrativas da atualidade, precisa muita visão e paciência, fé e bom-ânimo para que os rochedos não lhe ameace a viagem segura e harmoniosa. Jesus nos proteja e abençoe.

Para todos vocês, consigno as minhas visitas muito afetuosas, e reunindo-os em meu grande e forte abraço sou o papai e amigo de sempre,

A. Joviano

Em uma cidade amiga

Meus caros filhos, Deus abençoe a vocês todos, concedendo-lhes muita saúde e paz, alegria e bom-ânimo no grande roteiro de cada dia com Jesus.

Realmente, de passagem na companhia de vocês **pela cidade amiga** que acabam de visitar, regressei igualmente com uma profunda impressão de lástima – devo dizer positivamente assim – em vista dos quadros espirituais que lá se descortinam ao nosso olhar. Estagnação, marasmo e inércia em muitos setores, com todo o respeito devido às organizações e conquistas de ordem material que ali são reais e inconfundíveis. Não basta, porém, que o homem ajunte os bens – é necessário que os espalhe, na elevada compreensão do aproveitamento que deve assinalar a nossa luta. Não vale fazer muito com as mãos sem nutrir o espírito e o sentimento com valores reais e santificantes à frente da vida.

Existem ambientes festivos que se assemelham ao pomar de grande florescência e de minguada frutificação. Em minhas palavras, creiam vocês, não aparecem crítica ou amargura. Sei que a maioria de nossas comunas sociais, em Minas, se constitui da cópia de umas das outras. Há parada espiritual em muitos ângulos de nosso patrimônio geográfico e sentimental, e reconheço que a obra do progresso é de tempo, paciência, auxílio e recapitulação incessantes. Mas quando vemos árvores preciosas e robustas com a produção prejudicada por estranhos vermes, ou sufocadas em estreito trato de terra, lastimamos realmente o olvido das oportunidades que o divino Poder concedeu ao lavrador.

Vi tantos companheiros reunidos em assembleia familiar sem audição na alma e sem visão no íntimo do ser, tantos amigos que poderiam ocupar avançados postos em nossa vanguarda de serviço, na esfera em que hoje me encontro, que somente me resta rogar ao Senhor os ampare e ilumine, a fim de que se desloquem no campo de si mesmos desvencilhando-se de velhos pedrouços que os encarceram a escuros círculos de improdutividade. Conversei com alguns e aos mais chegados ao nosso coração tentei conduzir a chama da amizade, qual a nossa, invariável e inextinguível, mas não me ouviram e nem enxergaram. O foco mental está centralizado na direção do setor que deixaram preocupados, no fundo, sobre a melhor maneira de reabsorverem o corpo que o tempo já consumiu. É doloroso observar semelhante quadro, contudo, não me reporto a ele como quem reprova. Os anos são bons amigos e despertam-nos a responsabilidade para deveres mais graves. Reconhecemos que a evolução é lei, fundamento da vida e selo da perfeição em todos os escaninhos do Universo. Destaco o estudo para sentirmos, de perto, os imperativos de nossa própria renovação para o bem, diariamente. Aceitemos a luta, por mais árdua se nos figure, como sendo a coleção de aguilhões abençoados que, brandidos sobre nós, descerram à nossa alma, nos continentes interiores de nossa vida eterna, caminhos sempre novos, em novas concepções, em novos ideais e em facilidades novas, que nos habilitam à ascensão para sociedades e experiências de ordem superior. Não se assombrem nem se aflijam demasiadamente toda vez que forem visitados pela dificuldade, pelo obstáculo, pelas circunstâncias adversas ou por inesperadas incompreensões. O trabalho é o corredor sublime de acesso a esses brilhantes fatores de nosso aprimoramento e avanço na marcha. O dinheiro excessivo, traduzindo facilidade, é material isolante na jornada progressiva do homem para o domínio santificador. Muitas vezes, a ilha de ouro e repouso é simples atraso na grande viagem quando elegemos imprópria a parada por impositivo de nossa renovação. Sigamos adiante. Com a dor, com o espinho, com a pedra, com a perseguição, com o indiferente e com o inimigo. Quem verá no bisturi um instrumento de prazer? Entretanto, não podemos negar que muitas vezes é a garantia do equilíbrio orgânico se a veste carnal exige reestruturação.

Peço muito a Deus para que vocês não durmam sobre o conhecimento e sobre a graça. Felizmente, a existência tem sido para nós uma bendita peregrinação íntima na procura da verdade e do bem, e o melhor sinal de que efetivamente estamos avançando é a perda do contato direto com muitas praias que antes eram, para nós todos, um refúgio consolador. Quanto mais ao mar alto mais largueza e mais experiência.

A tempestade na costa ensina poucas lições, mas em pleno oceano é sublimada instrutora. Revela no perigo a majestade de Deus e fixa no viajante certos valores morais que o descanso no cais não pode plasmar. Sei que a romagem, nesse aspecto, é dolorosa e aflitiva, mas é o único gênero de travessia que nos deve tentar, de vez que a passagem é da sombra para a luz, compelindo-nos a bailar indefinidamente na obscuridade ou a seguir na direção de claridades excelsas, de acordo com a nossa atitude pessoal, diante do mundo e diante da vida. Deus nos abençoe, a fim de que o desânimo não interfira em nossos interesses imortais.

Meu caro Rômulo, estou cooperando em benefício de sua saúde no silêncio, mas no desdobramento do resfriado em curso aconselho você a usar por uma semana os seguintes elementos: *Kali Bic.*, *Ipecacuanha*, *Gelseminum* e *Aconitum*, todos de 5ª; e ½ cálice de água com 5 a 8 gotas (não mais) de *Pulmonina* ao levantar-se e ao deitar-se, durante o mesmo espaço de tempo. Quanto ao mais a mente adestrada nas aplicações do automagnetismo curador fará o resto. Estarei e estaremos em sua companhia para o serviço de assistência necessário.

Desejo a vocês todos muita felicidade nos trabalhos abençoados de sempre, e de alma voltada para o Alto, pedindo a bênção do Senhor para vocês, para os nossos e para nós mesmos, deixa-lhes um grande e carinhoso abraço o papai reconhecido e amigo de sempre,

A. Joviano

A tempestade continua

Meus caros filhos, Deus abençoe a vocês, conceden-do-nos a todos muita paz e bom-ânimo, dentro da luta puri-ficadora de sempre.

Meu caro Rômulo, estou acompanhando o caso do nosso Roberto com o carinho habitual e junto de vocês ob-servo os entraves que a nova administração central do país oferece a qualquer iniciativa de renovação. Creia você que **a tempestade continua** no firmamento e, sinceramente, com mágoa registro a tormenta que se alastra em nossos céus, em nos referindo às atividades públicas.

O afastamento do nosso amigo do órgão central do ser-viço a que você empenha as melhores forças de sua saúde, pensamento, alma e coração foi providência extremamente ruinosa aos interesses fundamentais do nosso setor de trabalho comum. Reportamo-nos, claramente, ao nosso amigo Blanc de Freitas, de vez que estamos num lar cheio de tradições respeitáveis, de portas abertas a invasores de atribuições e ser-viços, que constituem verdadeira onda de insinuações e per-turbações. Ele não pode ser culpado de deserção. É um com-panheiro excelente, que nos merece consideração, estima e respeito incessantes. Suportou o "fogo" da vanguarda até que os poderes direcionais lhe impuseram não a rendição, mas a desistência. O incêndio das paixões partidárias é devorador. Queima o que encontra e o nosso amigo de ideal e serviço não conseguiria opor-lhe resistência. Preferiu afastar-se antes que transigir. Não se conformando com o espírito de aventura, julgou mais acertado retrair-se. Essa indicação é importante para as nossas meditações dos dias que passam.

Felizmente, vamos cultivando o trigo legítimo da com-preensão elevada e salutar. Não são os aspectos exteriores da luta que nos impressionam a esfera em que nos encontramos e sim os ângulos interiores da nossa responsabilidade, ação, conhecimento e entendimento. Dói-nos reparar tantos quadros lastimáveis nos trabalhos administrativos, pincelados pela leviandade, pelas ambições subalternas ou pela inconsciência manifesta a título de melhoria. É um mundo de alterações prejudiciais que só o tempo conseguirá inventariar. Nesse desdobramento de conflitos individuais e partidários, permaneçamos com a bênção da fé. Achamo-nos nos braços do Senhor, que nos sustenta acima do despenhadeiro. Que ele nos ampare e ilumine em nosso roteiro, que desejamos invariavelmente aberto na direção da frente.

Não tenho qualquer intenção segunda em grafando para você as notícias desta carta. Analiso a situação no posto do amigo vigilante. Certamente, o nosso Roberto não poderá identificar a rede ampla da luta, contudo, não podemos perdê-la de vista, na convicção de que o "orar e velar" representa mensagem permanente do Evangelho em favor do nosso bem-estar. Aguardemos.

A palavra do culto cristão de ontem é bastante expressiva para nós todos. Muito pedimos ao Alto, muito expomos ao Senhor no capítulo de nossas necessidades e problemas, entretanto, o Céu apenas solicita de nós outros o aperfeiçoamento. Aproveitemos os obstáculos e embates da senda por instrumentação redentora. A enxada fere a terra e o chão produz. O ferro perfura a rocha e a pedra revela a fonte cristalina. O martelo atormenta o mármore e a pedra fornece a obra-prima. Assim, os embates do mundo — a experiência — gera grandeza como a tempestade desenvolve o fortalecimento. Sem dor e sem trabalho, a alma do homem guardaria a secura do deserto. O sofrimento é a garantia do progresso – essa é a grande e divina verdade. Tomemos a nossa luta e avancemos para diante. Só a preguiça mental consegue enganar, aparentemente, as horas. E digo "aparentemente" porque as horas, mais tarde, lhe compelem ao movimento. Que Deus nos abençoe.

Consideramos interessantes as páginas trazidas de Belo

Horizonte, em que o nome de nossa estimada Ottília é recordado. Wanda deve estar, naturalmente, satisfeita! Só um serviço modelo é capaz de sugerir novos serviços na mesma base. E de nosso lado aproveitamos qualquer elemento de boa vontade para tentar o empreendimento do intercâmbio. Nem todo o solo apresenta as mesmas características e daí a diferença do poder germinativo das sementes nas glebas variadas em que a superfície da Terra se subdivide. Quando o chão sabe aceitar o adubo necessário, o problema da produção não oferece óbice algum, mas se o solo é refratário ao auxílio, as planas iniciantes estiolam-se e morrem muito cedo. Esperemos que o tempo fale por nós. De nosso lado tudo se faz pelo bem de todos tanto quanto é possível em nosso círculo de ação, mas aí os nossos companheiros nem sempre aceitam tudo o que lhes diz respeito às necessidades e obrigações. Sentem-se menos felizes com o trabalho, menos aquinhoados pela fortuna das oportunidades terrestres e, sobretudo, mais feridos pelos golpes do caminho a ser percorrido com segurança e heroísmo e com alguns poucos meses de presença ao serviço comum entregam-se ao desânimo ou ao recuo. Graças a Deus, porém, não desejamos retroceder e sabendo que o futuro nos espera guardemos hoje tão-somente um propósito: aprender, servir e avançar. Nessa trilogia temos, com segura fundamentação, o nosso programa ideal.

Tratem-se com os antigripais. A estação segue muito fria e é imperiosa a autodefesa. A saúde do corpo é um patrimônio sagrado. Formulo votos para que vocês todos estejam desfrutando muito equilíbrio orgânico, muito bom-ânimo, paz e alegria. E prosseguindo em companhia de vocês na mesma viagem de cada dia, em nosso esforço redentor e evolutivo, despede-se por hoje o papai e amigo de sempre, num grande, afetuoso e apertado abraço,

A. Joviano

Reminiscências do Dia de Célia

Meus caros filhos, Deus abençoe a vocês todos, conferindo-lhes muita paz, bom-ânimo e alegria na luta redentora de sempre.

Partilhamos com vocês as **reminiscências do dia 18.** Falar-lhes do nosso carinho pela mensageira da luz e do bem, cujo pensamento nos visitou intensamente na data aludida, seria tarefa a exceder as minhas possibilidades de demonstração. A palavra escrita é uma linha geométrica limitada. Como empregá-la para definir os grandes estados de espírito que transcendem o quadro de manifestações comuns? Impossível. O grupo de amigos espirituais que cultivam a recordação de quem nos é tão extremamente querida congregou-se sob a paisagem luminescente de nossas orações e se uma graça rogamos ao Alto naquela noite bendita de anteontem foi justamente a graça da coragem para a perseverança. Quando iniciamos a viagem da fé renovadora ou do idealismo santificante na Terra, há sempre muitos concorrentes emparelhando-se conosco na corrida do conhecimento ou da virtude, mas quão poucos alcançam os objetivos fundamentais! Muitos, impressionados com os óbices iniciais, descansam à margem da senda pedregosa, ao passo que outros, fascinados por ilusões e flores imaginárias, se localizam, à maneira de barcos ancorados, nos tratos de terra onde a verdura seja fácil e onde o sono constitua brando e continuado anestésico à responsabilidade assumida. Pedi, então, a quem nos pode dar, o justo e compreensível auxílio da força para que o desânimo não nos surpreenda na jornada. Desejamos ardentemente ver-nos na mesma vibração de surpresa do princípio, nos mesmos impulsos de conhecer o bem e aplicá-lo a benefício de todos. E, francamente, devo dizer a vocês que, ponderando os sacrifícios da emissária que nos endossa nas experiências de muitos séculos, reconheço que os nossos trabalhos, comparados ao dela, são pequeninas flores ao lado de enormes celeiros. Quantas vezes terá lutado para salvar-nos? Quantas haverá empreendido renunciações ingentes para que estivéssemos acordados diante da Lei e quantas vezes terá chorado sobre os livros de nossos destinos? Tais perguntas bailarão naturalmente ao ar, porque em nossa posição presente de conhecimento pouco poderíamos entender. Avancemos, desse modo, resolutos e esperançosos, alegres e otimistas para adiante. A Terra é a grande escola. A dificuldade é lição. A dor é trabalho relativo. A morte é aferição de valores. A luta é o meio. O aperfeiçoamento é o fim.

Dos degraus em que nos situamos, podemos, sem dúvida, apreender, de alguma sorte, a imensa distância que nos separa das entidades angélicas, supremas expressões de sabedoria e de amor, mas igualmente deles podemos divisar as turbas compactas da ignorância e do sofrimento, às quais podemos prestar reais benefícios com a nossa colaboração fraternal. Entre o passado e o futuro, podemos adquirir os mais honrosos títulos de serviço que nos sirvam à restauração do pretérito na hora que passa, em marcha para o sublime porvir. Trabalhemos e aprendamos. Trabalhando, crescemos. Aprendendo, aperfeiçoamos. Que Deus conceda a quem tanto nos tem servido, e a quem tanto nos tem ensinado, a coroa da glória infinita e eterna por bênção imorredoura e divina, no espaço e no tempo.

Dos nossos problemas, meu caro Rômulo, vamos tratando com a prudência possível. Temos a impressão de que nas camadas superiores de nossa vida hierárquica possuímos vasta enfermaria para assistir convenientemente. Ou então, numa imagem mais explícita, esclareço a você que nos achamos na situação de viajores, atravessando um corredor apertado entre grandes e escuros despenhadeiros. Que o Mestre nos ajude a atravessá-lo, de maneira a alcançarmos o continente dos novos dias, sem fenômenos desagradáveis de desarticulação das possibilidades que, com o amparo do Senhor, vamos detendo e distribuindo a benefício da comunidade.

Diversos amigos do nosso plano estarão agindo, atuando e dobrando resistência, mesmo porque nas administrações mais complexas e mais simples o dedo da Espiritualidade está agindo e movimentando variados recursos. Assim, aguardemos melhores ocasiões para o desdobramento das tarefas que estejam afetas ao nosso concurso pessoal. Aliás, o desequilíbrio não é somente brasileiro. É mundial. Em toda parte há crises morais gigantescas, obrigando-nos a trabalho incomensurável. Os homens desencarnados de boa vontade constituem, a meu ver, extensas colmeias de trabalhadores, cada qual em seu campo de ação, agindo por amor, mas modificando a economia sentimental das consciências ao toque de seu convívio, assim como as abelhas quando modificam as plantas. Tenhamos muita serenidade e com o milagre da ação incessante no dever bem cumprido aguardemos o que virá, na convicção paulina de que tudo coopera em favor do bem daqueles que amam a Deus.

Nesse mesmo espírito de expectação, sinto o problema funcional do nosso Roberto. Guardamos firmes esperanças no êxito dele e segui-lo-emos com o carinho e devotamento de todas as horas. É o trabalho constante em que, para a felicidade nossa e por felicidade nossa, nos encontramos.

No Rio, vamos fazendo o que se nos oferece viável a benefício dos nossos. Julgo a mamãe menos forte, mais espiritual, no sentido de "desmaterialização no mundo". De qualquer modo, prosseguiremos buscando semear o melhor nos diversos vasos que o divino Oleiro nos confiou na cerâmica da Terra.

Cuidem da saúde, agindo contra os resfriados. Os medicamentos de rotina devem ser buscados e aplicados. A defesa da nossa capacidade de ser útil é, a nosso ver, a mais importante de todas. Esperamos em Jesus que vocês todos estejam desfrutando excelente saúde, com ânimo robusto a extravasar do coração.

Situemos no trabalho o filão do verdadeiro progresso e refugiemo-nos dentro dele com a lâmpada da fé convenientemente acesa. Na execução desse abençoado programa, adquiriremos tesouros imperecíveis para a Eternidade. Que o Mestre nos auxilie a todos.

E reunindo vocês em meu coração para o carinhoso abraço costumeiro sou o papai e amigo de todos os dias,

A. Joviano

Volvamos o olhar e o pensamento aos ideais superiores

Meus caros filhos, Deus abençoe a vocês todos, concedendo-lhes muita paz e alegria no grande caminho diário da luta redentora.

Quando as sombras da preocupação nos envolvem a alma, **volvamos o olhar e o pensamento aos ideais superiores** de nossa vida como quem à noite sabe contemplar as estrelas. Claramente, não podemos esquecer que estamos marchando sobre pedras e espinhos cravados no chão que nos serve de piso na arena de combate por nosso aperfeiçoamento. No entanto, é imprescindível acomodarmos o coração e a mente nas horas difíceis dentro da casa de nossos princípios mais altos. Não digo a vocês: descansem, risonhos. Mas afirmo-lhes: aquietemos a própria alma, a fim de que a serenidade nos ajude a ouvir, refletir e falar.

Do que vai ocorrendo, trouxe à nossa mesa de entendimento algumas notícias gerais, em nossa primeira reunião deste mês – se me não falha a memória – e no curso dos acontecimentos observamos o desdobrar dos fatos e das ocorrências. Focados pela dominação e pela megalomania políticas dos tempos que atravessamos, ignoramos quando e como sairemos do campo de exibição em que o despeito e a experimentação nos colocaram. Aguardemos sem temor e sem subserviência.

O trabalhador fiel a si mesmo é sempre digno. A hora

não é de pedir nem de recusar. É de expectativa, que devemos preencher com vigilância, oração, paciência e bons desejos. A ventania que sopra no campo administrativo de nossas obras públicas é violenta e arrasadora. Tem depredado muitos setores de serviço digno e não parece em vias de alteração em dias muito próximos. O governo é sempre um compromisso entre um agrupamento representativo e o povo, e a mudança do conjunto de forças que dominam a direção não pode modificar-se com muita facilidade. Aguardemos, contudo, o melhor em quaisquer e em todas as circunstâncias. Não há nuvens eternizadas no firmamento.

O caso pessoal que nos interessa, em si mesmo, vem de mais longe. Partidarismo em ação. Disputa de cargos com o menosprezo dos encargos. Exigências da arregimentação de quadros políticos nos clãs. Indisciplina dos trabalhadores prestigiados por leis em desacordo com as nossas realidades. Reclamações indébitas das regiões inferiores do trabalho comum. Solicitações de sindicatos que pretendem engrossar as fileiras. Espírito de inveja sobre os patrimônios respeitáveis. Relaxamento da ordem moral nas camadas de "elite". Negligência dos poderes centrais ante os impositivos de nossa experiência como povo ainda jovem. Imposições ditatoriais de inimigos gratuitos. E muitas outras considerações poderiam ser facilmente alinhadas em nossa exposição de motivos na ordem geral do assunto.

Todos esses estados mórbidos da coletividade estão encontrando adequado clima nos homens chamados a dirigir e legislar, e daí as perturbações enormes a se fazerem sentir por toda parte. Aguardemos a passagem de mais alguns dias para estruturarmos opiniões e pareceres com mais amplo conhecimento de causa. Prudência, calma e silêncio nunca fazem mal. Esperemos mais tempo. De nosso lado, tudo faremos por auxiliar na solução do problema em andamento e nisso não somente nós estamos empenhados individualmente, mas também muitos outros amigos nossos que se desvelam pela ordem do serviço e por nossa paz igualmente. Com uma das mãos, sustentemos o cajado firme de nossas atitudes elevadas e com a outra busquemos recolher os dons do Céu que se projetam sobre nós todos de maneira incessante.

De modo especial, meu caro Rômulo, não obstante conhecermos o preço íntimo de sua serenidade, rogamos a você muita segurança de si mesmo, nutrindo-se na mesma posição de respeitabilidade tranquila em que vem respirando no curso dos anos abençoados de sua carreira pública. Lembremo-nos das graças recebidas e contemos com o tesouro do Alto. A situação vai alcançando um campo aberto, em que o duelo benigno se fará mais claro, com vantagens para o bem e para a verdade. E você sabe que não duvido do bem e da verdade ao nosso lado, entretanto, meu filho, imagino se os outros terão olhos para ver-nos e coração para sentir-nos. Essa é, efetivamente, a parte principal de minha expectação. Esperemos orando.

Não preciso repetir a você que vamos viajando em zonas perigosas de nossa romagem terrestre. Nossa embarcação, graças a Deus, é forte pelas "substâncias morais" em que se estrutura, e não podemos sucumbir. Os peixes vorazes que nos cercam e os sorvedouros imensos com que somos defrontados cederão à passagem de outros valores. Dirijamo-nos a quem, na verdade, poderá socorrer-nos e valer-nos com desejada eficiência. Esse alguém é Cristo, o amigo silencioso e invisível, que está sempre disposto a ajudar-nos na intimidade do coração. Por agora, não posso adiantar a você mais do que tenho feito, de vez que há conversações e projetos suscetíveis de novos rumos, razão pela qual rogo a você desculpar-me pela inibição justa que me possui a palavra no texto habitual. Aguardemos.

Assim dizendo, quero reafirmar-lhe: seu pai e seus amigos continuam a postos. Tudo prossegue sem alteração e esperamos que a sua fortaleza se mantenha inexpugnável. Trabalhemos e aguardemos. Sobretudo, situe a sua mente em esfera mais alta. A visão interna de nossos planos de serviço é sagrada e nada deverá modificá-la. Na vida, meu filho, que aprendemos a manobrar na Terra a experiência é um tesouro. Sustente a sua saúde, invulnerável. Há instantes em que a moléstia é de todo importuna e não podemos nem de leve dar-lhe guarida agora, em que tanto se pede ao nosso esforço. Avancemos, resolutos e firmes, solucionando os casos pequeninos para que o grande caso de nossa prosperidade espiritual para a vida eterna encontre equações plenas de paz e alegria, saúde e bom-ânimo.

Recordemos o 27 e sejamos felizes. Tudo passa em torno da casa bem construída. Detritos do temporal, vento forte, chuvas e sombras a rodeiam em todos os sentidos, mas se conserva alicerces sobre a rocha, na pauta do Evangelho, não sofre internamente o menor desequilíbrio. Fora pode reinar a tormenta a título precário, todavia, lá dentro a harmonia pode instalar-se e viver para sempre. É nesse tipo de edificação que vocês se encontram. O 27 é a recordação do início, a luz da aurora, as flores do começo, e com esses marcos benditos fizeram vocês o lar da união, que nada pode esfacelar ou denegrir. Ante as investidas do mal, de qualquer forma, nós nos sentimos grandes e verdadeiramente compensados, e vamos aguardando os tempos de mais alta compreensão dos nossos propósitos de trabalhar, pensar, imaginar e servir a benefício da coletividade geral. Nesse aspecto, meu filho, os melhores e mais ricos palácios da Terra não possuem as riquezas que se amontoam no íntimo do nosso castelo de integração e amor. Seja, pois, o nosso 27 perenemente lembrado com o nosso entusiasmo e com a nossa alegria de viver, estudar, aperfeiçoando-nos.

A sua saúde prossegue em posição regular. Enquanto perdurar a pequena perturbação circulatória, alimente-se com bastante redução, preferindo as verduras e as saladas até que a situação se reajuste. O *Kalmia* e o *Staphysagria* podem ser usados, na opinião do nosso clínico espiritual, e o preparado *Quinton*, conforme a oportuna lembrança, poderá ser usado por você sem qualquer preocupação, substituindo o uísque forte. O elemento indicado é de formação tolerável pelas doses mais fracas das essências alcoólicas e, por isso mesmo, pode trazer grande melhora ao seu estado geral. O magnetismo em autoaplicações, como sempre, fará o resto. Precisamos ver você robusto, animado e fortalecido. A luta pede sorrisos e boas disposições, porque a "deusa Vitória" ainda não se compadece com o desânimo ou com a tristeza destrutiva. Estaremos a postos ao seu lado. Em qualquer providência a movimentar-se, pense no papai e seguirei você com os desvelos de sempre.

Feliz viagem desejamos a você dentro da nova excursão e não se esqueça da nossa antiga e pequena farmácia de emergência. Mais vale prevenir.

Deus conceda a nós todos muita paz e bem-estar. E pedindo a Jesus abençoe muito particularmente a você, a benefício da preservação de sua saúde e bom-ânimo, abraça-os com muito carinho o papai muito amigo de sempre,

A. Joviano

05/07/1951

A nossa

prosperidade interior

Meus caros filhos, Deus abençoe a vocês todos, concedendo-lhes boa saúde, paz, alegria e bom-ânimo.

Espero que a viagem a Leopoldina, meu caro Rômulo, tenha trazido a você, como sempre, muito estímulo ao trabalho habitual. É um campo onde a sua sementeira de esforço vem encontrando retribuição justa e peço ao Alto para que os incentivos à sua tarefa cresçam constantemente, proporcionando-lhe renovadas energias para a luta construtiva e abençoada de sempre.

Venho auscultando os seus pensamentos mais íntimos e compreendo-lhe as preocupações. Não precisamos acentuar as particularidades da luta que se esboça. Semelhantes detalhes têm sido, por várias vezes, objeto de nossos estudos. Reportamo-nos ao assunto apenas com o fim de considerar o avanço de sua resistência emotiva.

Não é hoje a conservação disso ou daquilo que nos impressiona, embora saibamos que de certas situações equilibradas depende também a nossa harmonia. Agora o que mais nos interessa é o nosso próprio comportamento ante a dificuldade ou diante do desafio. Nesse ponto, não só na condição de pai, mas também no título de companheiro e de amigo, observo o valioso desprendimento que você vai edificando. Não é a desistência, a deserção, o abandono. Reconheço que a sua fibra de trabalhador e de lutador prossegue sempre robusta e pronta a participar do bom combate com a paixão pela vitória, mas, com alegria, posso aferir a sua **prosperidade interior** na confrontação dos valores que realmente se mostram efetivos e substanciais.

Em outras épocas, sem a legislação do Evangelho por dentro, você não sabia exercer o controle das células físicas nas horas de tempestade prolongada. A perturbação não sofria a ação de antídotos adequados em sua sensibilidade, mas hoje você sabe identificar as posições das pessoas, das ocorrências e das coisas, conferindo a cada uma o lugar que verdadeiramente lhes cabe. Trabalhemos e esqueçamos todo mal para que nossas intenções e nossas mãos possam interpretar todo bem ao alcance da nossa capacidade de realizar. A existência será sempre um curso avançado de lições para quem avançar na estrada. Só a retaguarda pode submeter-se ao fascínio da estagnação, do descanso injusto ou da expectativa inoperante. Para nós, meu filho, viver significa aprender sempre, servir sem cessar e adiantar-se no rumo da frente, cada dia. Nesse sentido, é aconselhável proceder nos métodos que adotamos: dilatar a visão espiritual para conhecermos quão extenso pode ser o nosso raio de ação, desde que estejamos abraçados à chama dos nossos deveres. Esteja certo de que, em tais horizontes, o trabalho jamais sofre limitações. Aqui ou além, com essa ou aquela ferramenta, o coração de aprendiz que se uniu ao Mestre e Senhor não encontra obstáculos insuperáveis. Agir para o bem. Atender com boa vontade. Cultivar incessantemente o bom-ânimo. Com essa fórmula, não há derrota.

No setor de suas atribuições, dentro dos quadros do serviço público, o movimento prossegue sem alterações. Espectação de muitos ante o vandalismo imperante. Há invasão pacífica e hostilidade cordial em todos os setores. Você sabe, porém, que em todas as praças de luta há lugar para a argumentação sadia. Continue sereno e firme no seu posto e aguardemos. Acima de tudo, no entanto, além de todas as cogitações de ordem propriamente humana, nas esferas oficiais de sua missão, coloque a visão panorâmica de suas grandes possibilidades de ajudar, orientar, instruir e fazer. Não há portas cerradas ao servidor leal do progresso e do bem. Conserve, intangíveis, a sua fé, a sua calma e a sua esperança.

O tempo é o grande selecionador, o grande amigo e o grande juiz. Segue marchando com a velocidade de 24 horas por dia, mas nem por isso deixa de materializar muito cedo tudo aquilo que a realidade lhe confia, minuto a minuto. Defenda-se sustentando a própria serenidade. Confiança e otimismo significam equilíbrio na saúde do corpo e da alma. E se não há ninguém na Terra com possibilidades de transmitir os dons da alegria e da fé viva, senão nós para nós mesmos quando em contato com a Sabedoria Divina, também não existe ninguém com o poder de envenenar-nos a vida, desde que estejamos de alma ligada às fontes vitais do Senhor.

Expanda o seu coração nas tarefas edificantes de sempre. Imagine, sonhe, constitua no espírito quanto deseje você edificar na paisagem externa em que o nosso esforço se manifesta e observará que os dias coagularão os seus pensamentos. Não tema, creia somente, disse o Amigo celestial em suas lições inolvidáveis. Repetimos a você que não devemos temer e sim crer profundamente nas forças que se exprimem por nosso intermédio. Forças abençoadas do Alto que procuram as linhas horizontais do mundo para revelarem a glória da vida superior.

Não nos faltará trabalho e nem amizade, como jamais nos falharão a providência e o apoio do Senhor. Quem segue na vida com o Evangelho sente a grandeza do campo a que fomos chamados a lavrar. O nosso contentamento não reside nas reservas da retaguarda, mas sim no cântico do arado a seguir, feliz e triunfante, na direção da frente. Que o Cristo nos abençoe as disposições de prosseguir avante com o mesmo entusiasmo de bem agir, de bem arquitetar e de bem-fazer.

Pelos nossos do Rio continuo velando tanto quanto mo permitem. Você sabe que não é fácil auxiliar àqueles que não nos confiam a mente ou o coração, entretanto, sei hoje que a viagem humana é rápida por aí e espero fazer mais tarde, a benefício de todos, tudo quanto, de momento, não me é possível fazer. Creia que estou muito contente com as suas atitudes. Excelente a sua riqueza psíquica, entesourada pelos labores da Boa Nova cada dia. Continue atencioso para com

Jesus e para com você mesmo no propósito de preservar-se e verá quão sublime ser-nos-á a vitória.

A sua receita na base de *Kalmia* prevalece por mais alguns dias — uma semana —, e pedindo a Deus nos permita vê-los todos contentes, fortalecidos e bem dispostos, e reunindo-os nos meus braços com o carinho e o afeto de sempre sou o papai e vovô muito reconhecido de todos os dias,

A. Joviano

11/07/1951

Vantagens das jornadas fraternas

Meus caros filhos, Deus abençoe a vocês todos, conferindo-lhes muita saúde, paz e bom-ânimo na senda comum.

Sentindo-lhes as preparações de viagem a São Paulo, formulo votos sinceros ao Senhor, a fim de que sejam aquinhoados por muitas alegrias na excursão de trabalho a que nos consagramos.

Não me cansarei de repetir as **vantagens das jornadas fraternas** e úteis através de outras paisagens e de outros climas. A Terra é um imenso império oferecendo maravilhosas oportunidades educativas. Onde formos, onde estivermos, aí encontraremos renovadas lições da vida, expressas de mil modos. Que o Mestre nos conceda força e disposição favorável para a conjugação do verbo "aprender".

Às vezes, o ensinamento passa por nós sem que o percebamos, porque aprender, no fundo, é assimilar, e para que assimilemos é imprescindível tenhamos dentro em nós "qualidades formadas" para a incorporação, à economia da própria alma, daqueles valores que buscamos ou de que carecemos. Deus nos favoreça, como sempre, a fim de que desfrutemos valioso período de aprendizado no lar maior, que é o mundo vasto.

Ficarei satisfeito, meu caro Rômulo, com a sua passagem pelo Rio, atendendo, ainda mesmo que seja por tempo restrito, à nossa velha terapêutica do mar. A ocasião é adequada para o reajustamento das forças orgânicas e para o exame, ainda que indireto, de certos assuntos que nos preocupam a atividade regular.

Estimaria poder trazer-lhe notícias mais positivas acerca dos nossos casos particulares, mas por agora nada possuímos de novo para acrescentar ao que já explanamos. Você, porém, conseguirá muito em nosso favor abordando cordialmente os problemas na palavra de personalidades do seu campo administrativo, ou nos bastidores funcionais da capital da República. Você sabe que essas questões são antigas. Reis que sobem estimam contrariar os reis que descem. E o espírito inovador, em muitos casos, não passa de vandalismo destruidor. Aguardemos, fortalecendo-nos para as eventualidades.

De qualquer modo, meu filho, o mundo de amizades e dedicações que o seu esforço conquistou na esfera de sua missão habitual representa sagrado patrimônio de seu coração e creia que essas forças vão constituindo um valioso e forte anteparo às pretensões escuras de alguns aventureiros, em fantasia brilhante. Edificar a simpatia e a amizade será sempre construir sólido e resistente cais à frente das águas bravias em que se debatem as embarcações do mundo, em qualquer época de tempestade. E esteja certo de que esses elementos preciosos vão advogando a nossa causa com o brilho e com a segurança necessários. Esperemos. Há ocorrências que precisamos relegar à retaguarda, avançando adiante. Prossigamos em nossa caminhada para a frente. A alma do serviço, toda vez que o serviço diz respeito ao bem de todos, possui compensações que raros conhecem e o seu roteiro vive tão maravilhosamente povoado de trabalho que a existência para você chega a ser algo semelhante a uma aventura divina. Cada dia é um núcleo de revelações incessantes e com o dia ensejos mil de ajudar e fazer, estudar e servir aparecem a benefício do nosso crescimento espiritual para a vida eterna. Não temamos o que passou nem aquilo que esteja por vir. O passado e o futuro se revestem de valores, de certo modo, distanciados de nós. Vale recordar a experiência ou invocar a bênção que advirá em nosso benefício, mas não é interessante estragar o "hoje" em circunstância alguma. Sei que a ação é o seu alimento vital na vida. Atenda, pois, ao seu dia com entusiasmo, paz e boa vontade. Não peçamos ao Senhor mais do que aquilo que nos esteja ordenado. Semelhante ensino é do livro eterno, que nos legou o tesouro espiritual do Mestre, em suas diversas modalidades. E nessa pauta divina prossigamos construindo. Temores e preocupações não edificam nem sustentam as boas obras. Entronizemos, acima de tudo, a nossa própria energia construtiva, porque tudo sobre a Terra tem o selo da transitoriedade. A própria vida no corpo é um empréstimo do Senhor, a título precário, e sem o propósito de louvar a irresponsabilidade e o relaxamento desejo exaltar, com vocês, o júbilo da tarefa bem cumprida a irradiar-se de uma consciência tranquila. Avancemos, destemerosos, para diante. Diligenciemos na criação de valores sempre mais altos e sempre novos na nossa mente e o Alto encontrará em nós as colunas firmes, aproveitáveis à sua manifestação.

Não se esqueçam, em se ausentando de casa, da nossa pequena farmácia providencial. Já estamos aprendendo e praticando os recursos da automedicação e isso é realmente muito importante em nossa vida espiritual, que é a vida para a eternidade.

Peço a Jesus para que o nosso aniversariante de amanhã seja bem amparado em suas lutas salvadoras. As tarefas novas não nos afastam da memória os amores velhos. E embora lastimando, por vezes, esse ou aquele, isso ou aquilo, estamos sempre rememorando com o coração quanto se realizou em nosso campo individual de ação de mais útil, de mais belo, ou de melhor. Quando não podemos apresentar felicitações com os lápis e papéis conhecidos no caminho humano, podemos, ainda assim, cumprimentar com o silêncio festivo do coração, emoldurado em preces e votos felizes. Que o Senhor nos abençoe.

Você, por mais dez a quinze dias, use o *Kalmia Lat.* e o *Staphysagria*. São recursos de valor na preservação de suas forças orgânicas gerais. Quanto ao mais ande contente, de coração desanuviado e cabeça erguida. A vida pertence, com as suas vitórias, àqueles que agem constantemente no bem e muito embora detenha o mal numa corte prolífica de embaixadores por toda parte o bem, apesar de oculto, é a energia que move a vida e o Universo.

Deus nos conceda boa viagem e aprestemo-nos para a saída. Conceder-nos-á Jesus a graça de seguir trabalhando, estudando e ajudando sempre mais.

O nosso receitista indica para a nossa estimada Maria 1 vidro do *Anabiose*.

Muitas felicidades ao Roberto e à Wanda, e reunindo vocês todos em meus braços muito saudosos sou muito reconhecidamente o papai e vovô muito agradecido e amigo de sempre,

A. Joviano

No ambiente de trabalho

Meus caros filhos, Deus abençoe a vocês todos, conferindo-lhes muita paz e bom-ânimo no desdobramento da luta.

Regozijamo-nos em companhia de vocês pelo retorno ao santuário doméstico. É sempre uma felicidade a nossa reintegração **no ambiente de trabalho**, dentro do qual desenvolvemos a nossa atividade comum. Nossas energias fluídicas como que se imantam à paisagem que nos assiste a evolução e longe do abençoado terreno em que o nosso esforço se exprime sentimo-nos como que em desajuste ou em desequilíbrio de nós para nós, na intimidade de nós mesmos.

Estimaria, meu caro Rômulo, apagar em definitivo as preocupações que ainda estampam em nossa mente perante o quadro político-administrativo contemporâneo, quadro esse que se encontra sob a chave de singulares enigmas. Entretanto, muito escassamente poderia, de meu campo de ação, adiantar-me no assunto.

Vivemos, coletivamente, em nosso país, atormentadas experiências que põem à prova o nosso bom-ânimo, a nossa confiança e a nossa faculdade de esperar. Não é, todavia, um fenômeno isolado. Todos os setores da realização de cada dia sofrem semelhante crise de orientação. Planos generosos, perspectivas imensas e homens capazes, sob o ponto de vista profissional, não nos faltam. O entendimento, contudo, permanece na zona obscura da negação. As paixões partidárias como que subjugam a competência e a habilitação e, assim, vemos diretrizes, na ordem geral, que se revelam integralmente errôneas.

A crise, meu filho, é, sobretudo, de sinceridade, de trabalho mais alto e de adaptação mais segura aos processos de produzir para o bem de todos. Há uma coleção enorme de companheiros que se aproximam do poder central com todos os engodos possíveis, a fim de se fazerem prevalecer na esfera de suas dominações individuais. E, por isso, atravessamos uma hora que parece pertencer aos mais astuciosos ou, mais declaradamente, menos dignos. A escassez de valores íntimos desabona quase todas as promessas e as vozes mais respeitáveis devem, no momento que passa, ser ouvidas com a reserva possível. Continuemos, porém, agindo, atendendo aos nossos princípios de natureza superior.

Tenho estado com você em quase todos os dias. Juntos, palestramos no comentário sem palavras as posições inquietantes que a atualidade nos desdobra. De um lado, vemos espíritos ambiciosos e juvenis assaltando o patrimônio de veneráveis experiências, enquanto que de outro reparamos os amigos que preferem descer ao repouso ilusório. Alguns querem proventos milagrosos, ao passo que outros optam pela fuga, em que poderão, temporariamente, fugir de si mesmos. Entretanto, meu caro Rômulo, nem uns e nem outros acharão o que precisam para a consolidação da paz a que aspiram. Nem na aflição da conquista material nem na desistência da luta pode a alma encontrar os recursos de que necessita para ser feliz. A paz na Terra resulta do equilíbrio entre os conflitos de que nos cercamos. É indispensável saber extrair o ensinamento que a página de cada dia nos descerra aos olhos e fixar em nós o proveito justo. Quem mais recebe em serviços dessa natureza é justamente aquele que mais fornece nas observações de cada instante.

Você tem razão quando se vê agraciado pela Divina Bondade, podendo aquilatar as fragilidades e os méritos de muitas situações e pessoas do nosso caminho. Você tem aprendido intensamente, graças a Deus! Rendamos louvores ao Alto pelas dádivas com que temos sido aquinhoados. Quando o espírito se sente dono da coragem de marcar as lições da vida em si próprio, grandes jornadas de compreensão aparecem nitidamente triunfantes no miraculoso mundo íntimo desses heróis. Você, com o auxílio divino, está penetrando nessa falange de obreiros que recebe o contentamento de aprender antes de dar e de fazer antes de sugerir. Os nossos anos rápidos no Evangelho, considerando o tempo em que nos achamos novamente unidos, em outros aspectos, desde 1935, me trazem a doce felicidade de recolher no terreno de seu espírito as searas sublimes do entendimento com que você hoje, para a satisfação de nós todos, se alimenta. Não temamos. Prosseguir para adiante é o imperativo. A retaguarda não é nossa linha senão para o reabastecimento das forças exauridas. Instalemos na alma a certeza de que não nos faltará espaço vital para as obras que pretendemos construir com bases sólidas em nós próprios, e avancemos.

Estou contente em lhe observando mais uma vez a convicção de que não se encontra só. Realmente, somos muitos. Muitíssimos. E acima de nós temos conosco aquele celeste Amigo que prometeu permanecer e orientar quantos se reúnem em seu nome. Essas reuniões não se reportam exclusivamente à fé ou às atividades do nosso idealismo. Referem-se também às nossas reuniões em serviço, em esforço comum e em família. Não se sinta preocupado em demasia. Escutemos, vigiemos, oremos e reparemos. Escutar para bem falar. Vigiar para agir com segurança. Orar para não desfalecer. E reparar para que não nos descuidemos dos objetivos a atingir. Confiamos em você, em sua capacidade de superação que, brilhantemente, vai sendo posta à prova. Seja o nosso trabalho o nosso cântico divino.

Estou muito satisfeito pela sua passagem no lar de Botafogo. Tudo encorajado é reconfortante para vocês, para Marcelina e para mim. Aguardemos o curso dos dias. Quem sabe? Quem sabe que a luz os surpreenderá ali, como a fonte inesperada num trato de terra seca e endurecida? Não percamos a esperança. Tudo passa na vida e com muito mais propriedade passa aquilo que não oferece consistência.

Cumprimento ao Roberto pelos êxitos do seu noivado em marcha e aconselho a vocês todos a medicação antigripal de ordem preventiva!

Boa noite para vocês todos. Desejando-lhes a leve pausa de descanso físico por abençoado e indispensável recurso de restauração dentro de cada noite, deixa-lhes todo o coração, com muito carinho e saudade, afeto e reconhecimento o papai muito amigo de todos os dias,

A. Joviano

O trabalho tem falado em seu nome

Meus caros filhos, Deus abençoe a vocês, conferindo-nos a todos muita paz no prosseguimento dos nossos trabalhos de cada dia.

Registramos, com satisfação sincera, a visita de nossos companheiros de ideal e fé ligados a "Antônio de Aquino". Temos ali um conjunto especializado de serviço, com muitas lições em nosso proveito. A homogeneidade do grupo fornece-nos a ideia de nossos compromissos coletivos antes de cada reencarnação na Terra quando sabemos honrar os nossos votos e prestigiá-los devidamente. Há equipes de toda natureza em nossa vastíssima organização doutrinária. Trabalhos diversificados se projetam em todas as direções. E com os objetivos socorristas em primeiro plano o conjunto que rapidamente nos visitou é, sem dúvida, um dos mais eficientes.

Não estranhemos a missão de que foi investido. Não formulamos variados apelos a vocês no sentido de auxiliarmos juntos a inumeráveis companheiros do pretérito, atolados em situações complexas da carne, justamente por vê-los imantados, como é natural, a programas de serviço inadiável, já pré-estabelecidos. A tentação de pedir-lhes concurso amigo em muitos e variados casos é, porém, muito grande. De futuro, esperamos proceder na mesma pauta, razão pela qual compete-nos desejar o maior êxito aos nossos amigos na tarefa que lhes foi concedida.

Alegra-nos observar a movimentação e o entusiasmo de nossos associados de fé e, por isso, esperamos que vocês vivam cada vez mais enriquecidos pelas oportunidades de cooperar e auxiliar. "Ajudar sempre" é a melhor fórmula de rendimento para a nossa vida de espíritos imperecíveis.

Meu caro Rômulo, estou satisfeito com os seus entendimentos na Barra. Tudo espontâneo, fluente, natural. Não tenho a pretensão de haver enxergado em nossos interlocutores algo mais que você mesmo, todavia, penso como dantes: mais vale apoiarmo-nos em serviços que nas individualidades. Graças a Deus, **o trabalho tem falado em seu nome** a quantos se propõem ao esforço prematuro de julgar-nos. Enquanto os beneficiados de sua tarefa tomarem a palavra não há necessidade de manifestações de nossa parte. Nesse aspecto de nossas preocupações, reconforto-me na contemplação da rede defensiva que se improvisa em derredor de sua administração. Vozes expressivas continuam falando alto em favor dos nossos propósitos de servir e confio em que o Poder Superior não nos cassará o prazer de colaborar sempre no círculo de ação a que fomos chamados. Sigamos criando o bem.

Quando o comensal de nossa mesa nos ignora a boa vontade e o devotamento, advogam nossa causa impondo-nos a outros a árvore que plantamos, o animal que socorremos ou a fonte que nossas mãos oferecem ao viajante fatigado. Não receie. Tudo na Terra e na vida possui a sua razão de ser. Lute fervorosamente pelo triunfo soberano do bem. Atenda aos mil problemas que os encargos da profissão lhe traçam à manifestação individual, mas não percamos a serenidade e o senso da construção para os domínios eternos. Do que possa surgir nas eventualidades administrativas da hora que passa, nada posso dizer, por enquanto. Estou na condição de "oráculo" invadido de sombras, todavia, asseguro-lhe que não nos faltará o apoio imprescindível às edificações necessárias. Aguardemos os fatos a se desdobrarem, infatigáveis e incessantes. O dia é o doador sublime de todos os ensinamentos.

Às vezes, a orientação valiosa nos visita na forma de espinho causticante ao coração, mas, auxiliado pelo tempo, com a paciência, aceitamos nas maiores dificuldades as nossas melhores lições. Para nós significa abençoado conforto o castelo sublime de amizades que você soube cultivar. Esses hóspedes felizes ou confortados de sua alma oferecem a nosso favor as justificativas de que necessitamos para a conservação do nosso ensejo bendito de algo fazer pela felicidade comum. Que o nosso Pai de Infinita Bondade o ajude constantemente na extensão de seus trabalhos de sempre, cuja finalidade é a de aplicar o Evangelho à lida e à ação de cada dia. Conte com o papai, com os amigos daqui, e não esmoreçamos.

Com respeito à visita do nosso missionário italiano, convém se processe no ambiente da maior simplicidade possível.[1] Tenho a ideia de que não devem consagrar a reunião exclusivamente a ele e sim dedicar-lhe a maior percentagem dela. Assim é que as receitas para os irmãos doentes devem comparecer à mesa da oração pelo menos com cem delas e acreditamos também que nessa noite, programada, talvez, com muita gente encarnada, os passes devem ser dados abrindo-se mais um compartimento (medida de exceção para efeito educativo) na sala dos médiuns para o mesmo fim, com o aproveitamento do concurso de algum amigo experimentado que nos visite, permanecendo você e Maria no salão comum de serviço magnético e abrindo-se outro gabinete improvisado à frente, nas condições a que nos referimos, medida essa que será interessante à observação do professor que nos visitará, de modo a fornecer-lhe, de maneira direta, quais os característicos de nossa organização, no setor da assistência fraternal.

Se possível, distribua mensagens impressas variadas com todos os visitantes na noite a que nos reportamos, porque, com essas providências, estaremos atendendo, com a intensidade e com a extensão possíveis, aos três itens fundamentais do nosso programa comum: educação, divulgação, assistência. Sentirão, se puderem, que a nossa casa de trabalho é um

---

[1] Nota da organizadora: em referindo-se a Pietro Ubaldi. Pietro de Alleori Ubaldi nasceu em Foligno, Itália, a 18 de agosto de 1886 e faleceu em São Vicente, Estado de São Paulo, a 29 de fevereiro de 1972. Foi um filósofo e pensador espiritualista italiano. *In*: <http://pt.wikipedia.org/wiki/Pietro_Ubaldi>. Acesso em: 06 jul. 2010.

posto de Espiritismo com sementeiras de espiritualidade em função edificante do espírito. E observarão que o serviço tríplice assenta-se sobre os pilares do ensino, da propaganda e da ação, objetivando a construção da mente nova de que carecemos no mundo sob a orientação do Espiritismo evangélico.

Quanto ao mais, desejamos a vocês boa sorte. Por hoje chega. Felicitem por mim ao nosso amigo General Aurélio pelo aniversário.[2]

E reunindo-os todos em meu grande e carinhoso abraço sou o papai e amigo de todos os momentos,

A. Joviano

---

[2] Nota da organizadora: vovô Aurélio aniversariou no dia 14 de agosto. Completara, na data, 82 anos.

Quem nada faz
nada tem a perder

Meus caros filhos, Deus abençoe a vocês todos, conferindo-lhes muita paz e alegria no caminho purificador.

Meu caro Rômulo, acompanho-lhe, como sempre, as apreensões e as preocupações. Entendo-lhe as dificuldades e os percalços e rogo ao Senhor — o divino Dispensador da Vida — multiplique as suas forças na resistência construtiva e necessária. Penso que a sua mente vem assinalando as minhas opiniões e pareceres dentro do círculo de suas tarefas e obstáculos, através do "fio silencioso da sintonia espiritual", entretanto, repito a você, em figurações de lápis, que a experiência no mundo para quem trabalha não pode ser diferente dessa em que você vive na atualidade, com as vigílias da alma, com o suor da fronte, com o movimento dos braços e com os anseios do coração. Aos espíritos que repousam na ociosidade, semelhantes problemas se ocultam. **Quem nada faz nada tem a perder**. Quem não planta de certo viverá na "terra de ninguém", consumindo alheio fruto. Mas quem procura algo criar nos setores do bem cedo é defrontado por toda a espécie de óbices e embaraços.

Enquanto o lavrador confiar a sua gleba a mercenárias mãos dormirá o sono da ignorância ou do esquecimento na esfera das obrigações que desposa, contudo, em se dirigindo pessoalmente ao trabalho em que lhe cabe agir e persistir, conhecerá, de certo, os fenômenos inquietantes do tempo, os desastres da erosão, a invasão das enchentes e o perigo dos vermes que lhe atacam as leiras promissoras.

Assim também, meu filho, é a vida. Antigamente era

assim. Hoje é a mesma luta. Os conflitos interiores de seu pensamento não constituem novidade.

De alguns milênios para cá sofremos e lutamos com as mesmas recapitulações, a fim de aprendermos que não existe tesouro mais precioso que a paz de uma consciência tranquila, não pela inércia de muitos, mas pela ação incessante no bem.

Não julgue que as nossas aflições e anseios sejam problemas inabituais. Conhecemo-los de muito tempo. Muitas vezes já administramos tentando a construção de bens coletivos em escala maior. O trânsito, através das ordenações em casas representativas da lei, com deveres amplamente discriminados à nossa capacidade de realização, é familiar aos nossos espíritos desde muitos séculos. E creia que se estamos repetindo velhos tentames na ordem da prosperidade comum os homens de nosso tempo estão igualmente percorrendo de novo antigos caminhos que lhes pareciam definitivamente abandonados.

Não evitaremos o assédio de todos os matizes, desde que nos disponhamos a avançar no campo do aprimoramento ou da melhoria. A calúnia é uma serpente invisível na estrada de todos os servidores do bem, nas épocas variadas em que assinalamos a própria jornada, e com ela a treva, a maldade, a ingratidão e a má-fé se associam, invariáveis, buscando estabelecer o reinado da sombra entre as criaturas. Isso é natural. Estaríamos no Paraíso se as nossas boas intenções fossem amplamente reconhecidas e os nossos atos corretos plenamente vistos, sentidos e aprovados. Achamo-nos, realmente, na Terra — nossa escola multimilenária —, onde, muitas vezes, temos sido constrangidos a reaprender as mesmas lições. Assim me expresso para dar a você uma ideia de paz e serenidade no seio das lutas íntimas que vamos superando em esforço gradativo.

Não confira a muitos assuntos de nossa batalha mais que a atenção estritamente necessária. Poupe-se, tranquilize-se e sigamos trabalhando.

Não convém acender muitas velas para sombras prováveis e, segundo sabemos, os maus são quase sempre as pedras colocadas em nosso caminho para aferirem a nossa capacidade de superação. Edifiquemo-nos dentro do santuário dos nossos deveres bem cumpridos. A Justiça Divina em nossa consciência é o órgão controlador de nossa felicidade. Fortificados pela opinião que o serviço feito nos impõe a favor de nós mesmos, não nos cabe recear quaisquer alterações e modificações suscetíveis de deslocar-nos o bom-ânimo no trabalho afeto à nossa responsabilidade.

Certamente, o homem que atende ao mapa das responsabilidades que lhe dizem respeito não pode movimentar-se com a insegurança e a lentidão de quantos se valem dos princípios legais para escorarem a própria ociosidade. Tal servidor, em muitas ocasiões, deverá extrair de oportunidades do futuro para benefício do presente sacando no amanhã para as exigências do hoje. E, por isso, não raro sofre os mil golpes diários de quantos se abandonam no relaxamento e na improdutividade, padecendo renunciações e sacrifícios que só ele próprio conhece na intimidade do coração, mas outro remédio não existe, por enquanto, no mundo em que evoluímos, porque a maioria prefere a espectação indefinida para confiar-se, depois, à crítica indébita com prejuízos gerais para a administração e para a subalternidade. Assim, pois, resignemo-nos e prossigamos para a frente.

Enquanto nos derem o ensejo de servir atendamos aos abençoados impositivos de nossa missão, ajudando indistintamente, e nesse capítulo, quanto nos seja possível, guardemos paz e confiança, porque a vida, na essência, é do Senhor, que não nos cerra as portas do trabalho e da elevação pela bênção do serviço a todos.

O que vemos hoje é o que víamos ontem. Nossas dores e inquietações no mundo são agora as que nos flagelavam anteriormente. Conformemo-nos, e guardando, acima de tudo, o nosso padrão de movimento pessoal nos deveres que o Céu nos indicou, saibamos evitar as "cristalizações mentais" de angústia, que geram desânimo, medo e sombras. Avancemos com a nossa paz por dentro.

A corrente d'água ininterrupta faz caminhos na rocha. Copiemos certas atitudes da natureza e não duvidemos da Divina Bondade. Em nosso caso particular, lembremos a velha fábula do lobo e do cordeiro. Quando o manancial tem a infelicidade de ser visitado por feras, o perigo é uma realidade para quem se aproxima sem malícia e sem prevenção. A hora, porém, se é de ação, é também de muita fé e calma.

Não permita que a tempestade penetre o aconchego de seu clima interior. Fora de casa pode haver chuva, granizo, gelo e vento forte, mas se acendemos a lareira no reino doméstico, tudo na intimidade é concórdia contra as intempéries. Em nosso coração, poderemos fazer, simbolicamente, o mesmo. A lareira da fé viva pode aquecer-nos se lhe sustentamos o calor com o lenho de nosso esforço e boa vontade. Assim me exprimindo, tenho um objetivo essencial: defender a sua saúde contra quaisquer fatores de anormalidade ou desintegração. Tanto quanto é possível tudo vai bem e só nos cabe, segundo a advertência do apóstolo, "regozijar-nos sempre".

Maria, peço a você usar o remédio sem receio. Estamos colaborando em suas melhoras e através de nossas aplicações magnéticas confiamos na ação medicamentosa eficiente. Questão de alguns dias para que você esteja fortalecida e novamente bem disposta.

Ao Rômulo, aconselho o *Kalmia Latif.* e o *Chelidonium*, em nome do nosso receitista, na viagem próxima, que espero lhe seja pródiga de boas realizações como sempre. O remédio para as coronárias tem produzido excelente efeito. Há venenos que são úteis, na dose e na oportunidade aconselháveis.

Com satisfação observo a nossa sementeira com "Jesus no lar", em renovadas bênçãos. Que o Mestre nos conceda a oportunidade sempre maior de mais fazer, na posição de pequenos e humildes servidores, em seu nome.

Os nossos amigos Mário Telles e Mário Carneiro, pre-

sentes, deixam-lhes carinhosa saudação, por meu intermédio.[1] Ambos se dirigem ao Rômulo com otimismo e afirmam
que a luta áspera é o tributo que a Terra cobra, implacável,
ao bom trabalhador.

A todos vocês os meus votos de muita saúde, paz e
bom-ânimo no grande caminho em que se empenham no
santificado labor do bem. E reunindo-os em meu abraço de
muito afeto, carinho e reconhecimento sou o papai e vovô
que não os esquece,

A. Joviano

---

[1] Nota da organizadora: relembrando, Mário Telles foi diretor da Divisão de Fomento da Produção
Animal do Ministério da Agricultura e Mário Carneiro, um grande amigo da família Joviano.

A prece é o nosso ponto de apoio

Meus queridos filhos, Deus abençoe a vocês todos, concedendo-lhes muita saúde, alegria e paz no desdobramento das nossas tarefas de cada dia.

A prece, indubitavelmente, é o nosso ponto de apoio para o encontro espiritual. E, por isso, o culto metódico da oração no lar é um serviço dos mais importantes em nossa vida, por definir, entre nós, a corrente incessante e substancial de contato recíproco. Benditas sejam as disposições de vocês no prosseguimento dos trabalhos que o Céu nos confia. Na Terra, enquanto o corpo de carne nos modifica a visão íntima, não é fácil avaliar a extensão dos benefícios que amealhamos e distribuímos orando, contudo, mais tarde, vocês identificarão a essência e a grandeza do esforço em que nos empenhamos, dia a dia, e de semana a semana, com persistência e constância, plasmando em nós a criatura que realmente devemos ser.

Estou muito satisfeito, meu caro Rômulo, com as suas experiências magnéticas no ambiente visitado, em face do espírito de iniciativa própria que você vai adicionando à tarefa assistencial. Pouco a pouco, as suas forças se consolidam e hoje se projetam com muito mais facilidade que ontem, ensejando minha alegria em nossa esfera de ação. Cada irmão, ou cada doente, a quem você dispensa carinho e enfermagem rápida é uma página viva do nosso ministério espiritual, que lemos ou escrevemos em nosso próprio benefício, no aprimoramento e engrandecimento de nossas possibilidades. Estimo vê-lo forte e animado na extensão crescente de nosso apostolado. Não é fácil criar esse estado de fé positiva que se irradia fartamente de seu "cosmos pessoal", utilizado por muitos benfeitores nossos como sendo uma porta de auxílio a muita gente. Apenas a fé e a oração em suas manifestações aparentemente insignificantes conseguem doar à nossa alma semelhantes riquezas nos domínios do espírito imperecível.

Aqui venho fazendo o mesmo — procurando desenvolver as minhas possibilidades de auxílio junto de organizações assistenciais diferentes das que se encontram aí, mas onde o concurso magnético é sobejamente aplicado. E conhecendo a importância desse gênero de colaboração no reequilíbrio do perispírito penso agora que a magnetoterapia reduzirá mais tarde os trabalhos da medicina em mais de 50 por cento, de vez que, muito mais que possamos imaginar, a mente domina o corpo, reestruturando-o ou perturbando-o, de conformidade com as vibrações que recolhe. Avancemos servindo e, de certo, a vida nos abrirá preciosos tesouros em lições e recursos sempre multiplicados para a glória do bem.

Com respeito aos nossos casos administrativos, meu filho, os assuntos vão marchando de maneira regular. Muita novidade e muita experiência nociva, de alguma sorte, impõem grandes alterações em toda parte, mas contamos com a Providência Divina em favor do nosso propósito de continuar trabalhando na mesma plantação de benefícios públicos em que nos achamos detidos. Quanto seja possível a você, tranquilize a própria mente e aguardemos. De nada serve a inquietação pelo que é incerto. Muitas vezes, perdemos grandes possibilidades de agir para a mais ampla extensão do bem por abrigarmos as aflições antecipadas no íntimo. Esperemos. Jesus nunca se empobrece de bênçãos. Sei que esta paisagem é como que o lar de seu coração pelos trabalhos abençoados de muito tempo e tudo faremos para que o nosso campo continue adornado de estrelas e flores, materializando as suas aspirações de trabalhador fiel do bem. Não pense seja apenas eu o interessado em seu bem-estar no círculo de serviço em que sua alma se agita. Vários amigos nossos efetuam o mesmo, operando e cooperando, aqui e ali, a nos ajudarem para que a política menos elevada não se sobreponha ao trabalho digno. Presentes encontram-se aqui comigo os nossos irmãos Telles e Dutra.[1] Ambos prometem continuar agindo em nosso favor.

Não se perca em demasiadas elocubrações com respeito ao assunto. Façamos o serviço do dia com a certeza de que o Senhor nos abençoa sempre e que com esse talento espiritual, que é a graça divina, tudo conseguiremos fazer na direção do bem eterno. Você sabe que a tempestade é simplesmente uma perturbação passageira. Aceitemo-la, embora saibamos quão arrasadoras se fazem as tormentas de ordem moral que nos colhem o espírito, e adiantemo-nos dentro da tarefa que nos cabe desempenhar. Felizmente, para nós, não desconhecemos que na Terra o serviço recebe, invariável, a retribuição dos outros em pesados impostos no círculo da inveja e despeito gratuitos. E, nesse aspecto, mais vale sofrer entre os perseguidos que usufruir as vantagens da preguiça brilhante. Atrás do tempo, o tempo viaja. Esperemos, assim, o futuro no futuro, que é, sem dúvida, o templo de nossas mais queridas realizações.

Estou cuidando de sua saúde e da saúde de nossa querida Maria. Vocês são, igualmente, meus clientes do coração em matéria do magnetismo curador. Graças à Providência do Alto, vamos recebendo maravilhas da Espiritualidade e da oração, em observando que vocês se refazem com galhardia e valor a cada novo golpe que a luta regular nos impõe. Através da água, no banho matinal, você, particularmente, vem recebendo o nosso concurso com segurança e harmonia, e não sei como endereçar a Jesus o meu reconhecimento, porque, em verdade, os nossos melhores pensamentos, qual acontece às correntes mais puras do manancial que se oculta na Terra, permanecem inexpressos no coração.

---

[1] Nota da organizadora: Dutra foi um amigo e colega de trabalho de Rômulo. Compareceu diversas vezes às reuniões do *Grupo Doméstico Arthur Joviano*.

Por hoje, creio que outros assuntos deverão sofrer adiamento indeterminado, de vez que os nossos entendimentos, em espírito, não alcançarão o fim.

Com o meu abraço de muito carinho, saudade e imenso amor a vocês, reúne-os no coração o papai e vovô muito reconhecido que não os esquece,

A. Joviano

Tenhamos calma e passemos

Meus caros filhos, Deus abençoe a vocês, conferindo-lhes muita paz e alegria aos corações.

Meu caro Rômulo, ainda é você, como sempre, o objeto da minha correspondência afetiva de hoje.

Quando as lutas recrudescem, as cartas são lenitivo justo entre aqueles que realmente se estimam. Não se deixe, meu filho, avassalar por preocupações excessivas. Naturalmente, não convoco sua consciência à leviandade ou à indiferença. Não. Apenas desejo que o seu bom-ânimo se mantenha dentro da proverbial robustez, a fim de que a tempestade não nos surpreenda qual se fôssemos um edifício cheio de brechas. **Tenhamos calma e passemos**. O serviço, com os resultados benéficos de que se faz seguido para a coletividade, é a maior recompensa do Senhor ao nosso esforço. Não se detenha em divagações tristes ou desencorajadoras e a ventania passará mais depressa.

Quando provocamos crises com a nossa atuação pessoal menos edificante e menos construtiva, no âmbito das atividades a que fomos chamados, realmente somos dignos de lástima. Contudo, no caso que atravessamos, você tem o conforto de observar o serviço idealizado por você caminhando em linha de vanguarda, auxiliando e melhorando sempre. Os desastres administrativos de que muitas repartições se sentem ameaçadas na atualidade decorrem da esfera governamental, o que vale dizer, do inevitável.

Compreende você que é a cabeça doente a responsável pelas dificuldades do corpo. Quando a política se expressa em país juvenil quanto o nosso, não existem instituições apolíticas que a constranjam a retroceder. Isso é um consolo. Quem resistirá ao peso insistente da massa de força guardando-se no plano em que só nos compete obedecer? Ainda assim amigos devotados de nossa paz e de nosso trabalho, desencarnados e não, prosseguem auxiliando-nos a superar os óbices em curso. Há ocasiões em que a obtenção de tempo é o primeiro passo do triunfo que desejamos. Ganhemos tempo quanto possível para o cultivo do algodão com que abafaremos as pedradas e interferências soltas.

A política é dos homens e o trabalho é de Deus. Peço a você, quanto possível, retirar o seu pensamento do assunto, imantando-o ao seu ministério novo nas curas. Não digo que você se desligue dos seus deveres de orientador e de amigo do serviço em que, espiritualmente, nos achamos juntos há bastante tempo, mas não convém fazer a sua tranquilidade depender de fatores externos ao seu próprio coração. Preocupar-se, mas não engolfar-se. Ajudar-se para ajudar. O tempo é o nosso calmante mais poderoso e, certo, há de reunir o seu coração de trabalhador abnegado com as auras da bonança. E creia que justamente aqui é dos lugares onde a paz e a ordem se estabeleceram com louvável segurança. O seu campo de ação é arroteado sem rebeliões e sem escândalos, sem perda de tempo e sem inutilidades. Imagine, pois, o que surge não longe sob o jogo das ambições desmedidas! Não poderemos nem de leve saber o que verdadeiramente se passa à distância de nosso caminho, porque a luta é análoga à tormenta desencadeada no momento brasileiro atual. Refugiemo-nos, assim, em nosso serviço. Dentro dele temos base para o ingresso em aperfeiçoadas estações da Espiritualidade Superior. Quanto nos seja possível, conserve a sua serenidade. As nuvens se desfazem e o sol sempre fica.

Tenho cooperado, quanto me é possível, pela continuação das boas disposições de sua mãe e espero que o Mestre me auxilie a derramar os recursos do amparo espiritual em favor dos nossos. Aqui se encontra comigo a nossa Marcelina, fortalecida, alegre e bem disposta! Mais equilibrada com a realidade, vai entendendo a extensão de nossos obstáculos para remover certos espinheiros da senda. Agora compreende e justifica a luta encontrada por nós ambos no que se refere ao apoio que nos propusemos oferecer. Graças a Deus, já permanece em trabalho junto das criaturas que nos são valiosas pelos laços do passado e conto com esse concurso, que me é indiscutivelmente precioso.

Unam-se você e a Maria às nossas preces pela paz e pelo fortalecimento de todos. Assim é necessário, a fim de que se sobreponham a certas dificuldades e conflitos na esfera da saúde. Hoje, para a maioria dos nossos, me desvelo em auxiliar-lhes os recursos físicos para que não diminuam ou esmoreçam, de vez que os interesses da alma eterna não podem, por agora, atrair as atenções daqueles a quem nos reunimos para a plantação redentora do progresso espiritual antes da atual reencarnação. Adubemos a árvore e ajudemos a flor que desabrocha, mas estejamos certos de que a produção do fruto não nos pertence.

Penso, meu filho, e muito bem-humorado, que o maior benefício, mais imediato, haurido por nós depois da morte das células físicas é justamente o de sermos relegados ao desconhecimento metódico e voluntário, porque assim também o desencarnado encontra as forças de que carece para desvencilhar-se daqueles que deixou no mundo.

Embora atento aos problemas que ali se desdobram, referindo-me a Botafogo, no que condiz com o equilíbrio orgânico de nosso pessoal estou satisfeito e feliz. Motivos novos de serviço e elevação na própria mente nos ajudam a realizar a libertação de que necessitamos para evoluir. Trabalhemos e oremos cada dia, orando e trabalhando cada noite. Nesse abençoado roteiro de nossas atividades, tudo resultará em paz e felicidade para nós e para quem nos cerca.

Peço a vocês dizerem à nossa estimada irmã Júlia que a irmã Engracinha se acha presente e envia-lhe, em nome de nós todos, carinhosos "parabéns" pela passagem do feliz dia 15 deste mês. Que Jesus, o nosso divino Médico, a auxilie na recuperação das próprias energias é o que desejamos, com todo coração, contando vê-la, em breves dias, novamente restaurada para a nossa boa luta de sempre.[1]

Agora, vamos aos retratos. Peço ao Roberto preparar-me a caneta-tinteiro. Tenho a ideia de que oferecerei a vocês, simplesmente, uma sombra do que fui, porque hoje meu aspecto é diferente, convidando-me a muita meditação. De quando a quando, porém, é útil reportarmo-nos ao passado, a fim de colhermos as flores da saudade e da alegria, do carinho e da gratidão.

Envolvendo-os em meus braços, e cumprimentando à nossa querida Maria pelas melhoras da saúde, deixa-lhes todo o coração reconhecido de sempre o papai e vovô que não os esquece,

A. Joviano

---

[1] Nota da organizadora: vovó Júlia fazia aniversário no dia 15 de setembro. Completaria, na data, 72 anos de idade.

Melhoremos a nossa visão

Meus caros filhos, Deus abençoe a vocês todos, renovando-lhes incessantemente a alegria de viver, a saúde, a paz e o bom-ânimo.

Meu caro Rômulo, sentimos ao seu lado a extensão da luta em que você se empenha na preparação do seu trabalho e na defesa dos seus ideais, que são igualmente os nossos na esfera do bem-fazer. Quanto estiver ao nosso alcance, recebamos a dor e as dificuldades por dons e estímulos, necessários à nossa própria elevação.

Reconheço que os golpes vibrados sobre a sua estrutura mental são enormes e dariam para intimidar os espíritos mais encorajados e mais fortes, não fosse a enfibratura de sua fé. É uma romagem dolorosa, bem vejo, em que você identifica pedras e espinheiros em todos os recantos da estrada em que marcha para diante. Creia, porém, meu filho, que não é a luta que se modificará, a fim de que conquistemos a paz, e sim nós mesmos somos a inteligência necessitada de renovação no trato com ela. **Melhoremos a nossa visão** para que nos façamos sempre maleáveis, não nas mãos dos homens comuns, mas sim nas mãos de Deus, e veremos horizontes cada vez mais vastos à nossa frente.

Para nos exprimirmos com clareza, é indispensável compreendamos que a inveja e o despeito lhe acompanharão os passos e, principalmente, doravante, onde você estiver. É o ônus dos serviços realizados.

Não ignoramos que na intimidade de você mesmo o que se materializou em sua tarefa não é senão minúsculo rendimento de suas ideias no plano material sempre mais vasto que lhe domina os pensamentos. Todavia, confrontado o seu esforço com o impulso de muita gente, é preciso convir que você soube aproveitar a graça divina em sua devoção ao verbo "servir". E numa hora destas, em que a política da facilidade se proclama no direito de açambarcar responsabilidades e postos de cooperação com o progresso, você não é perdoado pelo delito de trabalhar abundantemente. Esse, meu filho, é um dos aspectos de suas questões complicadas na esfera administrativa, questão inquietante, embora natural de quem vive oferecendo o que há de melhor em si mesmo e na própria vida a benefício da coletividade. Nesse sentido, a sua capacidade de suportação há de ser necessariamente aumentada.

Aconselha Jesus sejamos simples como as pombas, mas prudentes como as serpes. E a hora é a da segunda proposição contida no ensinamento. Nunca você precisou vigiar tanto, porque, em verdade, você nunca, até agora, dispôs de tanto serviço para defender. A luta é efetivamente grande, mas contamos com a sua paciência infatigável no trato com todos aqueles que se enamoram de sua posição sem cogitar das obrigações que a sua chefia envolve. Trabalhemos com boa vontade, servindo, invariavelmente, até o fim do combate.

Por outro lado, reconhecemos que a sua corte de associados de destino é muito grande. Você está na condição de um chefe de Estado, que vê a erva daninha penetrando, sutil, viciosamente, nos campos a que se propõe proteger. Pelo mérito e pela simpatia que diversas autoridades daqui alimentam por você, e por seu ministério, o seu coração vem encontrando, quase em massa, todos aqueles que se associaram ao seu destino de muitos séculos a esta parte. Os que não se acham reencarnados beneficiam-se de sua atuação no serviço que você vai realizando sem alarde, a favor de milhares de doentes. Não olvide a delicadeza da hora em curso. Toda a cautela se faz imprescindível. Não será com a força de que podemos dispor que venceremos em certos casos, mas sim com a nossa capacidade de tolerar a intromissão da força estranha à nossa, a evidenciar-se contínua em nosso círculo de ação.

Perdoe quantos nos não compreendem os propósitos e guardemos silêncio em qualquer assunto no qual não possamos ajudar. Tudo passa e tudo se transforma. Homens aparecem no campo de trabalho terrestre à maneira de uma tempestade. Pretendem levar a efeito quanto imaginam com a violência do raio e se nos transformamos em obstáculo à sua passagem de certo sofreremos na medida de nossa aproximação, mas quando conhecemos, quanto você, o valor do tempo, aprendemos a esperar com as horas a eclosão dos dias diferentes, que serão descerrados pelo Poder Superior aos nossos olhos famintos de construção e tranquilidade.

Bem-aventurado o devedor que pode receber a visita de todos os credores, ao mesmo tempo, respondendo à exigência de cada um com a melhor parte de sua alma para o resgate da dívida. Isso acontece raramente em nossa vida. Apenas depois de trabalharmos bastante conseguimos levantar a estatística de nossos adversários de ontem, enfrentando-os dignamente.

Você, graças a Deus, tem sabido agir criteriosamente. Tem semeado suficiente calma para colher a alheia compreensão em momento oportuno. Entretanto, as arremetidas são tantas e tão diversas que o treinamento espiritual se faz preciso, a fim de que a embarcação da carne não pereça nas ondas revoltas do mar de nossa purificação. A cada credor nosso do pretérito busquemos pagar sem reclamações. Se a conta estiver incompreensível ou injustificável aos nossos olhos, evitemos questionar. Há tempo de anoitecer e há tempo de alvorecer. De qualquer modo, conte conosco em nossa romagem para adiante.

Não desanime em hipótese alguma. Creio que em nosso ideal nos caberá sempre a satisfação de morrer combatendo, mas nunca voltar à retaguarda para chorar o tempo perdido, que realmente não voltará. Cresçamos em regeneração do próprio destino, reajustando tudo o que se faça possível à nossa influência para o bem, e marchemos ao encontro dos nossos objetivos.

Não se confie a ilações tristes ou negativas. Recorde que o Senhor está em plena vida, amparando-nos e socorrendo-nos com o devotamento habitual. A alegria e a serenidade, no suporte da coragem, são as nossas companheiras. Avancemos.

A nossa querida Maria poderá, na opinião do nosso clínico espiritual, prosseguir com a medicação do mês passado. De nosso lado, tudo faremos para contribuir em seu reajustamento orgânico. Jesus nos abençoe, ampare e proteja sempre.

Quanto à viagem de nossa Wanda à América do Norte, espero que ela possa, oportunamente, efetuar semelhante roteiro de alma alegre, encorajada e feliz. Ainda não podemos prever o que se desdobrará entre o projeto e a execução, mas podemos garantir à minha querida neta que não lhe faltarão nosso apoio e simpatia, tanto quanto a nossa presença ao seu lado na viagem educativa e oportuna. Sou partidário das excursões, nas quais vejo sempre mil recursos de ajudar e educar para um mundo melhor e, por isso, só me compete louvar o empreendimento em perspectiva. Deus a fortaleça e abençoe nos seus ideais de menina e moça.

Creia, meu caro Rômulo, que seguimos pela senda afora sempre mais juntos. Não permita que o desalento ou o cansaço lhe ensombrem o coração. Com o sinal de Jesus em nosso íntimo, venceremos. Contemos com o Senhor e aguardemos.

Assim, pois, desejando a vocês todos alegrias imperecíveis, com muita saúde e tranquilidade para cada um, deixa-lhes um grande abraço muito afetuoso o papai e vovô que não os esquece,

A. Joviano

Corpo, alma, mente e espírito

Meus caros filhos, Deus abençoe a vocês todos, concedendo-lhes muita saúde, paz e alegria no campo da boa luta.

Meu caro Rômulo, avancemos. Em todos os trabalhos da Terra, se sabemos sofrê-los e fixar-lhes a essência no coração, surgem dias de sombra semelhantes a vastíssimos túneis de passagem difícil na jornada em que buscamos a materialização de nossos ideais. Conheço de perto o que seja a preocupação de ver e sentir quanto não é perceptível à observação dos que nos cercam. Ainda assim é necessário nos disponhamos a marchar. Com os imperativos do agir e fazer, não podemos prescindir do verbo "movimentar" e movimentando energias humanas ou espirituais não fugiremos à experiência. Por isso mesmo, examinemos todos os problemas e todos os assuntos com serenidade e diligência, compreendendo que, no mundo, não estaremos sem enigmas, desde que desejemos caminhar no rumo da vanguarda. Nesse sentido, pois, peço a você muita determinação sobre a própria mente. Por trás da estátua animada do **corpo** físico agita-se a **alma** ou a organização perispirítica em bases de matéria sutil. Além da alma, vibra a **mente**, que ainda é corpo educável e maleável, suscetível de receber as nossas impressões e imprimi-las em seu cosmos interior. Para lá da mente aparece a luz consciencial e acima da consciência brilha o **espírito**. Neste moram a vontade e a razão e, em virtude disso, a nossa mente, como elemento passivo, lhe recebe os impulsos e as determinações. É preciso, desse modo, conter a energia mental como se refreia um potro indomesticado. O espírito fortalecido no ideal de servir com o Cristo estabelece linhas de força positiva e neutralizante dentro de si mesmo, sustentando a mente na posição que lhe cabe.

Daí, meu filho, essa necessidade de recebermos as dificuldades da experiência no mundo com valorosa calma. Não há tormentas eternas. Todo obstáculo é ensinamento, assim como toda dor é advertência. Com a graça de Jesus, todas as suas tarefas vão seguindo para diante, bem amparadas e bem cumpridas, e nesse fiel desempenho de suas atribuições e compromissos você deve sentir a força orientadora de sua própria felicidade. Esperemos a passagem dos dias próximos com a fé viva a clarear-nos a marcha. O que hoje parece desarmonia ou insignificância nos aspectos desagradáveis da sementeira amanhã é ramaria promissora, flor e fruto valiosos.

Vindo com a vocação de trabalhar e servir, entre os nossos contemporâneos, você e eu experimentamos, honrados, a alegria de algo fazer, arrojando de nós mesmos o próprio coração, em forma de suor. Infelizmente, não estamos sós na obra de benemerência a que nos propomos e se num campo de lavoura comum não faltam vermes e temporais, embora o tesouro da plantação nascente, garantindo-nos o futuro, assim também na esfera de nossa vida não faltam óbices e ilusões, que muitas vezes nos prejudicam a jornada no ritmo que desejamos. Adotemos a filosofia do "mais ou menos" e não percamos o Evangelho de vista. Ajudar a todos e perseverar com o bem ainda constituem as nossas melhores armas para o combate.

Não lhe faltará o nosso apoio e você, não obstante atento para com os movimentos do mar em que seu barco navega, não olvide que bons amigos daqui lhe seguem carinhosamente os passos. Tenhamos calma e paciência. E acima desse programa de serenidade e conformação construtiva guardemos a compaixão com o propósito firme de servir sempre. Quem se não compadece dificilmente romperá os ínvios caminhos da era atual. Assim, pois, não nos iludamos. A hora é de trabalho, de muito trabalho, a fim de que os males sejam necessariamente conjurados.

Domine-se através da mente e lembre que o seu velho amigo caminha ao seu lado. Você conhece as teclas em que procuro arrancar as presentes notas e me atenderá às preocupações. Preservemos a saúde e passemos, aproveitando cada experiência no máximo do valor de que é emissária. A vida terrestre é um simples estágio. Vale mais quem faz estudando que o aprendiz dedicado infinitamente ao estudo, sem nada fazer.

Use para auxiliar a zona orgânica os seguintes preparados homeopáticos: *Kalmia Lat.* e *Chelidonium* de 5ª, por 10 a 15 dias. O conselho é do nosso clínico espiritual. Maria poderá prosseguir no tratamento anteriormente aconselhado e Wanda *idem*. É preciso zelar o vaso da existência planetária, a fim de que recolha as águas vivas e puras da divina oração e da iluminada sabedoria.

Estou vendo o nosso Roberto tão extenuado que lhe aconselharia o repouso imediato após a nossa reunião. Para ele, homem especializado agora em determinados embates profissionais, a visita a Lavras deve ter assumido grande significação. À medida que nos adiantamos, tudo o que representa retaguarda se faz simples e inexpressivo, exceção ao campo educativo — simbolizado no lar e na escola, onde amealhamos as primeiras luzes para superar as hostilidades da experiência humana. Lavras, em Minas, é, sem dúvida, um templo consagrado ao ensino e à preparação do glorioso amanhã. Deus abençoe o meu neto para que incessantemente cresça no seu círculo de deveres à frente do mundo e à frente da vida, ante os quais necessita ganhar sempre na batalha da evolução.

Meu pensamento continua elevado ao Mestre divino para que vocês todos sigam para diante com as alegrias do serviço evangélico no coração. A viagem na Terra é período curto. Centralizem, dessa forma, a nossa maneira de viver em Cristo Jesus, que nos deu, com os seus ensinamentos imortais, o código de nossa própria libertação. E desejando-lhes quanto existe na criação de belo e de útil deixa-lhes um carinhoso abraço o papai e vovô que vive sempre ao lado de vocês,

A. Joviano

Sigamos com calma

Meus caros filhos, Deus abençoe a vocês todos, conferindo-lhes muita saúde, alegria e paz.

Meu caro Rômulo, não dê guarida ao desalento perante a luta íntima, indefinível e gigantesca. **Sigamos com calma**. Quando na Terra, cumprindo tarefas representativas qual a sua na atualidade, os fenômenos de introspecção com grandes "jornadas retrospectivas" são inevitáveis.

Conheço os seus conflitos de perto. Tive-os, talvez com menor intensidade, na minha viagem por aí, na qual as preocupações eram, por mim, sorvidas a longos haustos.

Concordo em que meu campo de professor de letras primárias era, efetivamente, mais benigno. Não havia para mim compromisso tão grande na esfera da vida pública, entretanto, não creia vivesse seu pai sem aflições.

É imprescindível muita serenidade nessas fases em que o castelo de nossas esperanças e realizações ameaça ruir. Confiarmo-nos à vontade do Senhor, colocando a nossa vontade própria no serviço incessante dele, é providência que nos faculta inexprimível descanso. Quanto esteja ao seu alcance, multiplique esses serviços no pensamento imanifesto. Tudo vem do Senhor – as ideias que nos sustentam, as palavras que utilizamos, as mãos com que agimos, os recursos que movimentamos, as afeições que cooperam conosco, as possibilidades que o mundo e a vida nos oferecem, aparentemente, por acaso, tudo, tudo, enfim, que nos cerca e nos reconforta.

No centro de tantos dons emprestados funciona a nossa atitude, como sendo o nosso desejo, o nosso propósito e a nossa vontade. Assim, pois, não se desanime. Avante com o Cristo é trabalhar por ele e para ele, de mil modos, cada dia.

Quanto aos pensamentos que quase lhe obsecam a

mente, esteja convencido de que não procedem do centro livre de entidades estranhas ao seu modo de ser. Graças a Deus, o seu padrão vibratório não é daqueles que se façam acompanhar por pessoas desencarnadas obsidentes ou provocantes. O que há, meu filho, é a recapitulação. À medida que os dias avançam sobre a nossa experiência, enquanto nos demoramos no corpo, mais se nos amadurece a intuição e se nos acentua a memória, mormente na reconstrução do edifícil moral de nossa felicidade quando nos revelamos em condições apropriadas a isso. Natural que a inteligência comum permaneça sonolenta ou mal-desperta, por não contar com recursos suficientes para as reminiscências proveitosas. Assim é que a sua posição espiritual de agora é de penetração instintiva em seus arquivos mentais multimilenários. Dantes, não sofríamos na aplicação de penas ou na imposição de medidas atentatórias à felicidade alheia, erguendo tribunais e povoando-os com as nossas simpatias particulares. E hoje você observa, para resolvê-lo dignamente, o problema das recordações. Creia, meu filho, que a justiça se efetua para nós amainada excessivamente pela Misericórdia Divina. Com a graça do Senhor, compreendemos atualmente que a nossa felicidade verdadeira decorre do servir, do servir constantemente e sem compensação de qualquer natureza. E pelo motivo de nos fazermos úteis, de alguma sorte, à coletividade inquieta e sofredora grandes bênçãos assistenciais têm brilhado em nosso caminho.

Convençam-se, porém, de que as imagens de nossos elos mentais aí se acham impressas há muitos e muitos anos. Voltam à superfície das nossas vulgares cogitações, na medida de nosso avanço na caminhada ascensional do sentimento volvido para Deus. Realmente, se não são insuportáveis, representam fortes razões de tortura e sofrimento inexplicável dentro de nós. Vozes acusadoras, que pareciam relegadas para trás, argumentos que se nos afiguravam extintos regressam às nossas manifestações mentais à maneira de construções vivas na própria consciência. Tenhamos, porém, serenidade e calma, a fim de tudo renovar para o bem com o Cristo. Nesse sentido, você conhece o valor da oração e não devo estender-me em considerações sobre o assunto. Peçamos ao Senhor energias para operar a transmutação dos valores. Antigamente, os sábios buscavam avidamente a fórmula da fabricação do ouro, garantindo-se contra a necessidade e contra a miséria, e hoje os amigos da Espiritualidade Superior nos convidam à transformação de todos os sentimentos que nos governavam até agora para nos confiarmos, de fato e de verdade, aos trabalhos do Cristo. Dessa forma, meu filho, desculpemos quantas vezes se fizerem necessárias, procuremos agir — no pensar retamente e no bem-fazer — e prossigamos calmamente em nossa grande viagem. O tempo e a vida são nossas testemunhas. Tenhamos paciência e prossigamos. Busque distrair-se para não martirizar a você mesmo, até que a tempestade e o vento forte apareçam amainados devidamente. Deixe que o pretérito erga vozes do passado. De nossa parte, tudo faremos para que o amanhã seja mais nobre a mais belo.

Cumprimentando à nossa querida Maria pelas boas melhoras do instrumento físico, devo dizer a vocês que a possibilidade de sua viagem a Pernambuco, na hipótese de concretizar-se, é excelente! Se isso for mesmo possível, seguirei em companhia de vocês cooperando em todas as tarefas suscetíveis de receber alguma cooperação do plano espiritual. A oportunidade é valiosa para desentranhar, ao menos por alguns dias, as suas preocupações morais no corpo do serviço. Aliás, aquela terra amiga não nos é estranha. No século XVI, conhecemo-la, de perto, mormente nos antigos acampamentos de Pernambuco iniciante. Assim digo porque as comunas do Brasil-Colônia, no princípio, não passavam de acampamentos em grande escala. Se for possível, pode seguir alegre, otimista e confiante. Estaremos, naturalmente, juntos. Não se esqueçam dos remédios da nossa farmácia de emergência.

Nossas cartas e nossos sentimentos, meu filho, são selados pelo gosto das alegrias eternas. Se for escrever, como desejo, o tempo e o espaço não seriam por mim respeitados na medida justa. Assim, pois, finalizarei aqui. Prossigo colaborando pela paz, pela saúde e pelo bom-ânimo de todos os nossos, para os quais continuo contando sempre com as preces de vocês todos.

Reunindo-os carinhosamente em meus braços de papai e de vovô, deixa-lhes um grande e forte abraço o companheiro de todos dias e amigo de sempre que não os esquece,

A. Joviano

22/10/1951

Atenda aos imperativos da sua viagem

Meu filho, Jesus nos abençoe.

Atenda aos imperativos de sua viagem fortalecido e satisfeito.

Há ocasiões em que o próprio serviço a que nos devotamos pede intervalo no ritmo em que se desdobra, a fim de que nossas forças, voltadas para diferentes setores, se refaçam e se renovem a benefício do trabalho em que centralizamos o pensamento e a vida.

Seguiremos ao seu lado, partilhando-lhe a surpresa justa ante os aspectos novos da paisagem e da luta em que nosso roteiro evolutivo se agiganta e esperamos que você e Maria recolham o melhor e o maior refazimento das próprias energias.

Sigamos com serenidade, confiança e alegria.

Se a vida é serviço, o serviço, por sua vez, é sempre uma grande viagem no terreno da improvisação e da experiência.

Satisfaçamos, desse modo, as leis da cooperação, irmanando-nos aos companheiros que respiram em outras linhas do trabalho, no qual comungamos o mesmo anseio de realização e progresso, e estejamos certos de que as nossas edificações prosseguirão sempre mais ricas de segurança e prosperidade.

Para a saúde, de acordo com o nosso receitista, alterne, por uma semana, os seguintes elementos:

Staphysagria,
Chelidonium,
Kalmia Lat. e
Cantharis, de 5ª.

Magneticamente, você continuará recebendo os recursos de nossa assistência incessante e esperando que você
e Maria permaneçam em companhia da saúde, do bom-
ânimo e do otimismo, na excursão valiosa que o trabalho
nos oferece, seguirá com vocês e abraça-os afetuosamente o
papai muito amigo de sempre,

A. Joviano

Ao nos reunirmos
em outro lar

Meus queridos filhos, Deus abençoe a vocês todos, conferindo-lhes muita paz e alegria aos corações.

Sentimo-nos felizes com **a circunstância de nos reunirmos hoje, excepcionalmente, em outro lar**, em cuja intimidade podemos entrelaçar sentimentos e pensamentos na mesma comunhão e na mesma confiança de sempre.

De nossa parte, rejubilamo-nos igualmente com a restauração física de quem, pela amizade, no tempo e no espaço, se fez para nós todos uma companhia do coração. A saúde é das maiores bênçãos que possamos desfrutar no campo da vida. Enxada milagrosa, com o seu concurso podemos cavar o solo das oportunidades, criando novos rumos de ascensão para os nossos destinos. Louvemos ao Senhor pelo equilíbrio de que nos sentimos aquinhoados. Com a harmonia do vaso, a planta pode crescer, estendendo ramos fartos para o mundo e subindo na direção do Céu.

Agradeçamos e trabalhemos. De todas as expressões de luta e esforço com que podemos assinalar a nossa jornada, o serviço é a mais alta demonstração de nosso concurso na obra divina, da qual, se somos eternos usufrutuários, devemos também ser os dedicados e atentos cooperadores.

Meu caro Rômulo, felizmente você e Maria realizaram excelente viagem e por dois terços do tempo em que vocês estiveram ausentes de casa tive a alegria de acompanhá-los pessoalmente. Para mim, foi realmente um prazer o "reavivamento" de velhas impressões que me afloraram a tela da memória com vigorosos impulsos, notadamente no setor de

Olinda, onde hoje a cristalização religiosa apagou a antiga beleza e arrefeceu a movimentação dos valores espirituais que, em outra época, nos falavam profundamente à inteligência e à sensibilidade. Mais tarde vocês dois conhecerão o teor de minhas palavras em mais amplo sentido. A volta ao passado, mesmo aqui, onde me encontro, deve ser gradual, de modo a evitarmos a violência sempre ruinosa e sempre inútil. Creiam vocês, porém, que ali, naquelas regiões, ainda orladas pela floresta virgem, alimentamos pela primeira vez o nosso sonho de colaborar na edificação deste novo lar de nossos espíritos, companheiros de muitas viagens na Terra. Ali tivemos as primeiras visões do Evangelho em nossa alma renovada, porque dantes o Evangelho nos visitava sem que o visitássemos.

Tudo me comoveu na excursão, principalmente o re-encontro direto com o elemento indígena, que nos deixa ver quanto serviço nos cabe desempenhar ainda, a fim de que os nossos fins sejam atingidos.

Um olhar retrospectivo no pretérito nos descerra velhos panoramas de luta, que mal iniciamos em benefício da pátria gigante e generosa, da qual somos hoje células felizes. Mais tarde, permutaremos impressões sobre esse assunto.

Agora, meu filho, tratemos de sua tranquilidade, neste crepúsculo agitado do 51, repleto de trabalhos e problemas inquietantes. Reconheço as suas dificuldades nos setores administrativos à frente de forças dirigentes menos inclinadas ao entendimento justo. Não nos desanimemos, contudo, guardando a certeza de que o divino Semeador é o dono da gleba em que evoluímos, aprendemos, amamos e aperfeiçoamos. Creio que devemos considerar a hora presente, na esfera de nossas atividades públicas, como sendo tempestuosa fase nas linhas da natureza. Sopra, de rijo, a ventania da incompreensão e caem granizos destruidores em todas as direções. Refugiemo-nos, porém, no santuário de nossas convicções mais elevadas e com a esperança em melhores dias trabalhemos e contribuamos invariavelmente com o bem comum. A nuvem passa e o céu fica. As pedras pedem lugar a plantas úteis e, com o tempo, o lixo se converte em adubo valioso. Aprendamos com a natureza e adotemos a serenidade com a diligência por nossas diretrizes nas lides de cada dia.

Em sua próxima visita à "mesa redonda" do centro de ação funcional a que você se ajusta, convém observar muito, propor o necessário, opinar pouco e comentar sempre menos. Atravessamos, no Brasil, um período de muitos desequilíbrios políticos pela inoculação de perigosos venenos ideológicos na corrente de nossos princípios diretivos. Há muitas raposas sob a pele dos leões e mais vale esperar por lutas nobres e leais que nos arrojarmos à arena das competições e das discussões com expoentes da astúcia e da insinceridade.

Espero que você seja muito bem inspirado, como sempre, em seus programas de ação. Estarei ao seu lado e não descansaremos. De qualquer modo, meu filho, preserve a sua paz. A harmonia com a nossa consciência de trabalhadores cristãos vale mais que qualquer conquista fora de nossa própria paz interior, sem bases na segurança de nossa conduta, no desdobramento da qual devemos, acima de tudo, conservar a fidelidade a nós mesmos.

Seguirei também a nossa Wanda em suas aspirações funcionais e formulo votos para que o seu ânimo juvenil se coloque na vanguarda dos candidatos inscritos à mais elevada esfera de serviço em suas funções. A existência em si mesma é a mais precisa de todas as provas de habilitação. Dentro dela, temos variados concursos e espero que a minha neta seja plenamente coroada de êxito em seus desejos mais do que justos.

Estamos muito satisfeitos com a vinda dos nossos caros amigos General Aurélio e irmã Júlia, augurando-lhes feliz permanência na montanha, com renovadas bênçãos para a saúde e para a tranquilidade de ambos. Através da assistência magnética poderão receber muitíssimo e contamos com as bênçãos dos nossos maiores em benefício das nossas necessidades de ordem geral.

O nosso receitista é de opinião que a nossa prezada

Maria, por três noites consecutivas, tome uma chávena do chá das folhas de laranjeira comum com dez gotas de *Allium Sativum*. Esse tratamento antigripal pode agora ser feito com mais êxito depois da aplicação inicial da homeopatia em uso.

Esperamos que vocês todos estejam muito fortes e bem dispostos em nossos trabalhos habituais. E confiando em vocês como sempre, estendo os nossos pensamentos afetuosos em prece ao General Aurélio e ao Roberto, a fim de que permaneçam conosco em nossa corrente de orações, deixando-lhes, com muito carinho e com muito afeto, o meu grande abraço de papai muito amigo de sempre, de vovô muito saudoso e de amigo constantemente ao lado de todos,

A. Joviano

21/11/1951

Cumpramos as tarefas do hoje

Meus queridos filhos, Deus abençoe a vocês todos, concedendo-lhes muita paz e alegria.

Meu caro Rômulo, apenas algumas palavras. Somente desejo acentuar que continuo invariavelmente ao seu lado, em nossa boa luta.

Seja feita a vontade do Senhor e que a vontade dele, nosso Senhor e Mestre, nos encontre sempre edificados e fortalecidos no desempenho de nossas obrigações.

Cumpramos as tarefas do hoje e com o Cristo no coração aguardemos o amanhã.

A luta, meu filho, é também nosso pão.

Em sua viagem próxima, estarei ao seu lado trabalhando, pensando, atuando e agindo. Quem avança com valor e destemor encontra sempre a frente. No setor dos nossos, vocês vão seguindo muito bem inspirados. Tudo tem o seu tempo e o seu lugar, e há tempo e lugar para tudo.

Cada noite, detenha-se nas aplicações magnéticas, um pouco mais de tempo, sobre a região do baixo ventre, inclusive a base da espinha. Estamos levando a efeito, em favor de sua saúde, um tratamento especial.

Cumprimentando ao nosso caro amigo General Aurélio e à nossa prezada irmã Júlia pela excursão feliz ao nosso círculo de atividade, reúne vocês todos num grande e forte abraço o papai muito amigo de sempre,

A. Joviano

Resistência espiritual

Meus caros filhos, Deus abençoe a vocês, conferindo-lhes muita paz e saúde no campo da luta redentora em que nos empenhamos à conquista do futuro.

Acompanhei você, meu caro Rômulo, nos diversos flancos do combate espiritual dos dias últimos e louvo-lhe a serenidade e o ânimo forte.

Felizmente, você tem agido com o valor e com a serenidade que eu sempre esperei.

Em diversas ocasiões, temos falado das dificuldades que surgem, invariáveis, no trabalho daqueles que se devotam ao bem e semelhantes obstáculos, com redobrado vigor, alinham-se agora à nossa frente.

Por mim e de mim mesmo, com satisfação retiraria da senda de vocês todos os tropeços, entretanto, achamo-nos na condição dos aprendizes guindados a maiores lições.

Se vocês não andassem para a frente, meus filhos, decerto encontrariam a tranquilidade aparente em que muitos se demoram no mundo. Mas vocês não renasceram para a quietude da estagnação. O caminheiro que não para sofre a chuva e o vento, o frio e o calor. Para ele, a canícula e o inverno são forças vivas que o atormentam e vergastam.

Que fazemos senão agradecer ao Senhor a confiança com que nos honra e a graça de que nos cerca?

Realmente, aí no círculo em que vocês trabalham, a visão e a sensibilidade padecem grandes angústias nas aferições espirituais de grande vulto, contudo, estejamos convencidos de que o tempo e a luta tudo renovam e transformam.

Compreendo a gravidade da hora que atravessamos. Hora em que os melhores experimentam provas enormes na dignidade e no coração. Peço-lhes, contudo, e principalmente a você, meu filho, muita calma e **resistência espiritual**. Quando digo "resistência" não pretendo afirmar que nos achamos irremediavelmente à mercê da tempestade arrasadora. Desejo apenas afiançar que não convém exagerar o apreço, nem o preço do mal que, no fundo, é invariavelmente o fruto de incompreensão e ignorância.

Não se perturbe, meu caro Rômulo, ante as arremetidas da sombra. A existência terrestre, como tarefa especializada, compromisso ou missão, é comparável a uma guerra permanente, cuja linha inicial se desenha no berço e cujo marco derradeiro se ergue no túmulo do corpo denso. Podemos perder grande quantidade de batalhas, mas não devemos confiar-nos à derrota final.

O quadro de lutas administrativas, qual o da atualidade, é um campo imenso de conflitos institucionais e individuais. Aí dentro, na hora em curso, não se evidenciam os melhores, porque há invasão, em massa, de elementos inferiores. A quantidade está ofuscando a qualidade, mas a paisagem é circunstancial e não definitiva, de vez que a Lei, no momento oportuno, determina que a qualidade se saliente para controlar a quantidade, conferindo-lhe expressões educativas.

Não posso adiantar a você qualquer notícia sobre o processo de manifestação dos nossos adversários gratuitos, porquanto, uma das ordenações daqui, mais rigorosa para o espírito de boa vontade, é a que se refere à absoluta abstenção de qualquer comentário no mal, que, na essência, serve apenas como interferência destrutiva na mente dos que ouvem. Mais vale a paciência que a violência, diz o conselho popular, e, no momento, a serenidade será ou deve ser nossa companhia fiel.

Não se concentre, meu filho, sobre possíveis desgostos ou necessidades da família. Tal pensamento não nos deve ocorrer. Recorde que os próprios filhos se encontram habilitados para o trabalho digno, cada qual dos dois organizando compromissos para o hoje e para o amanhã, e não se esqueça de que temos em nossa querida Maria uma companheira valorosa, cuja mente e cujas mãos jamais descansaram em benefício de nossa tranquilidade. Você poderá aduzir que o pomo de suas maiores aflições é o trabalho, a paisagem na qual o seu sentimento de trabalhador, de orientador e de missionário está amplamente refletido, acrescentando que os seus mais belos programas de serviço aqui se estruturam e se alongam. Justifico-lhe as observações e não desejo que você, em tempo algum, se esqueça dos laços divinos que nos prendem a este pedaço abençoado de terra, que nos guarda a esperança e o suor, o trabalho e o sonho. Entretanto, é justamente aí que se encontra o símbolo de nossas batalhas. É indispensável nos fortaleçamos convenientemente para suportar o conflito, voltar a ele e dominá-lo por fases diferentes, se assim for necessário.

De qualquer modo, instalemos a paz na segurança de nós mesmos para que lutemos varonilmente, sem intervalos de desânimo e sombra, de vez que não somos servidores infelizes, nem desamparados.

O que é nuvem hoje é chuva amanhã e onde agora se adensam as trevas em breves instantes podemos rever a claridade habitual. Dentro de nós vive a condição. Se nos sustentamos, tudo permanece sustentado ao redor de nós. Se nos acovardamos, tudo é fraqueza junto de nossos passos.

Não estamos sentenciados a mendigar, mas a viver, a aprender, a servir, a lutar, a ajudar sempre e a vencer com a Vontade Superior que nos preside as tarefas.

Confiança em Deus e em nós mesmos. Vitalidade espiritual em nossa crença na vitória suprema do bem. Disposição para tolerar quaisquer vicissitudes temporárias, agradecendo ao Senhor os recursos de que somos portadores, a fim de que as nossas energias se multipliquem.

Achamo-nos à frente de uma grande assembleia conturbada, na esfera da administração pública, para a qual os mais competentes e os mais dignos devem ser espezinhados, mas toda calamidade é passageira. A ordem e o progresso constituem regulamentos fundamentais e substanciais.

O ajustamento das matérias de serviço é uma necessidade em épocas turbilhonárias como esta em que vocês sentem, sob a solidez do barco, a crueldade da onda traiçoeira, e estejamos convictos de que o coração pacificado e vigilante consegue atender a todos os imperativos da luta. Sigamos observando e trabalhando em favor de nós mesmos.

O caso orgânico do nosso Roberto centraliza-nos agora grandes atenções. A assistência médica ainda ser-lhe-á necessária por vários dias. A luta contra o processo infeccioso deve continuar. Não deve movimentar-se com excesso para contribuir conosco no reajuste da posição celular. Nosso rapaz tem estado sem defesas naturais no campo físico e certos remanescentes de natureza infecciosa, alojados no sangue, respondem pelo fenômeno do joelho, que reclama o cuidado já em movimento. Convém-lhe o tratamento medicamentoso de maneira particular e de nosso lado colaboraremos em favor dele com passes e outros recursos ao alcance de nossa influenciação indireta.

Nossas saudações amigas ao General Aurélio e à nossa irmã Júlia, para quem pedimos ao Alto a bênção do bem-estar e da saúde.

E reunindo vocês em meu coração abraça-os com muito afeto e carinho o papai muito amigo de sempre,

A. Joviano

Nosso mérito consiste em não desfalecer

Meus queridos filhos, Deus abençoe a vocês e lhes conceda, junto de nosso amigo General Aurélio, de nossa irmã Júlia e dos netos muita saúde, alegria e paz.

Em nossas preces, realmente, colhemos substancial nutrição. Não somente vocês se refazem. Nós também. Isso ocorre porque, igualmente de "nosso lado", sobram lutas e necessidades, compelindo-nos a vastos dispêndios de força mental. Achamo-nos, por nossa felicidade, numa região de serviço purificador e assim como o corpo reclama o concurso da água amiga em favor da higiene e da recuperação também a nossa alma pede a imersão na corrente cristalina das preces sinceras, que nos restauram e reanimam.

Continuemos lutando. **Nosso mérito consiste em não desfalecer**. A árvore que domina a floresta é justamente a que sabe resistir ao vento, sem alarde, a fim de crescer. Grande é a batalha — repetimos. Entretanto, a guerra do bem contra o mal, fora de nós, é a mesma que se estabelece na intimidade de nossa própria natureza. Tenhamos paciência, aprendamos, ajudemos e passemos para a vanguarda.

Estou muito satisfeito com as melhoras do nosso Roberto. O caso foi complexo a princípio pela, vamos dizer, virose, em boa linguagem veterinária, que lhe dominou a economia orgânica. Graças ao Senhor, porém, a intervenção nos dois planos foi eficiente e rápida, e temo-la a caminho de mais harmonioso entendimento com o seu próprio "mundo fisiológico". Rogo ao meu neto muita paciência nos dias em curso. Mover-se o menos possível, nesta semana, e quando erguer-se ou andar, agir com muita lentidão, porque há trabalho sutil da nossa esfera de ação buscando restaurar-lhe o serviço equilibrado das "comunicações nervosas" na complicada cidade microscópica do corpo denso. Quanto lhe for possível, combater as ideias tristes que, de quando a quando, lhe batem à porta mental, guardando a convicção de que os amigos espirituais prosseguem a postos e que a boa disposição psíquica na confiança e no contentamento representa quase sempre 50% da cura de qualquer natureza.

Um coração alegre é remédio de assistência divina, dizia o sábio, há muitos séculos. E podemos acrescentar que a nossa influenciação salutar ou regenerativa, reconfortante ou curadora penetra sempre por algum orifício em que a alma do companheiro encarnado, pela fé, se comunica com a sublime inspiração da alegria ou da fé viva.

Tenhamos bom-ânimo, meu caro Roberto, e não empalideça sua coragem brilhante de sempre! Continuam as prescrições dos nossos amigos receitistas e acreditamos, com os nossos votos na direção dos cimos da vida, que você regresse ao trabalho comum em breves dias. No entanto, creio que o seu tratamento será longo, de modo a reestruturarmos a sua saúde plena. Você já conquistou vários troféus nas lides esportivas e estudantis, e outros prêmios esperam-lhe a capacidade de homem de bem e de cristão sincero. Avancemos para adiante.

Meus filhos, o dia 14 está prestes a ser descerrado.[1] Neste ano, peço a vocês comemorarem comigo a data de meu aniversário espiritual nos trabalhos públicos do "Centro Luiz Gonzaga". Já fiz idêntica solicitação aos companheiros daqui, que me atenderam, esperando que vocês não oponham embargos aos meus desejos. Teremos a data numa sexta-feira e tenho serviço que me é muito valioso, na referida instituição. Nossa querida Maria não precisará dar-me o "bolo das dezessete primaveras", mas em lugar desse brin-

---

[1] Nota da organizadora: em referência à data de sua desencarnação, ocorrida em 1934.

de, que me é muito querido ao coração, aceitarei flores na casa de nossas atividades espirituais. Rogo-lhes a abstenção de qualquer referência ao meu nome, porque conversaremos pelo fio do coração, esclarecendo eu que as flores serão aproveitadas por mim no serviço que devo aos necessitados e sofredores. Não precisam enviar muita cópia desse material, mas as rosas que tanto estimamos desejo compareçam em nossa festividade de sentimentos sem palavras.

Em 1950, celebramos o 14 junto do Roberto, em vitória universitária, merecida e justa, e em 1951 comemoraremos o natalício com o pensamento ligado ao nosso Roberto lutador, a fim de que nossas vibrações canalizadas, num só impulso, o envolvam com a energia possível, a fim de que o vejamos refeito e fortalecido.

Creiam que o meu contentamento será enorme com a aprovação de vocês ao meu pedido. Em minhas preces do dia, enviarei a vocês o meu infinito agradecimento pelos dezessete anos consecutivos de carinho, devoção e amor com que a dedicação filial de vocês me aquinhoou. Não sei se haverá um coração tão feliz quanto o meu, porque tenho em vocês a continuidade santa de meu ideal.

Com referência às nossas lutas comuns, os comentários evangélicos de ontem são oportunos, claros e, sobremaneira, reconfortantes. Nosso melhor tesouro, em qualquer circunstância, constitui-se daquilo que o Pai celeste nos reservou, e quem poderá subtrair-nos semelhantes vantagens? Quem poderá anular na Terra uma doação divina? De alma um tanto ou quanto mais experimentada, agora que os anos se desdobram sobre a minha condição renovada, compreendo com mais propriedade a excelência dos valores e dons que possuímos invariavelmente em nós e conosco. Usemos nossos pensamentos de fé viva, constância no bem, amor ao trabalho, entendimento cristão, auxílio incessante e concurso ativo com o Cristo, e veremos que o corpo milagroso da vida revelará os seus divinos segredos. Não vale a poeira da estrada e sim a oportunidade de avanço que nos proporciona. Não valem as pedras e espinhos da marcha e sim as lições que nos transmitem. Assim, pois, que o Mestre nos auxilie a prosseguir.

Temos trazido à nossa irmã Júlia os recursos de colaboração suscetíveis de serem desenvolvidos pelas nossas forças em benefício de suas mãos. Braços preciosos de quem tanto vem realizando em favor de nós todos e de muitos, permitirá o Senhor que os vejamos novamente restaurados em breve.

Penso que, por hoje, não seria lícito alongar-me por mais tempo. Recebam, assim, com as minhas demonstrações de afetividade aos nossos amigos e aos netos queridos, um abraço muito carinhoso do papai muito amigo que não os esquece,

A. Joviano

Júbilos do círculo doméstico

Meu caro Rômulo, Deus abençoe a você hoje e sempre, ao lado de nossa querida Maria e dos netos afetuosos, multiplicando as alegrias abençoadas de nossa união.

Emocionado ante a prece de nossa querida Wanda, faço minhas as palavras dela, nos votos ardentes que dirijo ao Senhor, rogando seu fortalecimento, bem-estar e saúde em nossa luta redentora, oferecendo-lhe com as minhas orações o versículo 4 do capítulo I da epístola de Paulo de Tarso a Filêmon.[1] Que o Senhor nos abençoe e nos ampare cada vez mais.

Na passagem de mais um natalício, com os **júbilos do círculo doméstico**, invariavelmente somos induzidos a meditar.[2] Perguntamos à vida, em silêncio, com respeito ao nosso caminho e ao nosso trabalho e a vida nos responde, através da consciência, com as suas realidades justas.

Felicidade enorme vejo no seu santuário interior, porque as respostas que você obtém são daquelas que poucos entenderiam. Com a graça do Alto, desde o princípio de sua luta, você fez da jornada terrestre um trabalho constante.

Trabalho de educação.

Trabalho de realização.

Trabalho com o presente e com o porvir.

Quase sempre espinhos aguçados aparecem nas flores raras de sua estrada e com frequência granizos em quantidade se arrojam, de improviso, sobre as suas plantações espirituais. Não fosse o manancial de amor e carinho, nutrição e fortalecimento que o seu espírito formou no lar e talvez

---

Notas da organizadora: [1] Filêmon, 1: 4 "(...) Não cesso de dar graças a meu Deus e lembrar-me de ti nas minhas orações (...)". In: <http://www.avemaria.com.br/biblia/64/FILEMON/1>. Acesso em: 30 jun. 2010. [2] Meu pai, Rômulo, na data, completava 59 anos.

não conseguisse você continuar com a mesma coragem e desassombro para a frente, dever que, além das portas em que você se recolhe no aconchego doméstico, a sua marcha é uma peregrinação sob a ventania forte. Entretanto, meu filho, regozije-se pelas dificuldades e pelas dores que lhe coroam o destino. Os que dormem nas conveniências humanas desconhecem as vigílias que lhes possuem as noites. Os que pousaram sobre os galhos de ouro da árvore humana ignoram as feridas e as aflições ocultas que se alojam em suas fibras mais íntimas. Quem se devota, porém, ao desempenho das possibilidades edificantes, que executa os compromissos assumidos, quem avança para adiante nos ideais que abraçou de certo não descansa na rápida viagem pelo campo da carne. Lutas gigantescas lhes sacodem as almas e do início ao término da experiência o bem de todos é a bússola que lhes orienta a embarcação.

Sinceramente, não sei quando você poderá pensar em refazimento oriundo da tranquilidade em alguma "ilha mental" de reconforto. Sua jornada prossegue como a de um grande navio constrangido a medir a força da tormenta e com ela combater para preservar-se. Isso é uma fatalidade. Fatalidade de sua tarefa, de sua escolha, de sua missão.

Quem efetivamente auxilia na maioria das vezes encontra apenas o sacrifício de si mesmo para sobreviver. Honre-se, porém, nas lides a que se consagrou — lides que são muito suas pela grandeza dos seus compromissos espirituais antes da volta ao renascimento atual.

Do Alto fluirão recursos para a sua cabeça e para o seu coração. O caminho é espinhoso e longo, e a sua guerra, no mundo interior, segue viva, em conflitos imanifestos aos que o cercam no mundo, mas visíveis para nós. Não recue nos seus propósitos de natureza superior. Sombras e pedras, inundações e canículas, óbices e espinheiros vão passando, porque com o auxílio do Senhor vamos aprendendo a passar por eles.

Creia que lhe sigo as atividades com especial carinho e conto com a sua vitória em Cristo. Você sabe, meu filho, que os adversários do bem não falham dentro da ribalta em que recebemos de Jesus o nosso papel de trabalhadores. Semelhantes inimigos prosseguem, com função específica de aperfeiçoamento, e não devem ser interpretados por nós noutra condição senão essa de instrumentos da vida, porque um dia acordarão para a verdade e serão recuperados para a máquina do bem. Avancemos, pois, com calma e entendimento, e esteja você convicto de que não há experiência sem proveito e que até mesmo a planta, humilde e anônima, fala por nós ao Alto quando realmente nos devotamos ao bem.

Desejo a você, junto da Maria e dos netos, longas e sublimes alegrias. Que o seu apostolado de bênçãos se intensifique e que você continue firme em seus ideais e em suas realizações. São os nossos votos.

Além dos "parabéns" pelo motivo do "feliz aniversário" de hoje, trago a vocês, ao nosso amigo General e à nossa prezada irmã Júlia os nossos votos de Natal venturoso, rogando ao Mestre para que a estrela de Belém aqui fulgure em cintilações de paz e felicidade perfeitas, adornando o nosso templo familiar com as flores abençoadas da integração divina de nossas almas num só impulso de carinho e esperança.

Agradeço-lhes o contentamento que me proporcionaram a 14. Foi uma noite de muita alegria para o meu coração! Que as flores da ternura de vocês continuem, através do tempo e do espaço, perfumando os nossos sentimentos com a essência sagrada do amor que nos reúne aqui, num só coração.

E que você, meu filho, prossiga abençoado por Deus em seu ministério de serviço aos nossos semelhantes e na elevada missão de amparo à natureza, de conformidade com os planos santificantes que você trouxe ao renascer, são os votos ardentes do papai e amigo, companheiro e irmão mais velho, que se sente extremamente feliz em seguir-lhe os passos para a nossa vanguarda de luz, hoje como ontem, no presente como no passado, a fim de que estejamos invariavelmente um no outro, agora e sempre.

A. Joviano

26/12/1951

Na Terra,
o lar é coroa sublime

Meus caros filhos, Deus abençoe a vocês todos, conferindo-lhes muita saúde, paz e alegria no desdobramento natural de nossas tarefas.

Amanhã renascerão os júbilos do 27 de dezembro e, como acontece, invariavelmente, associo-me às alegrias com que celebraremos mais um aniversário de felicidade e luz.[1]

Seja onde for, e em qualquer tempo, semelhante marco de nossos destinos surgirá ao meu espírito por sinal de redenção e paz, estimulando-me à renovação de nossos compromissos com o sumo bem.

Na Terra, o lar é a coroa mais sublime para a consagração da vida. E sabemos que há coroas de todos os tamanhos, espécies e feitios: tem de ferro candente para aqueles que fizeram da organização doméstica aflitivo instrumento de provas regenerativas, de espinhos para quantos converteram a própria casa em sementeira de amarguras e lágrimas, e de pedras para os que menosprezam o santuário da família, através da insubmissão, da discórdia ou do sarcasmo. Aqueles, porém, que teceram o ninho com as flores da reta consciência, entregue ao trabalho santificante, cedo recolhem os frutos sublimes da união e da harmonia, oferecendo à vida e ao mundo os divinos resultados de sua cooperação de luz.

É o que vocês realizaram sob as bênçãos do Benfeitor divino. Com o amparo do Alto, e valorizando o tempo, mate-

---

[1] Nota da organizadora: Rômulo e Maria comemorariam, no dia seguinte à recepção da mensagem, 28 anos de casados.

rializaram celestes aspirações de entendimento e amor, não só no domicílio material que se ergue sobre os fundamentos do serviço bem aplicado e bem vivido, mas também no templo de carinho em que nossas almas se congregam na mesma faixa de compreensão e de afeto no rumo do glorioso porvir.

Saudando, assim, o novo aniversário de nossa reintegração espiritual, espero que vocês todos prossigam, robustos e felizes, na obra de nossa redenção para a vida superior. Que nós todos, em nosso reino agasalhante de paz e trabalho, continuemos cooperando com o bem para que o bem coopere conosco.

O lar é celeiro dos dons divinos. Ajudemo-lo a sustentar-se forte e generoso entre os trechos de terra árida que ainda se destacam no grande mundo dos corações. Amparemo-lo com a nossa boa vontade e com o nosso esforço a manter-se iluminado entre as sombras que ainda povoam a Terra e, por certo, nossa experiência nas lides carnais se desdobrarão ricas de claridades e bênçãos. Inspiremo-nos em Cristo e auxiliemo-nos uns aos outros no empreendimento de nossa purificação espiritual. Aqui, com o divino concurso, tudo se revela com simplicidade e clareza no que concerne aos imperativos do dever que nos cabe com Jesus.

A casa espiritual de vocês realmente foi edificada sobre a rocha da fé viva e a tormenta ou a ventania contra ela não prevalecerão. Nesse sentido, agradeço a todos pelas alegrias que me proporcionam constantemente, mas muito em particular o meu reconhecimento se dirige à nossa devotada Maria, cujas mãos beijo com enternecimento paternal. Na previdência materna vive o núcleo da paz doméstica. Sem que a sacerdotisa do lar vigie e se esforce no bem de todos não há sementeira de felicidade ou segurança. Daí, pois, a minha necessidade justa de nela centralizar as nossas melhores homenagens do coração, com os nossos rogos ao Senhor para que os seus dias sejam protegidos e infinitamente prolongados junto de nós.

E a ela e ao Rômulo, em sinal de alegria pelo 27, ofereço o Salmo 127 na tradução do Padre Matos, já que em plano diverso não disponho do tesouro que desejava realmente ofertar-lhes ao coração pelo aniversário de bênçãos divinas, no sagrado instituto da família a que se consagram.[2] Que o Senhor, hoje e sempre, nos abençoe.

Encerrando hoje as atividades do nosso grupo em 51, no que se reporta ao nosso núcleo de estudo e serviço, desejo a vocês todos, em meu nome e por inúmeros amigos, muita paz com abençoadas realizações para o ano novo de 1952.

O 1951 foi efetivamente uma tempestade alternada. Lutas enormes se desenrolaram para nós em vários setores de nossa experiência, entretanto, com a Proteção Divina tudo prossegue em reajustamento. Peçamos ao Senhor não nos falte com a visão que deve orientar a nossa marcha para adiante, porque de todos os favores do Céu a compreensão, que representa luz interna, é sempre o maior de todos. Depois de compreendermos verdadeiramente todos os problemas do caminho evolutivo ou regenerador, eles se reduzem ou se extinguem. Que o Mestre nos ajude a entender na jornada em que disputamos a nossa redenção por intermédio do nosso próprio suor e da luta que nos é própria.

Farei o possível por prestar a máxima assistência ao nosso Roberto em sua viagem. A crise orgânica vai declinando, mas ainda não terminou. Os cuidados médicos devem continuar, embora menos intensivamente. Os noivos não devem estar separados por períodos muito longos de tempo. Em minha posição de vovô, devo e posso compreender esse impositivo de reaproximação periódica necessária e providencial à alegria de todos.

---

[2] Nota da editora: na impossibilidade de acessar a obra referenciada pelo autor espiritual, reproduzimos o Salmo 127 da Bíblia Ave Maria para complementação da informação: *"[1] Cântico das peregrinações — Felizes os que temem o Senhor, os que andam em seus caminhos. [2] Poderás viver, então, do trabalho de tuas mãos, serás feliz e terás bem-estar. [3] Tua mulher será em teu lar como uma vinha fecunda. Teus filhos em torno à tua mesa serão como brotos de oliveira. [4] Assim será abençoado aquele que teme o Senhor. [5] De Sião te abençoe o Senhor para que em todos os dias de tua vida gozes da prosperidade de Jerusalém, [6] e para que possas ver os filhos dos teus filhos. Reine a paz em Israel!"* In: <http://www.avemaria.com.br/biblia/21/undefined/127>. Acesso em: 30 jun. 2010.

Aos nossos queridos amigos General Aurélio, à irmã Júlia, ao nosso Mário e a vocês todos, consigno os meus fervorosos votos de boas festas, esperando que o ano novo de 1952 lhes seja o portador de renovadas alegrias.

E que possamos prosseguir trabalhando com tranquilidade e contentamento, cada dia, entesourando com as horas curtas da Terra para os celeiros da divina Imortalidade é o que pede ao Alto, com muita fé e profunda confiança, o papai e amigo reconhecido de todos os dias,

A. Joviano

1952

Hora da justiça, na recuperação da ordem

Meus caros filhos, Deus abençoe a vocês, concedendo-lhes muita paz e saúde na arena de luta santificante.

Hoje, quarta-feira, dia 9, falaremos sobre o dia próximo do aniversário de nossa querida Maria, a fim de abraçá-la efusivamente pela passagem de mais uma primavera de amor, trabalho, alegria e esperança.[1]

Se eu pudesse, minha filha, traria a você uma luminosa coroa de bênçãos, não só pela comemoração que nos é tão cara, mas também pelo seu carinhoso devotamento a nós todos, o que por justiça devemos lembrar sempre e particularmente em datas especiais como a deste mês. Jesus lhe renove as forças, multiplicando os dons da felicidade em derredor do seu coração. Sempre e sempre, você me identificará chegando à porta, como em outro tempo, para abraçar afetuosamente a você e ao Rômulo pela passagem de nossos dias prediletos. Faça chuva ou sol, tempestade ou bom tempo, vocês dois sentir-me-ão a presença e ouvirão minhas palavras sem ruído. É o laço de amor puro e imortal a congregar-nos nos caminhos longos dos séculos, razão pela qual venho hoje oscular-lhe as mãos abnegadas, repetindo as frases carinhosas do reconhecimento e do júbilo de todos os dias. Deus a conserve contente e forte, cada vez mais enobrecida, junto do Rômulo e dos meninos.

Onde a vontade de Deus nos conduzir a embarcação

---

[1] Nota da organizadora: em referindo-se ao aniversário de Maria, em 11 de janeiro.

aí estaremos juntos. A união nunca depende dos fatores de natureza externa que conhecemos no mundo e sim dos ocultos e insondados recursos do espírito. De mim, não sei como tributar-lhe o meu afeto, a minha alegria e a minha gratidão pelo tesouro de bênçãos que nos felicitam, mas rogo ao Senhor lhes expresse os meus sentimentos em sua divina e infatigável proteção de todos os minutos.

Com respeito aos sucessos que se desenrolam em nossa atualidade, você, meu filho, tem agido com serenidade, prudência e sensatez. **Hora da justiça, na recuperação da ordem**, sabemos quanto lhe custa cada resolução de serviço. Em razão disso, simbolizamos nos dias que passam uma ventania que ruge ensurdecedora ao redor da sua paisagem de trabalho. Esperemos, com paciência, o reequilíbrio das forças desencadeadas contra os nossos objetivos. Aguardemos e busquemos agir nos padrões evangélicos em que, neste século, estamos sendo recuperados para Cristo, nosso divino Mestre e misericordioso Senhor. Por enquanto, só posso dizer-lhe que estamos combatendo valorosamente, muitos companheiros e eu, ao seu lado, e firmes na fé contamos com a bênção de Jesus em nosso favor. Trabalhemos orando. E oremos servindo.

Estou satisfeito com o acesso do nosso querido Roberto aos quadros da atividade pública. Ponta Grossa é um quadro que não se apaga e, ainda agora, depois de mais de vinte anos, torna a buscar-nos para maiores aspirações. Acompanharei a nova fase de lutas do meu neto com o interesse carinhoso de sempre, esperando possa ele restabelecer-se fisicamente, dentro do menor prazo de tempo. Que o Senhor nos fortaleça e ampare.

Aos nossos caros viajantes que regressam ao Rio, o nosso abraço de estima e carinho, como sempre. E esperando que todos nós estejamos firmes na fé, procurando em Jesus a nossa inspiração de cada hora, abraça-os muito afetuosamente o papai e amigo, muito amigo de sempre,

A. Joviano

Que Jesus nos inspire as resoluções e providências

Meus caros filhos, Deus abençoe a vocês, fortalecendo-nos para o caminho a percorrer.

Sob o temporal das perturbações na luta redentora da carne, reconhecemos que a tempestade surge impetuosa. Dificuldades se estendem complexas ao longo do caminho e admitimos a existência de obstáculos enormes, em nossa direção, sobre o dorso das ondas encapeladas. É o mar de aflições e provações sob o navio de nossos ideais e de nossos princípios.

Habituados, pela graça de Deus, com o trabalho, não entendemos a ociosidade. Convencidos do valor da ordem, não esposamos a desarmonia. Edificados no desempenho das obrigações que nos dizem respeito, não nos compadecemos com a ideia de assalto à seara alheia. Integrados no espírito de sequência e de equilíbrio, na tarefa diária que o Mestre nos reservou, não compreendemos a invasão, a injustiça e o endosso maligno da indisciplina. E, por isso, somos conduzidos ao pelourinho da opinião pública na posição honrosa dos que, trabalhando pelo bem, suportam com valor e serenidade as arremetidas do mal. Esse o quadro do nosso ingresso ao 52, que se revela, em pleno limiar, repleto de lutas.

Vocês, naturalmente, desejariam mais objetividade em minhas palavras. Deveria, de minha parte, trazer-lhes pareceres definitivos. Entretanto, a marcha dos acontecimentos da embarcação tem a evolução que lhe é peculiar. Doloroso é identificar a discórdia entre aqueles que mais estimamos e lamentável será sempre a atitude daqueles que, deliberadamente, nos ignoram a boa vontade. São instrumentos selvagens de nossas dores maiores, tentando aniquilar a paz e o esforço construtivo de que os nossos destinos no mundo se encontram revestidos.

Não lhes venho pedir essa ou aquela demonstração de cautela ou vigilância, porque vocês sabem comandar sem interferências ruinosas o navio que o Mestre lhes confiou. Ainda na condição de amigo paternal, escasseia para mim o direito de intervir. Estamos à frente de uma luta titânica, em que vocês mesmos são convocados pelo Senhor a deliberar e conduzir. **Que Jesus nos inspire as resoluções e providências**, quaisquer que sejam.

Não fosse a política funcional dominante, em seu setor de criação e trabalho, meu caro Rômulo, nenhuma preocupação das que nos alcançam na hora que passa me afligiria. Dos subordinados vejo a disciplina a que precisam tornar e das autoridades superiores sinto o respeito que nos devem. Em razão disso, sem a "política funcional" os problemas e assuntos seriam os mais simples. De qualquer modo, porém, meu filho, coloque o navio em boa ordem de marcha, tanto quanto lhe seja possível, e rumemos para adiante. Os espíritos raquíticos reclamam alimento nas ilhas de ilusório reconforto, mas nós, meu filho, estamos fadados a caminhar.

Conheço o teor de todas as suas inquietações e peço-lhe calma. Não convém gastar as possibilidades de seu beliche antes de identificar o porto próximo. Aguardemos, reduzindo emoções e atenuando raciocínios. Cada dia tem uma voz, assim como cada pessoa é portadora de certa mensagem. Aguardemos o respeito de que somos credores para a continuidade da nossa tarefa, mas, ainda aí, tranquilizemos o próprio coração, esperando o tempo sem a desesperação angustiante. Aliás, é muito de nosso desejo que você e Maria, principalmente, se entretenham com assuntos estranhos à tempestade a que nos referimos. Há mundos em torno de nós para o desdobramento e trato. Na opinião de um escritor evangélico, "há em toda a Terra mais espíritos para educar que terrenos para cultivar". Não podemos aceitar o desânimo, nem mesmo por um minuto! Nas circunstâncias menores da vida, a vontade do Senhor nos segue amorosa e vigilante. Não há sofrimento injusto, nem há remédio inútil. Tudo na vida obedece a inspirações e determinações sábias e proveitosas. Tratem outros dos problemas que o aspecto da questão envolve em si, porque, quanto a mim, preciso, antes de tudo, velar por vocês. Se o Evangelho nos conta que a alma de um menino para o reino é de Deus, é mais importante que todos os domínios da Terra, a paz e a saúde de vocês exprimem para o meu coração um tesouro maior que todas as utilidades materiais do serviço coletivo. Defendamo-nos contra as energias desintegrantes do escândalo. Tudo passa e nós ficaremos. Ficaremos na obediência ao Senhor, que realmente nos governa a existência, servindo-o na pessoa dos nossos semelhantes necessitados.

A surdez dos últimos dias, meu filho, resulta do resfriado que se agravou sob os choques sistemáticos das preocupações da hora em curso. Em nome do nosso receitista, aconselho a você os seguintes preparados: *Kalmia L.* 5ª, *Lachesis Trig.* 5ª, *Iodium* 5ª, *Chelidonium* 5ª, 1 gota do *Óleo de Rícino* na intimidade do ouvido, diariamente à noite, ao deitar-se, por duas semanas. No mesmo período, usar o "medicamento inglês" como aperitivo em uma das refeições (almoço ou jantar) de cada dia. Essa medida continuará beneficiando as coronárias, que experimentam grandes constrições pela atuação do pensamento menos tranquilo.

Haja o que houver, tenhamos nossa alma voltada para Jesus, que tudo nos concede por acréscimo de sua misericórdia infinita. Guardemos a alegria de quem sabe encontrar o Amigo celeste acima de todas as considerações de ordem terrestre, porque a alegria vale muitíssimo, a fim de conjurarmos para longe de nós as mínimas notas de desencanto ou desespero. Devemos acreditar na veneração e na segurança que nos merecem os trabalhos reservados pelo Alto às nossas mãos, mesmo porque é perigoso a quem governa abrir precedentes de indisciplina, coisa graúda no conjunto das tarefas coletivas e públicas, mas ainda que semelhante direito nos seja sonegado saibamos continuar trabalhando e servindo com a mesma disposição de atender ao Bem Infinito.

Estimo a atitude superior que vocês assumiram nos sucessos que ora se desenrolam nas tarefas de sempre e desnecessário será repetir a reafirmação de minha confiança em vocês, nas horas de qualquer natureza, que os círculos do nosso trabalho nos possam impor ou oferecer. Confiamos em vocês em qualquer ângulo do serviço espiritual em realização nestes dias.

Meus "parabéns" ao Roberto pela inclusão no quadro do serviço público.[1] Entrar em uma oficina é o essencial quando precisamos mostrar a nossa habilitação nessa ou naquela máquina. Deus abençoe ao meu neto, a fim de que encontre as maiores bênçãos em seu caminho de profissional abnegado no bem de todos.

Adeus, meus filhos. Contem comigo em todas as particularidades do caminho que nos compete percorrer. O amor não é ilusão e a morte não é distância. Estaremos juntos. Onde vocês estiverem, igualmente estarei. Tenhamos tranquilidade e aguardemos. Essa é a nossa hora de observação e expectativa.

Reunindo vocês todos no meu grande e apertado abraço de sempre, sou o papai muito amigo e inseparável de todos os momentos,

A. Joviano

---

[1] Nota da organizadora: Roberto formou-se médico veterinário pela Escola Nacional de Veterinária da Universidade Federal Rural, em 1950. Foi contratado pelo Ministério da Agricultura a partir de 1952.

É, sem dúvida, uma hora de incertezas

Meus caros filhos, Deus abençoe a vocês, conferindo-nos a graça da saúde e da paz no grande e abençoado caminho redentor.

Lembro-me, neste momento, da palavra de Paulo definindo a posição dos discípulos do Evangelho – "aflitos, mas não desesperados, inquietos, mas não tristes, angustiados, mas não vencidos, perseguidos, mas não mortos".

É, sem dúvida, uma hora de incerteza humana a que atravessamos, e digo incerteza humana porque, em espírito, nossa casa de fé se encontra erguida sobre a rocha.

A ventania das paixões e das incompreensões ruge em torno de nós sem abalar-nos e as sombras se adensam em derredor de nossos passos sem conseguirem arrojar-nos às trevas. Defendamo-nos com as armas que o Cristo nos legou.

Em nossa própria luta, quando adotamos digna atitude, combatemos os nossos adversários a golpes espirituais. Lutemos, como sempre, no campo aberto de nosso idealismo superior e de nossa ação construtiva. É indispensável entregar ao cinzel do tempo certos problemas que se nos revelam com a consistência da pedra. Desde muito vemos a tempestade rondando-nos a porta, e como os servos que se honram na consciência tranquila esperemos agora que se cumpram os desígnios do Senhor.

Sei, meu caro Rômulo, quanto lhe doem as vergastadas da gratuita perseguição. Falo a você em particular nesta noite porque, mais que nós todos do conjunto reunido, você empenhou neste recanto de terra o próprio coração. Cada ramo, cada flor, cada fio d'água que completam a paisagem na qual tantas alegrias temos recolhido respiram em suas próprias veias. Temos encontrado a boa luta de nossa edificação em Jesus dentro da projeção de seus pensamentos. Por isso, mais que nós todos, você sofre e se preocupa, dilacera-se e indaga no recinto silencioso da alma centralizada em si mesma.

Poucos trabalhadores neste país têm conseguido tanto, raros se mantiveram até hoje, por anos consecutivos, quanto o de seu esforço, no mesmo ritmo de ideal e entusiasmo pelo bem público. Mas, por essa mesma razão, poucos servidores da obra de levantamento nacional conheceram, quanto você, a calúnia e a perseguição, a dor e o assalto moral sem motivos apresentáveis.

Conheço quanto lhe amarga no espírito o fel que lhe pretendem impor, entretanto, se algo posso rogar a você, peço-lhe mais força, mais serenidade, mais resistência. Um missionário da sua estirpe, quando não encontra na própria faculdade de suportação os canais justos para distribuir as energias que se lhe repletam no seio, pode perder o corpo pela pletora de forças que sabe amealhar e conservar nos reservatórios infinitos da própria mente. Inteirado hoje no conhecimento dessas verdades, peço-lhe calma e visão sempre mais alta. Oportunidades são portas permanentemente abertas aos que se propõem a trabalhar e servir.

Os campos de sementeira educativa se desdobram em horizontes ilimitados. E os homens vão e vêm. Situações políticas brilham e se apagam. Determinações surgem e se alteram. Palavras são substituídas por palavras. Por isso, se é verdade que devemos estar na posição dos aflitos, não nos achamos possuídos de desespero. Provocados pela perturbação vigente na hora que passa, mantenhamos acesa a nossa convicção de que cada dia possui uma ordenação diferente. Por certo, os adversários de nosso esforço estimariam observar-nos nos últimos lances da saúde e, indubitavelmente, sentiriam a volúpia da compaixão artificial em enxugando as nossas lágrimas se nos vissem chorar. Ergamo-nos, pois, e avancemos. Ouçamos o que existe contra nós no tribunal dos que julgam facilmente. Verifiquemos a extensão dos erros que nos apontem como analistas improvisados na esfera dos serviços feitos. Capacitemo-nos da amplitude do mal que nos assedia, a fim de que possamos multiplicar o bem que se mostre viável às nossas forças. Oremos e vigiemos. Procuremos a vontade de Deus afirmando a nossa vontade de perseverar com o direito até o fim de nossas tarefas. Nessa disposição de espírito, atendamos ao critério superior da hierarquia administrativa da Terra, que nos convida ao exame de nossos passos. Estaremos em sua companhia e contamos com a sua serenidade. E depois de atentarmos para os resíduos escuros que a passagem do despeito e da calúnia deixam por onde passam façamos o possível por evitar o conflito aberto.

Não temos adversários que mereçam uma declaração de guerra moral da nossa parte. Que havemos de fazer quando a experimentação juvenil domina uma assembleia? Como confiar-nos à ideia de sustentar a luta franca com a loucura ou com a irresponsabilidade? Poderemos obrigar um cego a ver de súbito? Ainda que a luz se faça refulgente ao redor dele, é imprescindível a restauração da potência visual para que consiga registrar a claridade em que se banha.

Se trinta anos de trabalho, sucessivos e vigorosos, não conseguem demonstrar a intensidade do nosso devotamento ao serviço, sob que bases disputar o reconhecimento da justiça àqueles que a não percebem?

Reconheço que as suas energias transbordam com o viço da mocidade plena. Não há velhice para quem se confia ao serviço incessante. E em razão disso sei que a aposentadoria é uma ideia sumamente desagradável ao seu espírito, entretanto, acredito que um acordo seria a providência mais desejável. A nossa questão é de tempo. E não será aconselhável que as suas forças se despenhem sobre os princípios da agressividade contra agressividade, do golpe por golpe, do sarcasmo por sarcasmo.

Você ainda não deu ao mundo tudo o que você pode

lhe dar. Suas energias mais elevadas estão na epiderme da sua capacidade de mais alta adaptação à prova de fé e renúncia. Há verdadeiros mundos de alegria, de educação e de elevação para construirmos. E se você puder conservar intacto o seu patrimônio de Evangelho, laboriosamente conquistado nos últimos anos, reconhecerá quanta felicidade existe em esperar agindo, sem desesperar desanimando.

Preservemos a sua saúde. Dominemo-nos, na zona emocional, com toda a nossa capacidade de autocontrole. Parlamentemos com serenidade e saibamos pedir com dignidade, sem revolta. E aguardemos. Nossos elementos de auxílio estão funcionando e contamos também com a manifestação do amparo superior. Mas, de qualquer modo, não percamos a bússola da confiança em Jesus e em nós mesmos. Se alguma defesa pudermos mobilizar, seja ela a defesa pacífica das relações e intercessões que cooperem conosco dentro da nobreza necessária. Defesa silenciosa, sem alarde e sem clarins. Mais vale queimar o derradeiro cartucho com honra que sermos colhidos em gritaria no campo onde fomos conduzidos a batalhar. Raciocinemos com o equilíbrio máximo, reconhecendo que nós mesmos somos obra e pertence de Deus e, agindo com o bem, aguardemos o amanhã.

Diversos amigos se encontram presentes à nossa reunião desta noite, destacando-se os dois Mários, o Carneiro e o Telles, que cumprimentam você pela fidelidade ao próprio ideal. Todos estamos agindo e confiamos em você, em sua boa vontade e em seu bom senso.

O nosso receitista é de opinião que você use por 5 a 6 dias, alternadamente: *Kalmia L.* 5ª, *Chelidonium* 5ª, *China Of.* 5ª e *Iodium* 5ª. Através dos nossos serviços magnéticos, inclusive o da água, suas forças receberão as nossas.

Viajemos sem inquietações destrutivas. Imaginemo-nos numa excursão de refazimento e estejamos certos de que o "melhor" nos favorecerá. Conto com a fortaleza de nossa querida Maria para que o seu espírito se reabasteça de otimismo e serenidade. Recordemos nossas possibilidades de ajudar a milhares e guardemos a certeza de que "o

Senhor é nosso pastor e nada nos faltará".

Façamos alguns centímetros da resistência e da cooperação no trabalho em que se envolvem os nossos compromissos e Jesus fará o resto por nós. Nada de pessimismo, de derrota, de expectação angustiante. Encaremos o sol e contemplemos os lírios do campo. Isso não é convite à preguiça e sim apelo à calma. Que Deus nos proteja para que saibamos proteger-nos.

Não posso solenizar esta hora como se fosse demasiadamente diversa das outras. Aqui nos encontramos na comunhão habitual dos que confiam nas mesmas realizações e nos mesmos fins e, em razão disso, somente posso repetir: haja o que houver, estaremos juntos.

Qualquer distância se compõe de muitos pontos, de muitos passos ou de muitos quilômetros — assim também qualquer questão se baseia em muitos ângulos, em muitos aspectos, em muitas fases e em muitas operações de resultado. Não nos achamos diante do inevitável. Estamos à frente de um problema e na solução dele cabe-nos agir com os elementos de nosso aprendizado.

Estimaria escrever ainda muito, em vista das circunstâncias em que nos encontramos submersos, mas é preciso terminar esta carta no papel para prosseguir com a permanente mensagem de carinho e amor, amizade e confiança que continuo a grafar no coração de vocês em letras vivas do sentimento e do pensamento. Graças a Deus, a perseguição não nos venceu até agora. Caminhemos, pois, para adiante, persistindo no bem até o fim.

Reunindo vocês no meu grande e carinhoso abraço de papai e de vovô sempre reconhecido, deixo a você, meu filho, nesta noite, como em todas as outras, todo o meu coração paternal e amigo,

A. Joviano

20/02/1952

Não estamos

desanimados nem vencidos

Meus caros filhos, Deus abençoe a vocês todos, fortalecendo-nos na luta redentora de cada dia.

Estamos regressando de um campo imenso de batalha, onde as forças do bem e do mal se empenham no combate. Não estamos voltando ao santuário da oração, porque dentro dele estivemos em permanente e iluminada comunhão de hora a hora. Tornamos ao reequilíbrio emocional, refazendo energias para a continuidade do trabalho defensivo que o Senhor nos confiou.

Sabíamos, meu caro Rômulo, como lhe seria dolorosa a contemplação da zona escura de conflitos abertos, em cujo desdobramento os mais altos valores morais de serviço são cruelmente atacados e retalhados sem comiseração, entretanto, era necessário que você visse pessoalmente conosco a extensão do abismo, entendendo, de alguma sorte, as complexidades do problema.

Não estamos desanimados nem vencidos. Achamo-nos, aliás, edificados e fortes em nosso caráter e em nossa consciência, contudo, é imprescindível saibamos interpretar com valor a nossa necessidade de coragem e paciência. Compreendo-lhe as inquisições amargas e, mais que nunca, tenho andado em companhia de sua mente e de seu coração para responder, no silêncio de nossa integração espiritual, sem verbo articulado, o que pensamos e o que sentimos.

Nem sempre as nossas respostas se fazem claras como seria de desejar, mas a substância permanece invariável em sua retentiva espiritual, em forma de intuição lógica e imediata. Sei quão penosa é a nós todos a ideia de nos distanciarmos, ainda que temporariamente, da paisagem que por tanto tempo amealhou bênçãos e oportunidades de trabalho para nossos espíritos. Seu coração está neste recanto de terra, em forma de arvoredos e fontes, flores e frutos, oásis e caminhos, e, em sua criação, temos encontrado recursos de estabelecer o posto abençoado de reconforto e serviço para nós mesmos. Todavia, atravessamos uma hora difícil em que se faz imperioso "olhar mais alto". Custamos tanger teclas tão delicadas como sejam as de nosso assunto nesta noite, no entanto, é indispensável atacarmos o problema francamente.

A sua e nossa questão é daquelas em que os fatores tempo e tolerância não podem ser desprezados. Não sabemos para que lado se voltarão a ventania e a tempestade e, por isso mesmo, não nos cabe precipitar qualquer juízo. Não estamos livres da brutalidade e da sombra em nossos passos, em nos referindo à sua tarefa na região do serviço administrativo, e em razão disso toda a prudência e toda a calma se fazem, para nós, imprescindíveis.

Aqueles que lhe devem consideração e apreço não conseguem olvidar que você lhes pode legar a vaga funcional na instituição em que a sua firmeza no trabalho conseguiu se manter na mesma posição de chefia por mais de trinta anos consecutivos e, no fundo, você precisa contar com esses ataques, abertos ou disfarçados, de vez que, a qualquer preço pretendem auferir vantagens, das quais você, por felicidade, não teve tempo de cogitar. Se pudéssemos esperar garantias do centro, seria natural aceitar o duelo na periferia, mas não ignoramos as contingências da vida política de nosso país na atualidade. A hora é por demais obscura para contarmos com luzes que estejam fora de nós. Assim sendo, acendamos a lâmpada de nossa fé para a marcha necessária. Ainda que possamos caminhar apenas alguns centímetros por dia, prossigamos mesmo assim. Há uma Justiça vigilante que mede o nosso mérito pela nossa boa vontade no esforço e no sacrifício.

Não podemos admitir valores de sinceridade nos dois

companheiros que lhe presidem o setor de ação. Estive em sua companhia na visita ao nosso abnegado amigo Odilon Braga e partilho-lhe a opinião.[1] Tudo é brumoso em torno da expressão documentária com que se pretendeu justificar o seu afastamento. Não nos sentimos, assim, autorizados a plantar as sementes da confiança nos recipientes a que nos referimos. Guardemos, desse modo, a expectativa nas horas porvindouras e esperemos com fé nas circunstâncias de mais alta expressão na vida pública, únicos elementos que, na verdade, poderiam renovar os acontecimentos. A ideia da renovação, dessa maneira, é uma necessidade em nossa esfera imaginativa. Precisamos criar novos padrões e novas senhas de luta para qualquer eventualidade, considerando, embora, que a Vontade Divina pode alterar o curso das causas e das coisas, descerrando-nos novos horizontes.

Noto, na gleba onde o seu mais sublime ideal de administrador está plantado, bastante dureza espiritual para uma sintonia com a nossa esperança. A indisciplina e a ingratidão fazem coro com a política sem escrúpulos e não podemos dissimular nesta hora de conversação franca a nossa quase mágoa ante as dificuldades antepostas à sua ação e devotamento. A crueldade da rebelião encontra eco em homens representativos sem madureza íntima para a visão dos enigmas que nos assoberbam e as vozes da maldade nos perturbam a rotina preciosa. Medite, pois, meu filho, e balanceie no próprio coração as vantagens e as desvantagens da luta. Observe se convém prosseguir disputando, se você julga conveniente o continuísmo do seu trabalho aqui, e estaremos com a sua escolha, cooperando ao seu lado e amando as suas criações, não obstante reconhecermos as nuvens amontoadas no céu e as pedras espalhadas no chão.

Rendo graças a Deus por vocês haverem chegado a esta hora de decisão com nobreza moral e fidelidade cristã. Não é fácil alcançar o cume espiritual em que estão respirando sem estabelecer guerra interior na própria alma, por muitos e mui-

---

[1] Nota da organizadora: sobre Odilon Braga não nos foram dados maiores informes.

tos anos. Felizmente, estamos com a nossa consciência tranquila e com a higiene de nossas mãos bem cuidada. O curso adiantado na escola terrestre a que se promoveram pela serenidade das atitudes e capacidade de renunciação é agora dos mais brilhantes, mas também dos mais difíceis e espinhosos. O momento ainda é de incerteza quanto às lições que nos foram reservadas, mas devemos estar firmes e bem dispostos. Não se deixem dominar por qualquer sentimento de tristeza ou "derrotismo". No madeiro, o Cristo parecia vencido, entretanto, a cruz era o começo de sua maior luta pela redenção, que ainda não terminou. Defendamos a saúde e a paz, e aguardemos as horas que virão com a certeza do apóstolo Paulo quando nos afirmou que "tudo coopera para o bem dos que amam a Deus". Às vezes, no momento, não enxergamos com precisão o papel da dificuldade ou da dor em nosso caminho, mas o tempo se encarregará de tudo mostrar-nos com justiça e proveito em sua milagrosa missão de sereno explicador da vida.

Espero, meu caro Rômulo, que você continue calmo e ponderado no desdobrar dos fatos que nos impressionam e preocupam. Façamos o que estiver ao nosso alcance para estabelecer o direito, sem ofensa, e para restaurar a verdade, sem violência. Somos vários companheiros com os amigos que o visitam e todos me delegam a satisfação de cumprimentá-lo por sua vitória — vitória com Cristo, no mundo invisível do próprio coração. O nosso amigo Mário Telles abraça-o com carinhoso enternecimento. Ajude as suas forças físicas conservando-se de cabeça erguida e sentimento harmonioso. Cada dia tem a sua mensagem e cada mensagem tem a sua expressão.

Contando com o ânimo varonil de vocês todos, sob a tormenta em que navegamos, e pedindo-lhes confiança em Deus e em nós mesmos para a superação de nossas próprias deficiências, reúne-os num afetuoso e apertado abraço o papai amigo e o vovô muito grato de sempre,

A. Joviano

05/03/1952

Quem conhece

o dia de amanhã?

Meus queridos filhos, Deus abençoe a vocês todos, concedendo-nos muita fortaleza de ânimo para a luta redentora de cada dia.

Meu caro Rômulo, avancemos com os dias, por mais pesados nos pareçam. Em verdade, para quem já atravessou as fronteiras da carne, as dificuldades daí surgem invariavelmente sob novos aspectos, mas integrado com você no seu idealismo edificante de cada dia posso julgar das aflições e das feridas que lhe povoam o tecido sutil da alma.

Ainda assim, e embora sabendo que todos os nossos desapontamentos e dores se ajustam à lei das provas, considerando os grilhões que nos prendem ao pretérito remoto e próximo, peço-lhes coragem e esperança.

Sei que é fácil receitar quando não somos o necessitado de medicação, contudo, creio que a serenidade será o nosso clima destes dias de tempestade moral. Num plano como a Terra, onde quase tudo se renova de instantânea maneira, às vezes é imprescindível um retrospecto ligeiro, a fim de não nos sentirmos desamparados pela Força da Vida e por nós mesmos.

Não estimo olhares ao passado, de modo a não perdermos tempo com o estacionamento improdutivo, entretanto, contra qualquer inquietação angustiosa, lembremo-nos das graças recebidas. Não nos compete fazer o inventário de serviços feitos, mesmo porque quase sempre, quando supomos terminar essa ou aquela obra, na realidade estará ela simplesmente começando. Não podemos, contudo, esquecer que você tem na balança da atualidade uma existência bem iniciada, prodigamente enriquecida por suas mãos e por seu coração com o trabalho incessante e que, sob o ponto de vista da luta de homem, possui você, além do tesouro espiritual de uma companheira extremamente devotada ao seu e ao nosso bem-estar, dois filhos animados dignamente para a vida.

Não convém que você veja em Roberto e Wanda dois corações tenros, como se ainda fossem crianças (porque para nós todos os filhos são sempre crianças do coração), mas sim dois companheiros amigos e dedicados ao nosso bem.

Compreendo que a essência de sua luta maior é exclusivamente de ordem espiritual e, nesse aspecto, não discordamos de suas considerações, mas, ainda assim, precisamos vestir a couraça da esperança e da fé, marchando sempre ao encontro da Vontade Divina.

Os desígnios superiores serão sempre insondáveis para aqueles que fazem do tempo um dom do Eterno, que não nos cabe menosprezar, e por isso, não obstante aguardar sempre o melhor com a execução de nossos mais nobres desejos, precisamos vigiar sempre, de maneira a atender os divinos chamados, seja onde for.

Se a Providência do Alto convocar sua presença ao Rio, não se acredite sem mandato de trabalho espiritual. Além do nosso culto, que prosseguirá sem alteração, vocês encontrarão portas múltiplas de ação no serviço da luz e da caridade. Não julgue que a sua presença seja dispensável por seus e nossos amigos espirituais na paisagem que nos é tão cara. Se pudéssemos satisfazer ao coração, tomaríamos o lugar de aprendizes na escola do mundo de todos aqueles que amamos para dar as lições mais difíceis da experiência em lugar deles. A vida, porém, pede luta, esforço, renovação e, por vezes, qual acontece às águas de manancial distante, somos compelidos a deslizar como a fonte para beneficiar terras e plantações diferentes.

Sinto você num conflito interior de enormes proporções e se me fosse possível aquietaria suas ansiedades de um momento para outro. Contudo, o mapa de nossas realizações vem de longe. Encaremos o labirinto com destemor e sigamos na solução dos enigmas que a atualidade nos propõe.

Quem conhece o dia de amanhã? Quem sabe o conteúdo da hora que se aproxima? Nossos maiores sofrimentos decorrem da expectação em torno do que há de vir.

Se a luta profissional reclama testemunhos mais amplos de humildade e boa vontade de sua parte, peçamos a Deus coragem e cumpramos nosso dever.

Há montes além dos montes e os dias se sucedem uns aos outros. Os anos se repetem, mas os acontecimentos diferem. As recapitulações voltam sempre, entretanto, com característicos diversos. Há espinheiros que escondem tesouros e sombras, que velam temporariamente territórios e possibilidades de sublime extensão.

Triste é sacrificar no campo das lides humanas ao despeito e à inveja, e duramente cruel é a suposta rendição de nossa alma à frente de inimigos gratuitos, perdidos no cipoal de passageiras ilusões, contudo, nesses quadros negros do mundo somos chamados a fazer as nossas equações. Convictos de que a Bondade Infinita não dorme, a aflição não é a melhor resposta que podemos lançar ao Céu. Peçamos a Deus visão com entendimento, a fim de podermos interpretar os ensinos que as provas educativas da Terra nos trazem. Estejamos certos de que tudo se modifica, tudo se altera no plano das coisas e das situações de natureza material.

O único lugar onde podemos realmente garantir nosso próprio equilíbrio é o santuário interior, em cujas profundezas precisamos sustentar os dons de servir que o Senhor nos confiou ao espírito imortal.

Muito trabalhamos e adquirimos para estas horas desagradáveis e aparentemente escuras que vamos atravessando. Ergamos, assim, nossos valores para o Alto e continuemos agindo para o bem. Assim me expresso com o objetivo de fortalecer-lhe as energias. Pensamos que tudo é importante no setor de suas tarefas, na esfera de nossa luta construtiva, mas a sua saúde, como expressão instrumental da manifestação de seu espírito, vale sempre mais.

O tempo cede ao tempo e sem o propósito de filosofar somos constrangidos pelas circunstâncias a colocar cada pessoa e cada coisa no lugar que lhes é próprio.

De fronte erguida e alma levantada nas obrigações bem cumpridas, você não tem nódoa em suas mãos e em suas manifestações. Que fortuna haverá maior que a sua, na intimidade do espírito tranquilo, nos tempos obscuros que vamos varando, com esforço, na contemplação do mercado das consciências? Procuremos descansar as células físicas no sono calmo, confiando em mais altos poderes. É indispensável certa dose de indiferença para manter a distância os fantasmas da inquietação. Tudo na Terra é um ensaio para a vida real. Ajustemo-nos às leis que nos regem e vivamos as nossas experiências.

Sinceramente, muito encontraria a lastimar se encontrasse você "no outro lado" da presente situação, mas, com alegria, sinto-lhe o espírito sem deformação e sem mancha, caminhando na mesma rota do dever bem cumprido, buscando a vanguarda dos bons trabalhadores. Isso, em suma, é o que importa. Quanto ao mais, nossa reunião é inalterável. Continuaremos juntos na mesma sementeira de boa vontade. Esperaremos novas portas à materialização de nossos ideais, trabalhando pelo bem nas regiões a que formos conduzidos. A atitude central do espírito é tudo em ocasiões perturbadas quanto a de agora. Seja a nossa atitude a do servidor fiel, pronto a corresponder ao chamado do Senhor, onde, como e quando ele julgue mais conveniente, com o reconhecimento pelas bênçãos amealhadas, a fim de não parecermos ingratos e confiantes nas bênçãos que virão, de modo a não parecermos insubmissos. Confiemos em Jesus, operando sempre na linha de nossas realizações construtivas e venceremos.

As indicações do receitista se dirigem de modo particular ao seu fígado. As preocupações excessivas sobre o órgão referido são como o excesso de carga sobre um motor de resistência reduzida. Não há motivo para receios. Se você continuar firme no controle de suas emoções, a saúde continuará sem qualquer nota discordante. É difícil a sustentação da harmonia sob a tormenta, mas não é impossível. A vitória começa cada dia. Não nos esqueçamos de semelhante verdade.

Espero que prossigamos robustos na fé, persistentes na ação, firmes na boa tolerância e perseverantes na paciência. Confiando desse modo em vocês, a fim de continuarmos coesos em nossa tarefa de sempre em nosso agrupamento familiar, deixa-lhes um abraço sempre mais afetuoso o papai e vovô reconhecido que não os esquece,

A. Joviano

Aguardemos

Meus caros filhos, Deus abençoe a todos, conceden-do-nos muita saúde, paz, alegria e bom-ânimo no círculo de nossa luta redentora de sempre.

No desdobramento dos trabalhos que vão desafiando nossa alma, dia a dia, nos testemunhos de fortaleza espiri-tual, reconhecemos sempre mais que tudo pertence a Deus e que só Deus pode decidir em definitivo sobre as questões em que resgatamos o passado, enriquecendo o presente e preparando o futuro.

Temos, meu caro Rômulo, desenvolvido todos os po-tenciais de atuação ao nosso alcance, a fim de que você seja sustentado no combate árduo. Conhecemos a intensidade e a extensão de seus problemas, e esperamos que a serenida-de constitua a base de suas atividades e reflexões.

A experiência na Terra é contínua batalha e dentro dela a preservação de nossa fortaleza física é necessidade primordial. Por isso mesmo demoramo-nos com mais cari-nho na tarefa assistencial ao seu "domicílio fisiológico".

As longas indagações mentais são marteladas sobre a estatuária viva e delicada do aparelho orgânico que enverga-mos aí. Tenhamos, assim, cuidado, meu filho, e concedamos a cada dia os trabalhos de que é portador.

Estamos fazendo quanto possível para que você obte-nha mais tempo na organização do momento atual. Há ser-viços que demandam maiores providências de sua parte, no que se refere à sua tranquilidade, e quanto estiver em nossas possibilidades cooperaremos para que a sua administração seja aquinhoada com mais avançado patrimônio de recursos no campo dos dias, de modo que você, com a dedicação habitual, possa agir na sementeira da paz.

É difícil comentar o quadro dos serviços públicos da atualidade em nosso país sem uma dose mais compacta de pessimismo, mas, com a graça do Senhor, nossa contemplação alcança mais vastos horizontes. Sabemos que o mundo é a nossa abençoada escola de soerguimento e perfeição, e por isso aprendemos com a luta de cada instante a sobrevoar as dificuldades que a jornada nos oferece, de quando em quando. Um coração alegre é medicamento do espírito e a esperança é sempre um tônico de nossos sentimentos na caminhada para adiante. Às vezes, o trilho terrestre guarda a forma de uma garganta estreita, mas para alcançar campos mais vastos e mais férteis, nos quais possamos, com mais segurança, retemperar nossas forças com mais amplo rendimento da vida.

Não se deixe abater pelo desânimo, ainda mesmo que todas as circunstâncias pareçam conjugadas contra o nosso ideal. O caso que representa para nós delicado problema decorre de homens que passarão com o tempo. Os acontecimentos políticos são igualmente simples realidades acidentais. Em razão disso, conservar o facho de nossa convicção na vitória do nosso esforço invariavelmente aceso nos auxiliará a superar fronteiras e óbices, desintegrando sombras e pedras por ventura amontoadas no caminho que nos compete percorrer. Se o "ontem" nos possibilitou a plantação do "hoje", o "agora" é uma porta para o "amanhã", que podemos preparar com devotamento e carinho a favor de nossa felicidade. Amarguras pelo que se foi ou inquietações pelo que há de vir não solucionam os enigmas naturais de nossa marcha. Mas o dia-a-dia, vivido com todos os recursos de nosso pensamento e de nosso coração, centralizados no bem que podemos fazer, é alicerce de nossa paz com o dever bem cumprido na consciência feliz.

Compreendo que você, efetivamente, deve, ou aliás, devemos nós, organizar todos os assuntos da sua e da nossa "casa de trabalho", harmonizando-os e equilibrando-os, tanto quanto possível, como se estivéssemos intimados a abandonar o trabalho, ainda hoje, mas na verdade quem define os problemas e quem decide sobre o que há de ser não somos nós. Forças imponderáveis, representando a Vontade Divina, podem mudar o curso dos mundos num só instante! E nossa vida, que não passa de uma voz entre milhões de vozes, pode, num átimo de tempo, sofrer profundas e inesperadas alterações. Programar o amanhã é nossa obrigação, entretanto, o Divino Poder guarda para si o direito de aprovar ou desaprovar, aceitar ou modificar. **Aguardemos**.

Não me encontro num plano de onde me seja possível tudo descortinar, mas do que posso refletir e concluir há muito caminho para jornadear antes de atingirmos a extrema mudança projetada para a sua repartição. Graças a Deus, você vai agindo com calma e boa vontade, e isso é essencial ao fim que nos propomos atingir.

Nosso receitista é de opinião que você use alternadamente, por 8 a 10 dias, a seguinte medicação: *Cuprum Met.* 5ª, *Boldo* 5ª, *Kalmia Lat.* 5ª e *Staphysagria* 5ª.

E, quanto ao mais, procuremos mentalizar um pouco o planejado santuário de serviço aos nossos semelhantes, de que você e Maria já possuem a chave e as bases fundamentais. Quando me entusiasmei pela obra de Parish, o grande curador inglês, pensava em vocês, no trabalho de que se acham incumbidos em precioso dueto espiritual. Se vocês já realizaram muito, com quase dez mil doentes inscritos, particularmente, imaginem o que lhes será possível realizar quando estiverem ambos mais profundamente centralizados na ação. Há um mundo por desbravar e realizar nesse aspecto de nossas tarefas e vocês, quanto eu, sabem que tudo depende do "começar" e do "intensificar". Uma casa de curas com a oração e a boa vontade por sustentáculos nos chama no futuro. Não lhe percamos os contornos de vista. Muitas vezes abastenho-me de reiteradas referências a esse serviço para que vocês não se suponham com recursos menos dilatados nas tarefas da administração pública. Minhas lembranças ou palestras múltiplas, nesse sentido, poderiam parecer profecias inadequadas ou convites inoportunos, mas vivendo hoje na esfera das realidades mais claras não posso deixar de lado o projeto luminoso que, um dia, converteremos em obra viva. Por isso, espero que o ânimo forte nos acalente. Não estamos órfãos de proteção divina e estejamos convictos de que serviços mais importantes ao nosso progresso nos esperam amanhã, depois de superarmos os obstáculos e as teias sufocantes dos minutos que passam. Não nos esqueçamos desse edifício que nos aguarda e acariciemos a certeza de que o Alto nos facultará todos os meios indispensáveis à grande realização.

Trabalhos de assistência aos nossos no Rio me chamam a outros misteres. Jesus nos conserve em sua divina paz. E por assegurá-la em nós continuemos lutando.

Reunindo-os em meu abraço carinhoso de sempre, sou o papai e vovô muito reconhecido que não os esquece,

A. Joviano

Uma viagem

Meus caros filhos, Deus abençoe a vocês todos, concedendo-lhes muita saúde, paz e alegria no círculo de nossas lutas redentoras.

Aqui me encontro para a nossa caminhada para adiante. A beleza de **uma viagem** reside muito mais na companhia que na própria paisagem e dou-me por feliz em podendo marchar, dia a dia, junto de vocês na senda de todos os instantes, no espaço e no tempo em que estamos recolhendo as graças de Deus.

Acompanharei vocês amanhã, na viagem ao Rio. O acontecimento desenvolveu-se em tais circunstâncias que, efetivamente, não compete a abstenção. O jogo está lançado na arena de nossa boa luta e não devemos, e nem podemos, recuar. Os amigos são alicerces de nossas realizações e não nos cabe desprezar o valor do gesto que o interesse de um companheiro nos oferece. Prossigamos trabalhando e lutando pela vitória de nossa causa, sustentando os nossos propósitos com o sagrado ardor daqueles que, antigamente, alimentavam a pira do lar.

A volta ao Rio, no momento, é oportuna. Precisamos ainda uma vez tentar o que tão difícil nos tem sido — a renovação de uma ordem inesperada e menos justa. Acredito que nos compete bastante prudência, de modo a evitarmos qualquer conflito com os superiores do trabalho em que nos achamos, com a disposição, entretanto, de alertar os associados de ideal e de luta, quanto nos seja possível, para os sucessos projetados para a semana próxima. Também nós, meu caro Rômulo, temos aguardado a modificação ministerial com grande esperança e somente a instabilidade política do momento vem adiando essa providência nos bastidores mais elevados da administração. Ainda assim estamos esperando e prosseguiremos agindo.

Não permitamos que a confiança se nos reduza no coração. Os dias se sucedem ininterruptos e não devemos olvidar que as surpresas no tempo são as forças que alteram o mundo e as coisas em nome da Providência Divina. No Rio, com o auxílio do Alto, você poderá referir-se às nossas obrigações e expectativas da hora que passa advogando maior prazo de permanência na sua chefia, ou medidas outras concernentes à dignidade da sua posição funcional em serviço. Estou certo de que a nossa sementeira de opiniões e sugestões, ainda mesmo formada de reduzidas horas, produzirá muitíssimo em favor da concretização dos nossos desejos. Sigamos assim ao chamamento de amanhã, com serenidade e contentamento. Ninguém pode penetrar o templo do nosso coração senão nós mesmos e aí não favoreçamos a criação de quaisquer atitudes negativas, quais sejam a tristeza, o desânimo, a amargura ou a desesperação. De qualquer maneira, descerremos as janelas do nosso santuário interior e ajudemos a penetração do sol, da fé viva e da calma, que, em nome do Senhor, nos procura cada instante com recursos e bênçãos sempre mais dilatados. Permaneçam vocês convictos de que não consideramos quaisquer sucessos menos favoráveis ao nosso ideal como término de nosso bom combate. As circunstâncias são fatores exclusivamente contra nós somente quando a nossa imaginação e o nosso sentimento se declaram em falência e, com a graça do Senhor, o nosso coração vibra pela continuidade de nossas tarefas e não esmoreceremos no campo de nossas edificações.

Não são as tempestades que provocam o desequilíbrio nos viajantes do mar e sim a incerteza da chegada ao porto firme, e se não podemos considerar uma ou outra batalha vencida ou perdida como elementos decisivos numa guerra de longa duração os acontecimentos não podem, de modo algum, alterar a nossa disposição de persistir na luta edificante até o fim das nossas possibilidades de resistência, no triunfo sólido da guerra purificadora de nossos destinos.

Com você, meu filho, tenho conversado vastíssimo tempo, de coração a coração, estudando em sua companhia as minudências do plano que vai sendo posto em prática no "outro lado" de nossa situação. Observamos em seus perseguidores gratuitos o secreto desejo de inibir-lhe as manifestações do espírito criador na esfera da direção pública. Alguns deles desejariam cercear-lhe todos os recursos de improvisação e serviço no setor de luta que você escolheu para cumprir o seu mandato de servidor do bem na atualidade, mas com a serenidade e a tolerância digna venceremos.

Penso que tudo devemos fazer para sustentar sempre uma porta aberta para o prosseguimento do seu trabalho, na hipótese de conseguirem realizar provisoriamente o que projetam, porta essa que uma aposentadoria em definitivo cerraria naturalmente ao nosso esforço. Quanto nos seja possível, suportemos o clima asfixiante da prova. Vale mais a paciência que a violência e a precipitação na retirada menos refletida poderia arrojar-nos a um campo de compulsória desistência. Aceitemos o cálice, se for da vontade do Alto. Que ele alcance os nossos lábios, mas prossigamos diligenciando a recuperação de nossa paz. Não abramos qualquer orifício de nosso barco ao desalento. Mantenhamos firme e robusta a nossa fé na vitória justa do bem.

Espero seguir-lhe os passos e os pensamentos amanhã com a intensidade e a devoção de sempre. Há na palavra do Cristo um ensinamento que realmente não podemos esquecer em nossas dificuldades no campo humano. É aquele que nos recomenda o Mestre "sejamos tão gentis quanto as pombas, mas tão prudentes como as serpentes". Reparemos que o Senhor não disse "víboras" e sim "serpentes", porquanto entre essas últimas há exemplares de energia digna, sem veneno e sem peçonha, mas com elevada experiência na própria defesa em plena floresta, em cujo seio desempenham tarefa específica.

Há "lobos reconhecidos" em nosso ministério, cuja presença, segundo creio, será lícito evitar, e por isso reporto-me ao imperativo da prudência em nossos entendimentos próximos. Detenhamo-nos nas palavras "tempo", "defesa", "serviço" e "sentimento". Para lá do nosso idealismo há um "mundo metálico" sob cujos pórticos devemos passar conduzindo uma bolsa tentadora ou o coração. Como não é de nosso propósito realizar a passagem com um tesouro que não possuímos e, graças a Deus, não desejaríamos reter, efetuamos a travessia das mencionadas fronteiras elevando bem alto o estandarte do nosso sentir. Não nos enfraqueçamos. O Senhor nos ajudará.

Tenho meditado igualmente nos propósitos de Roberto e Wanda, e rogo a Deus para que a realidade corresponda ao idealismo de meus netos queridos. Sou de parecer que o Roberto deve ainda, com assistência médica, consolidar as melhoras do campo orgânico. Está bem, mas não totalmente. Faltam-lhe reservas para qualquer eventualidade. Permitindo os nossos maiores que ele efetue os seus planos profissionais muito feliz me sentirei. No fundo, a edificação conjugal fala sem palavras em seu espírito juvenil e peço a Deus o ampare na concretização de todos os seus elevados desejos na experiência atual.

Quanto à Wanda, reconheço que o seu título novo, merecido em concurso, pode e deve servir-lhe na materialização de seus projetos. O ingresso num Ministério como o do Exterior, com o aproveitamento dos seus recursos linguísticos, é tentame louvável. Quando a iniciativa não seja para o "agora", pode ser planejada e alicerçada hoje para o amanhã, que sempre nos guarda novos e mais altos valores diante da Vida Superior. Sustentemos nos dias que passam a nossa confiança e a nossa paz como recurso fundamental e aguardemos a manifestação da Divina Vontade.

No Rio, venho trabalhando pela saúde dos nossos. Suas intuições, meu caro Rômulo, são o fruto de nossas conversações imanifestas. Peçamos ao Senhor nos fortaleça e sigamos no rumo do amanhã. Guarde a certeza de que estamos todos ao seu lado, alimentando-lhe as mais íntimas fontes de energia. Há passagens estreitas para os grandes rios cujas águas parecem perder-se em escuras e profundas gargantas de abismo, entretanto, há sempre leito vasto dentro da natureza para que as águas se espraiem purificadas e calmas. Confiemos ainda e trabalhemos sempre.

Reunindo vocês em meu grande abraço para viajarmos juntos, dentro de algumas horas, sou o papai amigo e afetuoso, sempre com vocês, com todo o coração,

A. Joviano

26/03/1952

A vida é imensa

Meus queridos filhos, Deus abençoe a vocês todos, concedendo-lhes muita paz e bom-ânimo em nossas lutas de cada dia.

Com o Divino Auxílio, vocês venceram no grande páreo da serenidade, da tolerância, do auxílio fraterno e da compreensão.

Felizmente, meu caro Rômulo, sentimos os alicerces de sua boa vontade e sobre eles conseguimos estabelecer a necessária construção mental de resistência e defesa em que você devia movimentar-se nas horas de hoje. Rendamos graças a Deus! Pela manhã, tomei a luta ao seu lado e partilhá-la-ei onde você for. Vejo-me envaidecido pela sua força de autodomínio na aplicação de princípios em cujo estudo e experimento nos achamos juntos há mais de três lustros.

Não nos sintamos na posição de vítimas e sim de lutadores. **A vida é imensa** e as nossas experiências são infinitas. Desde o primeiro instante de 1952 reconheci que, sob o ponto de vista de nossos desejos humanos, a alteração plasmava-se a largos traços em seu e nosso estabelecimento. Na condição de humano companheiro do seu apostolado, não obstante as minhas condições de amigo espiritual, acompanhei todos os seus passos e, gradativamente, de conversação a conversação, em espírito, nos grandes silêncios de nossa comunhão mais íntima, procurei colaborar com você na preparação para esta hora que, penetrando os mais profundos desejos do seu coração, igualmente não desejei. Entretanto, meu filho, outros poderes interferiram, outras atuações se verificaram no feito, e quando igualmente interrogo aos nossos maiores recebo a invariável informação de que as medidas se reportam ao seu próprio bem-estar. Posso aduzir que o seu bem-estar é permanecer na paisagem que por tantos e tão abençoados anos lhe reteve a capacidade de criar e servir, mas, ainda assim, esclarecem-me que há ocasiões em que necessitamos não só atender a problemas intrincados, relegados por nós mesmos aos velhos e escuros caminhos do pretérito, mas também aos imperativos de nosso aproveitamento da casa física em que trabalhamos. Por mais se nos estenda no mundo o raio de ação, por mais avancemos na esfera de nosso idealismo onde nosso trabalho surge, invariável e inflexível, um momento há em que necessitamos recolher energias e talentos ao santuário do corpo, a fim de preservá-lo. Poderíamos, por fim, alegar que bastar-nos-ia "uma advertência" e satisfaríamos as instruções recebidas para a regulamentação dos assuntos de nossa saúde, entretanto, conforme o impulso de nossa marcha, e segundo os compromissos que vamos assumindo, por vezes, é indispensável que outros providenciem por nós, em nosso próprio favor.

Quanto nos seja possível, atendamos aos imperativos da nova luta com o mesmo entusiasmo do "semeador que saiu a semear". No fundo, somos romeiros da Terra e estatutos de ordem superior nos governam os destinos. A derrota existe simplesmente para os espíritos que lhe aceitam as sombras, porque, em verdade, o que existe para a alma consciente de suas obrigações para com o Divino Poder é modificação ou alteração provisórias, que se ajustam ao programa das renovações imprescindíveis.

Cremos que as suas novas tarefas no Rio exigirão muito interesse e carinho de nossa parte, ainda mesmo considerando-as como experiências, a título precário. Abracemo-las com a boa vontade e dedicação ao bem com que nos compete marcar a senda de nossa passagem pelo mundo. Não nos faltarão recursos para a utilização dos nossos valores criativos. O trabalho será sempre o nosso pão espiritual em toda parte. Pedimos ao Alto para que o clima pacífico continue dominando os aspectos da mudança havida e somos muitos a apreciar-lhe o louvável esforço de bem ajustar a harmonia nos problemas em curso. E fazendo o possível por organizarmos um ninho doméstico na árvore rumorosa do Rio continuemos atentos ao caminho das horas que modificam todos os quadros da luta humana. Perder o estímulo ao sonho de fazer e ajudar é a maior calamidade suscetível de alcançar-nos o espírito. Tenhamos calma e prossigamos, alimentados pela fé.

Não nos cansemos de louvar ao Senhor pelas bênçãos recolhidas e aceitemos corajosos as lutas que a sua divina sabedoria nos impõe. Toda a nossa questão é substituir na mente certos valores que nos parecem inamovíveis. Nosso próprio pensamento segrega forças de renovação e compensação em benefício do nosso equilíbrio quando buscamos movimentá-lo à procura da posição mais própria às situações que vão surgindo. Achamo-nos na Terra à maneira de peixes desarvorados num mar a agitar-se sobre vulcão terrível. Não há estabilidade senão para aqueles que a procuram dentro de si mesmos e nem paz senão para os que a recebem dentro do próprio coração.

O mundo político de todas as nações é uma noite sombria e em nosso campo sabemos que o quadro é estarrecedor, não só pelo hoje, mas também pelo amanhã. Agradeçamos a fortaleza moral em que estamos respirando e aceitemos os superiores desígnios que nos beneficiam sem que a nossa percepção registre, de imediato, a assistência sublime de que somos objetos. A nossa melhor situação é a do lidador que prossegue combatendo, pelos seus mais altos objetivos, com as armas da tenacidade e da compreensão, ocultas na própria alma. Não nos faltará terreno à plantação dos recursos de que carecemos para o futuro. Atendamos aos nossos "adversários cordiais", honrando a incumbência para a qual nos designam, e esperemos agindo. No trabalho está o apoio do trabalhador.

Fazendo, muitas vezes, aquilo que não nos agrada, encontramos o caminho para a ação que mais nos agradará. Sustentando pedras nos ombros quase sempre conduzimos conosco as preciosidades que nelas se refugiam. Não nos desatente o "agora". Aproveitemo-lo para buscar o "depois". Quanto esteja ao alcance de suas forças, evitemos qualquer choque com a situação presente e recordemo-nos constantemente do belo ensinamento do Evangelho de S. João: "Mãe, eis aí teu filho! Filho, eis aí tua mãe!"[1]

No Cristo, encontramos o padrão real do servidor que não desanima, ainda mesmo quando se sente no dever de confiar a própria mãe a corações estranhos ao seu filial coração. Ergamos a cabeça e passemos adiante.

Estou certo de que o problema funcional de Wanda segue muito bem encaminhado e quanto ao Roberto o tratamento médico é imprescindível. O processo infeccioso não é uma hipótese e precisamos combatê-lo com as energias ao nosso alcance quanto antes, a fim de que ele possa entrar em outras responsabilidades.

Acalmemos nosso coração nas águas cristalinas e invisíveis da fé viva e caminhemos. Tudo passa na Terra e esse pensamento não deve ser por nós perdido de visão.

Cumprimentando paternalmente a vocês pelo desassombro e serenidade das horas de hoje, e com minhas particulares felicitações à nossa querida Maria, abraça-os muito afetuosamente o papai e amigo reconhecido de todos os instantes,

A. Joviano

---

[1] Nota da organizadora: João, 19: 26-27.

01/04/1952

Não prejulguemos

Meus caros filhos, Deus abençoe a vocês todos, conferindo-nos saúde, alegria e bom-ânimo para nossa luta redentora de cada dia.

Compreendo a atmosfera de sombrias preocupações que naturalmente nos assaltou nas circunstâncias da hora que passa. Entretanto, meus filhos queridos, é indispensável saber contornar o rochedo infeliz para que a dureza dele não nos fira ou estraçalhe. Sabemos que há razão para a atitude apreensiva, mas não devemos perder a esperança.

As administrações humanas se modificam e quem nos oferece hoje o cálice mais amargo da luta amanhã pode ser constrangido a sorver o conteúdo da mesma natureza.

Reconheço que a mudança é difícil, que a transferência para a vida turbilhonária de uma grande capital é imprevista. Sei que os obstáculos não serão pequenos, a se anteporem cada dia entre a nova realidade e os nossos hábitos mais caros, entretanto, busquemos senhorear a situação com a precisa coragem e com a fé necessárias.

Antes de tudo, a serenidade e o otimismo devem presidir as nossas alterações do momento, a fim de que não venhamos a sucumbir sob as provas que nos compete superar.

Peço a você, meu filho, muita calma e resistência moral. Não desconheço os conflitos interiores que lhe oprimem a alma e lhe amarguram o coração. Daria tudo para poupá-lo de semelhantes dificuldades, mas não posso interferir no curso da lei que, gradativamente, vai executando os seus desígnios um dia escolhidos e fixados por nós mesmos.

Cada qual de nós deve trilhar uma senda específica de acesso à comunhão com o Senhor. Você sabe que, por minha vez, enquanto aí, atravessei igualmente os maus dias e as noites insones que a vontade do Alto me reservava. Nem sempre a nossa jornada no mundo pode seguir entre os caminhos que nos pareçam mais ajustados ao nosso modo de ser.

Você não está esquecido e nem desamparado. Passo a passo, amparam-no vários amigos invisíveis que se abeiram de sua estrada, estendendo-lhe as mãos. Não se suponha — repito — exonerado pelo Plano Superior das suas tarefas de ordem espiritual. A sua retirada compulsória, que desejamos tão curta quanto seja possível, obedece a injunções do seu próprio mapa de vida na Terra e não a impositivos de natureza exterior. Há momentos em que precisamos apreciar a luta de um plano mais elevado, nela penetrando mais por amor aos outros que por devotamento ao nosso próprio bem-estar. E semelhantes oportunidades decorrem invariáveis de nossa própria eleição antes do mergulho nos fluídos densos da carne sobre a Terra.

Bem se vê que estamos à frente de um adversário. Não se discute. No entanto, é necessário conquistar-lhe a opinião em nosso próprio favor. Sei que você não nasceu para a insinceridade e mais que ninguém conheço o seu temperamento franco, claro e espontâneo. Contudo, meu caro Rômulo, se a hora pede sacrifício, atendamos-lhe ao impositivo. Estou convencido de que você comigo, e eu em sua companhia, edificaremos muitíssimo naquele espírito desarvorado, embora convencional, em seu lustre de superfície. Não ignoramos que aceitando a Jesus por mestre a ele confiamos nossa vida, dispondo-nos a receber-lhe as divinas lições, em qualquer parte. E já que o Mestre imperecível nos convida a novo campo de ação procuremos não temer e sim crer somente, segundo a palavra sábia e iluminada do Evangelho.

Eu não disse na quarta-feira passada que você está doente e impossibilitado de atender às novas obrigações. Não seria eu o profeta de sua desistência da luta. Em minha carta humilde, apenas tracei um quadro do que poderia acontecer ao nosso grupo familiar, a fim de exaltarmos a graça divina que realmente nos acompanha em todos os instantes de nossa luta. Estaremos de pé, ao seu lado, auxiliando a cumprir seus deveres novos. Renovar-nos é a base de nossa verdadeira elevação. Não pense nos males de que o adversário possa ser o portador e sim lembremo-nos dos bens que podemos levar-lhe à ação e ao coração. **Não prejulguemos**, embora o quadro por ele estabelecido aos nossos olhos seja o mais desagradável à nossa conceituação de serviço, de equilíbrio e da vida. Encaremos a realidade com espírito sereno, atentos à cooperação valiosa da qual podemos dar testemunho. Não esperemos dele o que não tem para dar-nos e sim estejamos prontos para oferecer-lhe os recursos que pode esperar de nós.

Não há tempestade sem bonança e nem noite sem dia. Se o Senhor nos considera dignos de uma empresa tão alta, e aparentemente superior às nossas forças, sigamos ao encontro dela com destemor e paciência.

Você não ignora que é fácil traçar roteiros para os outros enquanto nos demoramos na calma da paisagem diferente, contudo, estou vivendo o seu drama íntimo com indizível amor e não menor preocupação, e espero que o Alto nos favoreça. Tenho conversado mentalmente com você através de muitas maneiras diferentes, nos dias últimos, mas estou aprendendo com você a lição de que é muito difícil consolar aqueles que são o consolo de muitos e encorajar os corações que se fizeram os protótipos da coragem. Ainda assim, avancemos para adiante com otimismo e esperança. O essencial, no momento, é suportar de perto aquilo que você tolerava de longe, a fim de traçarmos com segurança um programa de recuperação. Se eu pudesse instilar em seu espírito uma força renovadora para a garantia de nossa paz nos primeiros embates, creia que daria tudo para satisfazer-lhe a necessidade. De qualquer modo, porém, confio em sua capacidade de autodomínio e no patrimônio de recursos espirituais de que, presentemente, somos detentores, a fim de que possamos sobrenadar acima do dilúvio dos caprichos e paixões desencadeado. De sua tolerância dependerá o êxito. Há cruzes que precisamos suportar com o heroísmo silencioso do Mestre para que nós e o nosso trabalho possamos encontrar a precisa ressurreição.

Noto-o algo fatigado e muito aflito na semana presente, mas todos esses fenômenos obedecem a causas de ordem mental e não física. Ainda assim, solicitei instruções do nosso receitista, que indica a você o uso alternado, por 10 a 15 dias, de *Cactus Grand.* 5ª, *Lachesis* 5ª, *Carbo* 5ª e *Kalmia Lat.* 5ª. E por alguns dias — 3 a 4 semanas — use um auxiliar para o sistema nervoso no *Maracugina*. É um preparado em base de frutas plenamente inofensivo e com propriedades que podem ajudar-nos de maneira expressiva. O "medicamento inglês" igualmente deve comparecer à nossa lida diária.

Quanto ao mais, meu filho, tenhamos esperança e fé. No Rio, façam o possível por manter as orações e o culto das quartas à noite com os nossos e com a presença eventual de algum companheiro de confiança. Estarei presente e procurarei fazer-me sentir por intermédio de Wanda, ou mesmo de vocês, em alguns minutos de prancheta.[2]

O tempo tudo reajustará se auxiliarmos ao tempo. Não há motivo para nos entregarmos à inconformação ou ao de-

---

[2] Nota da organizadora: a título de informação, e de conformidade com o *Dicionário de Parapsicologia, Metapsíquica e Espiritismo*, de João Teixeira de Paula, a prancheta é conceituada como segue: "(...) *Peça móvel em que há um indicador (ou ponteiro), que percorre mediunicamente o alfabeto (em forma de quadrante), os algarismos de 0 a 9 e as palavras SIM e NÃO ali colocados e por meio dos quais se obtém comunicações espíricas. Um autor, que naturalmente muito lidou com a prancheta, assim a descreve: 'Por meio da prancheta obtém-se extensas comunicações, sem demasiada fadiga para o médium. A prancheta deve ser, de preferência, de madeira lisa ou polida, com as dimensões de cerca de dezoito por dezoito centímetros. Num dos bordos haverá um cartão resistente para designar as letras e os algarismos inscritos no quadro. Esse quadro é constituído por uma folha de papel resistente, com as dimensões de quarenta e cinco por trinta, no qual se inscrevem, em duas linhas, as letras do alfabeto suficientemente distanciadas umas das outras. Uma terceira linha é reservada para os algarismos de zero a dez. Por baixo dessa terceira linha são inscritas as palavras "sim" e "não", à direita do quadro. A prancheta só necessita de um médium e de uma única mão - e é assim que se obtém os melhores resultados, conquanto certos experimentadores não consigam utilizá-la senão com duas pessoas que pousem a mão perto uma da outra. O quadro é colocado em cima de uma mesa: o médium pousa a mão estendida na parte inferior direita do alfabeto. É indiferente pôr uma ou outra mão. É nessa atitude que se aguarda que a prancheta se mova. (...) quando a prancheta está prestes a mover-se, o médium sente, geralmente, um formigamento no braço, no pulso ou nos dedos. O aparelho, então, dirige-se para as letras suscetíveis de formar palavras e, depois, frases. A prancheta necessita de muito pouco fluido e o médium não sente a menor fadiga. (...) O uso assíduo da prancheta é um bom caminho para a mediunidade de incorporação. (...)' Prancheta, no sentido espírítico, é galicismo, pois provém do nome de seu inventor, Planchette, espírita francês que, em 1853, teve a feliz ideia da invenção do dispositivo mediúnico.*" PRANCHETA. In: PAULA, João Teixeira de. *Dicionário de Parapsicologia, Metapsíquica e Espiritismo*. São Paulo: Empresa Gráfica da Revista dos Tribunais,1970. p. 71-73. Compulsado do livro *Deus conosco* (VINHA DE LUZ, 3. ed., 2010, p.49-50).

sânimo. A Providência Divina só nos pede a condução de certos fardos quando nos considera fortes. As missões espirituais, o desejo de fazer o bem e o ideal de servir jamais se interrompem. A ordem de Deus à Criação é a de que tudo continua — a vida conosco e nós com a vida — no rumo da perfeição infinita a que todos estamos destinados. Que o Alto nos proteja e nos abençoe. Confiamos em você com a segurança de sempre.

Estamos muito satisfeitos com a nova bandeira que o Roberto está desfraldando. Está moço e forte, com múltiplos recursos para uma iniciação profissional em grandes passos como os que se anunciam. Desejo ao meu neto muito progresso, saúde, paz e prosperidade. À Wanda estendo os meus votos de pleno êxito em seus ideais no serviço público e à nossa querida Maria, junto de você, desejo muita coragem e compreensão como sempre, para que nos auxilie a ver com clareza nas particularidades do caminho que nos cabe trilhar com prudência, operosidade, boa vontade e tolerância.

Assim, pois, não nos reportemos a um "adeus" inexistente e inadequado. Trabalhemos e o Senhor nos auxiliará. Confiemos no Alto e o Alto confiará em nós. Ajudemos para sermos ajudados. Toleremos, a fim de aproveitar com eficiência os bens que a vida e o mundo nos reservam. Exaltemos o otimismo e veremos o sol resplandecer sobre o pântano. Plantemos a esperança com o esforço de nosso sacrifício e o Senhor nos compensará com a realização, que é sempre a bendita colheita do espírito.

De almas e corações ligados, pois, nos problemas e trabalhos de cada hora, sigamos ao encontro da luta, porque, sem ela, não poderíamos aferir os nossos valores à frente de Deus.

Desejando-lhes, assim, tudo o que possa existir de melhor no caminho da vida, abraça-os com imenso carinho e profunda gratidão o papai e vovô que não os esquece,

A. Joviano

Mensagens recebidas por

Francisco Cândido Xavier

após a transferência da
família Joviano para o Rio de Janeiro
1953 | 1962

1953

Cada dia

nossa vida é uma prece

Meus caros filhos, Deus nos abençoe, permitindo-nos a felicidade de caminhar para adiante com a vitória de nossa fé.

Raras vezes expressamos um júbilo tão grande como desta hora, em razão da luz que se inflama em nossos corações na aferição dos valores conquistados. Assim nos referimos não porque tenhamos sofrido a separação. Não. Estamos sempre juntos. Na luta e no repouso, no trabalho e na preparação dele **cada dia nossa vida é uma prece** de comunhão espiritual. Nossa alegria decorre do reconhecimento de que a colheita de amor nunca falha para aqueles que realmente o semearam no solo do mundo. Tempo e espaço constituem o clima abençoado em que, unidos ou não, sob o ponto de vista físico, vamos construindo, gradativamente, o santuário da compreensão divina, base de toda a paz verdadeira na Terra, ou além dela.

Bendigo, assim, com vocês estes momentos, que representam fruto do serviço desinteressado e constante de muitos anos. Rendamos graças ao Senhor, cuja bondade não nos tem faltado. Sob a tempestade das provas ou sob o horizonte calmo da atividade em comum, nas horas escuras e nos instantes tranquilos, por nossa felicidade a palavra do Senhor tem sido nosso pão. Que triunfo maior além desse na vida? Realmente, esse é o alimento da eternidade que nos sustenta os corações. Em todos os passos da senda, e em todos os ângulos da estrada, o Evangelho tem sido a nossa cartilha de consulta, de orientação e de ensino, e por esse motivo nosso edifício de segurança espiritual nele ergue as suas bases, garantindo-nos o ideal de elevação.

Com o amparo do Alto, de semana a semana, tanto quanto dia a dia, temos comentado os lances de nossa batalha, apreciando com Cristo os aspectos em que se nos desdobra o combate. Hoje, porém, face dos escombros que surgem da retaguarda, sinto que nossos espíritos entoam um cântico de paz. Alegria que nasce da superação de nós mesmos, estímulo que procede do esforço vitorioso sobre as nossas próprias limitações. E, realmente, rejubila-se meu paterno coração, porque, em verdade, vocês corresponderam a todas as particularidades de nossa expectativa, honrando-nos com a expressão genuína da confiança com que nos acolheram a mensagem de amor.

Regozijemo-nos! O dever bem cumprido e o trabalho bem-feito com a submissão aos desígnios do Alto geram em nosso favor a sementeira do Céu. É por esse motivo que enquanto observamos a ventania destruidora das paixões torcendo a floresta social em que a vontade do Senhor nos situa, enquanto contemplamos a "guerra branca" da desarmonia, lavrando em todos os setores da vida em que ainda nos achamos arraigados, possuímos o mesmo antigo castelo de nosso ideal, de cujas torres altas e luminosas podemos descer cada dia para o testemunho de nossa fé no bom combate.

Creiam que as dificuldades atravessadas eram semelhantes às de um pai que se propusesse salvar os filhos ameaçados no incêndio devorador. Há labaredas invisíveis ao nosso olhar enquanto nos demoramos na Terra, e braseiros que os pés de carne não conseguem, de imediato, perceber... As chamas, à distância de nós, prosseguem dilacerando, queimando, destruindo, mas, sem qualquer exaltação de egoísmo, rendemos louvor ao divino Mestre pela oportunidade de prosseguir em nossa tarefa robustos e felizes.

Outros campos esperam nosso arado, outras plantações contam com nosso carinho, e outros dias abençoados e brilhantes voltarão para que tornemos a edificar e a repovoar a gleba que homens e almas diferentes desejam converter em deserto. Agradeçamos trabalhando, sonhando e fazendo o melhor que pudermos.

Suas realizações, meu caro Rômulo, são as que eu esperava em meu orgulho santo de pai e de amigo. Você tem sabido dar as nossas lições no livro da vida e com a inspiração do Senhor temos aprendido quão sublime é a paciência que se alia à fé pura. Um homem, meu filho, somente se impõe pelo exemplo. Essa é a única ficha que verdadeiramente nos retrata no grande caminho da evolução. E por esse atestado silencioso que você transporta consigo mesmo seu espírito vai conversando sem palavras e vai sendo interpretado com a justiça a que ninguém consegue fugir. Você nunca se arrependerá de ter tomado o caminho que os seus passos vão trilhando. Essa é a estrada que comunica a Terra superior com as esferas sublimadas, em cujo clima de luz todos os valores convencionais da sociedade terrestre desaparecem, de improviso, à maneira de neblina à frente do sol. Continuemos dispensando aos nossos instrutores humanos a serenidade e a cooperação que merecem de nós. Um dia você compreenderá com mais clareza que o sentimento dominante que muitos de nossos companheiros terrestres reclamam de nosso entendimento é a piedade, a piedade construtiva, que não se limita a experimentar a compaixão para transformar-se, cada dia, em trabalho vivo de amparo e exemplificação pelo testemunho digno de nosso culto à fraternidade.

Do que ocorre nas linhas perturbadas de nossa vida pública, nada temos a comentar. Em épocas semelhantes à que atravessamos no mundo, cabe tão-somente o imperativo do "construamos por dentro". Edifiquemos nossos ideais superiores na intimidade de nós mesmos e no recesso de nossa organização mais íntima. O lar e nós, nós e o lar, porque é imprescindível que a tormenta deixe lugar à bonança em favor do necessário refazimento.

Maria, agradeço a você tudo o que tem feito pelo Rômulo e por nós todos. Muitas vezes usei a sua palavra sem que você percebesse para que o nosso ambiente de luz não cedesse brecha às sombras. Você sabe, minha filha, que a intangibilidade familiar repousa naquele que, por milagre de amor e da renúncia, se transubstancia em esposa e mãe, amiga e benfeitora. Em seu coração, árvore de santificadas esperanças, o nosso ninho de paz foi erguido. Abençoada seja você, que sempre nos ajudou a levantar o templo de nossa união à glória solar. Não sei como exprimir-lhe o contentamento e a gratidão que me dominam a alma, em lhe afagando o coração cada dia. Agradeço o seu carinho para com a sua "mamãe Chiquinha".[1] Como você viu, as lutas e as experiências pesaram sobre a nossa velhinha e espero que o tempo, nosso advogado infalível, possa rasgar um entendimento novo para os antigos laços do pretérito remoto e próximo. Peço a Jesus conceda a você e ao Rômulo, e às crianças, todas as bênçãos da felicidade e da paz, a fim de que o nosso grupo avance com a firmeza habitual. Peço a você dizer à Wanda da ternura e da confiança com que lhe sigo as tarefas. Ela tem sido uma estrela para meu coração.

Acompanho com muito carinho a amizade do nosso bom amigo Octávio, companheiro de nossas lides que retorna ao nosso campo de esperança e de trabalho. Ainda agora aqui se encontra conosco o nosso caro Raphael, que se regozija com essa salutar reaproximação.[2] Nossa confiança se enriquece de incentivo à boa luta sempre que um irmão valoroso retorna ao nosso círculo e, por isso, espero que a visita de vocês a Campos signifique para o nosso roteiro mais uma abençoada luz.

Do Roberto, não me descuido. Quanto me é possível, colaboro em seu trabalho e em suas novas edificações, formulando votos ao Senhor para que o vejamos sempre mais valoroso e mais robusto na missão que abraçou.

O nosso querido amigo General encontra-se em condições excelentes. Ainda se vê na fase de recuperação necessária, mas francamente encantado com o instrumento novo em que lhe parece haver regressado à juventude.[3] Natural-

---

Notas da organizadora: [1] vovô Arthur faz referência a Francisca Rocha Joviano, sua esposa. [2] Em referindo-se aos irmãos Raphael (já desencarnado) e Octávio Chrisóstomo de Oliveira, fazendeiros em Campos dos Goitacazes, Estado do Rio. [3] Vovô Aurélio desencarnou em 11 de novembro de 1952.

mente preocupado com a nossa irmã Júlia, espera por uma ocasião mais propícia a fim de comunicar-se. Graças ao Alto, contudo, não plenamente habilitado a recomeçar a sua roupagem para a luz. Muitos afetos, mormente o de sua abnegada mãezinha e de vários associados de sua luta militar, velam por ele, rodeando-o de todos os recursos imprescindíveis à sustentação de sua paz, de seu equilíbrio e de seu nunca desmedido bom humor.

Meus filhos, reafirmo-lhes, pois, nesta carta, tudo o que lhes tenho dito em nossas reuniões de oração e de amor. Não faço uma repetição de palavras, mas sim reproduzo pensamentos e emoções, notícias e alegrias, que são raios vivos de nosso cotidiano altar de ternura e confiança para sempre. Reitero-lhes a minha decisão de seguirmos inalteravelmente juntos. Nós com Jesus para que Jesus esteja conosco. Guardem nosso velho patrimônio de ventura íntima. Nossa fonte de bênçãos não verte água perecível da Terra, mas sim aquela corrente cristalina e redentora de bênçãos celestiais.

Meu caro Rômulo, continuemos trabalhando. Seu programa será nosso. Procuremos a nossa vanguarda de mãos diligentes, pensamento ocupado e alma feliz. Não posso escrever mais por agora. Nossa palestração versa assuntos de essência eterna. O lápis não consegue retê-la inteira e o papal é incapaz de fixar-lhe toda expressão.

Assim sendo, reunindo vocês dois em meus braços, sou o papai que cada dia mais fortemente se vê enlaçado ao coração de vocês em nossa viagem para a Luz Imortal.

A. Joviano

Nota da organizadora: mensagem recebida por Francisco Cândido Xavier na reunião de preces realizada no Hotel Amazonas, em Belo Horizonte, MG, em 7 de outubro de 1953. Presentes: Rômulo e Maria Joviano.

A morte não é ponto final

Meus queridos netos, prezada irmã Júlia, Deus nos abençoe, conferindo-nos a bênção de Seu infinito amor.

Participamos do júbilo que lhes vai no coração à frente do nosso companheiro que volta comovidamente.

Nosso amigo General Aurélio está em lágrimas, dessas boas lágrimas que nos vertem do espírito, desanuviando a alma quando nuvens de saudade e preocupação nos invadem o pensamento. Segundo observamos, o Senhor, invariavelmente rico de dádivas, não escasseia concessões, permitindo-nos a santificada alegria desta hora. Rendamos graças a ele por vermos o nosso amigo tão confortado e fortalecido para a continuação de sua jornada. **A morte não é ponto final** e, simplesmente, uma indicação de novo caminho para o trabalhador fiel ao bem.

Nosso caro General ainda se encontra sob o patrocínio de seus numerosos amigos das instituições militares da vida espiritual, mas sob a constante assistência de nossa irmã e benfeitora que lhe foi abnegada mãezinha no mundo. A princípio, lutou bastante para conformar-se, embora a disciplina seja o traço dominante de sua valorosa individualidade. Contudo, a distância da companheira e dos filhos representou motivo de muita aflição para a sua sensibilidade. Agora, porém, está refeito e cremo-lo perfeitamente habilitado à integração em novos compromissos. Esperemos. As orações de vocês fizeram-lhe enorme bem e contamos com o auxílio divino em favor de nós todos.

Wanda, tenho acompanhado todos os lances de nossas novas lutas e sei que você bem sabe que o vovô não está distante de suas esperanças e realizações. Estou em seus pensamentos, sonhando com os seus sonhos e imaginando com a sua imaginação. Compreende você como nos achamos juntos? Abstenho-me de maiores afirmativas em nosso luminoso capítulo do coração, porque eu também desejo maiores exteriorizações no tempo, a fim de não perturbar as recordações da vida e que ela, a vida, está escrevendo, em seu livro de memórias. Cada noite, quando você ora, estou em ligação com as suas preces, fazendo de suas aspirações minhas próprias rogativas para que a felicidade seja uma coroa fulgurando em sua fronte. Há tanto por dizer que a palavra, mesmo escrita, se retrai para que nós dois nos entendamos no silêncio de nossa comunhão espiritual. Sigamos. Seu braço apoia-se em nossos braços e estou certo de que Jesus nos concederá a sua bênção.

Roberto, como sempre, vamos seguindo para adiante. Estou muito contente com as suas edificações íntimas e espero que a sua mocidade continue segura de si. Meu filho, quanto mais se nos alongam os dias no mundo mais se nos agigantam as experiências! A vida é o campo. Somos semeadores. Prossiga atento ao plantio selecionado de ideais superiores. Não se apresse na aquisição desse ou daquele compromisso. Sem precipitação e sem desânimo, o trabalho das obrigações bem atendidas deve ser a nossa diária cartilha de luz. Você tem aprendido conosco que Deus não dorme e, por isso, avancemos na estrada que o Senhor nos deu a percorrer, conscientes de que a justiça e a bondade Dele nos acompanham. A você e à Wanda felicito pelos natalícios, esperando que os nossos bolos de aniversário continuem cada vez mais ricos de luz.[1] E você, Wanda, esteja certa de que não foi somente o nosso amigo Octávio quem viajou para abraçá-la, porque eu também estive firme ao seu lado para cantar o louvor do seu dia.

Meus filhos, que Deus nos ajude e nos abençoe. O nosso amigo General recomenda-me dizer que o nosso ab-

---

[1] Nota da organizadora: eu e Roberto fazíamos aniversário no mês corrente, respectivamente nos dias 3 e 7.

negado Emmanuel está igualmente conosco na noite de hoje, ocorrência que ele ficou preocupado em não mencionar nas suas notícias.

Ao Rômulo e à nossa querida Maria os meus votos de muita paz e alegria, saúde e bom-ânimo sob a proteção de Jesus, e reunindo-os com a abençoada vovó Júlia, para nós a devotada irmã de sempre, abraça-os com muito carinho o vovô amigo de todos os dias,

A. Joviano

Nota da organizadora: mensagem recebida por Francisco Cândido Xavier na reunião realizada no Hotel Amazonas, em Belo Horizonte, MG, em 11 de novembro de 1953, com a presença de Rômulo, Maria, Roberto, Wanda e Octávio Chrisóstomo de Oliveira.

1960

Filhas queridas

Filhas queridas, Jesus nos abençoe, enviando-nos a coragem.[1]

Compreendemos a dor silenciosa que lhes vai n'alma. Saudade! Saudade que é de vocês e que é também nossa, porque a luta é partilhada nos dois planos. Ainda assim rogo a vocês para que não esmoreçam. Em verdade, nós que vimos a família crescer na Terra vemo-la também crescer no mundo espiritual. Supliquemos ao Senhor nos ampare, a fim de que as alterações naturais se verifiquem sem choques.

Nossa Martha descansou. Nosso Fausto descansou. Nossa Maria igualmente.[2]

Não creiam, contudo, que semelhante repouso seja inércia. Refazem as energias. Conquistaram a pausa merecida na luta, de modo a que abracem novos deveres.

Nada lhes posso pedir, entretanto, rogo principalmente à Lúcia e à Jandira para que nos ajudem.[3] Martha e Fausto sofrem o impacto das vibrações de angústia que lhes são desfechadas quando as duas, no silêncio do quarto, entram no paroxismo do desespero – embora esse desespero não signifique rebeldia à frente das leis de Deus.

Choremos, sim, que a lágrima participa de nossa herança de almas a caminho da evolução maior. Entretanto, choremos confiando em Jesus, que ao lado de toda provação colocou remédio adequado. Esperemos trabalhando bem a nossa união no "Grande Lar".

Notas da organizadora: [1] da união com Francisca da Rocha, Arthur Joviano teve 9 filhos, sendo que uma menina desencarnou precocemente. Foram eles: Rômulo, Fausto, Albino, Zina, Martha, Flora, Célia e Lúcia. Mais tarde, o casal adotou como filho José de Araújo. In: *Sementeira de paz* (VINHA DE LUZ, 2010, p. 228). [2] Mamãe desencarnou em 7 de novembro de 1960, no dia em que Roberto fez 36 anos. [3] Jandira era esposa de Fausto.

Não digam que o papai está mudado. Não vejam de-sistência de carinho em minhas palavras. Precisamos sim-plesmente reconhecê-las valorosas e serenas, de vez que precisamos guardar a fé por valor supremo dentro da vida.

Nossa Marcelina, nossa amiga Elvira e tantos outros es-tão cooperando. Anjos maternais que prosseguem velando ao pé dos nossos. Nossa Maria, amparada por sua avó Amé-lia e tantos outros amigos, como acontece à nossa Martha e ao nosso Fausto, igualmente se recupera. Ajudem-nos. Não seria lícito vê-los supliciados em sofrimentos físicos atrozes em nome de nossa dedicação. Fora temeridade retê-los no instrumento gasto, quando eles mesmos mal conseguiam su-portar os desajustes orgânicos. Acalmem-se. Deles próprios vocês receberão alento e esperança. Aceitem as diretrizes religiosas que mais se harmonizem com as necessidades sen-timentais nossas, mas não se ausentem da oração. A prece ser-nos-á como pão à fome, ou luz nas trevas. Atravessamos horas difíceis em que todo valor moral de nossa parte é cha-mado à sustentação de nossas forças.

Suas lágrimas, Célia, me caem no coração como pranto de fel! Quisera suprimir a sua dor imanifesta, laboriosamente contida por você para não agravar a luta de nossa mãezinha. Sei que você, Zina e Flora partilham desse suplício oculto que a nossa Lúcia mal consegue disfarçar, mas peço-lhes, com toda minh'alma, para que a nossa paciência não seja esquecida.

A vida, filhas minhas, é uma bênção de Deus para sem-pre. Há vinte e seis anos voltei e dia algum se passou sem que vocês estivessem fora de mim. As horas voam. Passa o tempo, apressado. Não nos deixemos vencer. É preciso reaver as nos-sas forças como quem está num combate santo, cuja vitória será nosso próprio aperfeiçoamento perante as leis divinas.

Nosso Fausto pede à Jandira nos auxilie com a neces-sária conformação. Ele melhora com alternativas de queda

---

[1] Nota da organizadora: sobre Elvira não nos foram dadas maiores informações.

moral, na tristeza destrutiva, sentindo-lhe as oscilações do sentimento. Confiemos em Deus, filha! Nossos pequenos serão amparados. Nosso Arthurzinho receberá, como sempre, a bênção de Jesus.[4] Ajude-o a compreender a vida e a aceitá-la sem revolta. É indispensável saibamos habituá-lo, desde agora, à disciplina, ao entendimento, ao trabalho e ao valor. Nossa Francisca, presente, ser-nos-á companheira abnegada e fiel.[5]

Desejaria dizer-lhes de uma vez só a confiança e o enternecimento que me vibram no espírito ao vê-las aqui em nossas orações, de pensamento a pensamento, contudo, a palavra terrestre é impediente para definições humanas e por mais me esforce nelas não há recursos que me retratem o anseio. Guardem, porém, a certeza de que a nossa comunhão é inalterável.

Agradeço o carinho e a ternura com todas as lembranças do papai, que ficaram por flores de ontem na nossa casa de hoje. Estejam, porém, convictas de que permanecemos unidos no templo do coração acima de todas as reminiscências materiais.

Filhas abençoadas, com o nosso Albino e Rômulo, junto de todos os nossos, recebam o meu coração. O Fausto, presente junto de nós, deseja-lhes, a todos, muita felicidade, externando esses votos com as lágrimas naturais de quem, pouco a pouco, se rearticula para a Vida Maior. A assistência que devo à mamãe, a quem lhes peço beijar as mãos por mim, não permite escrever mais.

Rogando a Deus conserve vocês todas em Sua divina paz, e esperando estejamos todos sorrindo para o trabalho que a Providência nos confiou, reúne-as num só abraço o papai que não as esquece,

A. Joviano

Notas da organizadora: [4] em referindo-se a Arthur, filho de Fausto, nascido em 1952, contando, portanto, com 8 anos da data da mensagem. [5] Em referindo-se à primogênita de Fausto, Francisca Marta. Mensagem recebida por Francisco Cândido Xavier em Pedro Leopoldo, MG, em 20 de dezembro de 1960.

Pedro Leopoldo, 20/12/1960

   Minhas queridas Jandira, Francisca, Célia, Zina e Lúcia, Deus esteja conosco. Tenhamos coragem e fé.
   Um abraço muito grande, muito grande mesmo do

Fausto

Nota da organizadora: mensagem recebida por Francisco Cândido Xavier em Pedro Leopoldo,
MG, em 20 de dezembro 1960.

1962

A Terra

é um campo de lições

Meu caro Rômulo, Jesus nos abençoe e nos fortaleça cada dia.

Sim, suas são nossas preces, seus desejos, os nossos. A luta se desdobra e as realizações se conjugam de tal modo num plano e noutro da vida que, em verdade, nós que nos achamos aqui vivemos qual se ainda residíssemos aí, ao passo que, pela saudade e pela esperança, vocês vivem aí qual se morassem aqui, por sublime antecipação.

Coragem, meu filho! **A Terra é um campo de lições**, repetiremos sempre, e no quadro de experiências em que o mundo nos localiza a criatura caminha para adiante, de problema em problema. Sigo você em todos os passos de suas conquistas novas — as conquistas profundas do ser —, levadas a efeito de pensamento a pensamento, e muitas vezes de lágrima em lágrima. Não se aflija. Cada noite, nas poucas horas de seu repouso físico, busque esquecer toda tensão. Isso ser-nos-á mais útil para favorecer os encontros espirituais. Mentalize, como sempre, a nossa querida Maria, pois em suas imagens só existe pureza e confiança e, com isso, o descanso nervoso, se pudermos nos exprimir assim, facilitar-nos-á comunhão mais ampla, de vez que ela vem fazendo quanto pode para fazer-se mais seguramente sentida e percebida por suas faculdades, inclusive mais solidamente assinalada, por suas próprias mãos, através da escrita. Entretanto, a integração mais dilatada e mais íntima de vocês dois exige uma integração prévia nos recursos espirituais. E isso, meu filho, será conseguido por você com a meditação tranquila, baseada na certeza plena de que ela e nós permanecemos ao seu lado.

É natural que você, tanto quanto ocorre ainda a ela mesma, experimente dificuldades mentais muito fortes. Vocês foram, como são sempre, dois corações pulsando num só ritmo vibratório. A separação, do ponto de vista físico, é assim como choque violento que se demorasse paralisado em profunda expressão de descontrole emotivo. Descompensação, desnível, desequilíbrio, angústia... Gradativamente, porém, vocês vão conquistando a área harmoniosa da conformação recíproca e essa é, a nosso ver, a construção espiritual imediata a fazer, a fim de que se instalem, ambos, de novo na paz mútua — bênção divina do amor pela qual o espírito se alimenta, a fim de caminhar para Deus.

Nossa querida Maria, como acontece a cada hora, se sensibiliza e agradece todos os tesouros de carinho das suas reflexões, de suas conversações, aparentemente monologadas na esfera mental, das suas preces, dos seus pensamentos-apelos e das suas mensagens de invariável ternura. E, atualmente, agradece também à nossa Wanda as preces e palavras de amor que minha neta lhe endereça ao coração maternal através do silêncio e das flores, segundo o sistema afetivo de comunicação que você imaginou em tão boa hora. Confiemos, meu filho, confiemos em Deus e na bondade da vida. As lutas passam, sombras se desfazem, obstáculos desaparecem, o amor fica.

De minha parte, sinto-me também sob o imperativo de mais ampla atenção à frente dos nossos. Você compreende. Nossa Célia, sua mãe, as meninas, Albino e todos os corações ligados aos nossos constituem objeto de meu desvelo incessante. Creia que me apoio em Deus e em você mesmo. Apesar de sem os passes diretos, nossa Célia tem recebido diariamente o concurso magnético de suas forças, porquanto eu próprio me incumbo de diligenciar a colaboração dos amigos daqui, a fim de veicular as suas energias, conjugadas às nossas, em benefício dela. A prova disso é que todo excesso de natureza emotiva da parte dela nos altera e prejudica o trabalho. Precisávamos vê-la calma, muito serena, a fim de ajudá-la na assimilação instintiva do processo de auxílio a que me referi. Confiemos em Deus, repito. Por enquanto, nem sempre conseguimos tomar as rédeas dos problemas espirituais para governá-los. É a luta natural do caminho. Não podemos estranhar e nem desencorajar as nossas próprias esperanças.

O quadro do movimento é bem nosso. Sua mãe, meu filho, está comigo e nossa Célia unida a mim, porque não pode ser de outro modo. Nossa Lúcia, em conflitos interiores muito grandes, nossa Flora apreensiva... Todos os nossos dentro do valor moral que lhes reconhecemos, mas todos em união permanente no centro de minha alma. É justo. Os pais são como as raízes da árvore bendita que recebeu na Terra o nome de "lar". Agradeço a você todo o seu apoio espontâneo. Nossas orações e nossos estudos, nossa ligação e nosso intercâmbio representam para mim sustento e força, reconforto e alegria. Louvado seja Deus!

Agora não me sinto tão só neste lado, pois nossa Martha e nossa Marcelina estão em casa, ao nosso lado, quando e enquanto possível. E, por outro lado, a nossa querida Maria é a companheira abençoada que, em se desvelando por você e pelos filhinhos, nos partilha as tarefas na medida de suas possibilidades novas. Hoje permanece junto da nossa Marília e do nosso Roberto, como não podia deixar de ser.[1] Acompanhou a vinda e a chegada do nosso pequenino, com ternura inexcedível! É a sua primeira grande tarefa aqui, depois da tarefa maior que ela considera o estar ao seu lado e renovar as suas forças. Eu mesmo, embora escreva tantas folhas de carta, vim apressadamente. O coração está dividido e é preciso velar.

Nós todos pedimos a Jesus o seu fortalecimento e a sua serenidade. A família pode estar repartida em recantos diversos, mas é uma embarcação única e você, meu filho,

---

[1] Nota da organizadora: o espírito de Maria estava junto de Roberto e de Marília pelo nascimento do netinho Romero, ocorrido em 30 de março de 1962.

é neste mundo o timoneiro da nossa. Sua força é a força de todos. Sua paz é a nossa paz. Não se deixe golpear pelo desânimo. Desalento é corrosão invisível. Destrói, envenena, conturba, dificulta. Estejamos otimistas e seguros de nossa fé e apoiados à nossa fé.

O campo de serviço aberto em Copacabana — serviço espiritual de primeira ordem — é fascinante pelos recursos de sementeira evangélica que está oferecendo. Tenho estudado os planos com você e espero que eles floresçam e frutifiquem. Vejamos com cautela e discrição como se pode iniciar a plantação do livro edificante. Lembro-me também, meu filho, de que ali as possibilidades da escola são excelentes! Aqueles corações e aqueles espíritos tão bem intencionados recordam-nos o ideal da alfabetização nos ambientes difíceis. Entretanto, o ambiente difícil multiplica o merecimento da instrução. Façamos o que nos seja possível. Se nossos irmãos e amigos nos ajudarem com o ensejo entrevisto, muito grande será a nossa alegria em cooperar ao seu lado. Esperemos orando e procurando servir.

Você pergunta mentalmente pelo nosso Fausto. Está bem melhorado e refazendo as próprias energias, mas, como é natural, arcando com as dificuldades para consolar a nossa Jandira. Ele pede para que a esposa esteja tranquila e me recomendou rogar a você dizer a ela que tudo vem fazendo para auxiliar ao nosso Arthurzinho. Que a nossa Jandira esteja serena e corajosa, paciente e fortalecida é tudo quanto pedimos de coração para coração. Lembranças a todos em casa, sem esquecer nossa Zina, cujo nome não mencionei linhas atrás.

Encorajemos nossa Wanda, dando-lhe cada vez mais certeza de que possuímos nela o nosso refúgio da alma. Às vezes, noto minha neta como quem se interna instintivamente na tristeza e a tristeza não é companheira frutífera ou desejável. Não digo isso como quem se entristece também. Isso não. É só para que a vejamos sempre alegre e sempre feliz, dentro da felicidade e da alegria que todos lhes desejamos.

A todos os nossos, o meu coração reconhecido. E junto de suas alegrias diante do netinho recém-chegado, em prece para que a bênção de Jesus nos reúna a todos em suas vibrações de paz e segurança, abraça a você, meu filho, com o carinho de toda hora, o papai sempre ao seu lado, imensamente reconhecido,

A. Joviano

Nota da organizadora: mensagem recebida por Francisco Cândido Xavier em Pedro Leopoldo, MG, em 3 de abril de 1960. Presentes: Rômulo e Wanda Joviano.

03/04/1962

Confiança e otimismo entre os obstáculos da Terra

Meus amigos, Deus nos abençoe e nos ampare, hoje e sempre.

Partilhando-vos as alegrias e as lutas, e rogando ao nosso amigo **confiança e otimismo entre os obstáculos da Terra**, pede a Jesus nos sustente a todos e abraça-vos, com o reconhecimento de sempre, o amigo e servidor,

Emmanuel

Nota da organizadora: mensagem recebida por Francisco Cândido Xavier em Pedro Leopoldo, MG, em 3 de abril de 1962.

O trabalho espiritual na Terra não foi vão

Rômulo, seja a prece a luz do nosso encontro — encontro de almas —, felicidade pura de coração!

Sim, estou mais serena, mais confiante. Comunicar-se no ambiente que deixamos, depois da separação aparente, exige também adestramento.

Em nossas notícias de janeiro passado, sentia-me como que fora de mim. Era uma alegria cheia de lágrimas, uma dor repleta de alegria. Via-me como que suspensa, com a cabeça em dificuldade para pensar, dominando a ideia precisa no momento justo. Hoje, no entanto, qual aconteceu em novembro, quando me foi possível escrever com mais segurança, estou calma, senhora de mim.

Compreenda você a luta pela readaptação. É tudo novo, inesperado, embora a paisagem seja clima espiritual que se retoma pouco a pouco. Esteja certo, porém, de que é necessário estudar, e estudar os meios de comandar ou recomandar movimentos e hábitos, palavras e expressões.

Felizmente, **o trabalho espiritual na Terra não foi vão**. Todos os nossos ideais, todos os nossos sonhos acham-se aqui vivos — vivos e lindos — como se fossem filhos de nossas almas a esperarem por nossas mãos. Faço o possível, hoje, para estender os interesses espirituais que cultivamos juntos. As esperanças que a sua generosidade me deu vibram comigo e, se bem me reconheça, por vezes, incapaz ou quase incapaz de realizá-las, assim, sem a sua companhia direta, esforço-me por libertar o coração, associando-me às obras de construção diferente no terreno do espírito, abraçando aquelas atividades que a minha consciência aprova dentro da nossa comunhão de vistas. Isso, Rômulo, porque na vida espiritual somos deixados plenamente livres para escolher o gênero de serviços que mais nos agrade. Com essa explicação, não quero dizer que estejamos ausentes de disciplina. Há regiões de provas dolorosas, em que os deveres da expiação assumem o caráter de grilheta para forçados. No caso da esfera em que me encontro, no entanto, o reajuste gradativo das nossas forças está conjugado a uma independência relativa para as tarefas que mais se harmonizem com o nosso modo de ser. As obras da beneficência que você me habituou a estimar com todo o meu coração me atraem, como é natural, mas a família, Rômulo, a família é a escola de nossa felicidade maior! Nossos filhos queridos, nossos pequeninos de Roberto e Marília, mamãe e todos os corações ligados aos nossos representam laços fortes demais para que me decidisse por outra coisa! Você me perdoará se não posso, dessa maneira, trazer ao seu carinho outras modalidades da luta. É como se os horizontes inflamados de luz me chamassem para grandes voos, como se estrelas imprevistas brilhassem de longe, chamando, chamando... Mas seria justo partir, largar, esquecer? Demandar outros rumos, conceber, sem vocês, a renovação? Ah, Rômulo! Ah, meus filhos! Quem é esposa e mãe, depois da morte do corpo, deve ser como a árvore cortada... As raízes agarram-se à terra e novos ramos aparecem, de um modo ou de outro, para que as flores e frutos voltem a oferecer a colheita de ternura e alegria. Do ponto de vista do amparo, tenho recebido de todos os nossos amigos todas as demonstrações de carinho e entendimento que, em tempo algum, na Terra, conseguiria imaginar, mas estou livremente presa ao nosso lar e aos nossos problemas, e tanto quanto me seja possível estarei em seus passos e em suas realizações. Sei que há momentos em que o seu coração me busca, agitado, assim como acontece ao viajor distante de casa quando a tempestade aparece, ou quando a secura requeima.

Peço a você, Rômulo, o benefício da oração. Quando a situação esteja complicada, quando os apelos às alterações indesejáveis se multipliquem no sentimento, recorramos à prece. Creia que não tenho outra disposição para defender a harmonia que a Divina Bondade nos concedeu e se você orar isso será mais fácil. Um minuto, um minuto só e estaremos unidos na preservação de nossa paz florida de certezas que sombra alguma poderá dissipar.

Compreendo tudo. Encontro-me em outro ângulo e dessa posição nova reconheço a extensão dos conflitos, mas rogo a você paciência e serenidade. O tempo, sim! O tempo é estranho, embora sublime. Na alegria da união ele voa, na amargura da saudade arrasta-se tocado de aflições. Mas os nossos amigos daqui me esclarecem que não poderia ser diferente. O amor verdadeiro é esse amor que vence a morte. Belo e divino, aí e aqui, ele plasma a saúde da alma nos tempos da comunhão integral e transforma-se num espinho de sofrimento quando ligeira nuvem de separação se estabelece. Nele, porém, continuamos vivendo. Quanto me é possível, respiro em seu ambiente próprio, compartilhando seu trabalho, suas preocupações, que são as minhas. Suas noites de reflexão e silêncio povoado de vozes íntimas são igualmente as minhas noites. E rogo a Deus abençoe a sua devoção ao trabalho incessante, porque o trabalho é o nosso companheiro e a nossa bênção.

Suas conversações com o nosso Roberto, na intimidade, são motivos de muito contentamento para mim. Auxiliemo-lo, sim, restaurando-lhe as forças. Marília tem necessidade desses entendimentos, porque as ideias que você planta na mente dele produzem tranquilidade e esperança, otimismo e bom-ânimo para ela e para as crianças. Nunca supus que estaria presente, em espírito, a essas aulas do coração em que você lhe prepara o mundo interior para vencer e caminhar à frente, mais seguro de si próprio, na direção do futuro. Deus nos abençoe. Você pode hoje avaliar comigo que certas edificações da alma e do destino são levantadas vagarosamente, dia por dia, com a nossa vigilância amorosa em favor daqueles que amamos. Nosso Roberto está valoroso, como sempre, mais experiente, mais amadurecido para os embates da vida terrestre, e é para mim razão de muita alegria. Nossa Wanda tem lutado, sim, lutado, porque traz a sensibilidade às vezes ferida de quem vive problemas diversos a um só tempo. Entretanto, filhinha, rogo a você a coragem e a fé viva – dois tesouros que você soube ajuntar. Mas é por que você os possui com tanto brilho que sua mãe vem pedir a você conservá-los com segurança. Desculpe, Wanda, as garras do caminho. Espinheiros passam quando passamos sem carregá-los. Vivi com você as suas dificuldades no trabalho e louvo a sua resistência moral. Agora, esqueçamos. Existem amigos para os quais só o benefício da oração consegue servir por demonstração de nossa estima. Tudo, no entanto, é o passado que retorna — passado que não podemos examinar com muitos detalhes para que o presente não seja comprometido. Aí, desejamos, em muitas ocasiões, rever o que se foi, descobrir o que foi arquivado, mas no mundo espiritual súbito receio se apossa de nós quanto à localização exata de certas pessoas na estrada que já trilhamos. Pelo menos é o que acontece pessoalmente, conquanto acredite que isso ocorra por me achar aqui sem o concurso mais direto de Rômulo ou de vocês. Esperarei mais tempo, preferindo continuar em nosso curso do Evangelho, simples, aprendendo que todos somos irmãos. Creio seja melhor entrar na posse da fraternidade para depois consagrarnos a certos reconhecimentos. Seja a nossa prece uma bênção de bons votos que alcance a todos, incluindo aqueles que mais nos façam sofrer. Peço a você, filhinha querida, não esmorecer. Sou grata por tudo. Por seus pensamentos, por suas conversações comigo diante de nossos retratos, de nossas recordações, por seu devotamento aos nossos costumes do lar, pelo verde de nossas lembranças, pelas flores, pelas alegrias com que você e o Rômulo me envolvem. Às vezes, chego à nossa casa e tão feliz me sinto que pergunto a mim mesma se o Céu estará em nosso ninho familiar ou no firmamento que entrevejo sem penetrar, porque é tanto o repouso do coração, junto de vocês, que para mim não há necessidade de outro paraíso! Ainda agora, nas lembranças do nosso 27, fiquei pensando se devia contar a existência no mundo pelo dia do berço ou pelo dia do casamento! Mamãe sabe que isso não quer dizer que não tivesse infância iluminada de alegrias inesquecíveis e perdoará se me expresso assim. É que há trinta e nove anos a vida se transfigurou para minh'alma na vida de vocês três. Nunca soube, de fato, onde estava Rômulo, você, Roberto e eu, porque vocês eram eu mesma, sem que pudesse fazer a menor diferença. Desejo que você compreenda que tudo é bem, tudo é para o bem, de vez que, atualmente, os nossos pensamentos e planos contam unicamente com o bem. Não se sinta abatida, fatigada. O dia amanhece por mensagem de Deus, ensinando-nos a começar e recomeçar. Lancemos à sombra o que é da sombra e procuremos a luz — a luz que nos aponte a Vida Maior! Tudo está certo. Roguemos, pois, a Deus, nos auxilie a não enxergar errado. Solicito a você confortar seu pai, principalmente, quando regresse cansado. Converse, invente algo novo! Estaremos juntas em pensamento. Você observará que todas as providências resultantes do seu carinho serão acertadas. Não tema. Estude as possibilidades e combine com nosso Rômulo a melhor maneira de atendermos ao curso projetado. Convençamo-nos de que o seu propósito não é sem razão. É preciso. Você tem necessidade de alicerçar os seus recursos para o exercício de maiores responsabilidades. E olhe a vida com o seu otimismo inalterável. Sorria, filhinha! A experiência no mundo é o que é — uma experiência. A vida mesmo é outra coisa. Preparemo-nos para a vida, para a vida que é o dom de Deus, de que na Terra conhecemos apenas parte.

À mamãe rogo exprimirem toda a ternura da filha reconhecida. O papai, conosco, faz também suas as palavras com que procuro, debalde, significar a ela o meu carinho, que cresce todos os dias. Ela, Rômulo, é comparável a uma heroína que nos oferta determinado ensinamento de elevação espiritual cada dia. Sinto-lhe a falta em nossas preces de hoje, mas eu mesma fiz quanto pude para contê-la em casa. A saúde reclama isso. Indispensável saibamos preservá-la em nosso refúgio, com a dedicação de quem defende uma luz.

Nosso pessoal prossegue com a bênção constante de

Jesus e do sogro. Somos felizes, sim, embora a nossa ventura esteja incessantemente ainda esmaltada de saudades, imitando uma flor de rara beleza orvalhada de lágrimas. Tudo, porém, obedece às determinações da vida.

Martha e Célia afligem-se particularmente por Lúcia. Façamos tudo o que estiver ao nosso alcance para reconfortá-la e socorrê-la. É verdade que as modificações aí são grandes, mas as nossas não são menores, porquanto é preciso velar, aceitando as renovações compulsórias. Você, Rômulo, não se inquiete e sempre que a oportunidade aparecer fale esclarecendo com amor, ainda mesmo que as suas palavras não sejam recolhidas de imediato. Hoje vejo que os apontamentos espirituais são como luzes que, ainda mesmo não assimiladas de improviso, permanecem no ambiente de nossas construções para se incorporarem definitivamente, um dia, à nossa provisão de conhecimentos. Zina, Lúcia, Flora e Albino são corações nobres e amigos, e a hora que passa é de união nossa mais profunda, mais íntima, a fim de que os nossos problemas sejam superados.

Com risos e lágrimas comecei esta carta e creio que rindo e chorando devo encerrá-la. O sogro, presente, recomenda-me observar como é difícil abandonar o papel quando o coração está falando e afirma que deixou a noite para que pudesse derramar a minha alma através da palavra escrita. Isso, porém, Rômulo, é uma espécie de sede do espírito que o lápis não satisfaz. Por mais escreva, mais desejaria escrever, externar-me, revelar-me, transmitir eu própria a vocês, como se isso fosse possível. Permaneceremos, porém, juntos, sempre mais juntos.

À nossa Marília e às crianças queridas o meu carinho invariável. Maria do Carmo está sempre em minha ternura e reúno-a com o netinho em meu coração.

A hora cessa. Pena que seja assim, mas há um limite dos recursos em mão. Façam, por mim, você, Rômulo, e Wanda, o que deixei de fazer escrevendo. Distribuam meu afeto com todos os nossos. Digam-lhes de minha gratidão, do amor que não morreu. Enfileirar os nomes de cada um seria difícil. A ternura de irmã é com todos e dirige-se a todos.

Eu, que lhes partilhei o Natal, como sempre, desejo a todos um ano novo feliz.

Rômulo, não suponha que me esqueci de nossos cartões. Escrevo todos ainda, por suas mãos ou por nossa Wanda, exprimindo os nossos votos. E, um dia, mais juntos ainda, transformaremos todos eles em mensagens de luz para nossos amigos.

Rômulo, Deus nos abençoe e abençoe também você a sua "Mary". Não me sinta distante, não se veja sozinho. E olhe que nem digo adeus. Ao encerrar esta carta, sentir-me-ei ao seu lado, mais intimamente unida a você.

Com mamãe, Wanda, Roberto, Marília e as crianças receba, Rômulo, o coração de sua

Maria

Nota da organizadora: mensagem recebida por Francisco Cândido Xavier em Pedro Leopoldo, MG, na noite de 29 de dezembro de 1962.

29/12/1962

Pensamento
de gratidão a Deus

Meus amigos, Deus nos conceda a Sua bênção de paz.

Com o regozijo de nossas orações em conjunto, agradecemos a bondade do Senhor, solicitando o encerramento de nossas reuniões com o nosso **pensamento de gratidão a Deus**. Que Ele, nosso Pai de Infinita Bondade, nos ampare em todos os nossos momentos, são os votos do amigo e servo reconhecido,

Emmanuel

Nota da organizadora: mensagem recebida por Francisco Cândido Xavier em Pedro Leopoldo, MG, na noite de 29 de dezembro de 1962.

Bibliografia
indicada

XAVIER, Francisco Cândido. *Alvorada cristã*. Ditado pelo espírito de Neio Lúcio. Rio de Janeiro: Federação Espírita Brasileira, 1948.

XAVIER, Francisco Cândido; AMORIM, Wanda Joviano; NETO, Geraldo Lemos (Orgs.); . *Deus conosco*. Ditado pelo espírito de Emmanuel. 3. ed. Belo Horizonte: Vinha de Luz, 2010. 626 p.

XAVIER, Francisco Cândido. *Jesus no lar*. Ditado pelo espírito de Neio Lúcio. Rio de Janeiro: Federação Espírita Brasileira, 1950.

XAVIER, Francisco Cândido. *Mensagem do pequeno morto*. Ditado pelo espírito de Neio Lúcio. Rio de Janeiro: Federação Espírita Brasileira, 1947.

XAVIER, Francisco Cândido; AMORIM, Wanda Joviano (Org.). *Militares no Além*. Ditado por espíritos diversos. Belo Horizonte: Vinha de Luz, 2008. 176 p.

XAVIER, Francisco Cândido. *Há 2000 anos...* . Ditado pelo espírito de Emmanuel. Rio de Janeiro: Federação Espírita Brasileira, 1939.

XAVIER, Francisco Cândido. *No mundo maior*. Ditado pelo espírito de André Luiz. Rio de Janeiro: Federação Espírita Brasileira, 1947.

XAVIER, Francisco Cândido. *Obreiros da vida eterna*. Ditado pelo espírito de André Luiz. Rio de Janeiro: Federação Espírita Brasileira, 1946.

XAVIER, Francisco Cândido. *Parnaso de além-túmulo*. Ditado por espíritos diversos. Rio de Janeiro: Federação Espírita Brasileira, 1932.

XAVIER, Francisco Cândido. *Paulo e Estêvão*. Ditado pelo espírito de Emmanuel. Rio de Janeiro: Federação Espírita Brasileira, 1941.

XAVIER, Francisco Cândido. *Renúncia*. Ditado pelo espírito de Emmanuel. Rio de Janeiro: Federação Espírita Brasileira, 1944.

XAVIER, Francisco Cândido; AMORIM, Wanda Joviano (Org.). *Sementeira de luz*. Ditado pelo espírito de Neio Lúcio. 3. ed. Belo Horizonte: Vinha de Luz, 2008. 674 p.

XAVIER, Francisco Cândido; AMORIM, Wanda Joviano (Org.). *Sementeira de paz*. Ditado pelo espírito de Neio Lúcio. Belo Horizonte: Vinha de Luz, 2010. 416 p.

XAVIER, Francisco Cândido. *Voltei*. Ditado pelo espírito de Irmão Jacob. Rio de Janeiro: Federação Espírita Brasileira, 1940.

XAVIER, Francisco Cândido. *50 anos depois*. Ditado pelo espírito de Emmanuel. Rio de Janeiro: Federação Espírita Brasileira, 1940.

Informações complementares

Anexo A

Anotações familiares

Nota da editora: dos livros *Sementeira de luz* (VINHA DE LUZ, 3. ed., 2008, p. 27-28) e *Sementeira de paz* (VINHA DE LUZ, 2010, p. 389-403).

"Rômulo e Maria casaram-se em 27 de dezembro de 1923, após curto período de namoro e noivado, como acontece no reencontro de almas gêmeas. O casal passou a residir na então longínqua cidade de Ponta Grossa, Paraná, e ia ao Rio de Janeiro de vez em quando. E para lá rumaram em fins de 1924 para o nascimento do primogênito Roberto. Cerca de sessenta anos depois, foi encontrado, entre os livros deixados por Rômulo Joviano, um exemplar de *O Livro dos Espíritos,* de Allan Kardec, edição da Federação Espírita Brasileira (FEB), de 1924 e, dentro, a seguinte anotação: *"Adquirido na FEB, no Rio de Janeiro, em 27/12/1924."* E mais adiante: *"Comecei a leitura deste livro em Ponta Grossa, um ano depois de meu casamento. A Maria muito contribuiu para conhecê-lo, devido às referências ao Sr. Bittencourt, da Rua da Passagem."*

Mais tarde, soube-se que dentre as mencionadas referências estava a de que Júlia, mãe de Maria, sofreu por muitos anos de terrível enxaqueca e que fora curada com receita do médium Ignácio Bittencourt. Durante os anos em que o casal residiu em Ponta Grossa, Maria medicou os filhos — Roberto e eu — com receitas do referido médium. Telegrafava para a mãe solicitando consulta ao médium e Júlia, de posse da receita, adquiria os medicamentos homeopáticos e os enviava, pelo correio, para Ponta Grossa. Assim, Rômulo retomou, nesta vida, os estudos espíritas que, certamente, começara nas vidas anteriores.

Em agosto de 1930, Rômulo voltou a ser designado diretor da Fazenda Modelo de Criação do Ministério da Agricultura, em Pedro Leopoldo | Minas Gerais, cargo que deixou em 1923 para exercer igual atribuição em Ponta Grossa, Paraná.

Fausto, irmão de Rômulo, era vizinho de Chico Xavier na cidade de Pedro Leopoldo. Testemunhando sua árdua luta diária como vendedor em um armazém, e conhecendo suas possibilidades intelectuais, resolveu conseguir-lhe trabalho no escritório da Fazenda de que o irmão era diretor, e onde ele também trabalhava. Quando Rômulo encontrou, nesta vida, Chico Xavier, já podia conversar sobre os assuntos espíritas em que trabalhariam, estudariam, trocariam ideias, enfim, partilhariam daí por diante, quase diariamente. Às quartas-feiras, à noite, o Chico comparecia ao lar de Rômulo e Maria para as reuniões do *Grupo Doméstico Arthur Joviano*. (...)"

Wanda Amorim Joviano

Neio Lúcio

Figura ímpar no livro *50 anos depois,* é nele referido como trazendo ao seu redor uma atmosfera de amor e veneração, uma personalidade vibrante de cultura e generosidade, com tradições de nobreza e lealdade, sendo respeitado como um dos sagrados expoentes da educação antiga, em seus princípios mais austeros e mais simples. No acervo de seus serviços à coletividade, contavam-se providências a favor dos escravos que ensinavam as primeiras letras aos filhos de seus senhores, além de muitas obras de benemerência social. Sabe-se ainda que ele mesmo e a neta querida, Célia, estimavam ensinar, também, os filhos dos escravos. A súplica de Neio Lúcio ao Senhor, quanto à melhor maneira de sacrificar-se pelos filhos bem-amados, como consta no final do livro *50 anos depois,* foi atendida com a oportunidade de reencarnação de seu grupo familiar, relatada no livro *Renúncia.* Nesse livro, vamos encontrá-lo na personalidade de Jaques Duchesne Davenport.

Jaques Duchesne Davenport

O professor residia em antigo parque, que adquirira para a localização da sua escola, de proporções vastas, destinada à preparação de crianças de ambos os sexos, antes do acesso aos monastérios do tempo, consagrados ao serviço educativo.

Arthur Joviano

Nasceu em 1862, em Barra Mansa | RJ. Espírito sempre fiel ao ideal do ensino e da educação, foi responsável pela primeira reforma do ensino primário no Estado de Minas Gerais. Professor de Português do Ginásio Mineiro e da Escola Normal de Barbacena, lugares obtidos em brilhantes concursos, exerceu, por longos anos, o cargo de diretor da Escola Normal Modelo e a Cátedra de Português em Belo Horizonte | MG. Transferindo-se, depois, para a cidade do Rio de Janeiro, então Distrito Federal, trabalhou como Inspetor de Ensino e como Superintendente da Instrução Pública do Distrito Federal. Em Belo Horizonte e no Rio de Janeiro, existem escolas com o seu nome.

Rômulo Joviano

Atividades técnicas

Conforme se depreende das mensagens de Arthur Joviano no ano de 1952, Rômulo atravessou momentos difíceis na área de seus trabalhos na Fazenda do Ministério da Agricultura, em Pedro Leopoldo. Mas, embora agindo sempre com serenidade, prudência e sensatez, não pôde evitar sua saída do ambiente rural, a que, por mais de 30 anos, devotara-se com toda a sua capacidade técnica e administrativa. Foi transferido para o Rio de Janeiro em 1952, a fim de presidir a Comissão Nacional de Pecuária de Leite, com responsabilidade nacional. Em junho de 1954, foi designado para o cargo de diretor-geral do Departamento Nacional da Produção Animal do Ministério da Agricultura e em 1957 foi aposentado do serviço público federal. Continuou, entretanto, como presidente da Comissão de Pecuária de Leite até 1962, quando esta foi extinta. De 1963 a 1970, foi membro das comissões técnicas de registro genealógico das raças Jersey, Guernsey e Simental. Dedicou-se também a traduzir artigos de revistas inglesas sobre assuntos agropecuários, dentre as quais destacam-se a intitulada "Fome à Porteira da Fazenda", de autoria do Dr. Meakan, proferida em março de 1970, em Londres, em homenagem ao professor da Universidade de Cambridge, John Hammond, considerado o mais notável zootecnista e veterinário do século.

Atividades espirituais

Participou dos trabalhos do Centro Espírita Luiz Gonzaga desde 1934. Foi eleito e reeleito seu presidente de 1948 até 1970, quando faleceu. Organizou e orientou os trabalhos do *Grupo Doméstico Arthur Joviano* desde a sua primeira reunião, em 13 de novembro de 1935 até 1 de abril de 1952, em Pedro Leopoldo, com a presença de Chico Xavier, e de 9 de abril de 1952 até o seu falecimento, aos 78 anos, em 6 de dezembro de 1970, no Rio de Janeiro.

Roberto Amorim Joviano

Formou-se médico-veterinário pela Escola Nacional da UFRU-RJ. Como veterinário, trabalhou no serviço público federal por alguns anos. Em seguida, trabalhou nas empresas Produtos Veterinários Manguinhos Ltda. e na Pearson S/A. Fundou, depois, a Vepec, uma empresa de comercialização de produtos veterinários. Foi, ainda, diretor do Laboratório Nacional de Produtos de Origem Animal — Lanara — do Ministério da Agricultura, em Pedro Leopoldo. Casou-se com Marília de Gusmão. O casal teve cinco filhos: Maria do Carmo, Romero, Maria Júlia, Maria Helena e Rômulo. Roberto faleceu em 27 de fevereiro de 2002, com 78 anos.

Wanda Amorim Joviano

Foi transferida para o mesmo departamento do Ministério da Agricultura em que o pai trabalhava, embora em setor diferente. Pôde, assim, manter a sagrada convivência, doméstica e no trabalho. Ficou 38 anos no serviço público e mais dois em empresa privada. Continuou sempre nos trabalhos espirituais, em que permanece até hoje.

*A família permaneceu unida, indo residir no Rio de Janeiro com os pais de Maria - Júlia e Aurélio de Amorim -, até que pudesse restabelecer a expressão material do lar, que continuou a contar com a dedicação, o amor sereno e sábio daquela que mereceu sempre, nas cartas de Arthur Joviano, o mais sagrado carinho: **Maria**.*

Reencarnações

Anexo B

Das vidas sucessivas

Há 2000 anos	Pág.	50 anos depois	Pág.	Renúncia	Pág.	Século XX
Públio Lentulus	18	Nestório	20	Padre Damiano	187	Emmanuel (Espírito)
Pompílio Crasso	396	Helvídio Lucius	12	Cirilo Davenport	35	Rômulo Joviano
		Caio Fabricius	11	Henrique de Saint Pierre	409	Frank
		Fábio Cornélio	14	D. Inácio Ortegas Vilamil	44	Aurélio Amorim
		Júlia Spinter	32	D. Margarida F. de Saint-Megrin e Vilamil	58	Júlia Amorim
		Alba Lucínia	15	Madalena Vilamil	40	Maria Joviano
		Helvídia	15	Beatriz	306	Wanda Joviano
		Célia Irmão Marinho	15 264	Alcíone Me. Maria de Jesus Crucificado	157 437	
		Cneio Lucius	16	Jaques Duchesne Davenport	66	Arthur Joviano
				Felícia	69	Francisca R. Joviano
		Cláudia Sabina	17	Susana Duchesne	35	Flora Joviano
		Lólio Úrbico	14	Antero de Oviedo Vilamil Robbie	45 237	Roberto Joviano
		Túlia Cevina	29	Colete	48	Aurélia Amorim
		Ciro	43	Pólux Carlos Clenaghan Frei José do Santíssimo	14 245 450	Alexander Seggie
		Rúfio Propércio	297	Menandro Padre Guilherme	13 288	Clóvis Tavares
		Hatéria	29			Zina Joviano
		Pausanias	46			Fausto Joviano
		Plotina	87			Lúcia Joviano
		Silano Plautius	163			Mário Amorim
		Lésio Munácio	237			Batuíra

Nota da editora: "O quadro teve como referência as edições: *Há 2000 anos...*, 1987 — 22. ed.| *50 anos depois*, 2003 — 31. ed. | *Renúncia*, 1992 — 20. ed. Segundo Flávio Mussa Tavares, filho de Clóvis Tavares — renomado estudioso e autor espírita —, *"é interessante anotar também a confirmação de que meu pai foi realmente Rúfio Propércio no 50 anos... e que na primeira visita de Dr. Rômulo à Escola Jesus Cristo, fundada por meu pai, declarou que visitava 'o amigo que o havia, em outra época, trazido de volta a Jesus'. Muitos entenderam que fosse a sua conversão ao Espiritismo, mas Dr. Rômulo se referia à visita de Rúfio à sua casa e ao seu primeiro contato com o Cristianismo, que o levou de volta à Célia."* Fonte: *Sementeira de luz* (VINHA DE LUZ, 3.ed., 2008, p. 31).

Galeria de fotos

Anexo C

Do álbum de família

Nota da editora: dos livros *Sementeira de luz* (VINHA DE LUZ, 3. ed., 2008, p. 27-28), *Militares no Além* (VINHA DE LUZ, 2008, p. 145-149) e *Sementeira de paz* (VINHA DE LUZ, 2010, p. 389-403).

*A*rthur Joviano nasceu em Barra Mansa, Rio de Janeiro, em 1862. Em seu documento de identificação não consta o dia do nascimento. Casou-se com Francisca da Rocha, em 30 de novembro de 1891. Tiveram 9 filhos, sendo que uma menina desencarnou ainda criança. Mais tarde, adotaram como filho um menino, José de Araújo.

*D*a esquerda para a direita, de pé: Aurélio de Amorim, pai de Maria Amorim Joviano, referido nas mensagens como "o General", Arthur, Rômulo e Francisca. Sentados: Júlia Amália da Silva Pêgo, avó de Maria — ao seu lado —, Júlia Pêgo de Amorim, mãe de Maria, e o menino Roberto Amorim Joviano, nascido em 1924.

Da direita para a esquerda, sentados: Maria, Rômulo e Wanda Amorim Joviano. De pé: Chico Xavier. Fotografia feita nos jardins da Fazenda Modelo, em Pedro Leopoldo | MG. O cãozinho é o Fly, de estimação de toda a família.

Da direita para a esquerda, sentados: Júlia, Aurélio e Maria. De pé: Rômulo, Chico Xavier e Wanda.

Maria e Rômulo em 27 de dezembro de 1948, quando fizeram Bodas de Prata.

Maria, Rômulo e o menino Roberto, na casa do vovô Arthur, em 1925, no Rio de Janeiro.

Fausto Joviano com a esposa Jandira e a primogênita Francisca Marta, em 14 de junho de 1939.

José de Araújo, filho adotivo de Arthur e de Francisca, com Fly.

Filhos e viúva de Arthur Joviano (da esquerda para a direita): Albino, Zina, Francisca, Martha, Célia e Flora, quando viajaram para os Estados Unidos.

Jandira com o filho Arthur, nascido em 1952.

A família no dia do batizado do pequeno Arthur (da esquerda para a direita): Vivili, irmã de Jandira, Lúcia, irmã de Fausto, Jandira, Fausto, Célia, Francisca, com Arthur, e Flora. Na frente: Francisca Marta e Laura Elvira, segunda filha de Fausto, nascida em 1940.

Rômulo Joviano estudou nas universidades de Reading, na Inglaterra, e em Edinburgh, na Escócia, nos anos de 1913 a 1916. Tendo saído da Inglaterra para a Escócia, recebeu de seus amigos ingleses um cartão, aqui reproduzido. Na foto, entre os rapazes que estão de pé, na frente, temos, da esquerda para a direita, em segundo e terceiro lugares, respectivamente: Frank, reencarnação de Caio Fabricius (50 anos depois) e de Henrique de Saint Pierre (Renúncia), e Alexander Seggie, reencarnação de Ciro (50 anos depois) e de Padre Carlos Clenaghan (Renúncia). Ambos desencarnaram na Primeira Grande Guerra (1914|1918). Essas revelações foram feitas por amigos espirituais à época da recepção psicográfica dos romances de Emmanuel, através de Chico Xavier.

Mal. Antonio José Maria Pêgo Junior. A esposa, Júlia Amália da Silva Pêgo.

Júlia e Aurélio de Amorim.

Gen. Aurélio, quando Deputado Federal pelo Estado do Amazonas, e após formado em Direito.

Gen. Aurélio e esposa, num passeio durante as férias anuais na Fazenda Modelo, em Pedro Leopoldo | MG, e na companhia da neta Wanda (de pé), do genro Rômulo Joviano e da filha Maria.

*Gen. Aurélio na compa-
nhia de Wanda e Roberto
Joviano, na Fazenda Mo-
delo, em Pedro Leopoldo |
MG, em 1934. O cãozinho
é o Fly.*

*Da esquerda para a direita,
Clóvis Augusto, Clóvis Filho e
Clóvis Alberto com a mãe, Au-
rélia. O pai, Clóvis Mendes de
Moraes, estava ausente.*

*O casal Júlia e Aurélio de Amorim, em suas Bodas de Ouro, em 28 de outubro de
1949. Da esquerda para a direita: Roberto, Clóvis Alberto, Ângela Maria, Wanda e
Carlos Oswaldo. Sentados: Oswaldo Mário, Clóvis Augusto, Clóvis Filho e Ricardo.*

510

Acima, à esquerda, os netos Ricardo e Ângela Maria, filhos de Dalva e Armando Pêgo de Amorim.

Acima, à direita, Carlos Oswaldo, em 1937. Ao lado, à direita, Oswaldo Mário, em 1950, ambos filhos de Iacy e Oswaldo Benjamim de Azevedo, na Fazenda Modelo, em Pedro Leopoldo | MG.

Gen. Aurélio, Wanda, Júlia de Amorim e Roberto Joviano.

Da Fazenda em que Chico Xavier trabalhou

Fazenda em Pedro Leopoldo | MG, sede da Inspetoria Regional da Divisão de Fomento da Produção Animal do Ministério da Agricultura.

Convenção dos Funcionários | 1950
(localizados em diferentes cidades de Minas Gerais)

Técnicos, da esquerda para a direita, de pé: Fausto Paulo Werner, João Jardim, José de Paula, José de Souza Carrusca, Dr. Ribeiro, Rômulo Joviano, Thomaz Heath Dalton, Hermam Rehaag, Francisco Cândido Xavier, Edgar Bittencourt, Darwin de Rezende Alvim, Oswaldo Alvarenga. Abaixados: Vicente Picorelli Neto, Policarpo Rocha Filho, Aristides Pinto Paiva, David Nadler, Pedro Bertolucci, Dirceu Portella e um visitante, amigo de Dirceu Portella.

Administrativos, da esquerda para a direita, de pé: Hélio Gonçalves Moreira, Angelo Viana, Nelson Shampato, Vicente de Paula Silva, Wanda Amorim Joviano, Célia Barroso Miranda, Alcindo de Oliveira, Francisco Cândido Xavier, Antônio de Oliveira, Francisco Mavignier. Abaixados: Pedro Alcantara Campos, Jaime Evangelista Martins, José dos Santos Moreira, Orlando Pereira Bern, Hildefonso Vieira Mendes, José de Araújo (e o cãozinho Fly), Carlos Alberto de Miranda, José Hildefonso Torres e Guilherme Augusto.

Fazenda Modelo, em Pedro Leopoldo | MG: na edificação central localizavam-se os escritórios. No segundo andar, à esquerda, vê-se a janela da sala em que trabalhavam Chico Xavier, Wanda e Oswaldo Gonçalo do Carmo.

Casa em que, por mais de 15 anos, residiu a família de Rômulo e Maria Joviano. As duas janelas, à esquerda, faziam parte do então escritório de Rômulo, onde, às quartas-feiras, à noite, realizava-se o culto doméstico do Evangelho, sempre com a presença de Chico Xavier.

As edificações principais da Fazenda eram ornamentadas por plantas trepadeiras, buganvílias de variadas cores, sendo que na Cavalariça chegou-se a colecionar sete diferentes tonalidades, com mudas trazidas de diversas cidades do Estado de Minas Gerais.

Criação de bovinos. Vacas de raça leiteira, saindo do Estábulo, após a ordenha.

Estábulo: de forma quadrangular, tinha ao centro um grande silo para armazenamento de forragem para os animais.

Criação de ovinos.

Os irmãos Wanda e Roberto, na porteira de entrada da Fazenda Modelo, em Pedro Leopoldo | MG.

Roberto montando "Derby", magnífico exemplar da raça "Mangalarga Marchador".

Wanda montando o cavalo "Vespasiano", exemplar da raça "Árabe".

Posto do CBAR — Centro Brasileiro de Aprendizagem Rural
(instituído na Fazenda Modelo em 1948 para a capacitação de jovens)

Alunos do CBAR — Centro Brasileiro de Aprendizagem Rural.

Leia também
Vinha de Luz Editora

2019 –
O ÁPICE DA TRANSIÇÃO PLANETÁRIA

Marlene Nobre e Geraldo Lemos Neto reuniram nesse livro as predições de Jesus, os escritos de Allan Kardec e as revelações de Chico Xavier acerca da data-limite do Velho Mundo, advertindo sobre a manutenção da paz na Terra como condição essencial para os bons sucedâneos da atual transição planetária de mundo de expiações e de provas para mundo de regeneração. Como verdadeiro apóstolo do Cristo no planeta, Chico Xavier deixou um legado repleto de ensinamentos, induzindo-nos ao compromisso com a prática legítima do Evangelho de Jesus com a coletividade humana. Cada um de nós tem a liberdade de optar entre o bem e o mal, seguindo o melhor ou o pior caminho. Cabe a cada coração a alternativa da paz ou da guerra. Qual é a sua escolha?

MARLNE NOBRE E GERALDO LEMOS NETO

RÉSTIA DE LUZ

Primeiro livro editado pela Vinha de Luz Editora, lançado por ocasião do bicentenário de Allan Kardec (1804|2004) e dos 140 anos da primeira edição de *O Evangelho segundo o Espiritismo* (1864|2004). Traz mensagens recebidas de espíritos diversos, psicografadas pelo médium Geraldo Lemos Neto, que interpretam as lições de *O Evangelho segundo o Espiritismo*, nos indicando os caminhos mais certos da vida no permanente convite de nosso Mestre e Senhor Jesus.

ESPÍRITOS DIVERSOS
PSICOGRAFIA DE GERALDO LEMOS NETO

IGNÁCIO DE ANTIOQUIA

Uma viagem ao tempo da simplicidade e da pureza do Cristianismo, em sua mais bela e genuína expressão. Obra mediúnica repleta de episódios históricos do Cristianismo primitivo, que resgata para a memória da humanidade a vida e a trajetória de um dos seguidores mais valorosos de nosso Senhor Jesus Cristo.

PELO ESPÍRITO THEOPHORUS
PSICOGRAFIA DE GERALDO LEMOS NETO

SEMENTEIRA DE LUZ

Voltando à Terra no século XIX, Neio Lúcio encarna a personalidade de Arthur Joviano, cujo núcleo familiar, em missão redentora de um passado longínquo, conta com as presenças de personagens descritos nos romances *50 anos depois* e *Renúncia*. Desprendido em 1934, Neio Lúcio inicia sua comunicação com a família, através da mediunidade de Chico Xavier, em reuniões semanais de culto evangélico na casa de Rômulo Joviano, em Pedro Leopoldo | MG. As mensagens, repletas de sabedoria e amor extremado por todos aqueles com os quais conviveu, são bem a confirmação dos compromissos reparadores que assumimos na Espiritualidade, alicerçados nos ensinamentos de Jesus para nos tornarmos legítimos semeadores da Boa Nova.

PELO ESPÍRITO NEIO LÚCIO
PSICOGRAFIA DE FRANCISCO CÂNDIDO XAVIER
ORGANIZAÇÃO DE WANDA AMORIM JOVIANO

DEUS CONOSCO

Deus conosco é o livro que dá sequência às revelações espirituais inéditas da psicografia de Francisco Cândido Xavier, trazidas a lume pela prestimosa organização de Wanda Amorim Joviano, com a colaboração de Geraldo Lemos Neto. As mensagens, recebidas em sua maioria no culto doméstico do Evangelho no lar da família Joviano, nas décadas de 30 a 50, na Fazenda Modelo, em Pedro Leopoldo | MG, são de autoria de Emmanuel, o espírito responsável pela materialização da extensa bibliografia que tanto esclarecimento e consolação verteram da Vida Maior para a face da Terra, através das abnegadas mãos de Chico Xavier. Deus conosco nos traz de volta ao convívio os memoráveis discípulos do Cristo, ligados desde priscas eras, cuja missão foi a da revivescência do Cristianismo puro e simples dos tempos apostólicos, no coração humilde e generoso das terras pacíficas do Brasil.

PELO ESPÍRITO EMMANUEL
PSICOGRAFIA DE FRANCISCO CÂNDIDO XAVIER
ORGANIZAÇÃO DE WANDA AMORIM JOVIANO E
GERALDO LEMOS NETO

MILITARES NO ALÉM

Dentre os tesouros guardados por Wanda Amorim Joviano, MILITARES NO ALÉM, da lavra de Chico Xavier nos anos de 36 a 52, no mínimo surpreende pela atualidade das mensagens em torno da paz que a humanidade do século XXI tanto anseia. Fruto da sua ingente dedicação no desdobre das tarefas mediúnicas no culto do lar realizado durante muitos anos pelo *Grupo Doméstico Arthur Joviano*, na Fazenda Modelo, em Pedro Leopoldo | MG, esse livro relata, na perspectiva espiritual de muitos servidores da pátria, a realidade consoladora do *outro lado*, onde o trabalho pelo bem não cessa e a esperança é sentimento que inspira a vitória do amor preconizado por Jesus.

ESPÍRITOS DIVERSOS
PSICOGRAFIA DE FRANCISCO CÂNDIDO XAVIER
ORGANIZAÇÃO DE WANDA AMORIM JOVIANO

ILUMINURAS

ILUMINURAS é a primeira publicação de bolso da Vinha de Luz Editora. É composta de pensamentos e frases extraídos do livro *Deus conosco*, do venerável espírito Emmanuel, psicografado por Francisco Cândido Xavier nas décadas de 30 a 50, durante o culto cristão no lar do Dr. Rômulo Joviano, na Fazenda Modelo, em Pedro Leopoldo | MG. A riqueza dos ensinamentos evangélicos apresentados na obra fala por si só e atesta o amparo de nosso Senhor Jesus Cristo à divulgação da Doutrina Espírita, codificada pelo apóstolo Allan Kardec.

PELO ESPÍRITO EMMANUEL
PSICOGRAFIA DE FRANCISCO CÂNDIDO XAVIER
ORGANIZAÇÃO DE CEZAR CARNEIRO DE SOUZA

SEMENTEIRA DE PAZ

Volume que dá sequência ao roteiro de revelações espirituais do espírito de Neio Lúcio, que em última romagem terrena envergou a personalidade de Arthur Joviano, pai de Dr. Rômulo Joviano, diretor da Fazenda Modelo em Pedro Leopoldo | MG, onde Chico Xavier trabalhou por largos anos. As mensagens nele contidas surgiram espontaneamente pela psicografia de Chico Xavier a partir de 1935, na residência da família Joviano, na própria Fazenda Modelo, durante o culto do Evangelho no lar do *Grupo Doméstico Arthur Joviano*, a que Chico prazerosamente se dirigia depois de findos os seus trabalhos diuturnos, dando a *Deus o que é de Deus* após dar a *César o que é de César*. Recebidas por Chico Xavier de 1946 a 1948, as mensagens de Neio Lúcio foram batizadas de SEMENTEIRA DE PAZ, sendo esse novo livro, organizado por Wanda Joviano, dedicado ao centenário de nascimento de Chico Xavier (1910-2010), o *medianeiro do amor*.

PELO ESPÍRITO NEIO LÚCIO
PSICOGRAFIA DE FRANCISCO CÂNDIDO XAVIER
ORGANIZAÇÃO DE WANDA AMORIM JOVIANO

PÉROLAS DE SABEDORIA

Compulsados do livro *Sementeira de luz*, organizado por Wanda Amorim Joviano, as frases e os textos apresentados no livro *Pérolas de sabedoria* foram coletados e reunidos por Braz José Marques com o propósito de engrandecer o aprendizado de todos nós nos estudos evangélicos do dia a dia. As pérolas da Espiritualidade — aqui incrustadas na condição de joias valiosas — são fundamentais para o esclarecimento daqueles que delas se valerem, expositores ou não da Doutrina Espírita.

PELO ESPÍRITO NEIO LÚCIO
PSICOGRAFIA DE FRANCISCO CÂNDIDO XAVIER
ORGANIZAÇÃO DE BRAZ JOSÉ MARQUES

EDIÇÃO ESPECIAL

CHICO XAVIER — O PRIMEIRO LIVRO

Vinte anos antes de sua desencarnação, Chico Xavier revelou que sempre guardou no íntimo o desejo de publicar as belas produções mediúnicas que os amigos espirituais escreviam por seu intermédio, nos idos dos anos 20. Curiosamente, Chico confeccionava, com suas próprias mãos e com grande esforço, alguns exemplares com a finalidade de despertar os amigos para a possibilidade de um livro. Em face da pobreza material com a qual vivia, ao médium restava a esperança de que algum desses amigos se interessasse pelo tema e, talvez, movimentasse os recursos necessários para uma publicação. De suas primeiras produções manuais, contendo, inclusive, a sua sensibilidade artística no desenho e na ilustração das mensagens, Chico conseguiu guardar durante toda a sua vida um único exemplar, que ao final de sua existência terrena entregou ao seu sobrinho-neto, Sérgio Luiz Ferreira Gonçalves, que no-lo apresentou para a devida divulgação. Esse é então, de fato e de direito, o primeiro livro de Chico Xavier, que a Vinha de Luz Editora da Casa de Chico Xavier de Pedro Leopoldo trouxe a lume, com a alegria de presentear o amado amigo Chico com a edição de seu *primeiro livro* no ano de 2010, ano de seu centenário de nascimento.

ESPÍRITOS DIVERSOS
PSICOGRAFIA DE FRANCISCO CÂNDIDO XAVIER
ORGANIZAÇÃO DE GERALDO LEMOS NETO E
SÉRGIO LUIZ FERREIRA GONÇALVES

LUZ NA ESCOLA —
CHICO XAVIER NA ESCOLA JESUS CRISTO
DE CAMPOS | RJ

Esse é um livro de Francisco Cândido Xavier, com mensagens psicografadas por ele durante visita de quatro dias à Escola Jesus Cristo, em Campos | RJ, em 1940. Contém comentários de seu organizador, Clóvis Tavares, testemunha ocular de todos os fenômenos ali ocorridos. Os textos desse volume representam uma reedição da sua primeira, pequena, única e esgotada edição, feita também em 1940, publicação de caráter doméstico da Escola Jesus Cristo, agora reeditada pela Vinha de Luz, que desempenha hoje um papel ímpar no resgate histórico da produção mediúnica de Chico Xavier.

ESPÍRITOS DIVERSOS
PSICOGRAFIA DE FRANCISCO CÂNDIDO XAVIER
ORGANIZAÇÃO DE CLÓVIS TAVARES E FLÁVIO MUSSA TAVARES

VIAJANTES —
A ESPIRITUALIDADE ILUMINANDO SUA MENTE E
SEU CORAÇÃO ATRAVÉS DE CHICO XAVIER

Primeiro audiolivro da Vinha de Luz Editora, que reúne 20 mensagens de espíritos diversos, psicografadas por Chico Xavier ao longo de seus 75 anos de labor mediúnico. Com um sugestivo título-tema e trilha sonora de rara beleza, VIAJANTES, organizado e interpretado por Fernando Peron, é um incentivo ao estudo sério e aprofundado de tão extraordinário patrimônio filosófico, científico e religioso legado a nós pelas mãos operosas e abençoadas de Chico Xavier.

ESPÍRITOS DIVERSOS
PSICOGRAFIA DE FRANCISCO CÂNDIDO XAVIER
ORGANIZAÇÃO E INTERPRETAÇÃO DE FERNANDO PERON

LIÇÕES PARA ANGELITA

Quando Chico Xavier tinha apenas 20 anos, dois personagens importantes surgiram para marcar a sua vida: a menina Angelita e sua mãe extremosa. Esse livro contém vinte mensagens repletas de ensinamentos preciosos, repassados de mãe para filha a partir do dia a dia que ambas vivenciam, e também das perguntas que a menina faz sobre os mais diversos temas acerca da existência. São lições para todas as pessoas. A receita segura para a construção do homem de bem – meta que todos nós devemos buscar.

PELO ESPÍRITO JOÃO DE DEUS
PSICOGRAFIA DE FRANCISCO CÂNDIDO XAVIER
ORGANIZAÇÃO DE JOÃO MARCOS WEGUELIN

CHICO XAVIER —

A AURORA DE UMA VIDA ENTRE O CÉU E A TERRA

As mensagens aqui apresentadas foram psicografadas por Chico Xavier e publicadas no jornal espírita *Aurora*, dirigido por Inácio Bittencourt, entre julho de 1928 e abril de 1933. Nesses primeiros anos, Chico era ainda muito jovem, não sabia quem eram os espíritos que se comunicavam por meio dele, e era praticamente desconhecido fora das terras mineiras. A lucidez do jovem Chico Xavier ao comentar, ele mesmo, alguns trechos doutrinários sobre os postulados espíritas surpreende e seja em verso ou em prosa, sobre os mais variados temas, o leitor encontrará nesse livro preciosas lições de vida, ora nos ensinando a aceitar e a bendizer o sofrimento e as provas diárias, ora nos ensinando a viver uma vida verdadeiramente cristã e espírita, mostrando, por fim, quão breve é a existência terrena perante a eternidade do tempo.

ESPÍRITOS DIVERSOS
PSICOGRAFIA DE FRANCISCO CÂNDIDO XAVIER
ORGANIZAÇÃO DE JOÃO MARCOS WEGUELIN

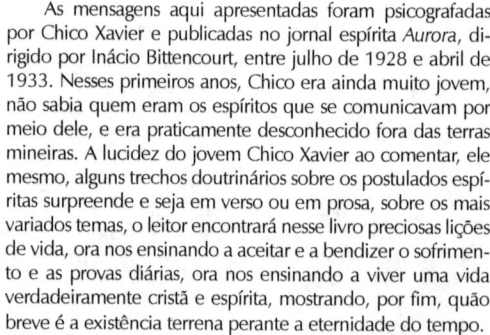

DEPOIS DA TRAVESSIA

Mais um volume da psicografia inédita de Chico Xavier, por espíritos diversos. A sua primeira parte é originária da fase do médium em Pedro Leopoldo, na Fazenda Modelo, na qual, após o serviço, frequentou o culto do Evangelho no lar do *Grupo Doméstico Arthur Joviano*, levado a efeito, semanalmente, pela família de Dr. Rômulo Joviano. Já a segunda parte é fruto da última fase da psicografia do médium em Uberaba, onde, nas sessões públicas do Grupo Espírita da Prece, recebeu o espírito da irmã, D. Luiza Xavier, em diversas oportunidades, a partir de 13 de julho de 1985. Permeando as comoventes mensagens desses espíritos sobre a própria sobrevivência além-túmulo, há fac-símiles de mensagens de Emmanuel e de Bezerra de Menezes, fotografias e escritos inéditos de Chico Xavier ilustrando as épocas e as personalidades citadas. A obra é, pois, instrutivo volume contendo valiosas informações sobre a vida espiritual depois da travessia dos umbrais da morte do corpo físico, a induzir-nos o espírito distraído no mundo a uma mais ampla reflexão sobre a imortalidade, patenteando-se-nos a real significação das palavras de Jesus, nosso Senhor e Mestre: "A cada um será dado segundo as próprias obras".

ESPÍRITOS DIVERSOS
PSICOGRAFIA DE FRANCISCO CÂNDIDO XAVIER
ORGANIZAÇÃO DE GERALDO LEMOS NETO E
WANDA AMORIM JOVIANO

MILITARES COM JESUS

As lições deste livro são de autoria de respeitáveis espíritos que passaram pela Terra na difícil experiência como militares. Portadores de grandes responsabilidades no dever, na disciplina, sobretudo integrados na justiça, propugnam, com amor, pela paz e pela felicidade dos povos, e do Brasil como pátria do Evangelho de nosso Senhor Jesus Cristo. São fragmentos extraídos do livro *Militares no Além*, psicografado por Francisco Cândido Xavier no período de 1936 a 1952 em Pedro Leopoldo, Minas Gerais, selecionados e organizados no presente volume como valiosos ensinamentos dos benfeitores da Vida Maior.

ESPÍRITOS DIVERSOS
PSICOGRAFIA DE FRANCISCO CÂNDIDO XAVIER
ORGANIZAÇÃO DE CEZAR CARNEIRO DE SOUZA

Registros imortais

Registros imortais resgata para a história da Doutrina Espírita o trabalho de desobsessão e de esclarecimento aos desencarnados levado a efeito no Centro Espírita Meimei, fundado por Chico Xavier na Pedro Leopoldo dos anos 50. Por meio da psicofonia, Chico Xavier e diversos outros médiuns receberam mensagens da Vida Maior assinadas por espíritos sofredores e em evolução, em cujo cerne encontramos o Evangelho de Jesus como alicerce seguro para a vida imortal. Complementando as obras *Instruções psicofônicas* e *Vozes do Grande Além*, editadas pela Federação Espírita Brasileira em 1955 e 1957, respectivamente, esse livro é mais um documento importante para o Espiritismo no Brasil e no mundo, testificando a ingente capacidade mediúnica e caritativa do maior médium de todos os tempos e a valiosa contribuição de todos aqueles que com ele conviveram nessas tarefas consoladoras.

ESPÍRITOS DIVERSOS
PSICOFONIA DE FRANCISCO CÂNDIDO XAVIER
ORGANIZAÇÃO DE EUGÊNIO EUSTÁQUIO DOS SANTOS

Obras da fé

A Vinha de Luz tem como missão maior a publicação e a divulgação de obras inéditas da lavra mediúnica de Francisco Cândido Xavier. Esse lançamento comemora seus 10 anos de trabalho e traz para o leitor uma seleção de mensagens de espíritos diversos, psicografadas pelo maior médium de todos os tempos, publicadas em 14 livros lançados por ela na última década. São mensagens de bênçãos. Uma obra de fé, que testifica a grandeza do compromisso para com a Doutrina dos Espíritos e para com o Evangelho do Cristo, respondendo ao chamado da tarefa abençoada com o livro espírita e com a preservação e a difusão da vida e da obra de Chico Xavier no Brasil e no mundo.

ESPÍRITOS DIVERSOS
PSICOGRAFIA DE FRANCISCO CÂNDIDO XAVIER
ORGANIZAÇÃO DE JOÃO MARCOS WEGUELIN

PALAVRAS SUBLIMES

A partir de 1930, a história de Chico Xavier começou a ser contada pelas páginas de *Reformador*, a mais antiga publicação voltada para a divulgação do Espiritismo no Brasil. Esse livro traz mensagens de Chico Xavier localizadas em suas edições de 1933 a 1950, psicografias assinadas por espíritos de vulto, como Emmanuel, Humberto de Campos, Bittencourt Sampaio, Abel Gomes, dentre outros, sendo este mais um título da bibliografia do médium mineiro que a Vinha de Luz Editora traz a lume, com a organização do jornalista João Marcos Weguelin, para a preservação da vida e da obra do maior brasileiro de todos os tempos.

ESPÍRITOS DIVERSOS
PSICOGRAFIA DE FRANCISCO CÂNDIDO XAVIER
ORGANIZAÇÃO DE JOÃO MARCOS WEGUELIN

A SAUDADE É O METRO DO AMOR

Apresentação das seis comunicações mediúnicas de Clóvis Tavares por meio de Chico Xavier, com quem mantinha uma relação de amizade que não pode ser medida pelos padrões humanos. Na intimidade do lar, Clóvis sempre declarou que só se comunicaria mediunicamente através de Chico. Sua família manteve a fidelidade de sua amizade e reconhece nas cartas espirituais a integridade de sua personalidade. Que a obra possa transmitir a você, leitor, o valor doutrinário dessas comunicações, que não se resumem a cartas domésticas, mas a diretrizes para a vida.

PELO ESPÍRITO CLÓVIS TAVARES
PSICOGRAFIA DE FRANCISCO CÂNDIDO XAVIER
ORGANIZAÇÃO DE FLÁVIO MUSSA TAVARES

CARTAS DO ALTO

A obra contempla, e complementa, o que há de melhor na psicografia de Chico Xavier. Aqui estão o seu benfeitor Emmanuel e os amigos espirituais que o acompanharam ao longo de décadas. Entre os poetas, Augusto dos Anjos, Cruz e Souza, Olavo Bilac, Castro Alves, e muitos outros deixaram seus versos. Não faltaram as prosas elucidativas e instigantes de André Luiz e de Irmão X, além de textos doutrinários de Bezerra de Menezes, Bittencourt Sampaio e Eurípedes Barsanulfo, num compêndio de conteúdo para profundos estudos, que proporcionarão valioso aprendizado e oportunas reflexões. Esse trabalho é, para a Vinha de Luz Editora, uma conquista bastante significativa, pois encerra um ciclo de pesquisas em *Reformador*, a revista espírita mais antiga em circulação no país e no mundo. E estimula o empenho e a responsabilidade de continuar buscando em dezenas de outras publicações as mensagens que o maior médium de todos os tempos espalhou por toda a imprensa em 75 anos de tarefa psicográfica e também por todos os lugares por onde passou.

ESPÍRITOS DIVERSOS
PSICOGRAFIA DE FRANCISCO CÂNDIDO XAVIER
ORGANIZAÇÃO DE JOÃO MARCOS WEGUELIN

APOCALIPSE SEGUNDO O ESPIRITISMO
– UMA PROPOSTA DE ESTUDO

Em virtude da consumação de muitos dos "ais" e do derramamento de grande parte das "taças" do Apocalipse, fomos compelidos a ultimar celeremente esse trabalho em face dos atuais momentos pelos quais passa a humanidade terrestre. O objetivo dessa pesquisa é o de chamar a atenção para o papel do Brasil nos anos vindouros, uma vez que se deve considerar a hipótese de o povo brasileiro acolher irmãos de outras terras em momentos difíceis que se aproximam. O que conseguimos arregimentar por intermédio das abençoadas mãos de Chico Xavier são informações profundas e contundentes para as nossas vidas, e certamente auxiliarão na formação de uma cultura de resignação, renúncia e de vontade empenhada para o atendimento aos desígnios do Pai Maior.

MARCO PAULO DENUCCI DI SPIRITO

CHIQUITO

CHIQUITO, da autora portuguesa Julieta Marques, conta um pouco da vida de Chico Xavier em linguagem acessível e direta, num convite ao amor, à humildade e à disciplina exemplificados pelo *médium do século*. Totalmente ilustrado, CHIQUITO é o segundo título da Vinha de Luz Editora voltado à evangelização infantil, que atende, sem dúvida alguma, às *crianças de todas as idades*.

JULIETA MARQUES

CHICO XAVIER —
O MÉDIUM DOS PÉS DESCALÇOS

Chico Xavier foi, durante toda a sua vida, a personificação do bem, do amor ao próximo e da humildade. Nesse livro, Carlos Baccelli relata casos pessoais em torno do médium mineiro e registra, por meio de cartas que agora torna públicas, sua amizade estreita com o maior representante do Espiritismo no Brasil e no mundo. O autor nos coloca em contato muito próximo com Chico Xavier. É como se estivéssemos frente à frente com ele, numa conversa intimista, repleta de ensinamentos. É quase uma conversa ao pé do ouvido — em que podemos sentir de novo, e mais uma vez, a sua insubstituível presença.

CARLOS ANTÔNIO BACCELLI

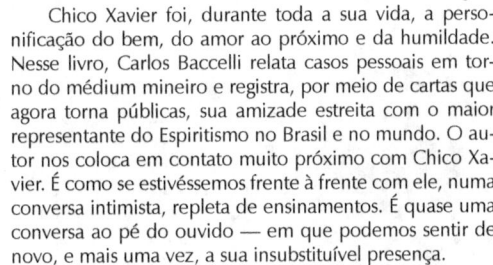

CHICO XAVIER COM VOCÊ

Chico, mais que médium, era sábio. Em seus lábios, tanto ecoavam lições dos espíritos amigos quanto ensinamentos de sua própria autoria. Aqui, nessas páginas, garimpando em obras, revistas e periódicos antigos, o autor organizou uma coleção de pérolas que, sem dúvida alguma, não figuram em nenhuma outra coleção do mundo. Por isso, certamente, com esse abençoado livro você estará de posse de um tesouro de valor incalculável. Um tesouro que fará de você uma das pessoas mais ricas entre todos os homens!

CARLOS A. BACCELLI

O VOO DA GARÇA —
CHICO XAVIER EM PEDRO LEOPOLDO | 1910-1959

Esse trabalho histórico, do pesquisador pedroleopoldense Jhon Harley, que conviveu por 21 anos com Chico Xavier, é mais uma contribuição para compreender a figura humana do médium mineiro. Utilizando instrumentos e orientações do campo da História, principalmente no que diz respeito ao uso e à interpretação das fontes orais, escritas e iconográficas disponíveis, o autor transitou entre o acadêmico e o poético, fazendo uma analogia entre uma revoada de garças, ocorrida em 2 de abril de 1910, e a permanência de uma delas entre nós.

JHON HARLEY

Nas trilhas da garça —
Chico Xavier nas Minas Gerais

Dando continuidade ao seu trabalho de pesquisador, o pedroleopoldense Jhon Harley, utilizando instrumentos e orientações do campo da História, identificou algumas das "trilhas" percorridas por Chico Xavier nas Minas Gerais, principalmente em Uberaba. Mesmo tendo asas, essa "garça", vivendo a sua humanidade, manteve-se com os pés no chão, de bem com a vida, com os homens e consigo mesma. Para o autor, na perspectiva histórica em que a pesquisa se desenvolve, não é um simples gesto que transforma a sociedade em que vivemos, mas a coerência entre o falar e o agir de uma pessoa, associada ao seu poder de mobilização, é que gera uma ação coletiva de proporções inimagináveis. Chico Xavier foi uma dessas pessoas transformadoras. Por isso destaca, parafraseando o biógrafo uberabense Carlos Baccelli, que Chico não foi um anjo exercendo o papel de um homem, mas um homem, do mundo e no mundo, exercendo o papel de um anjo.

JHON HARLEY

Pedro Leopoldo vista por
Chico Xavier — 1910 | 1959
49 anos da presença do
maior médium de todos os tempos

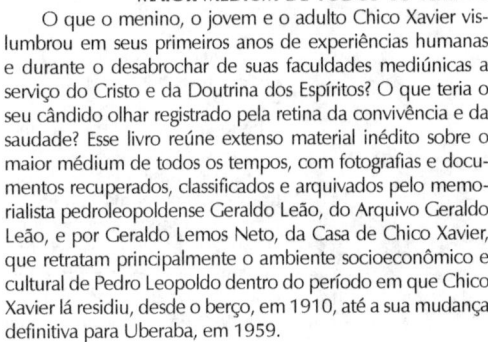

O que o menino, o jovem e o adulto Chico Xavier vislumbrou em seus primeiros anos de experiências humanas e durante o desabrochar de suas faculdades mediúnicas a serviço do Cristo e da Doutrina dos Espíritos? O que teria o seu cândido olhar registrado pela retina da convivência e da saudade? Esse livro reúne extenso material inédito sobre o maior médium de todos os tempos, com fotografias e documentos recuperados, classificados e arquivados pelo memorialista pedroleopoldense Geraldo Leão, do Arquivo Geraldo Leão, e por Geraldo Lemos Neto, da Casa de Chico Xavier, que retratam principalmente o ambiente socioeconômico e cultural de Pedro Leopoldo dentro do período em que Chico Xavier lá residiu, desde o berço, em 1910, até a sua mudança definitiva para Uberaba, em 1959.

GERALDO LEÃO E GERALDO LEMOS NETO

CÉLIA LUCIUS, SANTA MARINA —
SEMELHANÇAS ENTRE AS BIOGRAFIAS CATÓLICAS E O ROMANCE *50 ANOS DEPOIS* DE FRANCISCO CÂNDIDO XAVIER E EMMANUEL

CÉLIA LUCIUS, SANTA MARINA é a revivescência da vida daquela que Chico Xavier | Emmanuel descreveram no romance *50 anos depois* como *"o lírio que nasceu do lodo das paixões do mundo para perfumar a noite da vida terrestre"* e que a igreja católica canonizou no século V. Aqui, por meio do minucioso e irrefutável estudo biográfico realizado por Flávio Mussa Tavares, filho do saudoso Clóvis Tavares, de Campos | RJ, o leitor se deparará com diversos relatos sobre Célia, confirmando a veracidade da narrativa do médium mineiro nos idos dos anos 40, tal qual previra Emmanuel no prefácio da obra referenciada. Para os espíritas, a consolidação da interexistência de Chico no desdobramento do labor mediúnico a benefício da difusão da Doutrina e sua prática evangelizadora, exemplificando o amor e a humildade legitimamente cristãos. Para os demais, uma reflexão sobre as lutas transitórias da vida física e a realidade além-túmulo — a verdadeira vida de todos nós.

FLÁVIO MUSSA TAVARES

EVANGELHO PURO, PURO EVANGELHO —
NA DIREÇÃO DO INFINITO

Seguidor inconteste da Boa Nova do Cristo, e espírita em sua mais pura essência filosófica, Martins Peralva deixou para os estudiosos da Doutrina textos de iluminada sabedoria e reflexão, que foram reunidos no livro *Evangelho puro, puro Evangelho — Na direção do Infinito*, organizado por Basílio Peralva, e que a Vinha de Luz Editora trouxe a lume numa homenagem ao centenário de nascimento do *médium do século*, Francisco Cândido Xavier (1910|2010). A obra, que congrega artigos publicados na imprensa de 1945 a 1999, é indispensável ao homem de boa vontade, abordando temas imprescindíveis a todos os corações que jornadeiam rumo ao progresso espiritual.

MARTINS PERALVA
ORGANIZAÇÃO DE BASÍLIO PERALVA

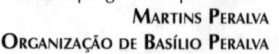

ERA UMA VEZ PARA SEMPRE

Voltado à evangelização infanto-juvenil, esse livro é um compêndio de mensagens de graciosa narrativa, que enfeixa os ensinamentos do Cristo sob a ótica do Espiritismo, correlacionados a diversos assuntos de ordem espiritual e humana. Suas personagens principais — crianças sedentas de amor e de conhecimento — encantam pela perseverança no bem, sempre amparadas pela nobre e sábia Vovó Angel, que, como o próprio nome já diz, é um anjo do Senhor em suas vidas de aprendizado rumo à luz.

PELO ESPÍRITO BLANDINA
PSICOGRAFIA DE CARLOS MALAB

ISABEL —
A MULHER QUE REINOU COM O CORAÇÃO

Dois dias após psicografar as primeiras das milhares de páginas através das quais o mundo espiritual se comunicou por seu intermédio, Chico Xavier manteve um revelador encontro com uma ilustre senhora que lhe mudaria o curso de vida. Era D. Isabel de Aragão, mais conhecida como Rainha Santa Isabel, a célebre rainha de Portugal, para sempre associada ao milagre da transformação do pão em rosas. Embora em circunstâncias e contextos distintos, ambos experimentaram o poder, a riqueza, a fama e a adoração, contudo optaram por viver uma intensa vida interior feita de humildade, perdão, tolerância, paciência, compaixão e caridade como expressões do amor. Esse trabalho avança para além da vida de Isabel de Aragão, apresentando outras duas figuras históricas: Santa Isabel da Hungria e Isabel de Portugal, duquesa da Borgonha. Colocadas as narrativas das vidas das três personagens lado a lado, emergem repetições e similitudes, nas quais encontramos a essência da reencarnação. Obviamente, caberá a cada leitor fazer o seu juízo de valor perante os fatos, porém, no conjunto das três, verificamos como uma personalidade se desenvolve e se amplia nas ações meritórias, exemplificando-se o progresso próprio e incessante pela condição moral que apresenta, pois sendo as almas iguais pela filiação são diferentes pela consciência espiritual que revelam. Segundo testificou o próprio Chico sobre D. Isabel de Aragão, *"ela é um dos gênios espirituais protetores da raça luso-brasileira em diversas partes do mundo para que os povos luso-brasileiros conservem a fraternidade cristã que Jesus nos legou"* (Adelino da Silveira, *Chico, de Francisco*, CEU).

MARIA JOSÉ CUNHA

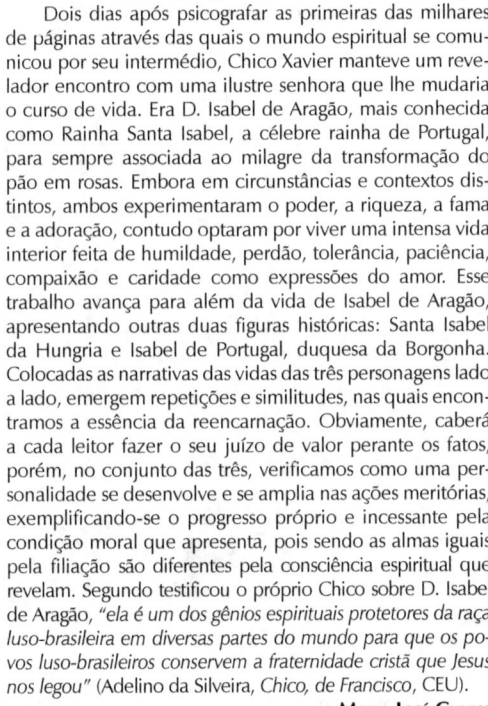

Departamento Editorial da Casa de Chico Xavier
Av. Álvares Cabral, 1777 — 20º andar — Sala 2006
Santo Agostinho | 30170-001 | Belo Horizonte | MG
(31) 2531-3200 | 2531-3300 | 3517-1573

www.vinhadeluz.com.br
informacoes@vinhadeluz.com.br

www.casadechicoxavier.com.br
informacoes@casadechicoxavier.com.br

www.saberespiritismo.com

Este livro foi composto em tipologia Zapf Humanist, corpo 11, predominantemente.
Capa impressa em papel Supremo 250g e miolo impresso em Chambril Avena 80g.

www.ingramcontent.com/pod-product-compliance
Lightning Source LLC
Chambersburg PA
CBHW071658120626
46550CB00001B/19